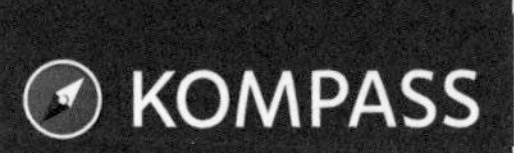

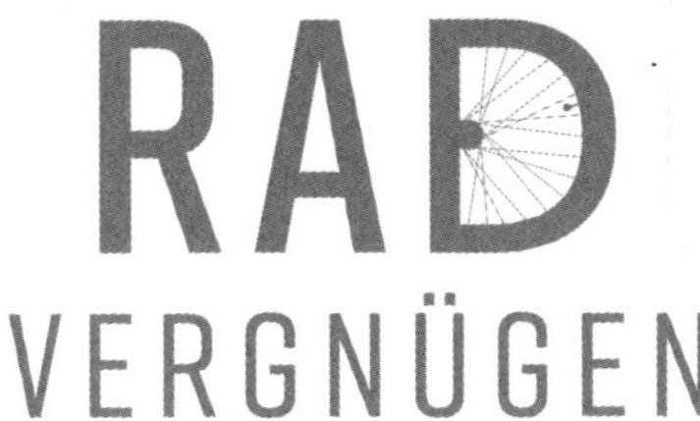

RAD VERGNÜGEN

IN UND UM

FRANKFURT

21 1/2 TAGESTOUREN FEIERABEND-RIDES WOCHENEND-BIKEAWAYS

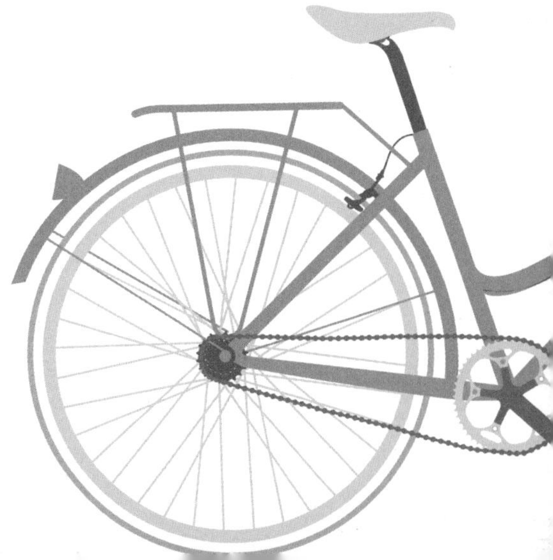

EINFACH RAUS!

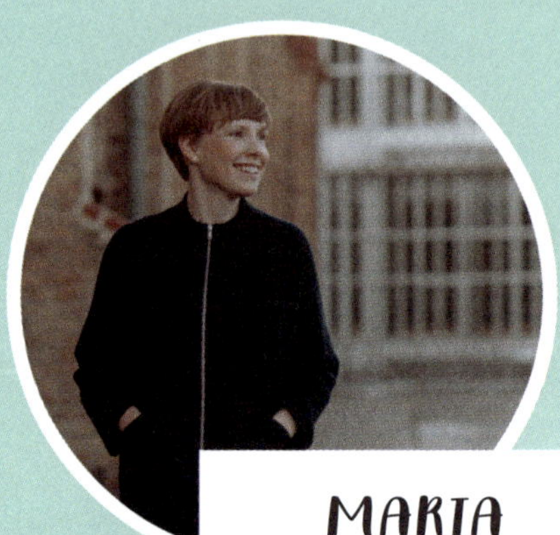

MARIA HAGER

Hat erst einmal verschiedene Orte und Lebenskonzepte kennengelernt, bis sie nach Frankfurt kam. Seit mehreren Jahren lebt sie inmitten der Mainmetropole – inzwischen mit Mann und zwei kleinen Kindern. Schätzt und liebt die Stadt für ihre Ehrlichkeit, kurzen Wege und Gegensätze: zwischen Lifestyle und Business, arm und reich, kosmopolitisch und urhessisch. Gut angebunden an alle Himmelsrichtungen und Naherholungsziele, wie Taunus, Rheingau, Spessart oder Odenwald. Maria arbeitet in der Kommunikation und als freie Texterin und Autorin. Durch Frankfurt bewegt sie sich am liebsten, na klar, per Rad.

LIEBE LESERIN, LIEBER LESER,

Ob du dich auf zwei Rädern kutschieren lässt oder selbst fährst: Das Rad ist eine der größten Erfindungen der Menschheit, verfünffacht deine Reichweite, reduziert Emissionen und – wenn du dich selbst auf den Sattel schwingst – Fettpolster und verlängert dein Leben um vier Jahre. Also: Schnapp dir ein Rad und entdecke spannende Touren zu imposanten Sehenswürdigkeiten, Ausflugszielen oder Naturschauspielen in und um Frankfurt!

Bei der Auswahl der Touren habe ich mich an den zwei bekanntesten Radwegen der Region orientiert: dem GrünGürtelradweg, der als grüne Umfahrung der Stadt etwa ein Drittel der Stadtfläche umfasst. Und der 198 km langen Regionalparkrundroute, die etwas weiter aus dem Stadtgebiet hinausführt. Immer wieder wirst du bei den Touren auf eine der beiden Routen treffen. Zusätzlich habe ich nach Außergewöhnlichem, Frankfurter Eigenheiten und besonderen Attraktionen Ausschau gehalten und daraus die Crème de la Crème der Fahrradtouren zusammengestellt. Alle Touren eignen sich hervorragend für E-Bikes und Familien, auch mit kleineren Kindern. Die Routen sind lückenlos befahrbar, sodass schwere E-Bikes nicht getragen werden müssen. Pausen und vorzeitiges Beenden der Touren sind durch gute Anbindung an Bahn und Bus jederzeit möglich und sämtliche Höhepunkte für Kinder entlang der Routen habe ich aufgeführt und mit meinen zwei Kindern getestet.

Maria Jäger

INHALT

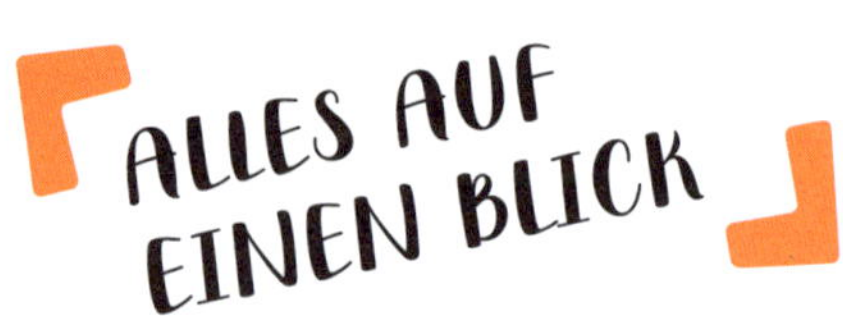

TOUREN

Seite

FEIERABEND-RIDES

Touren 1–9 // Bis 30 km **7–81**

SPANNENDE TAGESTOUREN, DIE JEDER SCHAFFT

Touren 10–18 // Über 30 km **83–175**

WOCHENEND-BIKEAWAYS

Touren 19–21 **177–223**
Tour 20 ½ // Eine halbe Tour gibt's als Verlängerung obendrauf 204

TOUREN, DIE DU SO NIE GEMACHT HÄTTEST

Touren 9, 18, 21 **73, 165, 209**

FRANKFURT UND RADBASICS

AUFGESATTELT!

Einlesen, aufsteigen, losfahren **225–240**

Radvergnügen in und um Frankfurt 226

Facts Frankfurt und Umgebung 229

Rauszeit-Highlights für Kinder, E-Biker, Schlemmer und Ruhesuchende 230

Das kriegst du nicht alle Tage
Wann am besten wohin? 232

Packliste 234

Radcheck 236

Bike-Bucketlist Frankfurt und Umgebung 240

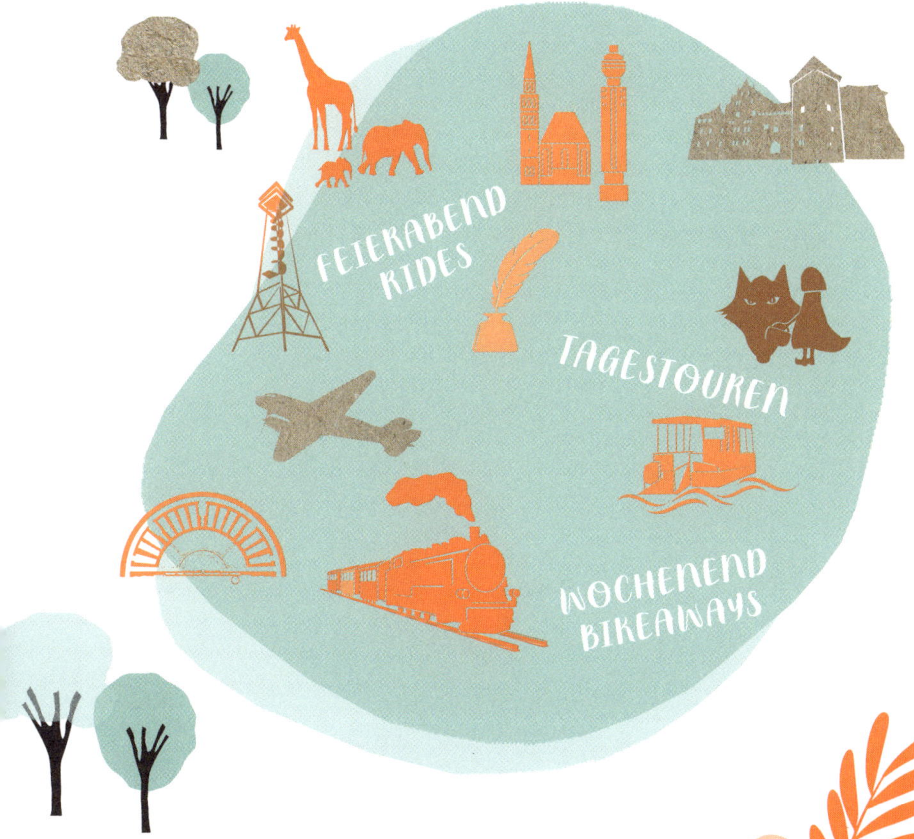

FEIERABEND RIDES

TAGESTOUREN

WOCHENEND BIKEAWAYS

DEINE ORIENTIERUNG

APP & GPX-DOWNLOAD

Alle 21 ½ Touren in der KOMPASS App: Dort findest du Livetracking, GPS-Ortung, Offline-Karten und -Touren, Navigation zum Start und viele weitere nützliche Features. Einfach QR-Code scannen und Tour starten. Los geht's!

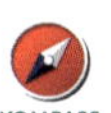

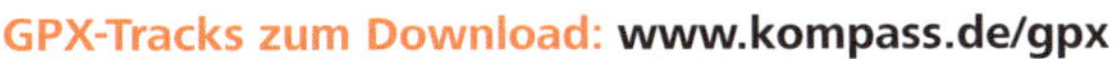

GPX-Tracks zum Download: www.kompass.de/gpx
Für das Navigationsgerät deiner Wahl haben wir alle Touren auch als GPX-Track auf unserer Homepage.

FEIERABEND-RIDES

Seite

1 HÖLDERLIN AUF DEN FERSEN
Vom Literaturhaus zum Bad Homburger Schloss ➤ **2 Stunden** **9**

2 FRANKFURTS HAUSBERG
Kleine Runde über den Lohrberg ➤ **1:30 Stunden** **17**

3 WALDSPAZIERFAHRT
Durch den Frankfurter Stadtwald ➤ **1:30 Stunden** **25**

4 ZU FRANKFURTS STANGENPYRAMIDE
Von Langen nach Louisa ➤ **2 Stunden** **33**

5 NOCH EIN WAHRZEICHEN DER STADT
Rund um den Frankfurter Flughafen ➤ **2 Stunden** **41**

6 NAHES NATURPARADIES
Auf grünen Wegen zur Schwanheimer Düne ➤ **1:30 Stunden** **49**

7 TIERISCHES ABENTEUER
Auf der Safari-Route von Kronberg zum Frankfurter Zoo ➤ **2 Stunden** **57**

8 WEITSICHT GENIESSEN
Kleine Runde durch Frankfurts Westen ➤ **2 Stunden** **65**

TOUR, DIE DU SO NIE GEMACHT HÄTTEST
9 OFFENBACH AM MEER
Zwischen Main und Seenlandschaft ➤ **2:30 Stunden** **73**

RAUF AUFS RAD ZUM RUNTERKOMMEN

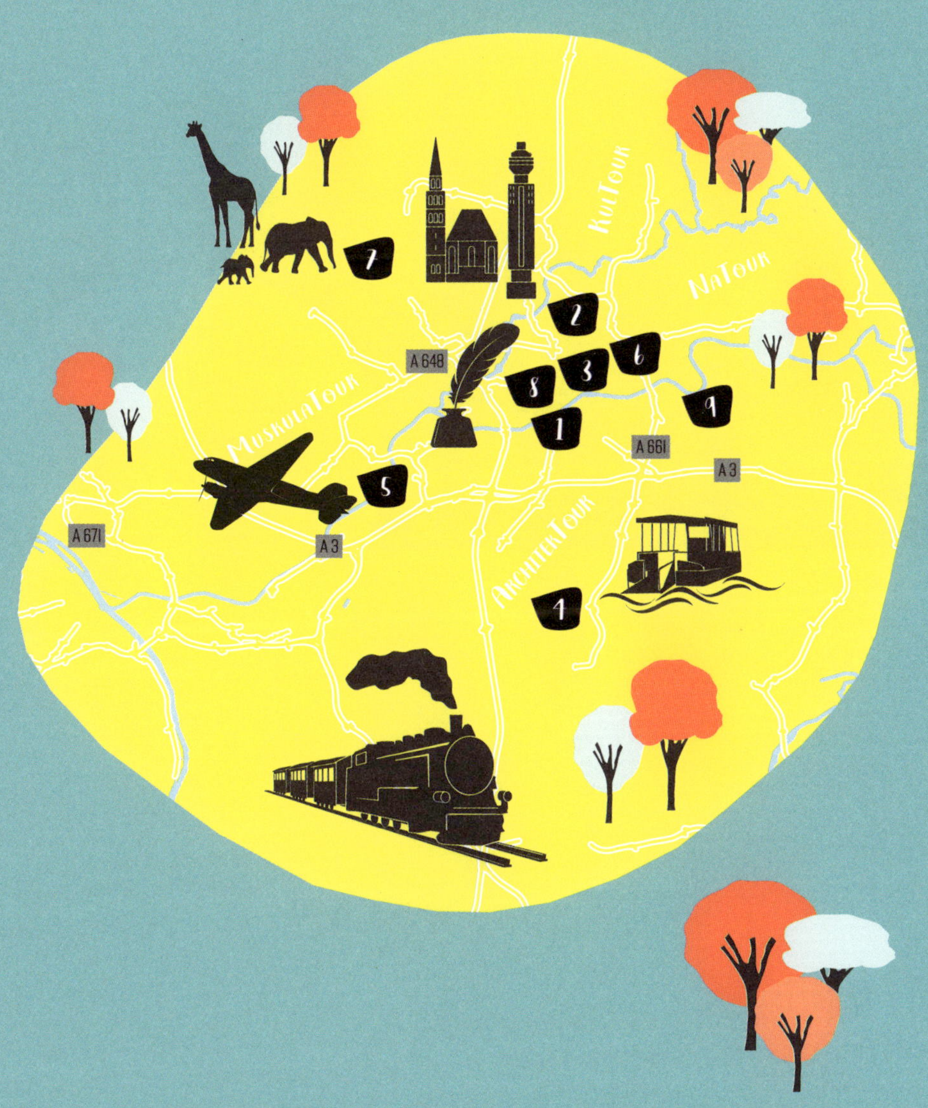

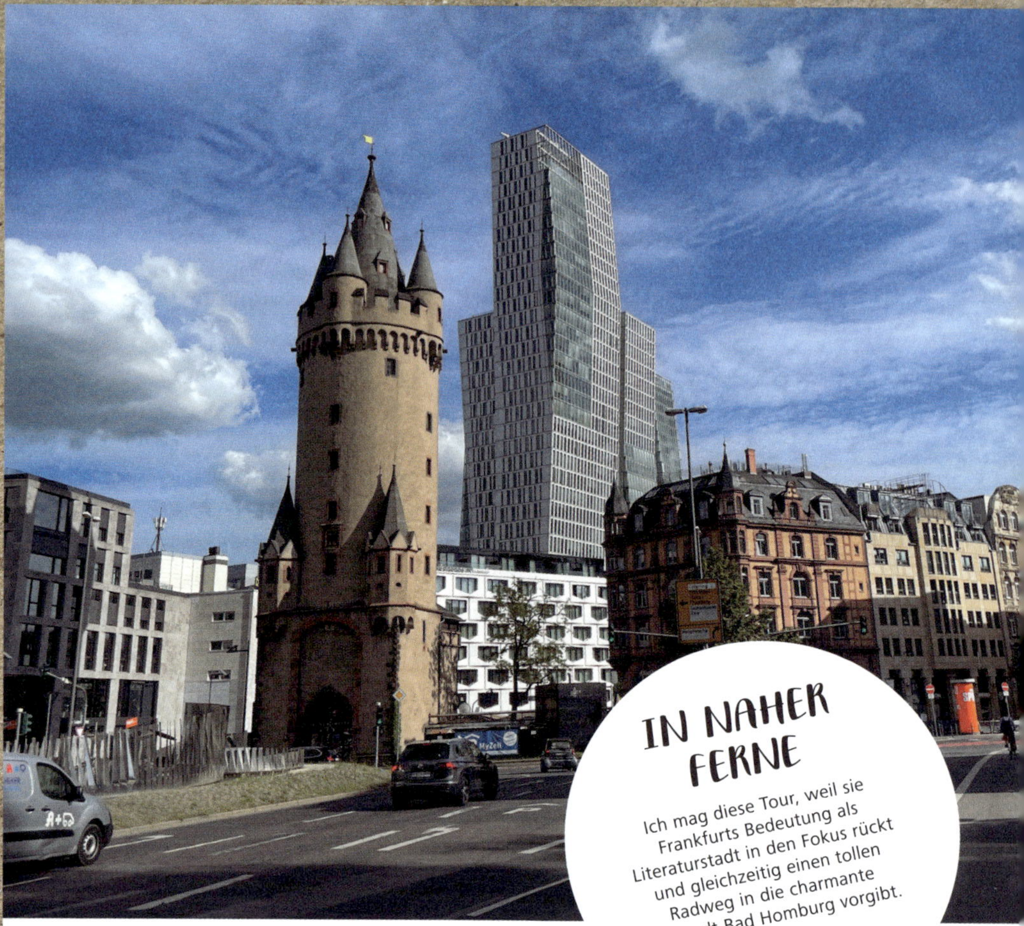

IN NAHER FERNE

Ich mag diese Tour, weil sie Frankfurts Bedeutung als Literaturstadt in den Fokus rückt und gleichzeitig einen tollen Radweg in die charmante Kurstadt Bad Homburg vorgibt.

➤ **1 /** Auf der Brücke vor dem Literaturhaus bewundern wir die Skyline.

➤ **2 /** Eine Eintrittskarte für das Goethe Haus und das Romantikmuseum.

➤ **3 /** Ein Erfrischungsgetränk auf dem Alten Flugplatz Bonames.

➤ **4 /** Die Sitzkiesel bei Kalbach weisen darauf hin, dass wir uns auf der Regionalparkrundroute befinden.

➤ **5 /** Die Eichbäume Bad Homburg erinnern daran, dass wir dem Hölderlinpfad folgen.

➤ **6 /** Am Schloss Bad Homburg schmieden wir Pläne für unseren Rundgang durch die Innenstadt.

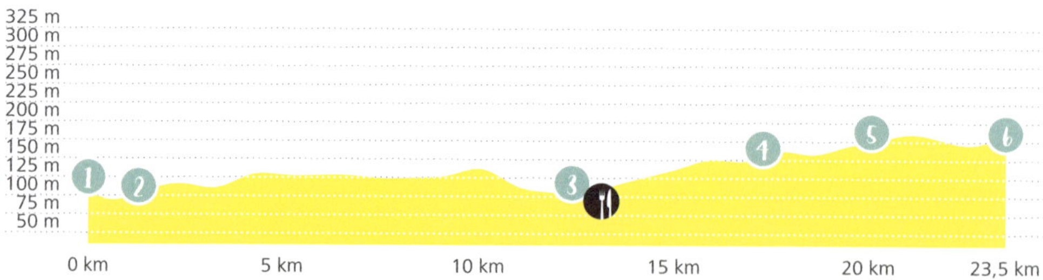

HÖLDERLIN AUF DEN FERSEN

Vom Literaturhaus zum Bad Homburger Schloss

Eine romantische Tour – naja, zumindest, wenn man die Geschichte zum Hölderlinpfad kennt und berücksichtigt, dass das Deutsche Romantikmuseum quasi auf dem Weg liegt. Ansonsten würde ich die Tour als bodenständig bezeichnen – ausgenommen der Abschnitt über einen alten Flugplatz.

24 Kilometer
207 Höhenmeter ▲
118 Höhenmeter ▼
2 Stunden
Streckentour

Frankfurts Altstadt

Wir starten am 1 / Frankfurter Literaturhaus (Schöne Aussicht 2, 60311 Frankfurt am Main). Die im Jahr 1989 gegründete kulturelle Institution befindet sich seit 2005 im klassizistischen Gebäude der Alten Stadtbibliothek, gegenüber der Ignatz-Bubis-Brücke. Hier genießt das Frankfurter Publikum vielfältige Lesungen und andere literarische Veranstaltungen. Wir fahren oberhalb des Mains entlang auf einem rotmarkierten Radweg. Der Weg führt an der Alten Brücke vorbei am Mainkai entlang, der in der letzten Zeit häufiger

CHARAKTER

Sportlich ●●○○○
Abkühlung ●●○○○
Schlemmen ●●●●○
Panorama ●●●○○

TOURENINFO / Mittelschwere Tour, durch den weniger im Fokus liegenden Norden Frankfurts. Geniale Rad-Verbindung nach Bad Homburg. Verläuft über Regionalparkrundroute, Niddaradweg, GrünGürtelradweg.

< links / Blick auf das historische Eschenheimer Tor mit modernen Hochhäusern im Hintergrund

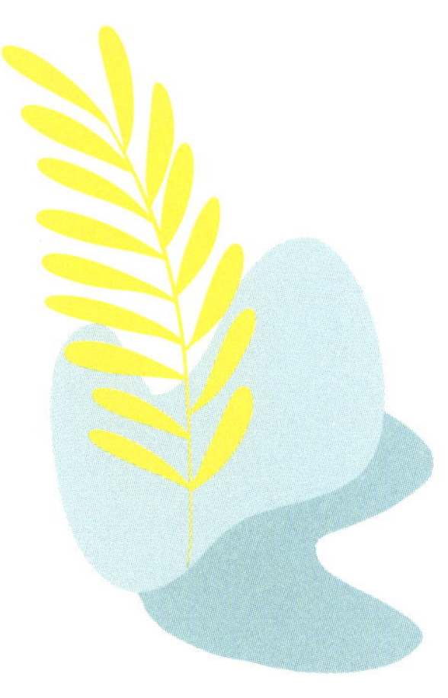

testweise für Autofahrer gesperrt wurde. Auf Höhe des berühmten Eisernen Stegs finden sich viele Sehenswürdigkeiten, wie etwa der Dom, der Römer oder die Frankfurter Paulskirche. Die Tour führt ein Stück dahinter auf einer für Radfahrer gut befahrbaren und ruhigen Nebenstraße in die Innenstadt hinein. Wer möchte, kann auch direkt am Eisernen Steg in die Innenstadt einbiegen und vor dem Paulsplatz nach links über die Braubachstraße bis zum Kornmarkt fahren. Weiter geht es über die verkehrsreiche Berliner Straße, nach links abbiegend gelangt man direkt zum Großen Hirschgraben, wo sich das 2 / Goethe Haus (Großer Hirschgraben 23-25, 60311 Frankfurt am Main) befindet. Es war bis 1795 Wohnsitz der Familie Goethe und ist heute ein Museum. Direkt daneben hat im September 2021 das Deutsche Romantikmuseum eröffnet. Mit dem Kauf einer Eintrittskarte können beide Häuser besichtigt werden. Wir fahren nun zur Hauptwache, wo Frankfurts berühmte Fußgängerzone, die „Zeil" beginnt. Vor Ladenöffnung ist der große Platz der Hauptwache noch gut befahrbar, zu allen anderen Zeiten muss man sich zwischen den zahlreichen Passanten hindurchschlängeln und gut auf kreuz und quer schießende Rad- und E-Scooter-Fahrer aufpassen – wenngleich das Radfahren uneingeschränkt erlaubt ist. Vorbei am Eschenheimer Tor mit seinem urigen Wachtürmchen radeln wir über den Oeder Weg, wo sich süße Boutiquen und inhabergeführte Läden aneinanderreihen. Kleine Cafés und Snackbars bieten alle Verköstigungen, die man in modernen Großstädten erwartet.

PERFEKTER FOTOSPOT

Von der Ignatz-Bubis-Brücke gegenüber dem 1 / Literaturhaus hat man den besten Blick auf die Frankfurter Skyline.

Das barocke Wasserschloss

Vom Oeder Weg abbiegend fahren wir über die Kastanienallee auf das Holzhausenschlösschen zu. Das barocke Wasserschloss

---

➤ **rechts oben / Am Main entlang: Blick auf die Frankfurter Skyline**
➤ **rechts Mitte / Wegsymbol vom Hölderlinpfad**

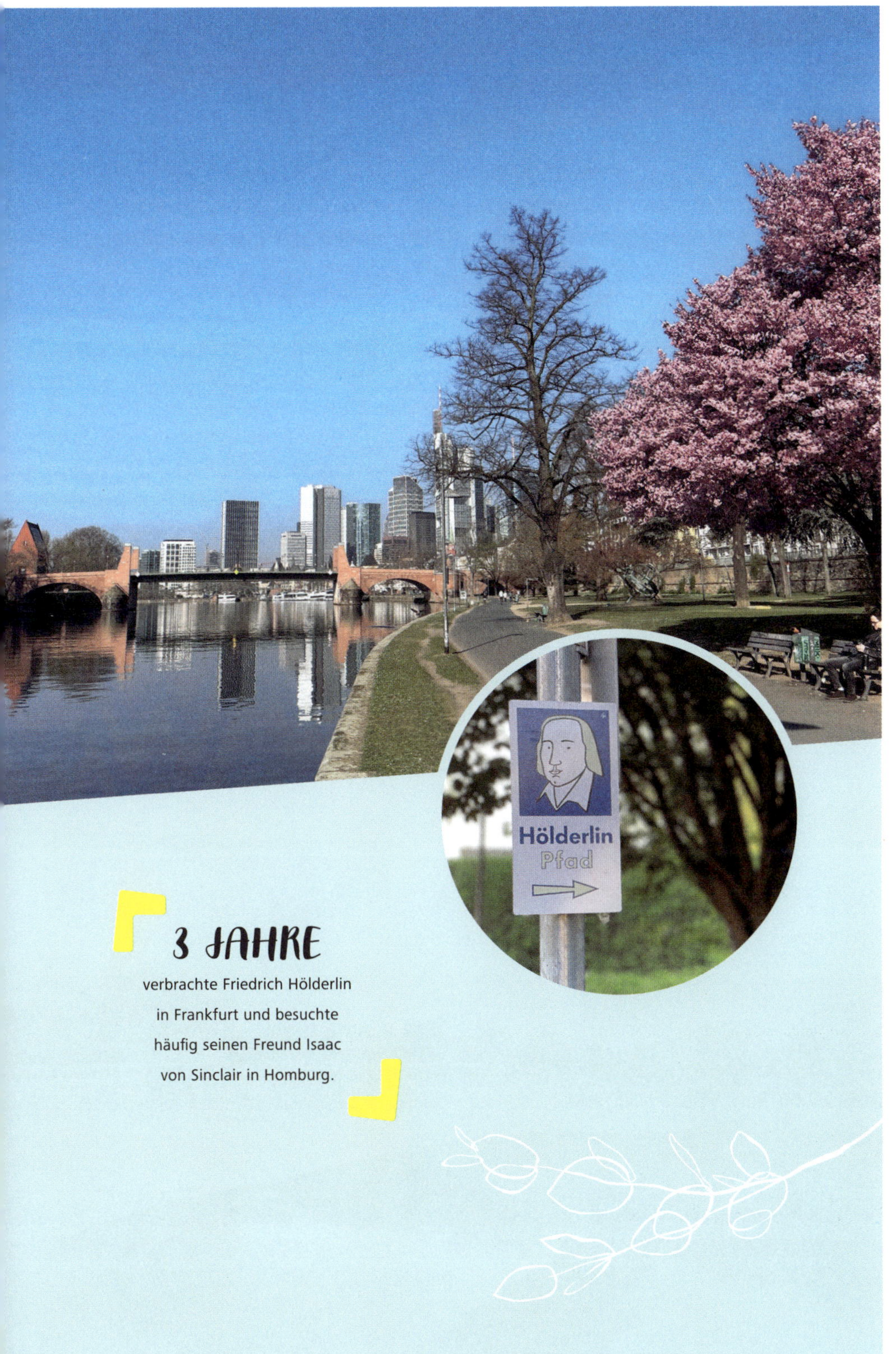

3 JAHRE

verbrachte Friedrich Hölderlin in Frankfurt und besuchte häufig seinen Freund Isaac von Sinclair in Homburg.

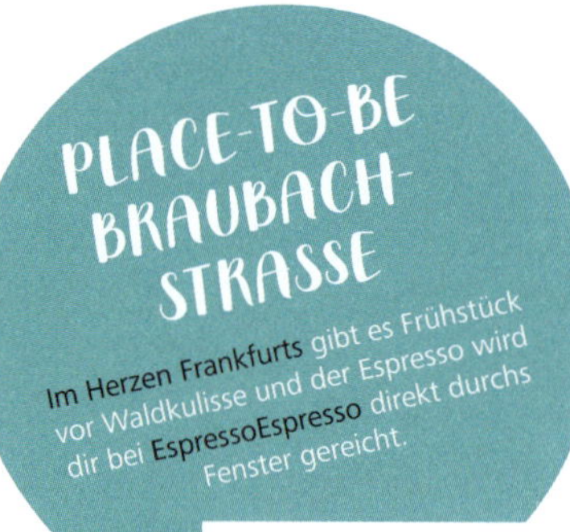

liegt direkt am Holzhausenpark, in dem sich einer der schönsten Kinderspielplätze der Stadt befindet. Das Holzhausenschlösschen ist nicht nur von außen hübsch anzusehen, sondern auch Ort vielfältiger Veranstaltungen. Unter anderem verfügt es über einen neuen und akustisch einzigartigen Kammermusiksaal. Wir fahren am Holzhausenpark vorbei, queren die Adickesallee und passieren die Polizei und den Hessischen Rundfunk.

GRÜN, SOWEIT DAS AUGE REICHT

Frankfurter Berg und Tower Café

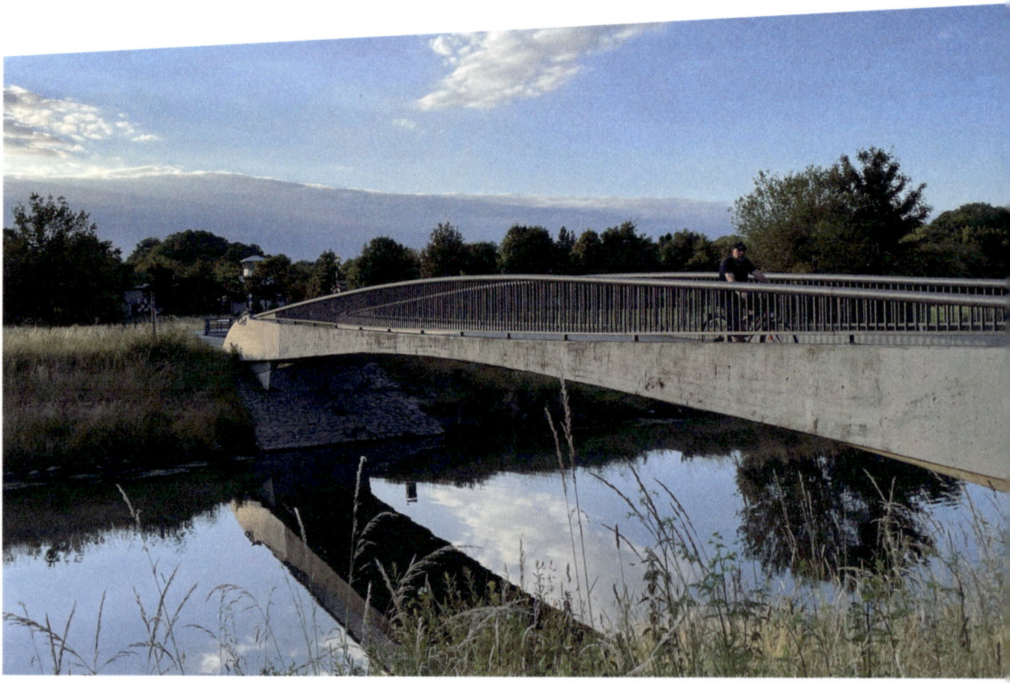

Wir verlassen das innerstädtische Gebiet und durchfahren Grünanlagen wie die Bertramswiesen oder den Sinaipark – es wird insgesamt ruhiger und grüner um uns herum. Kurz vor dem Frankfurter Berg auf Höhe Eckenheims liegt die Frankfurter Skyline bereits in unserem Nacken. Wir queren die Autobahn 661 und gelangen

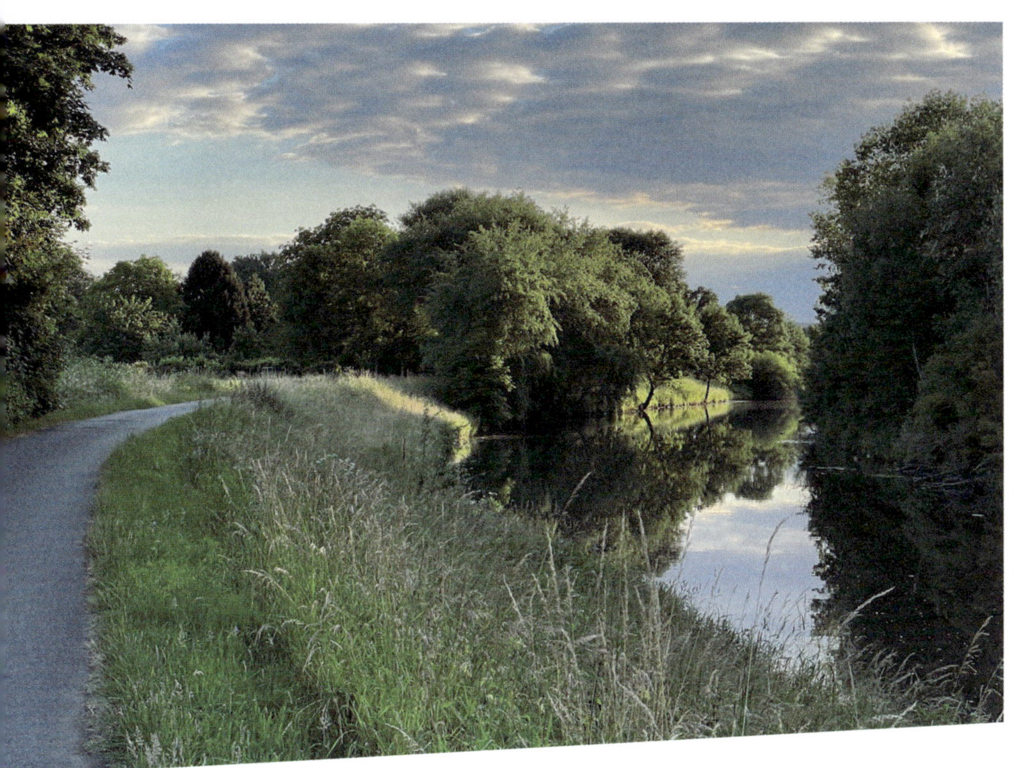

auf die Homburger Landstraße, die schließlich leicht bergab zur Nidda führt und nach dem Frankfurter Berg einen von der Straße separierten Radweg hat. Ein kurzes Stück fahren wir auf dem Niddaradweg und GrünGürtelradweg bis zum 3 / Alten Flugplatz Bonames. Der stillgelegte Hubschrauberlandeplatz ist ein Anziehungspunkt für die Großstädter geworden. Hier kann man skaten, Radfahren lernen oder sämtliche Flugobjekte steigen lassen. Das Tower Café bietet Snacks und Getränke und lädt zum Verweilen ein. Der Flugplatz liegt idyllisch im Grünen, obwohl die Großstadt in Reichweite ist.

1948

wurde der 3 / Alte Flugplatz Bonames von amerikanischen Streitkräften als Hubschrauberlandeplatz errichtet. Heute befindet sich hier eine von vier „Lernstationen" im Frankfurter GrünGürtel. Das „Grüne Klassenzimmer" wird gerne von Schulklassen besucht.

Der Poesie auf der Spur

Unser Radweg führt uns direkt über den Flugplatz drüber und am Stadtteil Bonames vorbei Richtung Kalbach. Hier treffen wir auf 4 / Sitzkiesel bei Kalbach, die signalisieren, dass wir uns auf der Regionalparkrundroute befinden. Die Radwege sind sehr gut aus-gebaut und wir passieren schöne Grünanlagen und Kinder-

---

‹ links / Brücke zum Flugplatz Bonames
^ oben / Ein kurzes Stück folgen wir dem Niddaradweg

HYPERION

Hölderlins erster Aufenthalt in Bad Homburg dauerte von September 1798 bis Juni 1800. Hier beendete er den zweiten Teil des Romans „Hyperion".

LITERATUR & LANDSCHAFT

spielplätze, die zum Rasten einladen. Schon bald gelangen wir nach Bad Homburg, an dessen Stadtrand wir eine wichtige Station dieser Route entdecken: Wir halten an den 5 / Eichbäumen Bad Homburg, wo sich eine Rastbank und eine Gedenktafel mit einem Text Hölderlins befindet. Hier darf man auch ruhig ein bisschen poetisch werden oder aber auch einfach nur Rast machen. Zwischen Feldern hindurch fahren wir in die Stadt hinein und kommen am Bad Homburger Bahnhof vorbei. Hier werden wir später in die S-Bahn steigen, die uns in knapp zwanzig Minuten Fahrt zum Frankfurter Hauptbahnhof bringt. Jetzt führt unsere Tour erst einmal zum Ziel, dem 6 / Schloss Bad Homburg, welches bis 1866 die Residenz der Landgrafen von Hessen-Homburg war. Einst beherbergte das Schloss auch die landgräfliche Bibliothek, für die Hölderlin 1804 die Stelle als Hofbibliothekar erhielt. Das Schloss umfasst historische Schauräume und einen vielschichtigen, epochenübergreifenden Schlosspark, der einmal Teil eines einmaligen Gartenreiches war: der Landgräflichen Gartenlandschaft. Außerdem befindet sich hier die Schaltzentrale der Staatlichen Schlösser und Gärten.

19. JH.

Im 19. Jahrhundert war Bad Homburg eines der glanzvollsten Heilbäder Deutschlands.

Hölderlin und Sinclair

Wer noch Zeit hat, sollte unbedingt Bad Homburg, die schöne Kurstadt am Rande des Taunus-Gebirges besichtigen. Die Innenstadt ist eine gelungene Mischung aus Vergangenheit und Moderne. Es gibt zahlreiche fein-restaurierte Denkmäler, Brunnen sowie Museen und vielfältige Veranstaltungen. Die Spuren Hölderlins ziehen sich durch die gesamte Stadt, beispielsweise kann das Hölderlinhaus in der Altstadt besichtigt werden, ein Hölderlin-Denkmal steht im Kurpark. Bad Homburg ist die Geburtsstadt von Hölderlins Freund, dem Diplomaten und Schriftsteller, Issac von Sinclair. Nach Sinclair wurde auch das in unmittelbarer Nähe zum Schloss gelegene Museum benannt, in dem seit 1982 abwechslungsreiche Ausstellungen zu Kunst und Natur stattfinden.

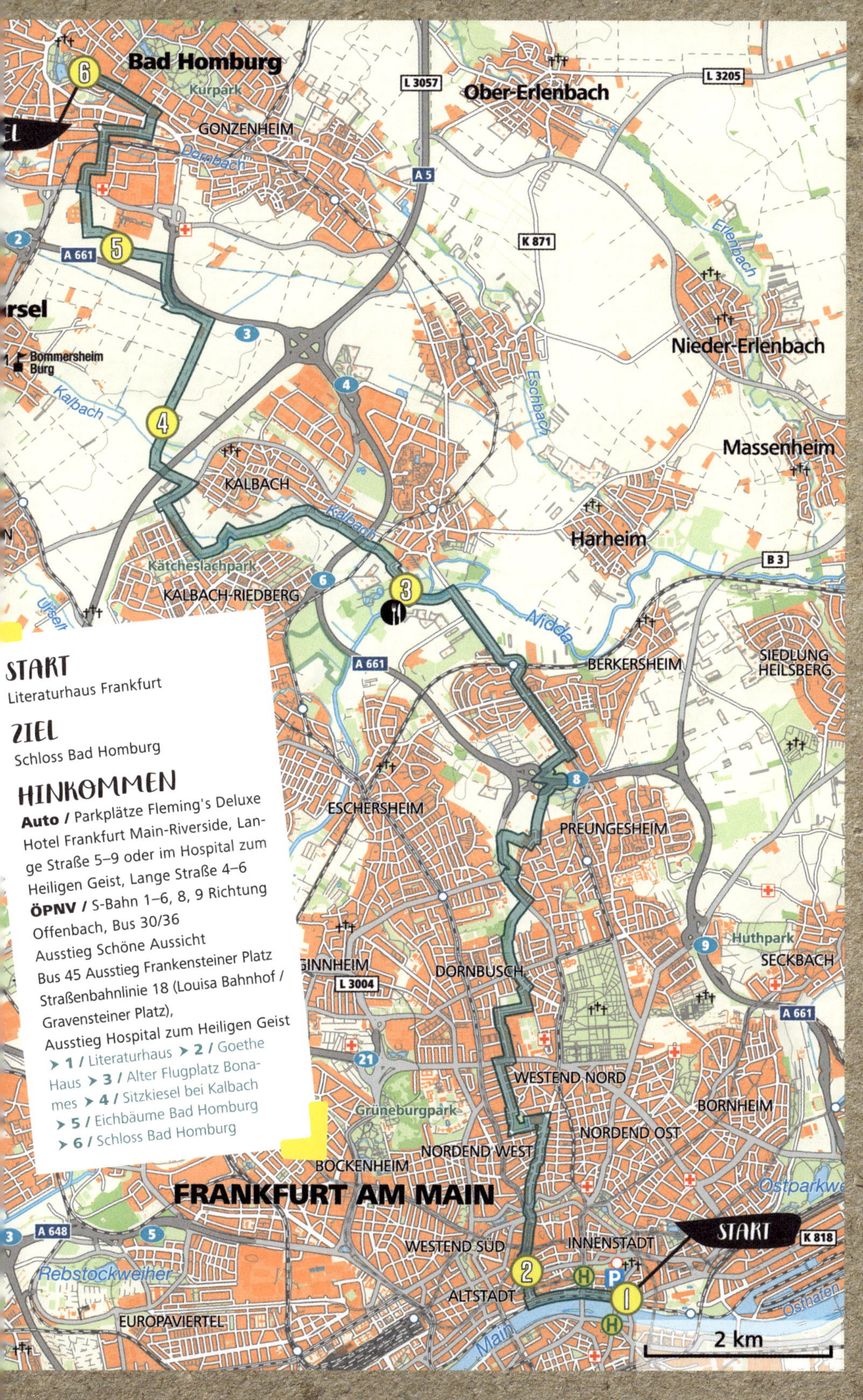

START

Literaturhaus Frankfurt

ZIEL

Schloss Bad Homburg

HINKOMMEN

Auto / Parkplätze Fleming's Deluxe Hotel Frankfurt Main-Riverside, Lange Straße 5–9 oder im Hospital zum Heiligen Geist, Lange Straße 4–6

ÖPNV / S-Bahn 1–6, 8, 9 Richtung Offenbach, Bus 30/36 Ausstieg Schöne Aussicht Bus 45 Ausstieg Frankensteiner Platz Straßenbahnlinie 18 (Louisa Bahnhof / Gravensteiner Platz), Ausstieg Hospital zum Heiligen Geist

➤ 1 / Literaturhaus ➤ 2 / Goethe Haus ➤ 3 / Alter Flugplatz Bonames ➤ 4 / Sitzkiesel bei Kalbach ➤ 5 / Eichbäume Bad Homburg ➤ 6 / Schloss Bad Homburg

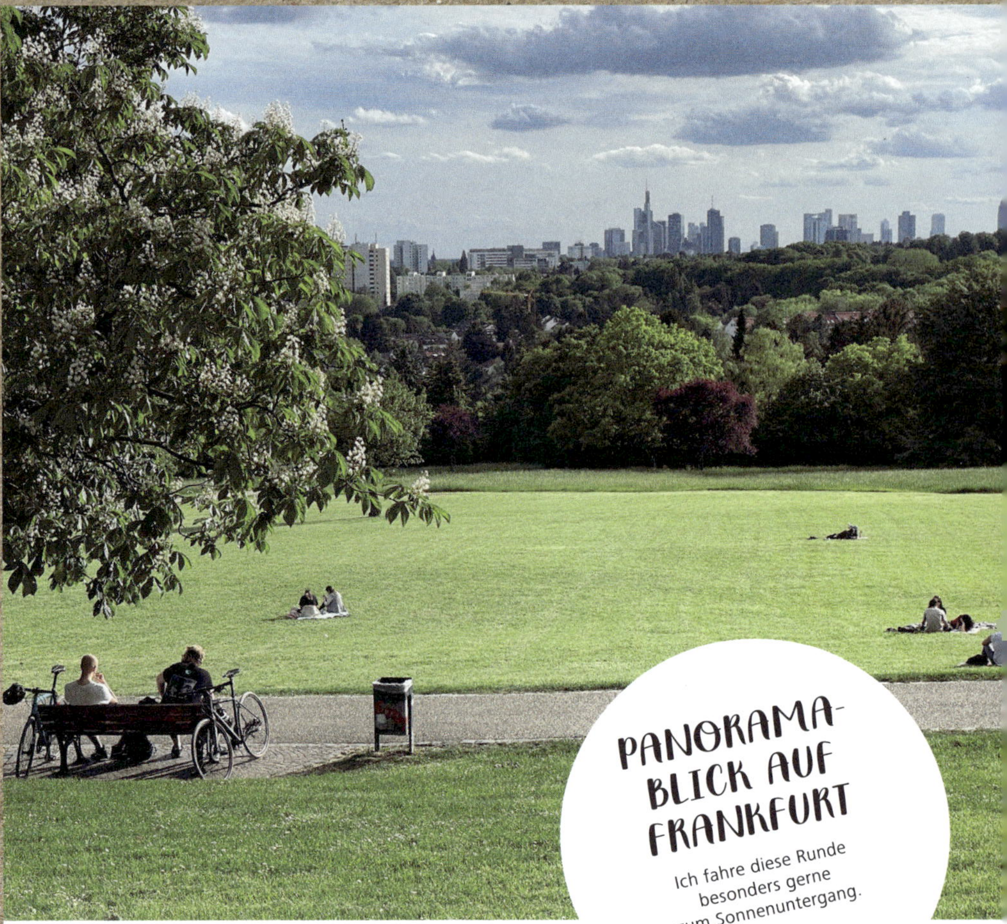

PANORAMA-BLICK AUF FRANKFURT

Ich fahre diese Runde besonders gerne zum Sonnenuntergang.

➤ **1 /** Am Holzhausen-schlösschen springen wir in den Sattel.

➤ **2 /** Auf dem Lohrberg gibt es viel zu entdecken.

➤ **3 /** Der Ostpark birgt viele interessante Überraschungen.

➤ **4 /** Dicke Mauern schirmen den Bethmann-park vom Großstadtlärm ab.

➤ **5 /** Wie in Italien fühlen wir uns an der Espresso-Bar.

➤ **6 /** Bei Eis Christina, einem der besten Eiscafés Deutschlands, belohnen wir uns.

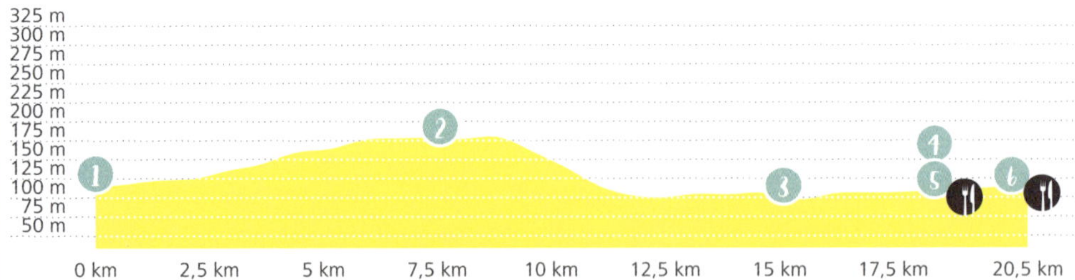

FRANKFURTS HAUSBERG

Kleine Runde *über den* Lohrberg

Eine wahre Feierabend-Runde: Mit einem Getränk in der Hand oder einem Picknick auf der Decke kann man auf dem Lohrberg wunderbar den Sonnenuntergang über der Mainmetropole beobachten, über Frankfurts Osten geht es zurück ins Nordend.

21 Kilometer
120 Höhenmeter ▲
120 Höhenmeter ▼
1:30 Stunden
Rundtour

Los geht's

Wir starten am 1 / Holzhausenschlösschen (siehe Tour 1). Das im familienfreundlichen Nordend gelegene Wasserschloss gibt uns mit seinem glanzvollen Anblick Energie, um per Rad Frankfurts Hausberg zu erklimmen. Wie sich schon am Tourenprofil erkennen lässt, hält sich die Anstrengung allerdings in Grenzen. Dennoch, der Ausblick auf Frankfurt und das Umland ist phänomenal und der Lohrberg selbst eine Oase der Erholung. Über die Hansaallee tauchen wir in den Stadtteil Dornbusch ein. Wir queren die stark befahrene Miquelallee und ein paar Minuten später die Eschersheimer Landstraße. Nun folgen wir dem

CHARAKTER

Sportlich ●●●○○
Abkühlung ●○○○○
Schlemmen ●●●●●
Panorama ●●●●●

TOURENINFO / Gemütliche und wenig anspruchsvolle Runde. Kombiniert einige der schönsten Orte im Stadtgebiet. Ein kurzer Abschnitt verläuft über den GrünGürtelradweg. Erweiterungsmöglichkeit mit Tour 12.

◀ links / Blick auf die Skyline vom Lohrberg

Marbachweg, vorbei am Hauptfriedhof bis zur Überquerung der A661, wo wir bereits einen Blick auf die Skyline haben. Wir queren direkt dahinter die Friedberger Landstraße und fahren dann parallel zu dieser auf einem Radweg entlang. So schnell haben wir den Trubel der Großstadt hinter uns gelassen – vom Lärm der Zubringerstraßen abgesehen. Direkt an der Friedberger Landstraße stoßen wir auf das Restaurant Altes Zollhaus, ein restauriertes Fachwerkhaus mit umfangreicher Speisekarte.

Auf den Lohrberg

Wir biegen nun auf den Berger Weg ab und radeln zwischen Feldern, einer Streuobstwiese und einer Gartenanlage hindurch beinahe unmerklich den Lohrberg hinauf. Ein toller 2 / Skylineblick Lohrberg auf die Stadt öffnet sich. Um die Jahrhundertwende wurde auf dem Berg der Lohrpark als Volkspark angelegt. Die weite von alten Bäumen gerahmte Wiese ist das Herzstück des Parks. Hier lässt es sich zu jeder Tageszeit wunderbar verweilen, die schönsten Fotos schießen, ein Picknick veranstalten oder auf den dafür vorgesehenen Flächen den eigenen Grill anwerfen. Insbesondere zum Sonnenuntergang ist der Blick auf die Skyline vor der Parkkulisse atemberaubend schön. Direkt neben der Wiese mit Panoramablick befindet sich die Lohrberg-Schänke (Auf dem Lohr 9, 60389 Frankfurt am Main), in der leckeres Essen serviert wird.

FRANKFURTS WEINBERG

Etwa 1,3 Hektar umfasst Frankfurts Weinanbaufläche, die zum Anbaugebiet Rheingau gehört.

Weinberg mit Skyline

Wir setzen unsere Tour fort und bewundern den Weinhang vor Skyline-Kulisse: Nicht viele deutsche Großstädte können sich eines eigenen Weinbergs rühmen. Am „Lohrberger Hang" befindet sich ein Stück des berühmten Anbaugebiets Rheingau. Auf der gegen-

---

- **rechts oben / Einmalig: Ein Wasserschloss mitten in Frankfurts Stadtgebiet**
- **rechts Mitte / Eine fantastische Perspektive auf Frankfurt vom Lohrberg**

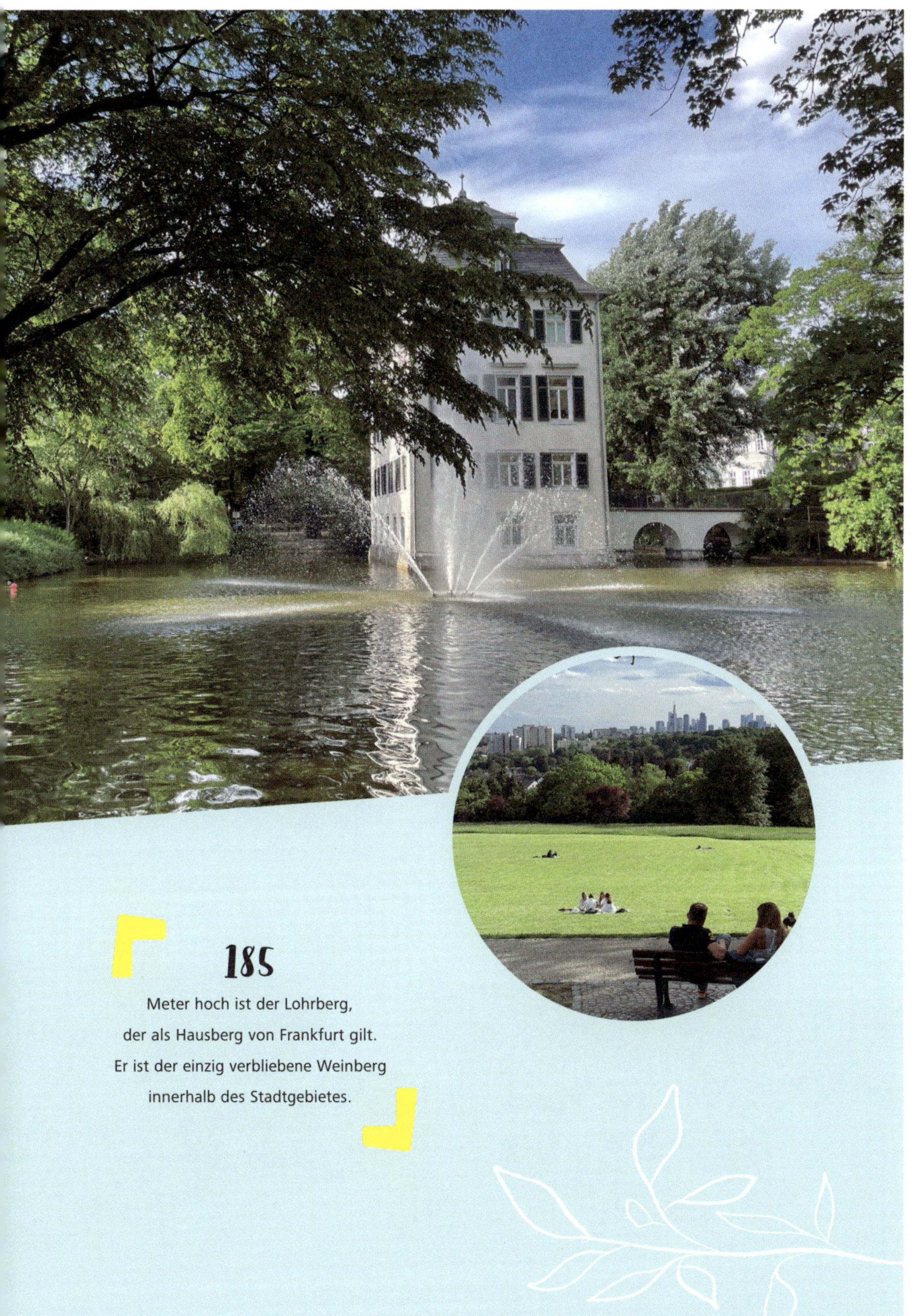

185

Meter hoch ist der Lohrberg,
der als Hausberg von Frankfurt gilt.
Er ist der einzig verbliebene Weinberg
innerhalb des Stadtgebietes.

Lernstation im Grüngürtel

Zusammen mit dem benachbarten Heiligenstock ist der Lohrberg eine Lernstation für Kinder.

überliegenden Seite entdecken wir ein Planschbecken. Es ist Teil des sogenannten „Kinder-Erholungsgartens“, einem großen Spielplatz. Hier oben auf dem Lohrberg fehlt es an nichts, problemlos kann man mehrere Stunden hier verbringen. Kein Wunder, dass viele Frankfurter so gerne hierherkommen.

Natur-Erlebnis-Garten

Eissporthalle und Bornheimer Ratskeller

Wir machen einen kurzen Stopp am MainÄppelHaus (Klingenweg 90, 60389 Frankfurt am Main), wo sich ein Naturerlebnisgarten, eine Kelterei und ein Hofladen befinden. Hier bleiben wir auf ein Glas selbst gekelterten Apfelsaft und nehmen noch eine Flasche des hofeigenen Mosts mit nach Hause. Durch die den Lohrberg rahmende Gartenanlage radeln wir nach Bergen-Enkheim hinab. Dann führt unser Weg auf einer ehemaligen Straßenbahntrasse gemütlich bergab an Seckbach vorbei, Richtung Riederwald. Am Bornheimer Hang blicken wir auf das zweitgrößte Stadion Frankfurts, die PSD Bank Arena sowie die Frankfurter Eissporthalle. Oberhalb des Bornheimer Hangs befindet sich der Bornheimer

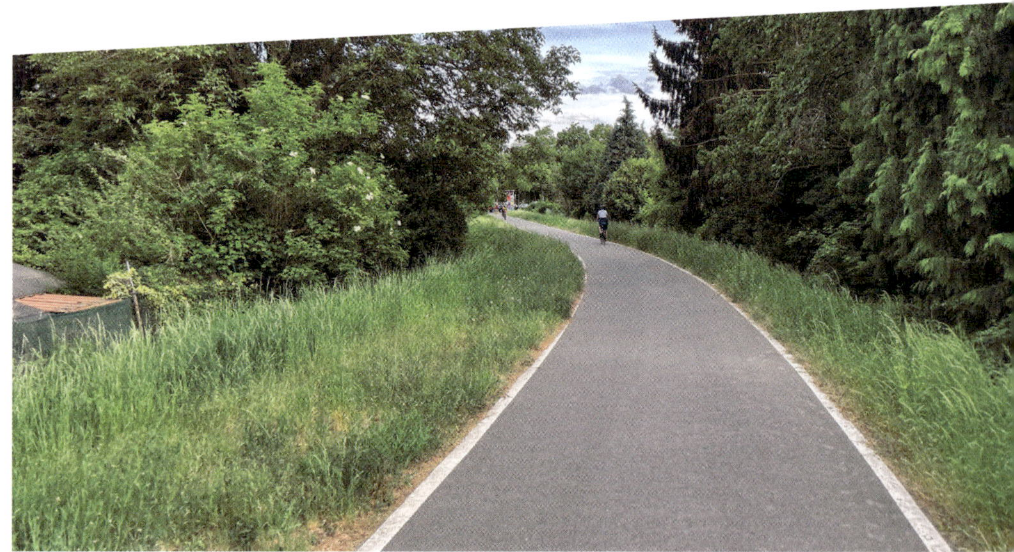

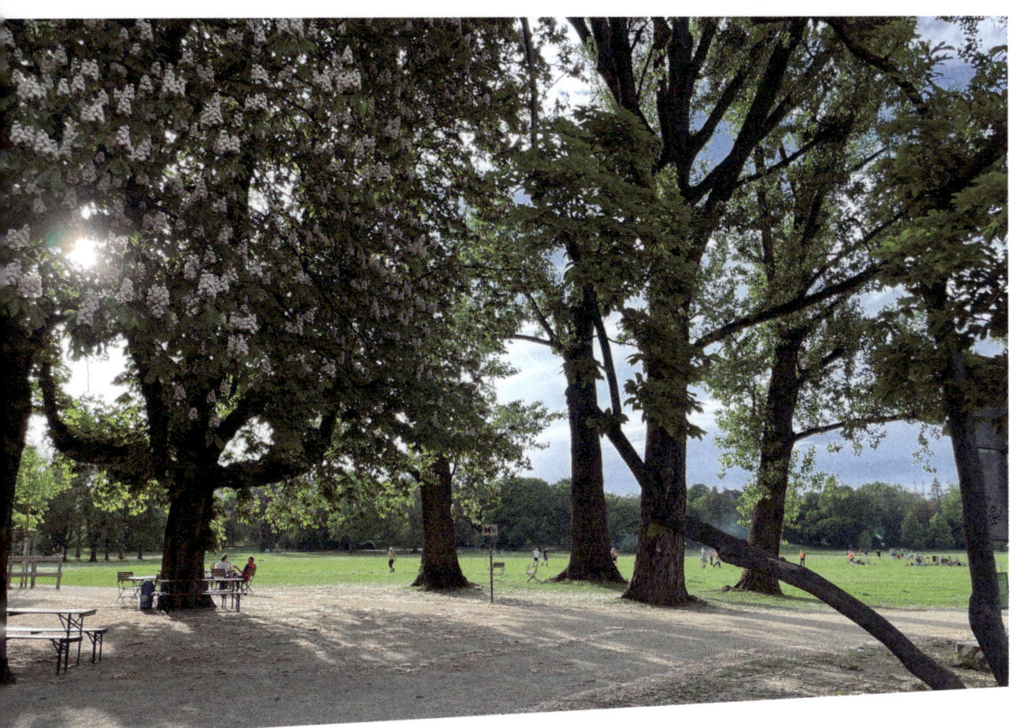

Ratskeller (Ketterlerallee 72, 60385 Frankfurt am Main). Das Restaurant ist wirklich empfehlenswert – das Essen lecker, der Biergarten gemütlich und mit genügend Platz für spielende oder herumtobende Kinder und unweit vom Lokal befinden sich mehrere Kinderspielplätze.

10.000

Flaschen „Lohrberger" werden jährlich aus den auf dem Lohrberg wachsenden Trauben erzeugt. Der Wein ist im Winzergeschäft im Römer erhältlich.

Durch Parkanlagen zum Zoo

Unsere Tour verläuft weiter durch den 3 / Ostpark, dessen Ausdehnung uns wirklich überrascht. Der Ostparkweiher ist deutlich größer als diverse Weiher anderer Frankfurter Parkanlagen, beim Beobachten der Wildgänse fühlen wir uns beinahe wie in einem Naturschutzgebiet. Hinter dem Weiher kommen wir an einem futuristischen Gebäude vorbei, einer Notunterkunft für Obdachlose. Sie ist umsäumt von einem gepflegten Schulgarten. Wir verlassen den Park und folgen der Ostparkstraße stadteinwärts entlang der Bahngleise. Auf Höhe des Ostbahnhofs fahren wir unmittelbar am größten Frankfurter Urban-Gardening-Projekt vorbei. Danach gelangen wir zum Frankfurter Zoo (siehe auch Tour 7).

< links / Komfortabler Radweg bei Seckbach
^ oben / Frankfurts grüner Osten

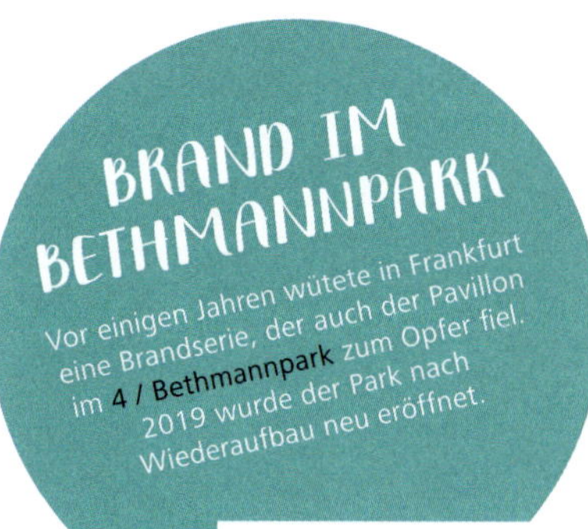

UN GELATO PER FAVORE

1,80

Euro kostet eine Kugel Eis im bekanntesten Eisladen der Stadt. Dafür ist das Sortiment bei 6 / Eis Christina umfangreich und kreativ: Zur Auswahl stehen unter anderem die Geschmacksrichtungen Grüne-Soße, Basilikum-Limette und Pannacotta.

Abstecher nach China und Italien

Nun geht es weiter durch die Friedberger Anlage, an deren Ende wir am 4 / Bethmannpark (Mauerweg 8, 60316 Frankfurt am Main) halten und die Räder kurze Zeit abstellen. Mit seiner vielfältigen Blütenpracht und den üppigen Blumenbeeten gleicht der Bethmannpark einem kleinen Kurpark. Schmuckstück ist der chinesische Garten, der mit Teich, kleiner Brücke und einem drachengeschmückten Stufenportal nach den klassischen Gestaltungsprinzipien der Harmonielehre Feng Shui angelegt wurde. Ein wunderbarer Ort zum Meditieren. Tiefenentspannt setzen wir unsere Tour in Richtung Innenstadt fort. Gegenüber dem ältesten Frankfurter Kino, dem Eldorado Filmtheater liegt die 5 / Espresso Bar (Schäfergasse 42-44, 60313 Frankfurt am Main). In der kleinen Bar breitet sich zwischen Tartufo-Pralinen, Americano und Negroni und einer Bedienung in weißem Hemd und Fliege das wohlige Gefühl von Dolce Vita aus. Umrahmt ist die Szenerie von passender Kaffeehausmusik. Seinen Espresso genießt man am besten jedoch vor der Tür – typisch italienisch im Stehen bzw. direkt auf dem Rad. Nach unserem Kurztrip nach Italien kommen wir zurück auf den Asphalt der Großstadt – per Pedale.

Endspurt mit Eis

Wir setzen unsere Runde fort, kommen am Eschersheimer Turm vorbei und fahren auf dem Oeder Weg zurück ins Nordend. Hinter dem Adlerflychtplatz bitte rechts in die Stalburgstraße abbiegen und bis zur Eckenheimer Landstraße fahren, um zu 6 / Eis Christina (Eckenheimer Landstraße 78, 60318 Frankfurt am Main) zu gelangen. Schon von weitem erkennen wir an der langen Warteschlange die berühmteste Eisdiele der Stadt. Seit 1974 besteht Eis Christina in Frankfurt und zählt inzwischen zu den besten Eisdielen Deutschlands. Nach diesem letzten Schlemmer-Abstecher kehren wir zurück zum Ausgangspunkt der Tour, wo wir am Kiosk im Holzhausenpark noch ein kühles Getränk genießen.

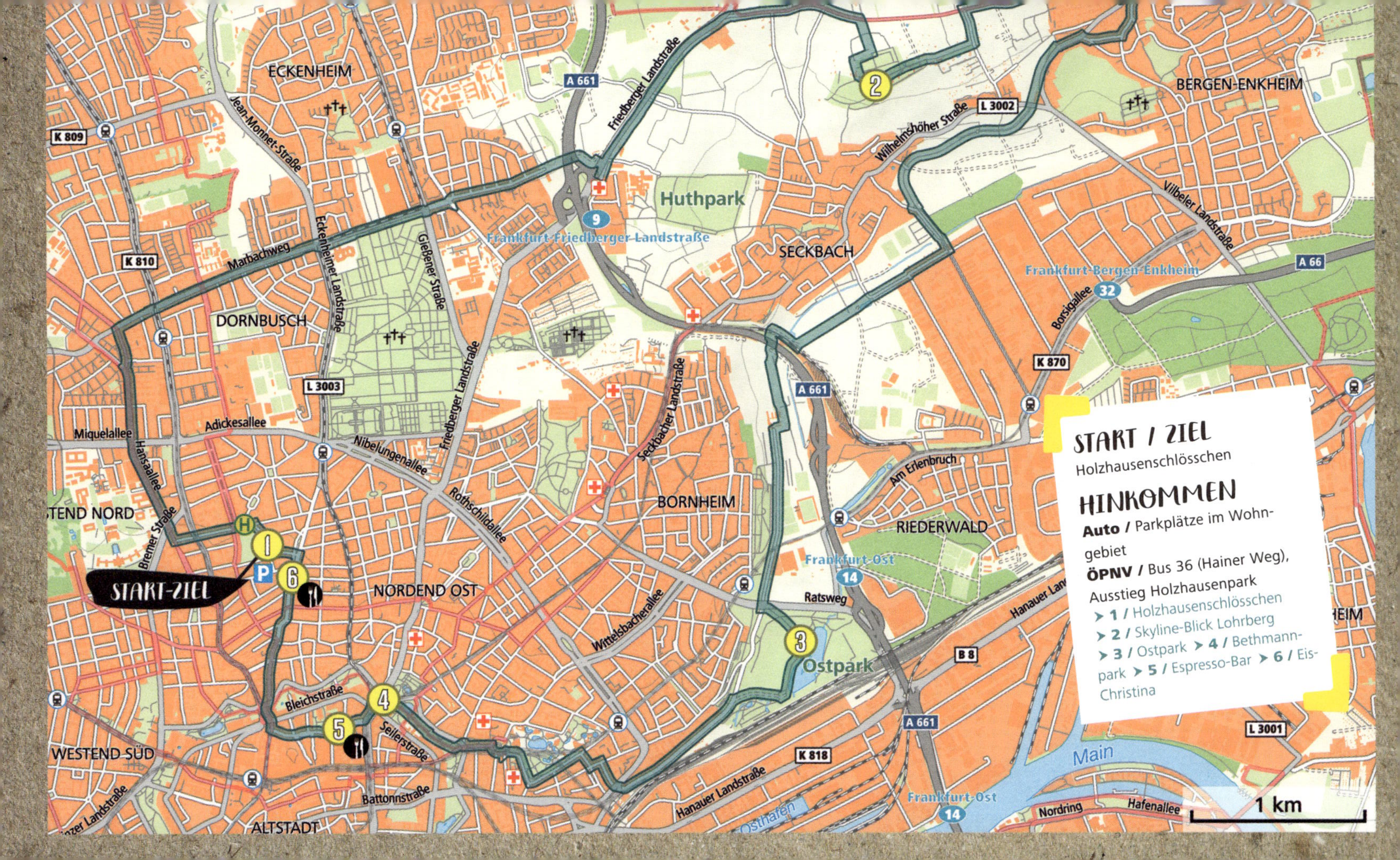
START / ZIEL
Holzhausenschlösschen
HINKOMMEN
Auto / Parkplätze im Wohngebiet
ÖPNV / Bus 36 (Hainer Weg), Ausstieg Holzhausenpark
➤ 1 / Holzhausenschlösschen
➤ 2 / Skyline-Blick Lohrberg
➤ 3 / Ostpark ➤ 4 / Bethmannpark ➤ 5 / Espresso-Bar ➤ 6 / Eis-Christina
START-ZIEL
1 km
ECKENHEIM
BERGEN-ENKHEIM
Huthpark
SECKBACH
DORNBUSCH
BORNHEIM
RIEDERWALD
NORDEND OST
Ostpark
WESTEND SÜD
ALTSTADT
Main
Frankfurt-Friedberger Landstraße
Frankfurt-Bergen-Enkheim
Frankfurt-Ost
Friedberger Landstraße
Eckenheimer Landstraße
Gießener Straße
Marbachweg
Jean-Monnet-Straße
Wilhelmshöher Straße
Vilbeler Landstraße
Borsigallee
Am Erlenbruch
Seckbacher Landstraße
Rothschildallee
Nibelungenallee
Adickesallee
Miquelallee
Hansaallee
Bremer Straße
Wittelsbacherallee
Ratsweg
Bleichstraße
Seilerstraße
Battonnstraße
Hanauer Landstraße
Nordring
Hafenallee
A 661
A 66
L 3002
L 3003
L 3001
K 809
K 810
K 870
K 818
B 8

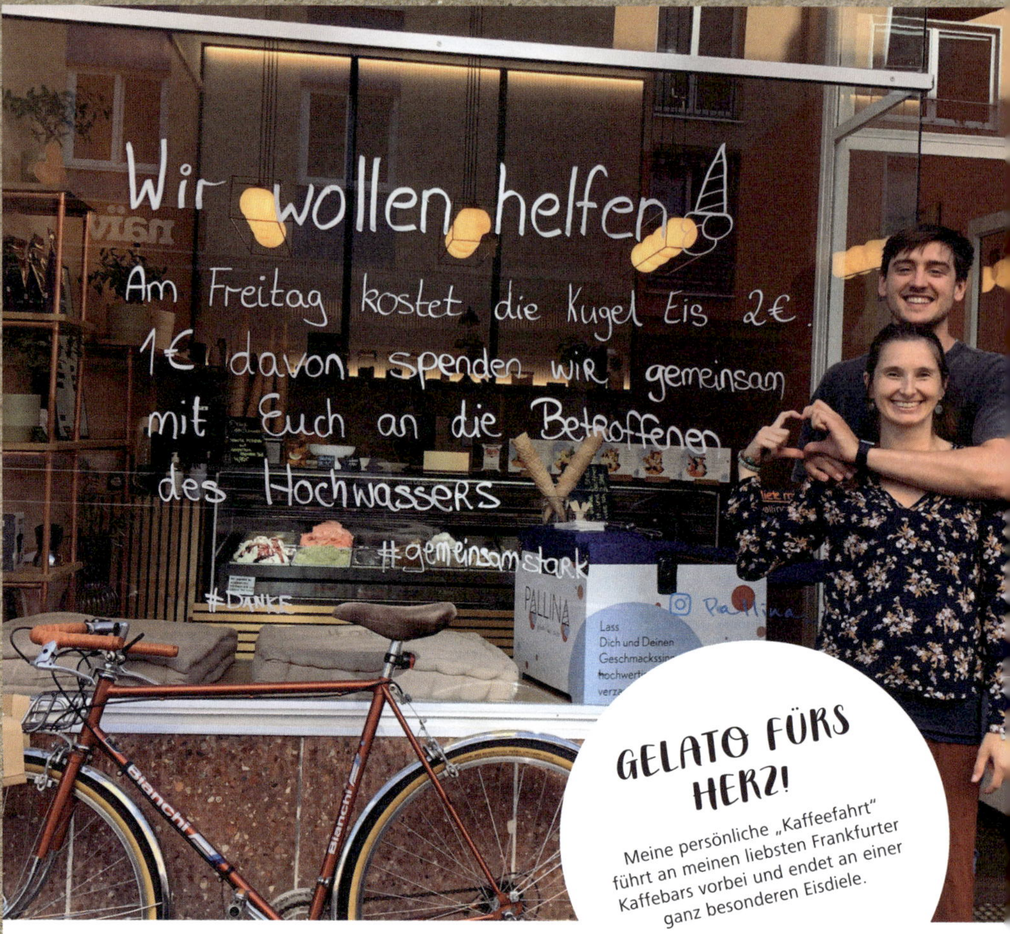

GELATO FÜRS HERZ!

Meine persönliche „Kaffeefahrt“ führt an meinen liebsten Frankfurter Kaffebars vorbei und endet an einer ganz besonderen Eisdiele.

➤ 1 / Start dieser Waldspazierfahrt ist die Frankfurter Paulskirche.

➤ 2 / Am Oberforsthaus befindet sich das Festgelände des Wäldchestags.

➤ 3 / Die Oberschweinstiege liegt mitten im Stadtwald.

➤ 4 / Blick von der Brücke am Jacobiweiher auf den Frankfurte „Vierwaldstättersee“.

➤ 5 / Innehalten an der Goetheruh.

➤ 6 / Vorbei am Reitplatz der Frankfurter Reiterstaffel.

➤ 7 / Das Café Under Pressure ist ein Geheimtipp für Kaffeeliebhaber.

➤ 8 / Pallina Gelato liegt am Fischerplätzchen.

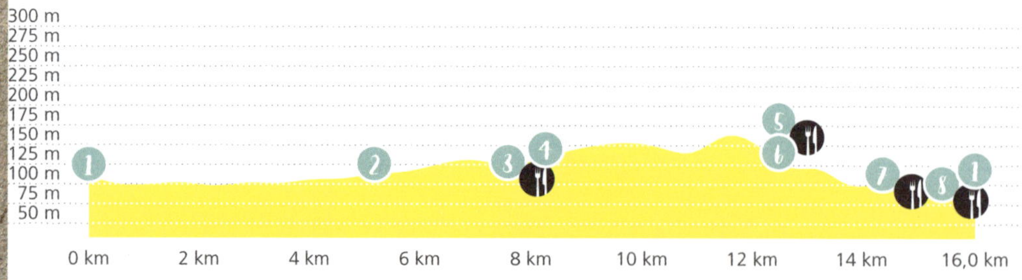

WALDSPAZIERFAHRT

Durch den Frankfurter Stadtwald

Von der Innenstadt aus radeln wir in den größten innerstädtischen Forst Deutschlands. Im Frankfurter Stadtwald lassen sich zahlreiche Tiere und Pflanzen beobachten. An meiner persönlichen Lieblingseisdiele belohnen wir uns mit edlem Gelato.

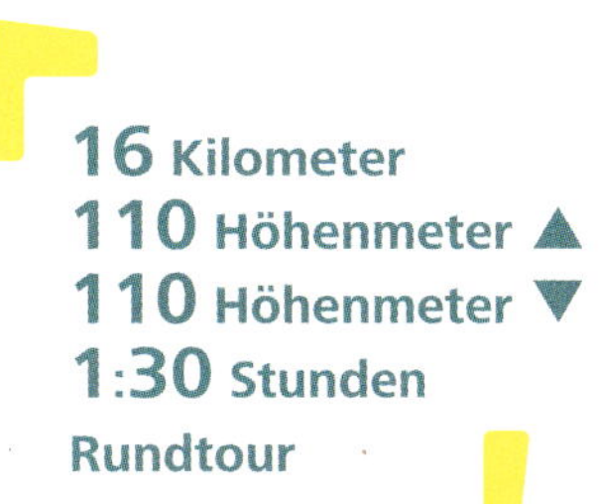

Wo das Leben tobt

In der 1 / Frankfurter Paulskirche schuf die Nationalversammlung 1849 die erste demokratische Verfassung für Deutschland. Sie ist heute ein Ort der Erinnerung, im Obergeschoss finden staatliche und städtische Veranstaltungen statt. An der einstigen Hauptkirche Frankfurts – mitten im Herzen der Stadt – beginnen wir unsere Waldspazierfahrt. Durch eine ruhigere Nebenstraße fahren wir direkt zum Mainufer. Natürlich kann man auch direkt über den Römer zum Main fahren. Wir radeln den Mainkai entlang und queren den Fluss über die Untermainbrücke. Nun befinden wir uns auf der Sachsenhäuser Seite der Stadt und haben

CHARAKTER

Sportlich ●●○○○
Abkühlung ●●●○○
Schlemmen ●●●●●
Panorama ●●○○○

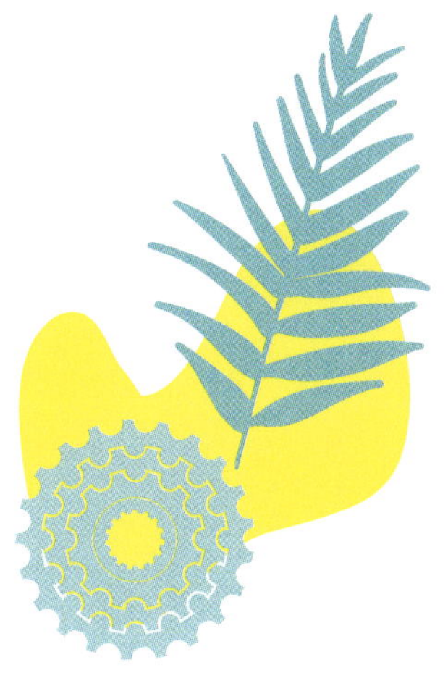

TOURENINFO / Schöne und einfache Runde auf ausgebauten Radwegen oder gut befahrbaren Waldwegen, für die ganze Familie geeignet.

< links / Eis essen bei Pallina Gelato mitten in der Frankfurter Innenstadt

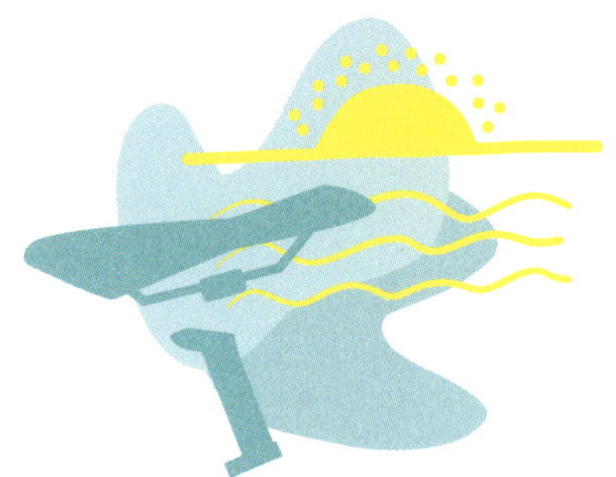

einen wunderbaren Blick auf das Herzstück Frankfurts – die Skyline. Wir biegen nach rechts ab und fahren ein Stück am Museumsufer entlang. An der unteren Uferpromenade sehen wir das Main Café, welches besonders bei schönem Wetter ein großer Anziehungspunkt für die Frankfurter ist. Wir passieren das Liebighaus, eine edle Gründerzeitvilla, in der sich eine der international bedeutendsten Skulpturensammlungen befindet. Rund 3.000 Skulpturen aus der Zeit vom Alten Ägypten bis zum Klassizismus werden hier ausgestellt. Umgeben ist die Villa von einem der schönsten Gärten Frankfurts. Wer Zeit hat, sollte nicht nur das Museum besuchen, sondern auch im Garten des Museumscafés bei hausgemachten Kuchen und Kaffee die einzigartige Atmosphäre genießen. Unmittelbar neben dem Liebighaus befindet sich das Staedel Museum, welches als älteste und renommierteste Museumsstiftung in Deutschland gilt. Auf Höhe des Holbeinstegs tauchen wir tiefer in den Stadtteil Sachsenhausen ein und folgen der Holbeinstraße bis zu den Bahngleisen. Hinter der Unterführung biegen wir rechts auf die Tiroler Straße ab, der wir noch ein kurzes Stück folgen und schließlich auf der großen Möhrfelder Landstraße ankommen. Auf einem Radweg fahren wir an der stark befahrenen Zufahrtsstraße entlang und befinden uns bereits im Waldgebiet. Wir biegen auf Höhe des Waldspielparks Louisa rechts auf die Niederräder Landstraße ab und fahren nach wenigen Minuten links in den Stadtwald hinein.

100.000

Zeichnungen und Grafiken, 3.100 Gemälde, 660 Skulpturen und über 5.000 Fotografien werden im Frankfurter Städel Museum ausgestellt. Das Kunstmuseum gibt einen nahezu lückenlosen Überblick über 700 Jahre europäische Kunstgeschichte.

Auf ins „Wäldche"

Jetzt geht es auf einem breiten und gut befahrbaren Weg quer durch den Wald bis zum 2 / Oberforsthaus, Austragungsort des berühmten Wäldchestag-Volksfests. Der Dienstag nach Pfingsten wird in Frankfurt am Main als Wäldchestag bezeichnet. Dieser Tag steht

---

➤ **rechts oben / Größtes Frankfurter Volksfest: Der Wäldchestag**
➤ **rechts Mitte / Mit dem Kettenkarussell hoch hinaus**

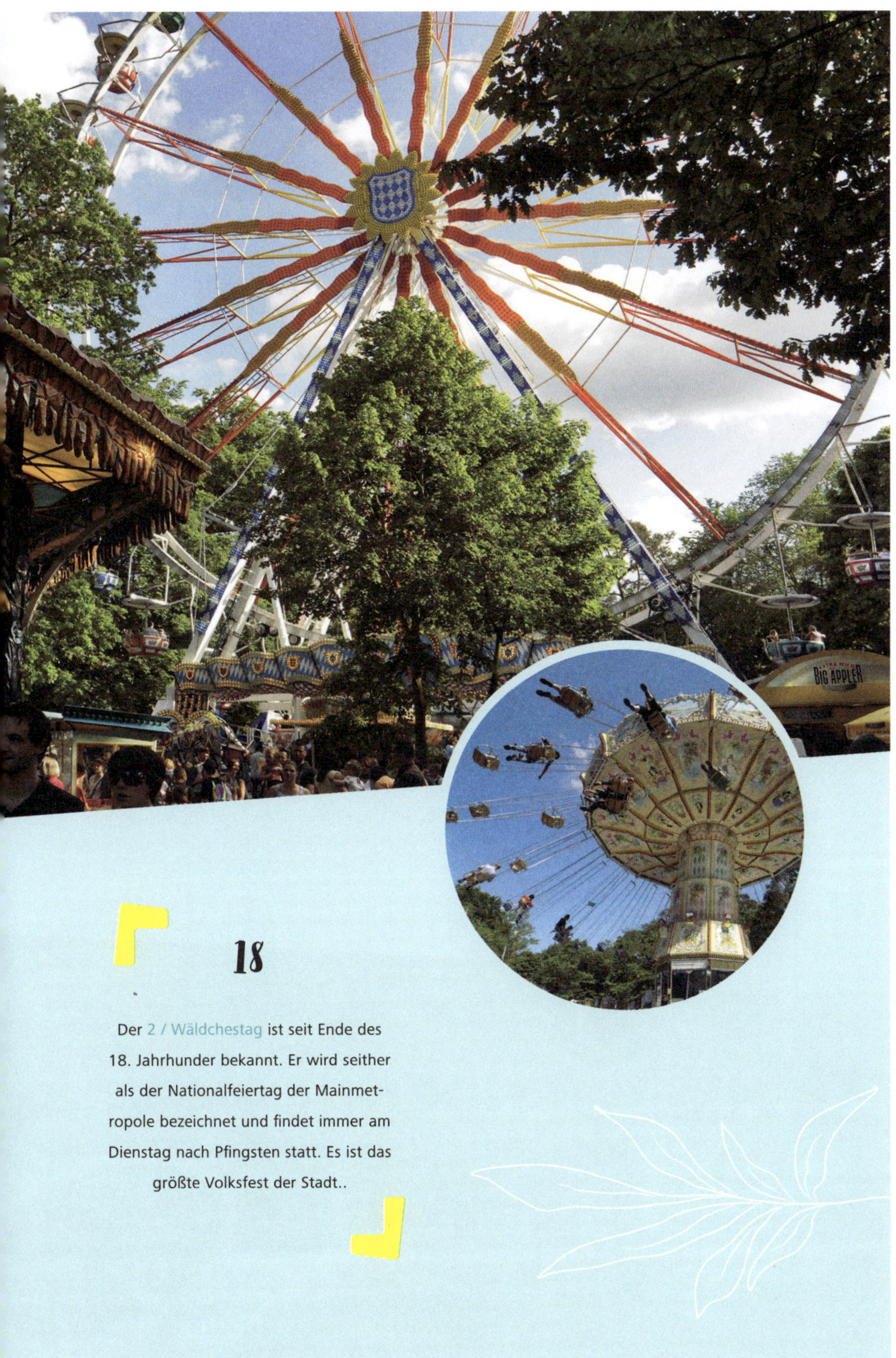

18

Der 2 / Wäldchestag ist seit Ende des 18. Jahrhunder bekannt. Er wird seither als der Nationalfeiertag der Mainmetropole bezeichnet und findet immer am Dienstag nach Pfingsten statt. Es ist das größte Volksfest der Stadt..

Komische Kunst im Grüngürtel

„Seit 300 Jahren pisst man mich an. Ab heute piss ich zurück" steht auf einer Tafel am berühmten Pinkelbaum am 4 / Jacobiweiher.

für Identifikation und Verbundenheit der Bürgerinnen und Bürger mit ihrer Stadt. Die Geschichte des Frankfurter Feiertags reicht bis ins Mittelalter zurück, worin das Volksfest seinen Ursprung fand ist allerdings nicht eindeutig belegt. Sicher ist, dass der Wäldchestag sich im Laufe der Zeit verändert hat. Seit den 1960er Jahren etablierte sich der Feiertag als Kirmes mit Naschkrambuden und Imbissen – bis heute findet man hier aber keine extremen Fahrgeschäfte, stattdessen das klassische Riesenrad, den Autoscooter und ein Kettenkarussell sowie eine Achterbahn – der nostalgische Charme steht im Vordergrund. Das Fest versteht sich als malerischer Platz zum Genießen, Plaudern und Entspannen. Üblich ist es, dass die Frankfurter an ihrem Nationalfeiertag frei haben, um zum Wäldchestag zu pilgern. International tätige Unternehmen pflegen diese Tradition allerdings nicht mehr, weshalb viele nach Feierabend mit ihren Kollegen für ein außergewöhnliches After-Work-Event hierherkommen. Wir verlassen das Festgelände und fahren weiter quer durch den Stadtwald, überqueren die Bahnschienen und befinden

Nostaligie pur

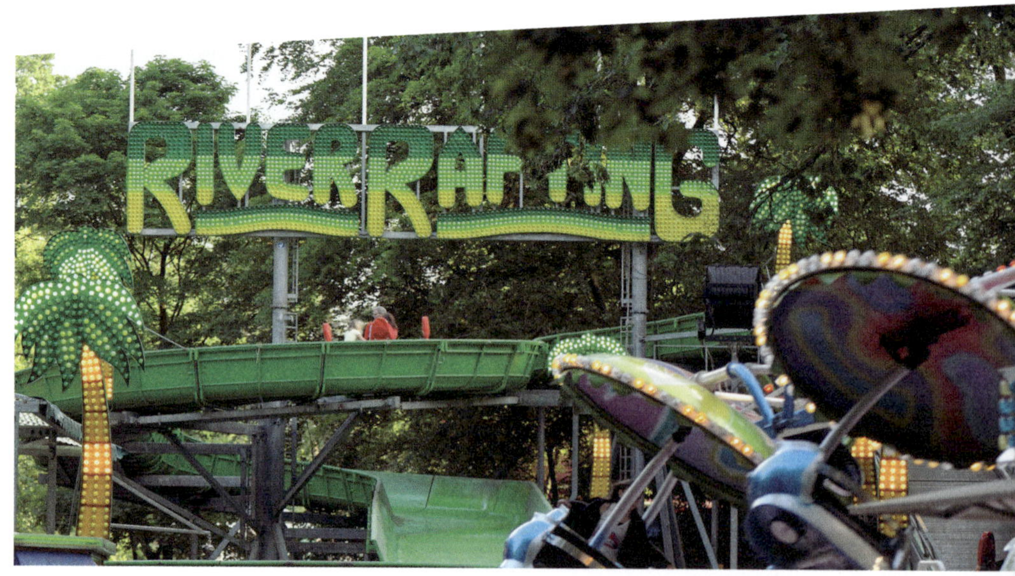

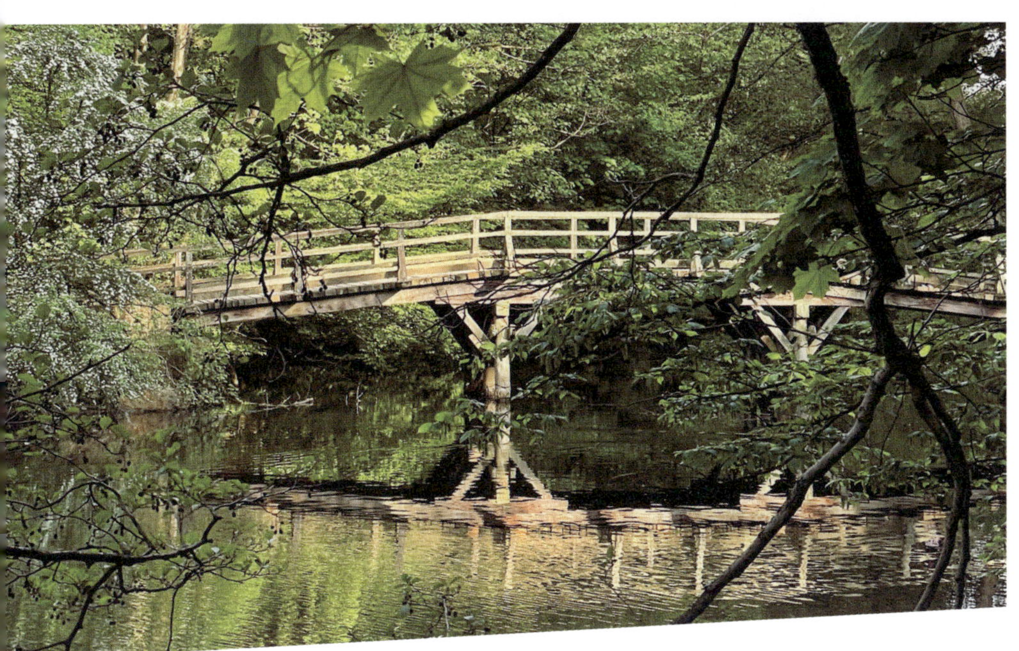

uns nun auf der Isenburger Schneise. Bei der zweiten Überquerung der Bahngleise zeigt sich die Frankfurter Skyline, umrahmt vom Wald. Wir fahren wieder in den Wald hinein und kommen kurze Zeit später auf die Oberschweinstiegschneise. Der Weg führt an der GrünGürtel-Waldschule vorbei, einem von vielen Natur-Lernorten für Kindergartenkinder und Schüler und schließlich finden wir am Wegrand eine Stempelstelle, an der man seinen Wanderpass für den GrünGürtel Rundweg stempeln lassen kann.

5000

Hektar Fläche umfasst der Frankfurter Stadtwald und ist damit der größte innerstädtische Forst Deutschlands. In der Grünen Lunge der Mainmetropole findet sich ein rund 450 km langes Wegenetz für Wanderer, Radfahrer und Jogger. Es gibt außerdem 80 km Reitwege.

Gaumen- und Tierfreuden

Nun kommen wir an der 3 / Oberschweinstiege an, einer beliebten Gaststätte mit einer vielfältigen Speisekarte. Sie befindet sich unmittelbar vor dem 4 / Jacobiweiher, den wir über die Brücke überqueren. Im größten Gewässer Frankfurts tummeln sich ausgesetzte Aquarienfische und solche, die durch Enten eingebracht wurden. Der Speiseplan der zahlreich vertretenen Graureiher und Kormorane ist also reich gedeckt. Ausgesetzte amerikanische Rotwangenschildkröten sonnen sich auf Baumstämmen im Wasser. Wer Glück hat, kann Spechte beobachten, von denen fast alle heimischen Arten hier vorkommen. An Sommeraben-

❮ links / Traditionell und international: Auf dem Wäldchestag gibt es ausschließlich klassische Fahrgeschäfte, angepasst an den Zahn der Zeit.
▲ oben / Grüne Oase im Stadtwald: Der Jacobiweiher

HESSISCHE REITERSTAFFEL

Seit 2004 gibt es in Hessen nur noch eine 6 / Reiterstaffel. Als Standort wurde Frankfurt aufgrund seiner zentralen Lage im Rhein-Main Gebiet gewählt.

den ziehen Fledermäuse ihre lautlosen Bahnen. Am Ufer stehen alte, seltene Flatterulmen und mächtige Buchen, die die größten Vertreter ihrer Art in Hessen sein sollen. Die Szenerie ist wirklich malerisch und wer im April Bärlauch pflücken möchte, dem sei der Waldabschnitt um den Weiher herum empfohlen. Wir setzen unsere Tour über gut befahrbare Waldwege fort und gelangen nach etwa 15 Minuten zur 5 / Goetheruh, einer Gedenkstätte Goethes unterhalb des Goethe Turms (siehe Tour 13). Dieser Abschnitt des Stadtwaldes heißt „Scheerwald". Wir radeln den Wendelsweg bergab aus dem Wald hinaus und nach Sachsenhausen hinein. Auf der linken Seite sehen wir die einzige 6 / Reiterstaffel (Wendelsweg 128, 60599 Frankfurt am Main) der Polizei Hessen. Im heutigen hochtechnisierten Zeitalter ist es zweifelsohne ein seltenes Bild, Pferde im polizeilichen Einsatz zu sehen, aber die Reiterstaffel übernimmt immer noch wichtige Aufgaben. Kurz hinter einem „Wasserhäuschen" biegen wir rechts ab und fahren bis zur Offenbacher Landstraße, der wir bis nach Alt-Sachsenhausen folgen.

DURCH DEN SCHEERWALD

GELATO-BAUM FÜR EINE SOZIALE STADT

Der Olivenbaum vor der Tür von 8 / Pallina Gelato erfüllt einen sozialen Auftrag: In der Eisdiele kann man eine Kugel Eis spenden! Bedürftige können sich den Eis-Gutschein einfach vom Baum pflücken.

Kaffee oder Eis – oder beides?

Hier befindet sich das 7 / Café Under Pressure (Große Rittergasse 20, 60594 Frankfurt am Main), ein echter Geheimtipp für Kaffeeliebhaber! Nach dem Kaffeestopp queren wir den Main über die Ignatz-Bubis-Brücke und fahren Richtung Skyline bis zur nächsten Brücke am Main entlang, wo wir rechts auf das Fischerplätzchen einbiegen. Hier machen wir Halt bei 8 / Pallina Gelato (Fahrgasse 7, 60311 Frankfurt am Main). Die junge Eisdiele bietet nicht nur einzigartige Geschmackserlebnisse, sondern ist eine echte Herzensangelegenheit der Inhaber Max und Katja. Die beiden setzen auf hochwertige Produkte, haben einen ausgeprägten Sinn für Nachhaltigkeit, vor der Tür steht ein Spendenbaum und das allerwichtigste: die beiden setzen sich mit ihrer Eisdiele für herzkranke Kinder ein. Unsere Runde führt durch die Frankfurter Altstadt, direkt über den Römer und endet an der Paulskirche.

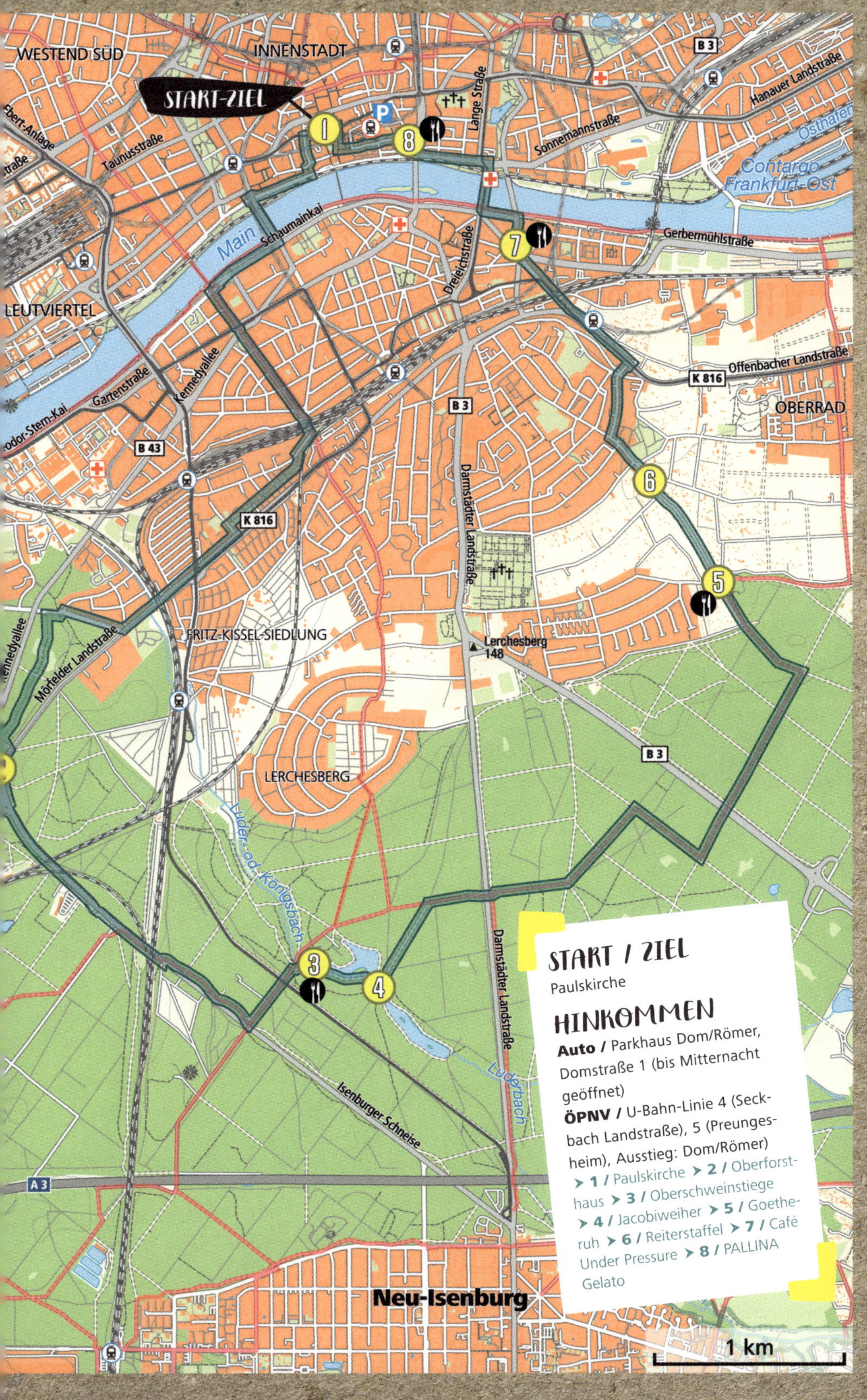

START-ZIEL
WESTEND SÜD
INNENSTADT
LEUTVIERTEL
Main
Schaumainkai
Taunusstraße
Lange Straße
Sonnemannstraße
Hanauer Landstraße
Osthafen
Contargo Frankfurt-Ost
Gerbermühlstraße
Dreieichstraße
Offenbacher Landstraße
OBERRAD
Gartenstraße
Kennedyallee
B 43
B 3
K 816
Darmstädter Landstraße
Lerchesberg 148
FRITZ-KISSEL-SIEDLUNG
Mörfelder Landstraße
LERCHESBERG
Luder-od.-Königsbach
Luderbach
Isenburger Schneise
A 3
Neu-Isenburg
1 km
START / ZIEL
Paulskirche
HINKOMMEN
Auto / Parkhaus Dom/Römer, Domstraße 1 (bis Mitternacht geöffnet)
ÖPNV / U-Bahn-Linie 4 (Seckbach Landstraße), 5 (Preungesheim), Ausstieg: Dom/Römer)
➤ 1 / Paulskirche ➤ 2 / Oberforsthaus ➤ 3 / Oberschweinstiege ➤ 4 / Jacobiweiher ➤ 5 / Goetheruh ➤ 6 / Reiterstaffel ➤ 7 / Café Under Pressure ➤ 8 / PALLINA Gelato

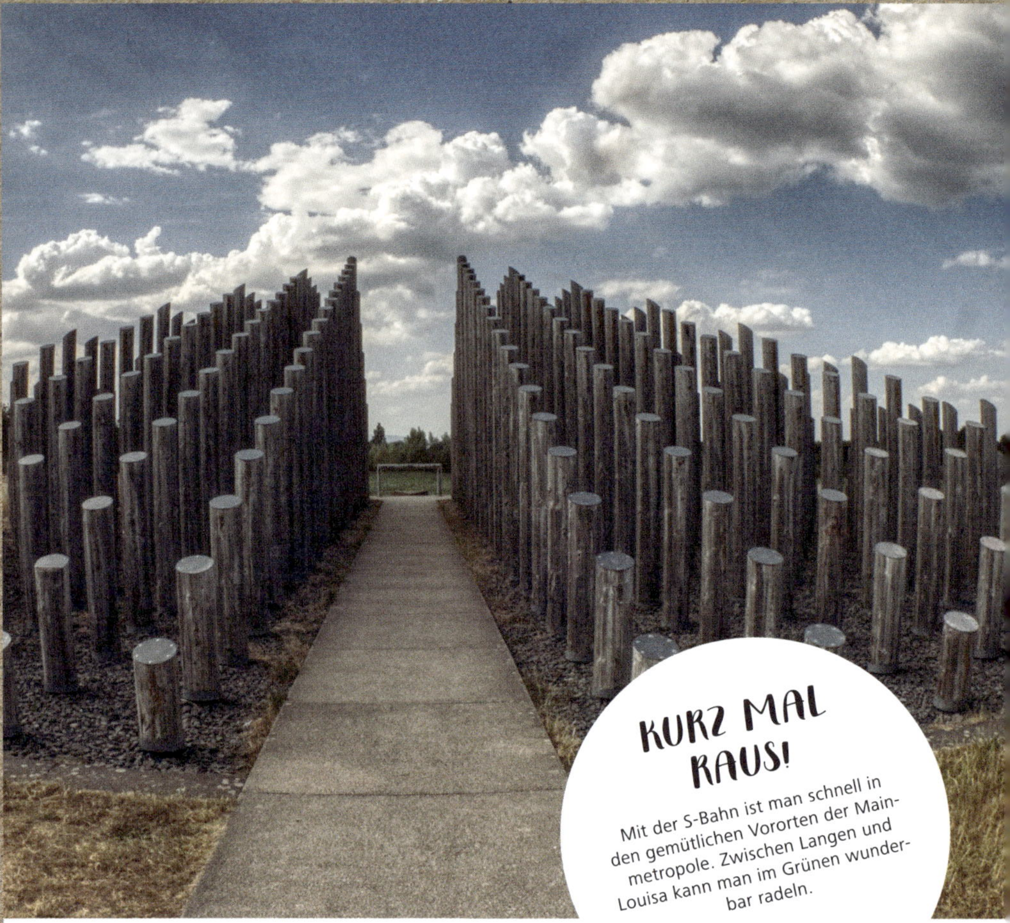

KURZ MAL RAUS!

Mit der S-Bahn ist man schnell in den gemütlichen Vororten der Mainmetropole. Zwischen Langen und Louisa kann man im Grünen wunderbar radeln.

> 1 / Nach kurzer Fahrt aus der Frankfurter Innenstadt kommen wir an der S-Bahn-Station Langen an.

> 2 / Eine ungewöhnliche Perspektive erwartet uns an der Stangenpyramide Dreieich.

> 3 / Durch den Frankfurter Stadtwald führen breite, gut befahrbare Waldwege.

> 4 / Die Oberschweinstiege ist ein beliebter Treffpunkt im Frankfurter Wald.

> 5 / Wir machen Rast am Königsbrünnchen.

> 6 / Unsere Tour endet am Bahnhof Louisa neben einem Waldspielpark.

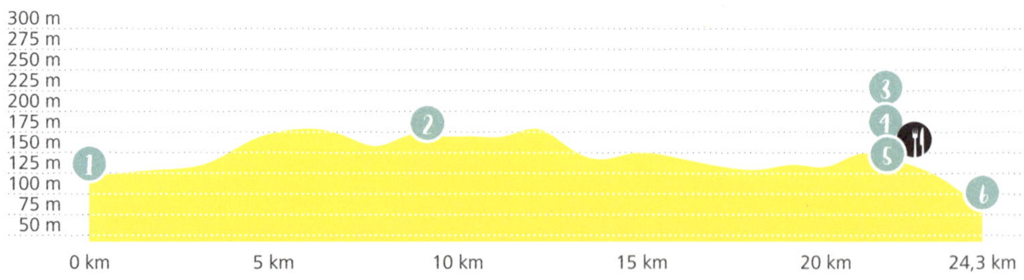

ZU FRANKFURTS STANGENPYRAMIDE

Von Langen nach Louisa

Zwischen Frankfurt und Darmstadt liegt Langen, wo dieser kurze Bike-Ride beginnt. Wir kommen an Frankfurts einziger Pyramide vorbei, befahren einen der höchsten Berge im Landkreis Offenbach und enden am Rande Sachsenhausens neben einem von sechs Waldspielparks der Stadt.

24 Kilometer
183 Höhenmeter ▲
197 Höhenmeter ▼
2 Stunden
Streckentour

Deutsche Flugsicherung und Wetterdienst

Die Tour startet in Langen, einem im Landkreis Offenbach liegenden Frankfurter Vorort, der vom Frankfurter Hauptbahnhof in 25 Minuten Fahrt gut mit der S-Bahn zu erreichen ist. Mit der Regionalbahn dauert die Fahrt gerade einmal 9 Minuten. Langen hat 40.000 Einwohner und ist Hauptsitz der Deutschen Flugsicherung, des Paul-Ehrlich-Institutes und des Ausbildungszentrums des Deutschen Wetterdienstes. Hier fahren wir an der 1 / S-Bahn-Station Langen über die Liebigstraße an den Gleisen entlang Richtung Frankfurt. Nach

CHARAKTER

Sportlich ●●○○○
Abkühlung ●●●●○
Schlemmen ●●○○○
Panorama ●●●○○

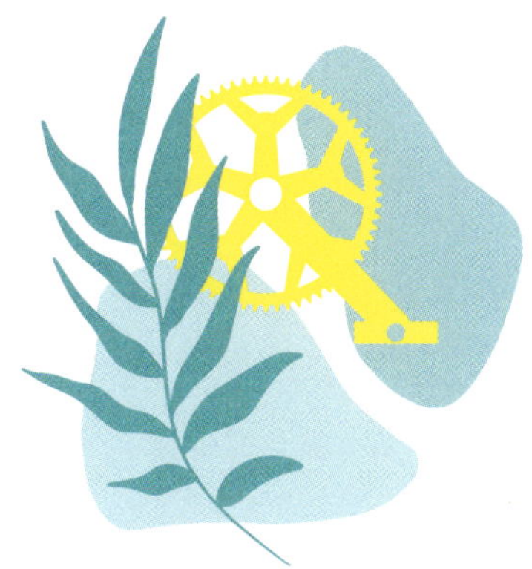

TOURENINFO / Mittelschwere Tour. Verläuft auf befestigten Wegen und gut befahrbaren Waldwegen. Kann mit Tour 3 kombiniert werden. Trifft auf Radfernweg R8 bei Dreieich und Neu-Isenburg.

< links / Ein wirklich außergewöhnlicher Aussichtspunkt: die Stangenpyramide in Dreieich.

etwa fünf Minuten queren wir die Nordumgehung und folgen dann einem asphaltierten Radweg, der zwischen Blumenwiesen und Feldern hindurch führt. Wir kommen an einem Modellflugplatz vorbei und folgen dem Radweg weiter in Richtung Dreieich. Auf dem Weg zum Ortsteil Dreieichenhain, durchfahren wir einen Wald. In der wunderschönen von Fachwerkhäusern dominierten Altstadt von Dreieichenhain lohnt ein kurzer Aufenthalt. Es gibt zahlreiche Einkehrmöglichkeiten, Eisdielen und kleine Geschäfte. Kurz vor der Burg Hayn (Fahrgasse 52, 63303 Dreieich) gelangen wir auf den Radfernweg R8. Die hochmittelalterliche Burgruine kann besichtigt werden. Auf dem Gelände befindet sich ein Museum mit einer Dauerausstellung sowie wechselnden Ausstellungen. Weiterhin ist die Burg auch Austragungsort der im Sommer stattfindenden Burgfestspiele.

HONIG AUS DER BURG HAYN

Seit 2014 befinden sich mehrere Bienenstöcke auf dem Museum der Burg Hayn. Der Honig kann im Museum erworben werden.

Ein einzigartiger (An)Blick

Am Ortsausgang passieren wir die 2 / Stangenpyramide Dreieich. In diesem Gebiet zwischen Sprendlingen, Dreieichenhain und Götzenhain haben wir einen tollen Weitblick in Richtung Taunus und Frankfurter Skyline. Die Stangenpyramide ist ein kunstvoller Aussichtspunkt in der Grundform einer Pyramide. Beim Umrunden der Holzkonstruktion verdichtet sich diese je nach Standort scheinbar zu einem Festkörper, um wenige Meter weiter wieder in einzelne Elemente aufzufächern. Besonders spannend ist die fast in Nord-Süd-Richtung verlaufende Sichtachse. Sie rasiert förmlich eine Schneise in den Stangenwald und teilt das Bauwerk spiegelbildlich in zwei Hälften. Schreitet man darauf zu, eröffnet sich ein gewaltiger Ausblick. Exakt berechnet durch ein leichtes Kippen der Achse nach Westen fokussiert die Pyramide den Blick auf Messeturm und Hochtaunus. Hinter der Stangenpyramide verläuft der

---

➤ **rechts oben / Mitten durch den Stadtwald fährt die Straßenbahn**
➤ **rechts Mitte / außergewöhnlicher Stellplatz fürs Rad**

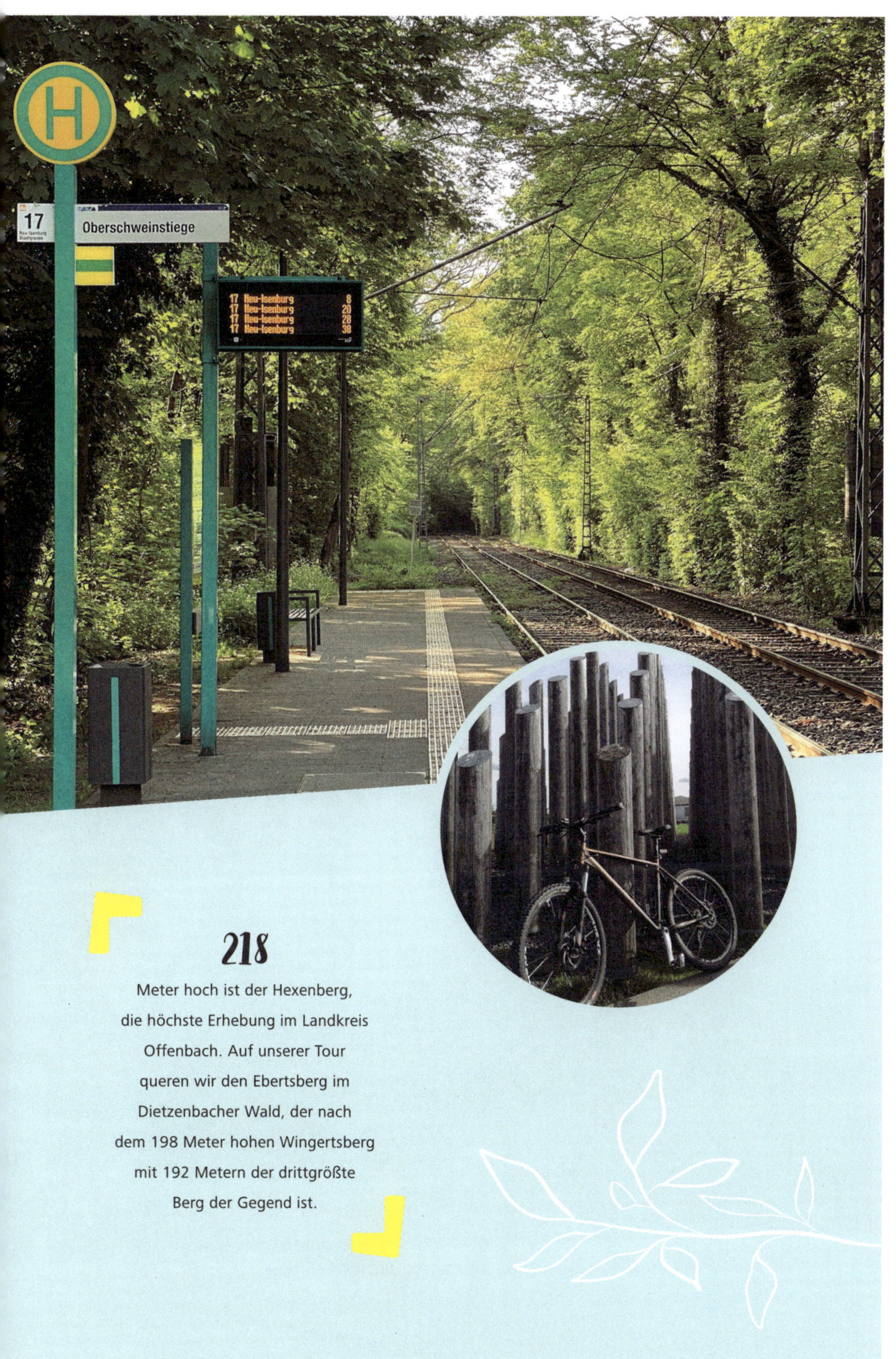

218

Meter hoch ist der Hexenberg, die höchste Erhebung im Landkreis Offenbach. Auf unserer Tour queren wir den Ebertsberg im Dietzenbacher Wald, der nach dem 198 Meter hohen Wingertsberg mit 192 Metern der drittgrößte Berg der Gegend ist.

Bauernhof mit Hofcafé

Am Rande von Dreieich befindet sich der Bauernhof der Familie Lenhardt. Im Hofladen gibt es Eis aus eigener Herstellung, frische Milch und selbst gebackene Kuchen.

Essen unter Apfelbäumen

R8 durch eine wunderschöne Allee und biegt dahinter links ab Richtung Neu-Isenburg. Wer dem R8 folgen möchte, kommt direkt nach Neu-Isenburg – unsere Tour macht noch einen Schlenker durch den Dietzenbacher Wald. Wer sich für den direkten Weg entscheidet, kommt am vornehmen Hofgut Neuhof (63303 Dreieich) mit Gutsschänke und Golfplatz vorbei. Das Hofgut liegt idyllisch zwischen Feldern und Wiesen. Das gepflegte Anwesen bietet selbst Spazierwege zwischen angelegten Blumenbeeten, einem Teich und einer Apfelwiese. Die alte Backstube ist für Besucher Herzstück des Hofguts und dient seit 1961als Hofladen und Gastraum. Bei schönem Wetter kann in der Wiesenstube unter Apfelbäumen gegessen werden.

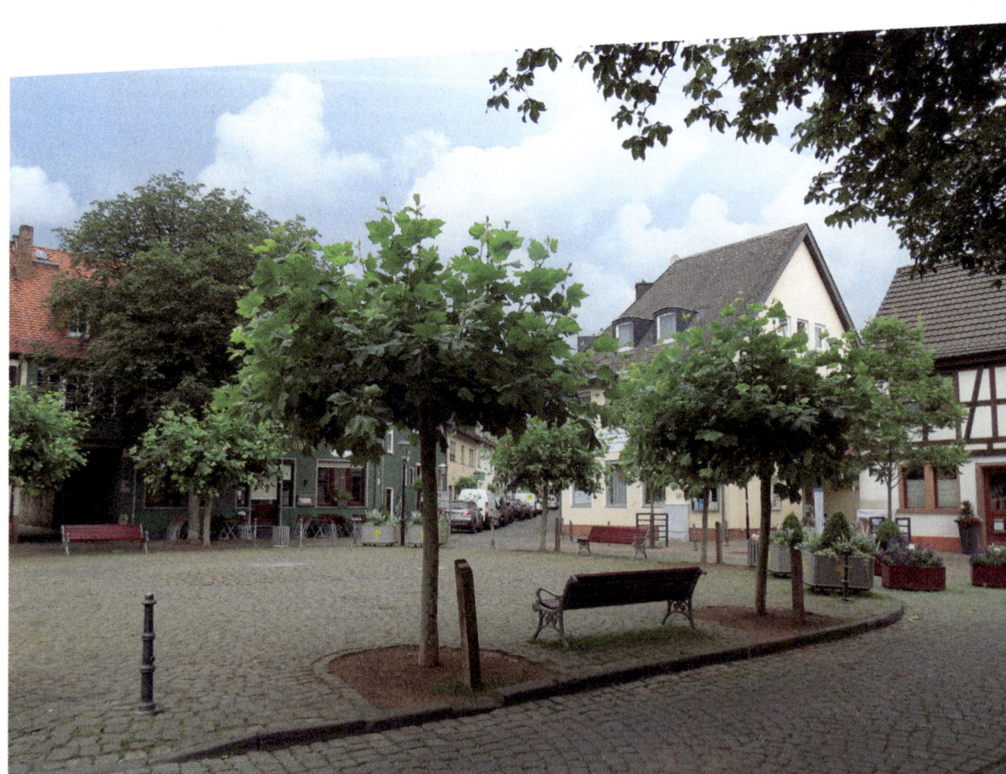

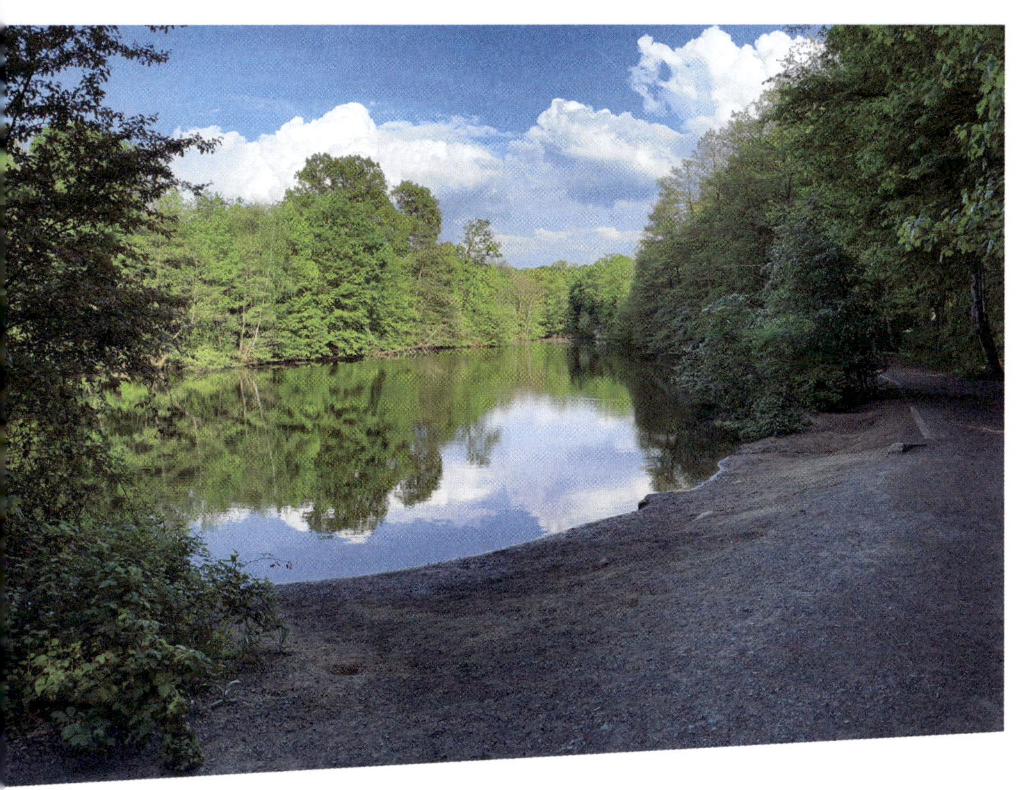

Von Wald zu Wald

Wir radeln am Golfplatz des Hofguts Neuhof vorbei. Dann geht es über einen Forstweg durch den Dietzenbacher Wald und über den Ebertsberg, einer der drei höchsten Erhebungen im Landkreis Offenbach. Dahinter passieren wir eine Schutzhütte, die am Naturschutzgebiet Luderbachaue liegt. Hier bietet sich eine kurze Verschnaufpause an. Danach führt uns die Prinzenschneise, ein schnurgerader und gut befahrbarer Waldweg, nach Neu-Isenburg. Hier nutzen wir eine tolle Umfahrung der örtlichen Hauptstraße und sind dadurch rasch im 3 / Frankfurter Stadtwald.

456

verleimte Rundhölzer bilden die 2 / Stangenpyramide Dreieich. Sie stehen in einem regelmäßigen Raster mit einem Abstand von jeweils einem Meter

Besichtigung der Hugenottenstadt

Ein Abstecher in die Neu-Isenburger Altstadt oder Einkaufsstraße lohnt sich ebenfalls. Ihr historischer Grundriss ist bis heute erhalten. Besonders zu empfehlen ist der gemütliche Marktplatz mit den Apfelweingaststätten Föhl und Zum Grünen Baum (Marktplatz 1,4

‹ links / Der historische Stadtkern von Neu-Isenburg mit seinen Traditionslokalen ist einen Besuch wert ^ oben / Blick auf den Jacobiweiher im Frankfurter Stadtwald

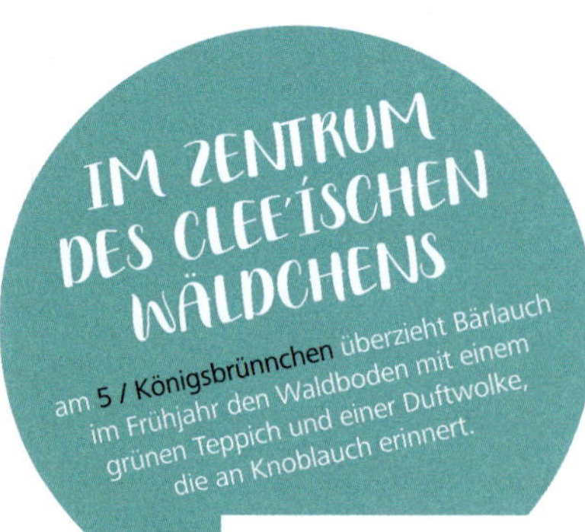

NACHHALTIGES EINKAUFEN

63263 Neu-Isenburg) und die Frankfurter Straße mit vielen schönen Geschäften, wie beispielsweise der Unverpackt Laden von Frau Dücker, in dem es regionale Produkte, Obst und Gemüse sowie eine große Auswahl an fairen Schokoladen- und Müslisorten gibt. Mittagessen zum Mitnehmen wird frisch gekocht und an der Theke finden wir auch allerlei selbst gebackene Kleinigkeiten.

Zum Quell des Stadtwalds

Auf Höhe des Jacobiweihers (siehe Tour 3) erreichen wir das Ausflugslokal 4 / Oberschweinstiege. Sie liegt mitten im Stadtwald, ist aber kurioserweise mit der Straßenbahn der Linie 17 erreichbar. Hinter dem Gasthaus führt der Weg am 5 / Königsbrünnchen vorbei. Es ist die einzige natürliche Quelle im Stadtwald. Hier finden wir Bänke und Tische für eine Picknickpause. Nicht weit vom Königsbrünnchen entfernt steht der im Mittelalter angelegte Königsbrunnen. Dort konnte früher mit Eimern Grundwasser aus tieferen Schichten gefördert werden. Folgt man dem Wasserlauf des Königsbrünnchen, kommt man in den Stadtteil Louisa. Von hier aus nimmt das Wasser unterirdische Wege bis zum Main. Um uns herum wird es wieder städtischer. Wir beenden unsere Tour hier an der S-Bahn-Station 6 / Bahnhof Louisa. Mit der S-Bahn ist man in wenigen Minuten wieder in der Innenstadt.

1812

ließ der Baron von Bethmann auf dem Gelände des Waldspielparks Louisa einen Landschaftsgarten anlegen, den er nach seiner Gattin Louisa benannte. Sie war Mutter der drei kleinen „Bethmännchen“, die im gleichnamigen Frankfurter Gebäck symbolisiert werden.

Spielen und Einkehren am Rande des Stadtwaldes

Auf der anderen Seite der Station befindet sich der Waldspielpark Louisa, der 1954 als erster von sechs Waldspielparks in Frankfurt angelegt wurde und neben einer großzügigen Wiese und einem Kiosk Spielplätze für Kinder von 0 bis 12 Jahren bietet. Zudem verfügt der Waldspielpark auch über einen großen Wasserspielplatz. Gegenüber der S-Bahn-Station befindet sich das Traditionslokal Zur Buchscheer Apfelweinwirtschaft (Schwarzsteinkautweg 17, 60598 Frankfurt am Main). Hier wird im urgemütlichen Gastraum mit rustikaler Einrichtung hessische Küche serviert.

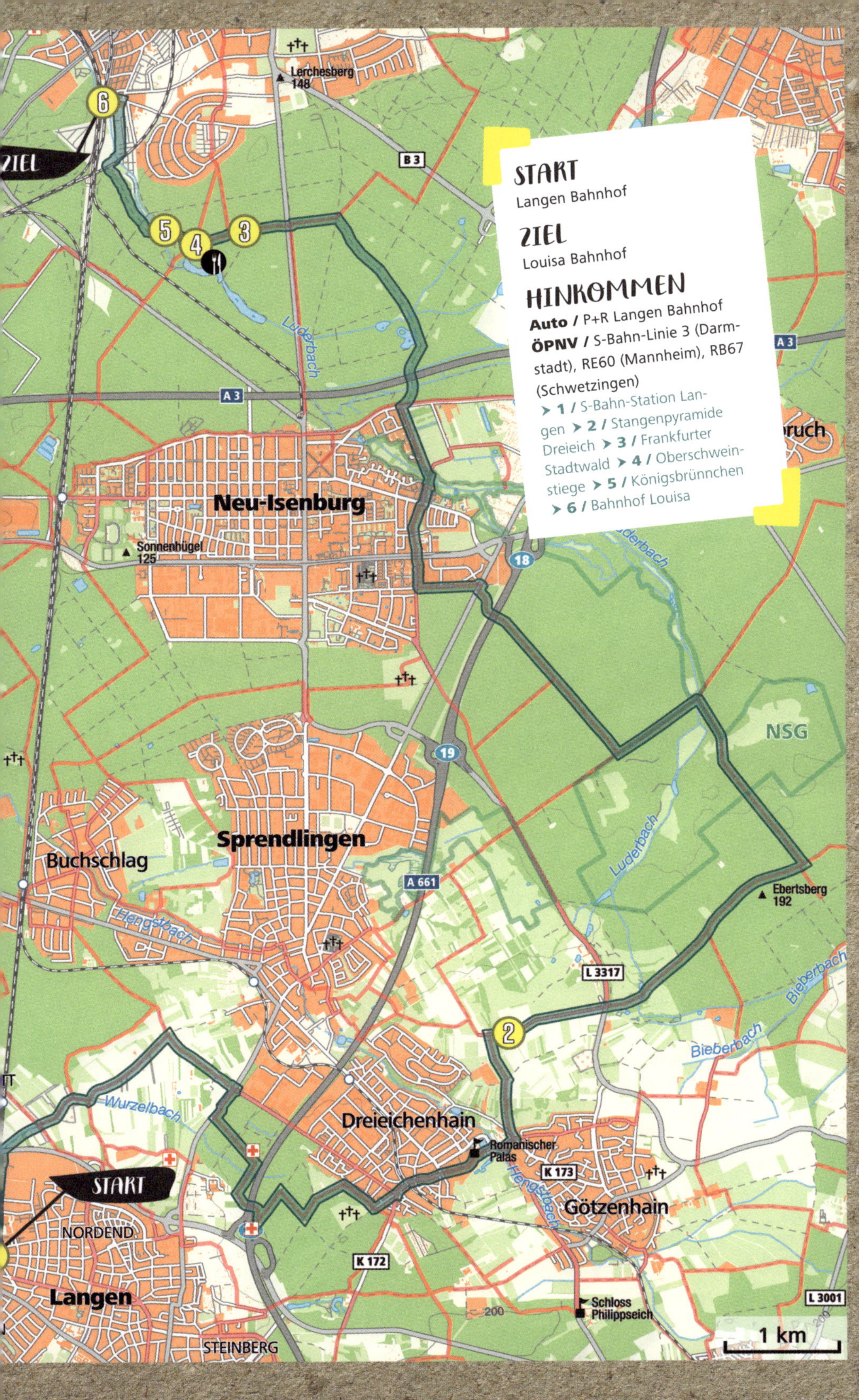
START
Langen Bahnhof
ZIEL
Louisa Bahnhof
HINKOMMEN
Auto / P+R Langen Bahnhof
ÖPNV / S-Bahn-Linie 3 (Darmstadt), RE60 (Mannheim), RB67 (Schwetzingen)
➤ 1 / S-Bahn-Station Langen ➤ 2 / Stangenpyramide Dreieich ➤ 3 / Frankfurter Stadtwald ➤ 4 / Oberschweinstiege ➤ 5 / Königsbrünnchen ➤ 6 / Bahnhof Louisa
ZIEL
START
Lerchesberg 148
B 3
A 3
Luderbach
Neu-Isenburg
Sonnenhügel 125
18
19
NSG
Sprendlingen
Buchschlag
Hengstbach
A 661
Ebertsberg 192
L 3317
Bieberbach
Wurzelbach
Dreieichenhain
Romanischer Palas
K 173
Götzenhain
NORDEND
K 172
Langen
Schloss Philippseich
L 3001
STEINBERG
1 km

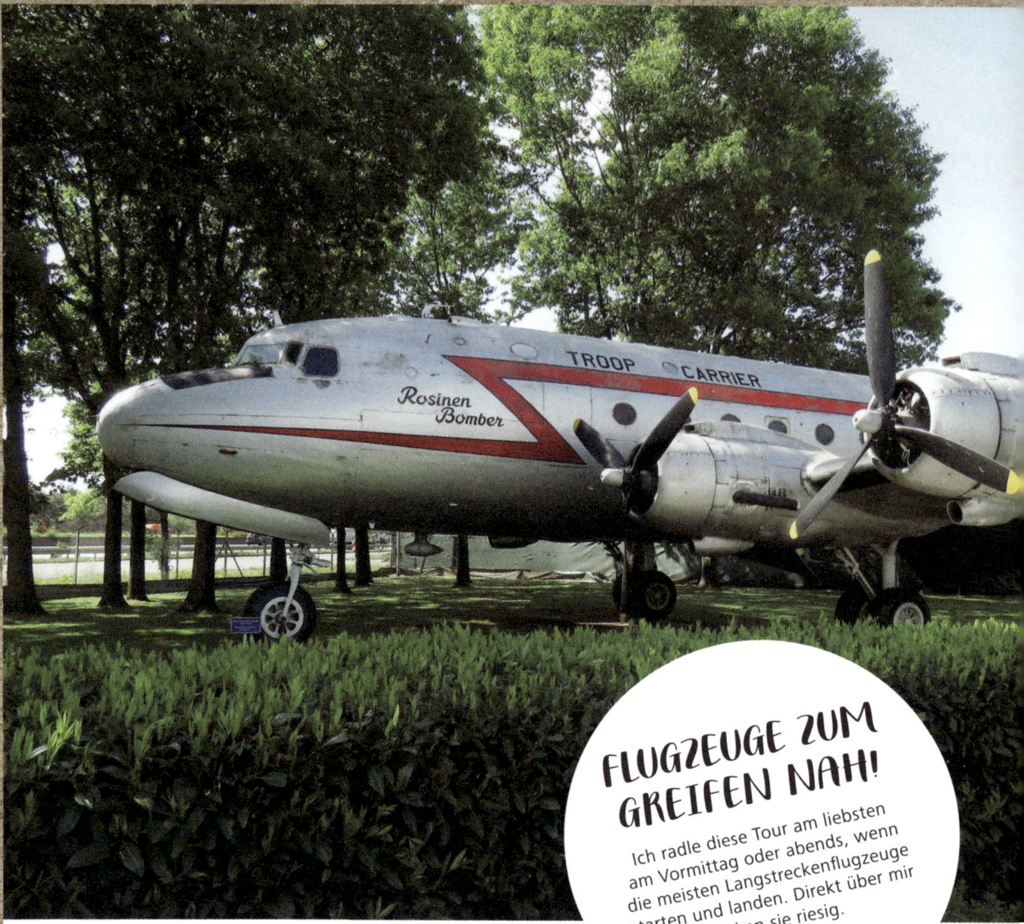

FLUGZEUGE ZUM GREIFEN NAH!

Ich radle diese Tour am liebsten am Vormittag oder abends, wenn die meisten Langstreckenflugzeuge starten und landen. Direkt über mir wirken sie riesig.

› 1 / Am Kelsterbach Bahnhof schwingen wir uns in den Sattel.

› 2 / Der Mönchwaldsee ist ein unter Naturschutz stehender Baggersee.

› 3 / An der Landebahn Nordwest können wir die Riesenvögel beobachten.

› 4 / Selten ist man am Spotter-Punkt Startbahn West ganz allein.

› 5 / Das an den Flughafen grenzende Naturschutzgebiet Mönchbruch ist ein wichtiges Naherholungsziel.

› 6 / Am Luftbrückendenkmal stehen zwei Rosinenbomber.

› 7 / Wir beenden die Tour in der modernen Bürostadt Gateway Gardens.

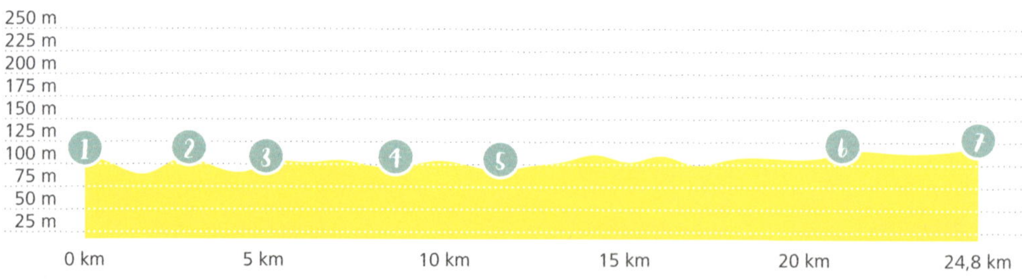

NOCH EIN WAHRZEICHEN DER STADT

Rund um den Frankfurter Flughafen

Frankfurt ist nicht nur bekannt für seine außergewöhnliche Skyline – mit Banken, Börse und EZB. Es ist auch Standort des größten deutschen Flughafens. Dass man diesen ganz wunderbar per Rad erkunden kann, beweist diese Tour.

25 Kilometer
90 Höhenmeter ▲
80 Höhenmeter ▼
2 Stunden
Streckentour

Abflug!

Wir befinden uns am Rande einer 24 Quadratkilometer umfassenden Betonwüste: dem Frankfurter Flughafen. Obwohl nur etwa 200 Menschen im Stadtteil Frankfurt-Flughafen leben, gibt es hier die beste Infrastruktur: ein Krankenhaus, die zwei Bahnhöfe Flughafen Fernbahn-hof und Regionalbahnhof sowie den S-Bahn-Haltepunkt 7 / Gateway Gardens, die zwei vollautomatischen Hochbahnen SkyLine und Skylink, Sakralbauten aller Weltreligionen, mehrere Restaurants und Hotels. Es ist wirklich beeindruckend, in diese Welt einzutauchen und per Rad so nah am

CHARAKTER

Sportlich ●○○○○
Abkühlung ●○○○○
Schlemmen ●●○○○
Panorama ●●○○○

TOURENINFO / Leichte und überraschend grüne Route mit vielen Aussichtspunkten. Führt über Regionalparkroute. E-Bike-Ladestation am Gundhof. Kombination mit Tour 6 möglich.

< links / Die Rosinenbomber am Luftbrückendenkmal des Frankfurter Flughafens

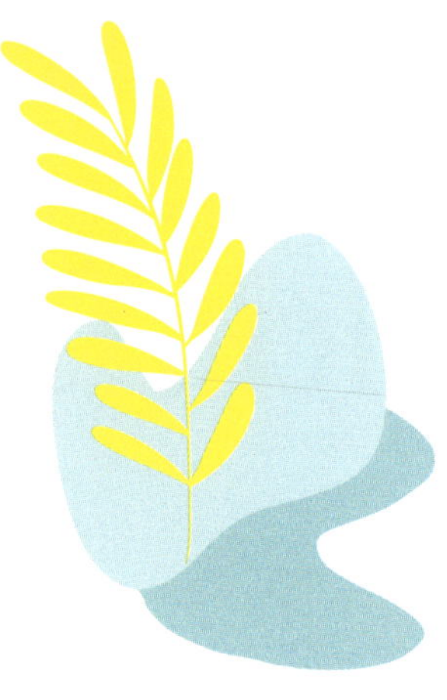

Geschehen dran sein zu können. Noch dazu ist die Route überraschend grün. Wir durchfahren Waldgebiete und am Rande des zweitgrößten hessischen Naturschutzgebiets entlang. Ausgangspunkt ist 1 / Kelsterbach Bahnhof. Die Kleinstadt befindet sich unmittelbar neben dem Flughafen und ist per S-Bahn in weniger als 20 Minuten Fahrt zu erreichen.

Kelsterbacher Terrasse

Wir fahren ein kurzes Stück am Mainufer entlang und sind begeistert, wie ansehnlich das Mainufer gestaltet wurde. Die Mainuferpromenade in Kelsterbach gehört tatsächlich zu den reizvollsten Abschnitten am Untermain. Das hohe Ufer ist ein toller Blickfang und eine geologische Besonderheit. Die 12 bis 17 Meter hohe Flussterrasse, die sogenannte Kelsterbacher Terrasse, ist im Alt- und Mittelpliozän entstanden und ein eiszeitlicher Überrest des vormaligen Flussbetts. Mit dem Bau der riesigen Freitreppe bis in den Main wird die sonst unzugängliche Vermauerung des Mainbettes hier unweit der Kelster-Mündung aufgebrochen und als Freizeitareal gestaltet.

MIT DEM RAD ZUR ARBEIT

2017 hat die Fraport AG zusammen mit dem ADFC eine Fahrradkarte für Mitarbeiter und Besucher herausgegeben. Sie zeigt verschiedene Radwege um den Flughafen.

Am Tor zur Welt

Der asphaltierte Radweg führt uns weiter am 2 / Mönchwaldsee vorbei, der an einer Seite direkt an die 3 / Landebahn Nordwest grenzt. Am unteren Ende der Landebahn haben wir perfekte Sicht auf die Flugzeuge, der Radweg wird zu einer befahrbaren Schotterpiste. Wir passieren die Spiel- und Fitnessroute im Kelsterbacher Wald und überqueren dann die A3. Der Waldweg führt uns direkt zum 4 / Spotter-Punkt der Startbahn West. Die als „Affenhügel" oder „Affenfelsen" bekannte Aussichtsplattform wurde 2012 neu

---

➤ rechts oben / Quell der Erholung: Das Naturschutzgebiet Mönchbruch neben dem Frankfurter Flughafen ➤ rechts Mitte / Aussichtspunkt im Naturschutzgebiet

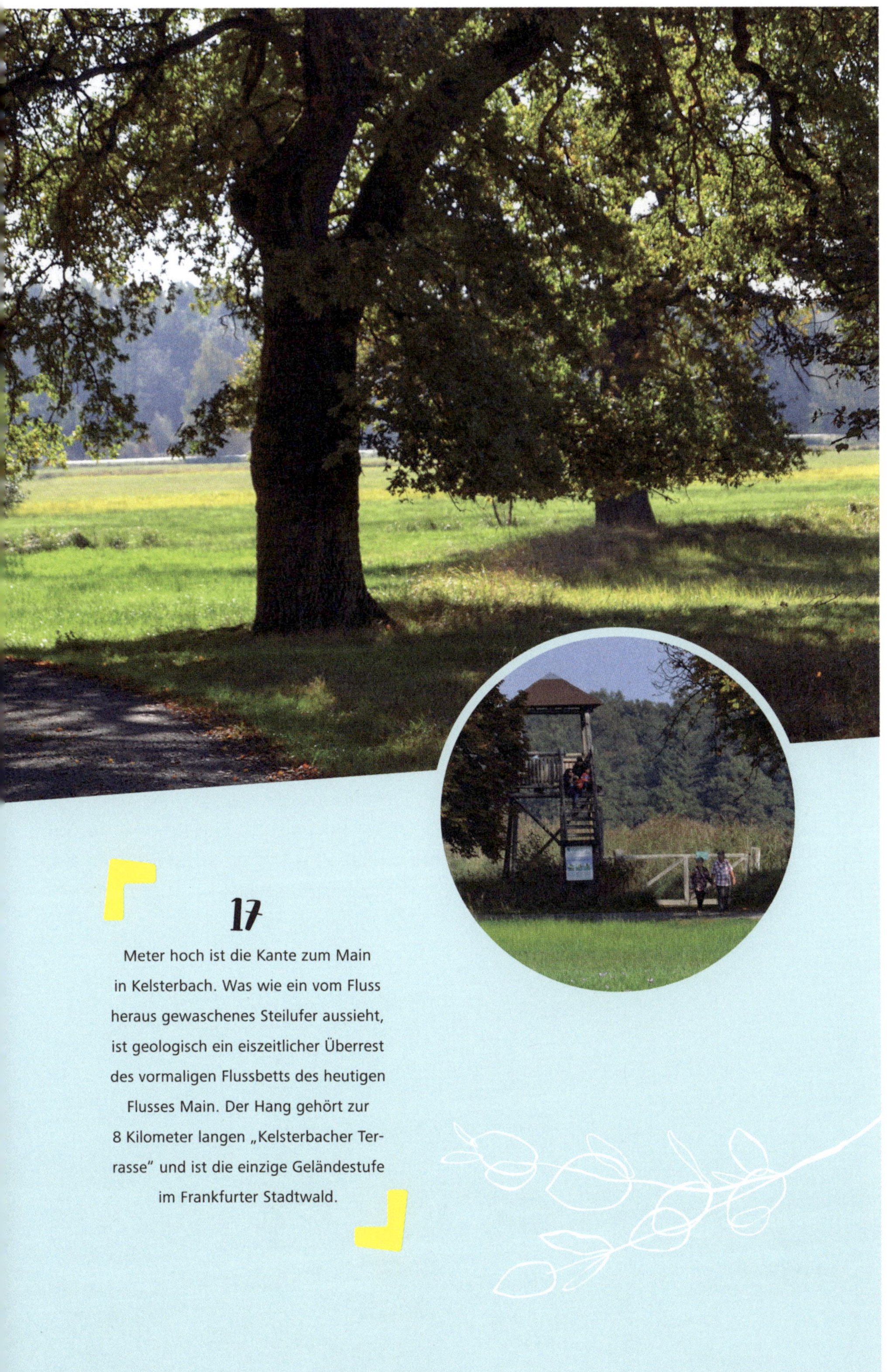

17

Meter hoch ist die Kante zum Main in Kelsterbach. Was wie ein vom Fluss heraus gewaschenes Steilufer aussieht, ist geologisch ein eiszeitlicher Überrest des vormaligen Flussbetts des heutigen Flusses Main. Der Hang gehört zur 8 Kilometer langen „Kelsterbacher Terrasse“ und ist die einzige Geländestufe im Frankfurter Stadtwald.

Flughafen-stadt

Frankfurt-Flughafen ist ein eigenständiger Stadtteil von Frankfurt am Main. Er ist der einwohnerschwächste, aber flächenmäßig zweitgrößte Stadtteil.

Auf einen Plausch mit den Spottern

erbaut. Die Fläche wurde vergrößert und zusätzlich mehrere Ebenen geschaffen, von denen wir nun einen ungehinderten Blick auf das Flughafenpanorama werfen und startende Flugzeuge beobachten. An Vormittagen und abends, wenn die großen Langstreckenflugzeuge hier abheben, lohnt sich der Besuch besonders – dann ist man allerdings umringt von Spottern. Manche von ihnen sind ebenso eindrucksvoll wie die Flugzeuge selbst. Auf Campingstühlen hockend mit modernster Kameraausstattung fachsimpeln sie und kennen sich wirklich verdammt gut mit ihren Zielobjekten aus.

Entlang des Naturschutzgebiets

Nach einem kurzen Aufenthalt hier am Aussichtspunkt setzen wir unsere Route über eine schnurgerade Schotterpiste entlang der Startbahn fort. Auf der einen Seite Flughafen, auf der anderen Waldgebiet. Nicht irgendeines: Wir befinden uns am Rande des 5 / Naturschutzgebietes Mönchbruch. Mit einer Fläche von 937 Hektar ist es das zweitgrößte Naturschutzgebiet Hessens, übertroffen nur noch vom Naturschutzgebiet Kühkopf-Knobloch-

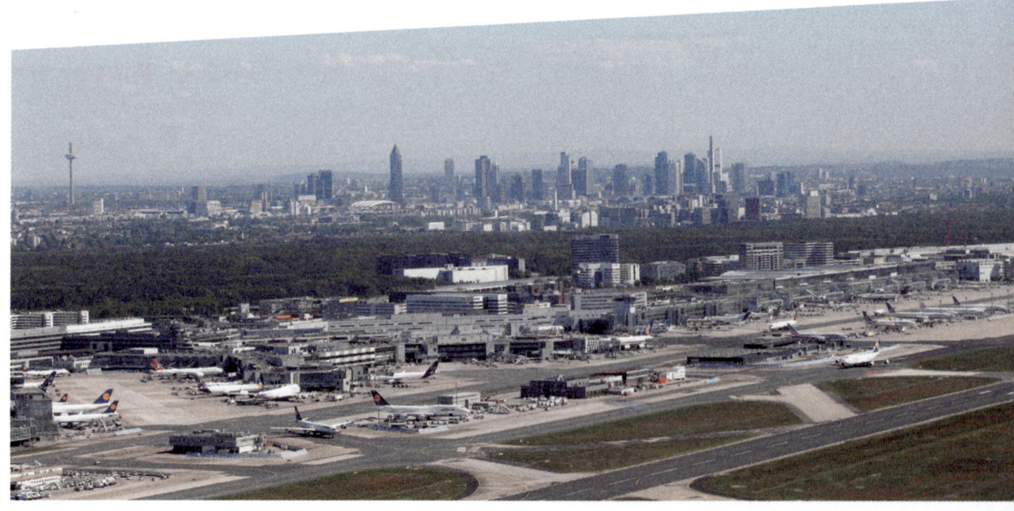

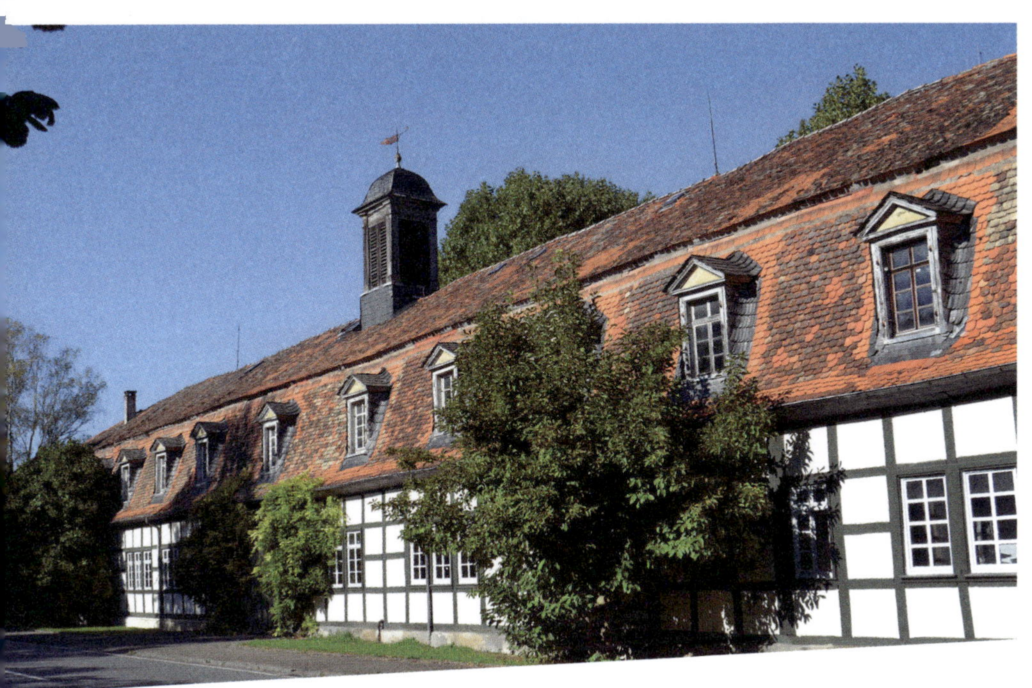

saue. Es bietet einer Vielzahl seltener Tiere und Pflanzen einen Lebensraum. Alte Eichen, Erlenbuchwald, Stieleichen, Sumpfwald, Wiesen und Wassergräben prägen das Bild der Landschaft. Es ist eines der letzten Feuchtgebiete Hessens. Unsere Route führt am Ende der Startbahn um diese herum und parallel zu ihr wieder in Richtung Flughafen zurück. Etwa in der Mitte der Startbahn biegen wir rechts in den Wald ab und fahren über einen Waldweg bis zu einem Biergarten, der am Rande von Mörfelden-Walldorf liegt. Der Gundhof (Am Gundhof 2, 64546 Mörfelden-Walldorf) bietet an Wochenenden (unter der Woche geschlossen) eine ideale Einkehrmöglichkeit für Radler. Im rustikalen Biergarten werden hessische Gerichte und Apfelwein serviert. Es gibt einen Spielplatz und eine Ladestation für E-Bikes. An kälteren Tagen kann in der Gaststube gegessen werden.

81.000

Beschäftigte zählt der Frankfurter Flughafen in etwa und ist damit die größte Arbeitsstätte Deutschlands.

Frankfurter Luftbrückendenkmal

Hinter dem Gundhof gelangen wir an eine Gedenkstätte des Konzentrationslagers von Walldorf. Danach setzen wir unsere Tour bis zu den 6 / Rosinenbombern fort. Hier befindet sich das Luftbrückendenkmal, welches 1985 errichtet wurde. Am Sockel sind

< links / Der größte deutsche Verkehrsflughafen aus der Luft
^ oben / Jagdschloss im Mönchbruch

UNERWARTET ABGESCHIEDEN

liegt das Landhotel des Jagdschlosses Mönchbruch aus dem 18. Jahrhundert. Sternförmig führen von hier Wege ins umliegende Naturschutzgebiet.

GEDENKSTÄTTE, LUFTBRÜCKE UND ROSINENBOMBER

auf Metalltafeln eine Gedenkschrift und die Namen der Opfer festgehalten, die ihr Leben ließen, als sie Berlin aus der Luft versorgten. Neben dem Denkmal stehen die sogenannten Rosinenbomber, eine Douglas C-47 und eine Douglas C-54. Während der Berliner Luftbrücke sind täglich hunderte von Flugzeugen in Frankfurt am Main gestartet und gelandet. Wir befinden uns nun wieder auf einem asphaltierten Radweg in Richtung Terminal 2. Unmittelbar hinter den Rosinenbombern folgt der Aussichtspunkt Ost in Verlängerung der aus dem Wald kommenden Kirchschneise (Parkmöglichkeiten). Mit der A5 im Nacken hat man eine tolle Aussicht auf Starts und Landungen der „Riesenvögel".

KM 24

Von der Besucherterrasse aus haben wir einen phänomenalen Ausblick auf die Flugzeugabfertigung sowie startende und landende Flugzeuge. Der Eingang befindet sich im Terminal 2 auf der Ebene 4 neben McDonalds.

Zur Besucherterrasse des Flughafens

Unser Weg führt nun zum Herz des Flughafens. Am Terminal 2 lohnt ein Abstecher auf die berühmte Besucherterrasse. Dafür müssen die Räder abgestellt werden, denn die Terrasse befindet sich im 4. Stock des Terminal-Gebäudes. Hier starten nicht nur Flugzeuge, sondern auch Rundfahrten und Führungen in und um den Flughafen. Wir schauen ein letztes Mal aufs Rollfeld und überqueren dann die A3, um zum Endpunkt der Tour, zu 7 / Gateway Gardens zu gelangen. Mit der Eröffnung einer neuen S-Bahn-Station im Jahr 2019 wurde die gewaltige Bürostadt auf dem Gelände einer ehemaligen US-amerikanischen Militärsiedlung allgemein bekannt. Für den Bau dieser Station musste die Flughafenschleife zwischen den Bahnhöfen Flughafen Regionalbahnhof und Stadion auf 4 km Länge neu trassiert werden. Dabei wurde der bestehende Tunnel aufgebrochen und 2 km neu gebaut. Der neue Bahnhof liegt unter der Erde. Die Bauarbeiten dauerten mehrere Jahre. Ist man heute mit der S-Bahn auf dem Weg zum Flughafen, hält man unweigerlich auch an Gateway Gardens, was zum Stadtteil Flughafen gehört. In diesem Stadtbezirk gibt es kaum Einwohner, da aufgrund des hohen Fluglärms keine Wohnungen gebaut werden können. Die ansässigen Büros verfügen über den modernsten Standard und sind Aushängeschilder für Arbeiten 4.0.

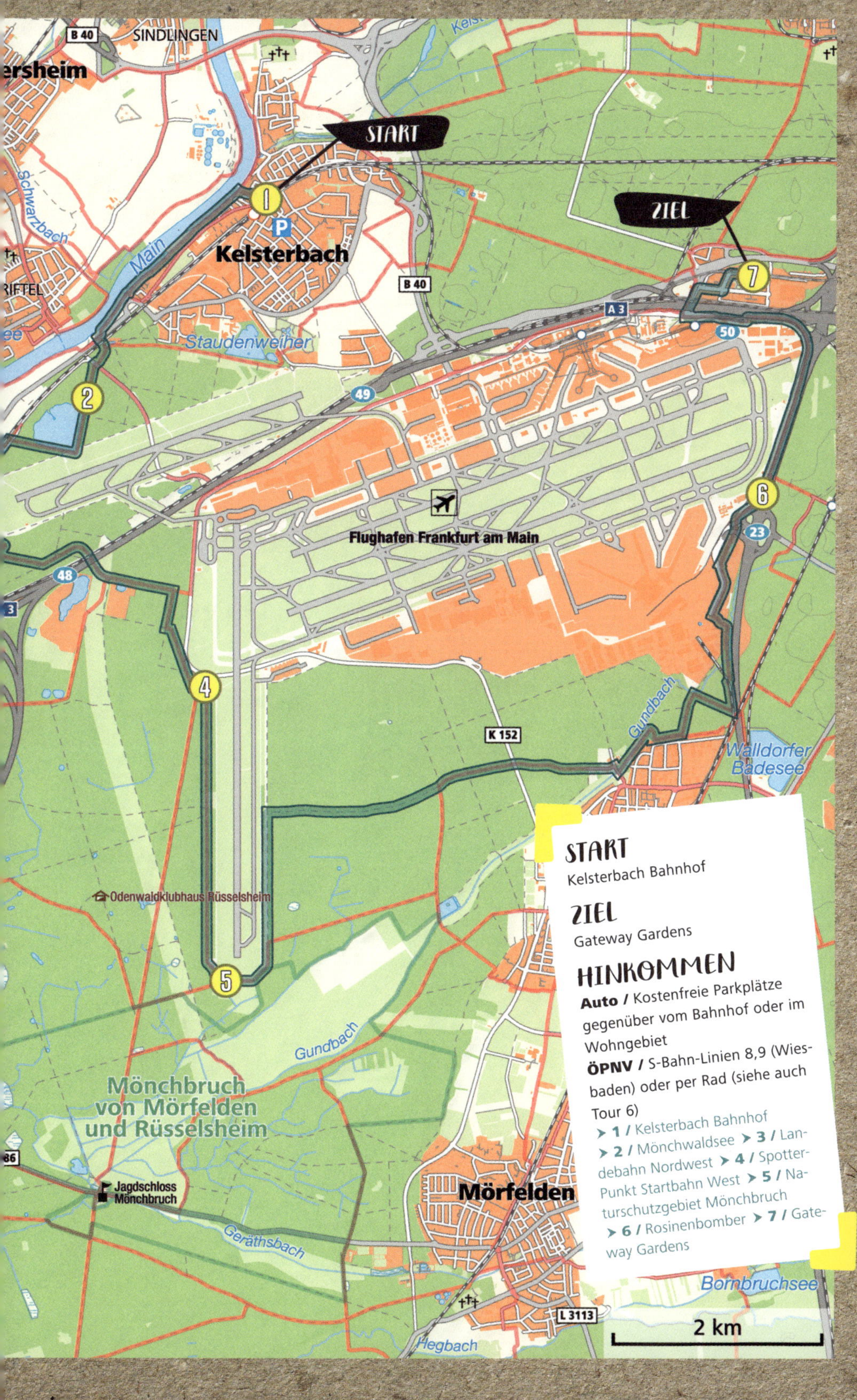

START

Kelsterbach Bahnhof

ZIEL

Gateway Gardens

HINKOMMEN

Auto / Kostenfreie Parkplätze gegenüber vom Bahnhof oder im Wohngebiet

ÖPNV / S-Bahn-Linien 8,9 (Wiesbaden) oder per Rad (siehe auch Tour 6)

➤ **1 /** Kelsterbach Bahnhof ➤ **2 /** Mönchwaldsee ➤ **3 /** Landebahn Nordwest ➤ **4 /** Spotter-Punkt Startbahn West ➤ **5 /** Naturschutzgebiet Mönchbruch ➤ **6 /** Rosinenbomber ➤ **7 /** Gateway Gardens

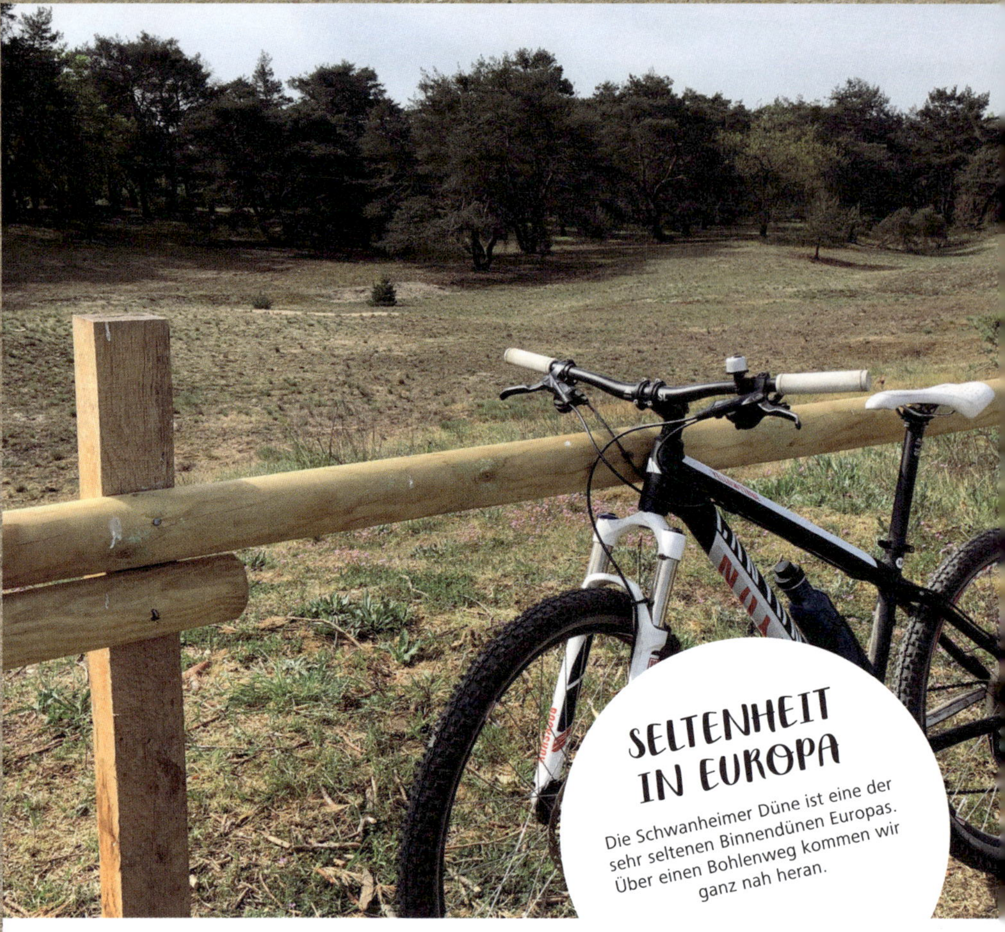

SELTENHEIT IN EUROPA

Die Schwanheimer Düne ist eine der sehr seltenen Binnendünen Europas. Über einen Bohlenweg kommen wir ganz nah heran.

➤ **1 /** Eine Runde durch den Günthersburgpark, dann geht´s auf die Tour.

➤ **2 /** Im Grüneburgpark fühlen wir uns wie in „Mainhattan".

➤ **3 /** An der Bar Plank im Bahnhofsviertel – buntes Treiben im Szeneviertel.

➤ **4 /** Eine Oase der Erholung finden wir im Licht- und Luftbad am Niederräder Mainufer.

➤ **5 /** Im Gebiet der Schwanheimer Düne schieben wir die Räder über einen Bohlenweg.

➤ **6 /** Am Industriestandort Frankfurt – Höchst sind wir begeistert vom Schloss Höchst inkl. Schlosscafé.

➤ **7 /** Die Tour endet am Bahnhof Höchst.

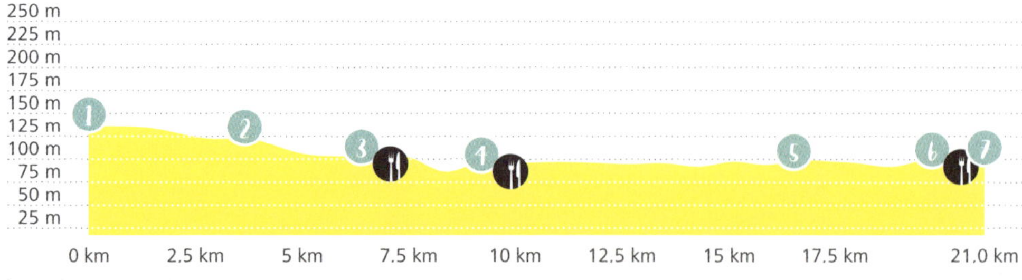

NAHES NATURPARADIES

Auf grünen Wegen zur Schwanheimer Düne

Wir radeln durch die beliebtesten Frankfurter Parks, das elegante Westend und das kontroverse Bahnhofsviertel. Am Niederräder Mainufer finden wir im „LiLu" etwas Ruhe. Höhepunkt der Tour ist die Schwanheimer Düne.

21 Kilometer
93 Höhenmeter ▲
126 Höhenmeter ▼
1:30 Stunden
Streckentour

Startpunkt im Park oder auf der Adickesallee

Vom 1 / Günthersburgpark im Frankfurter Stadtteil Nordend starten wir. Wer per Rad aus der Innenstadt kommt, kann sich am Feierabend-Ride 1 orientieren und auf der Adickesallee einsteigen. Seit 1892 ist das sanft ansteigende Gelände des Günthersburgparks ein Volkspark mit Kinderspielplatz – inzwischen steht auch ein großer Wasserspielplatz zur Verfügung.

CHARAKTER

Sportlich ●○○○○
Abkühlung ●●●●●
Schlemmen ●●●●○
Panorama ●●●○○

... zum Central Park von Frankfurt

Vom Park aus schlängeln wir uns über Nebenstraßen bis zur Friedberger Landstraße, überqueren diese und kommen am jüdischen Friedhof vorbei.

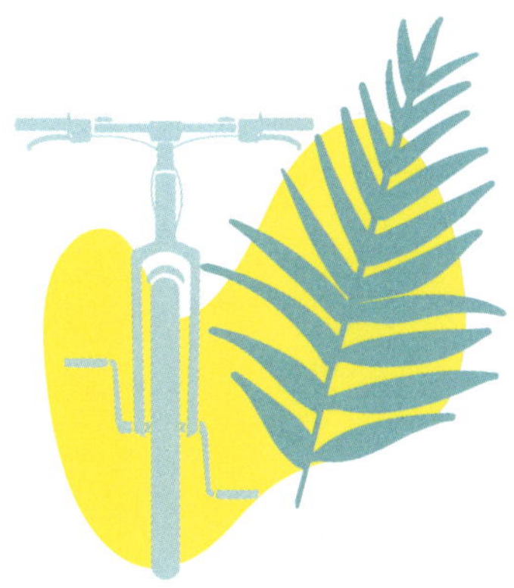

TOURENINFO / Leichte und abwechslungsreiche Tour mit vielen Sehenswürdigkeiten, für die gesamte Familie geeignet. Verläuft über Mainradweg. Kombination mit Tour 1 möglich.

◂ **links / Mit dem Rad durch die Schwanheimer Düne**

Auf Höhe der Deutschen Nationalbibliothek (Adickesallee 1, 60322 Frankfurt am Main) gelangen wir auf die Adickesallee, eine von Frankfurts Hauptverkehrsstraßen. Auf einem Radweg fahren wir die Adickesallee entlang, die schließlich in die Miquelallee übergeht. Von hier biegen wir links in den 2 / Grüneburgpark ab. Seinen Namen bekam der Park von der nicht mehr vorhandenen „Grüneburg", dem Landsitz der Familie Rothschild, die den Park im Stil eines englischen Landschaftsgarten anlegen ließ. Der Grüneburgpark befindet sich zwischen dem Palmengarten und dem Botanischem Garten. Letzterer ist vom Park aus direkt zugänglich und kostenfrei.

STOFFEL IM PARK

Das kostenlose Kulturfestival „Stalburg Offen Luft" des Stalburg-Theaters wird „Stoffel" genannt. Es findet jedes Jahr im Sommer im 1 / Günthersburgpark statt.

Wir radeln an der griechisch-orthodoxen Georgioskirche vorbei und gelangen zum koreanischen Garten, hinter diesem die Ausläufer des riesigen Campus-Geländes der Goethe-Universität zu sehen sind. Unmittelbar vor dem koreanischen Garten sehen wir im Park den achteckigen klassizistischen Schönhof-Pavillon, in dem ein Café untergebracht ist. Wer Zeit hat, sollte noch weiter in den Park hinein bis zur unteren großen Freifläche fahren: Der Blick gen Süden erinnert dort ein wenig an den Central Park – die weitläufige Wiese wird eingerahmt von Bäumen, Sträuchern und der unverwechselbaren Frankfurter Skyline. Wir lassen den Grüneburgpark rechts neben uns und fahren in den Stadtteil Westend hinein. Das Westend ist geprägt von wunderschön sanierten Altbauten und modernster Architektur. Es ist eines der teureren Viertel zum Wohnen und Arbeiten. Wir fahren über die Bockenheimer Landstraße und befinden uns nun im südlichen Westend.

Zwischen Kult und Elend

Über die Westendstraße gelangen wir zur verkehrsreichen Mainzer Landstraße, die das Westend vom Bahnhofsviertel trennt. Für mich

---

➤ rechts oben / Stets gepflegt: Der Frankfurter Grüneburgpark
➤ rechts Mitte / Kunst auf dem Campus im Westend

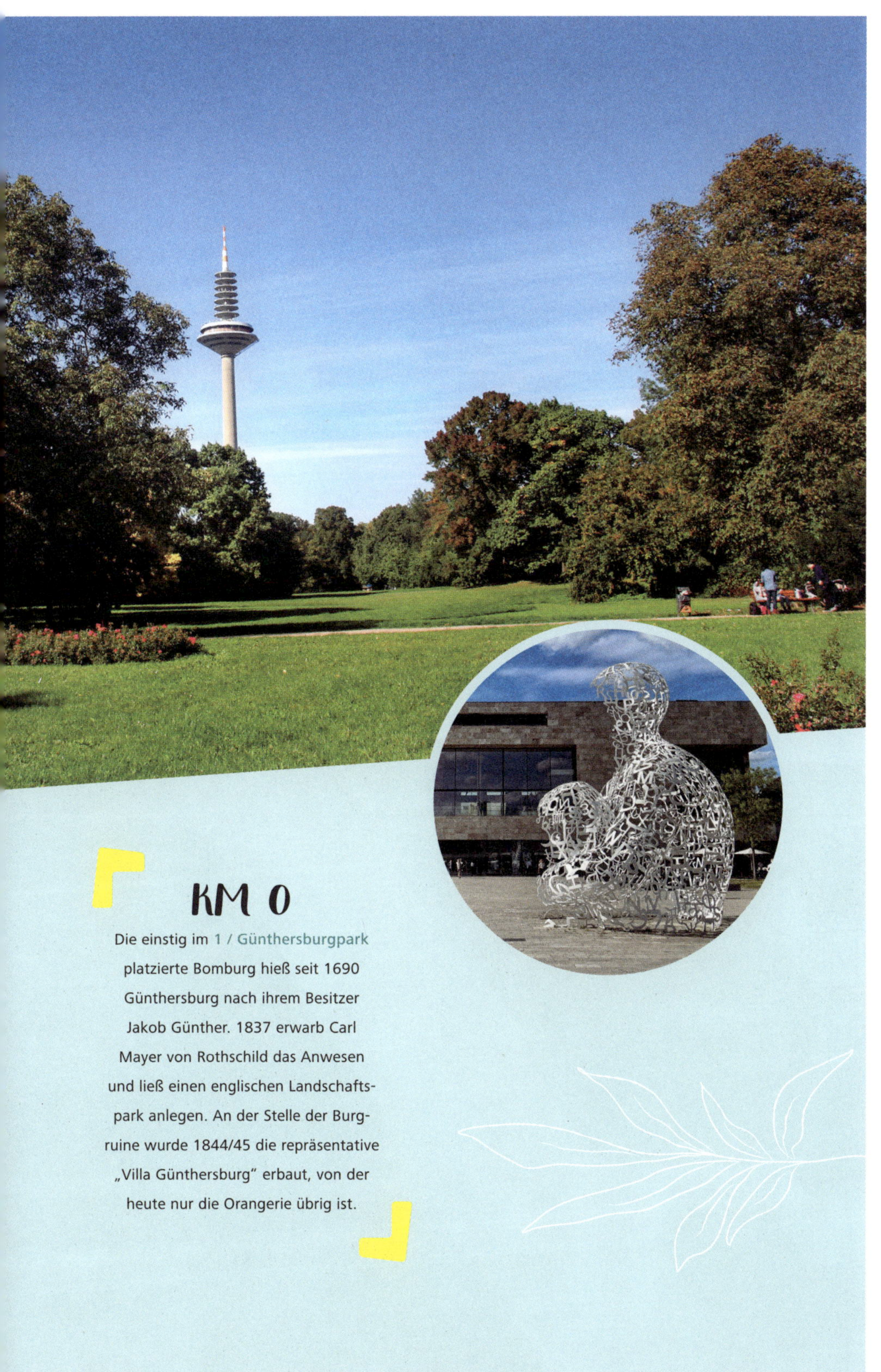

KM 0

Die einstig im 1 / Günthersburgpark platzierte Bomburg hieß seit 1690 Günthersburg nach ihrem Besitzer Jakob Günther. 1837 erwarb Carl Mayer von Rothschild das Anwesen und ließ einen englischen Landschaftspark anlegen. An der Stelle der Burgruine wurde 1844/45 die repräsentative „Villa Günthersburg" erbaut, von der heute nur die Orangerie übrig ist.

Bahnhofsviertel-Fest

Jeden Sommer feiert das Bahnhofsviertel eine Nacht lang sich selbst – und ermöglicht einen Blick hinter die Kulissen des Viertels.

ist der Übergang vom noblen Westend zur von Drogenabhängigen, Dealern und Obdachlosen überlagerten Niddastraße sinnbildlich für Frankfurts Gegensätze. Auf der Moselstraße durchfahren wir das Bahnhofsviertel, der Bahnhof befindet sich rechts von uns. Auf Höhe der Münchener Straße lohnt ein Abstecher nach links, an der nächsten Kreuzung befindet sich auf der linken Seite die kultige Szenebar 3 / Plank im Bahnhofsviertel (Elbestraße 15, 60329 Frankfurt am Main), einer der Plätze, wo Hipster auf Anzugträger treffen. Um die Münchener Straße herum ist das Bahnhofsviertel nachts der Place-to-be. Es reihen sich kultige Bars an kleinere Clubs und Restaurants aller Couleur.

Place-to-be im Bahnhofsviertel

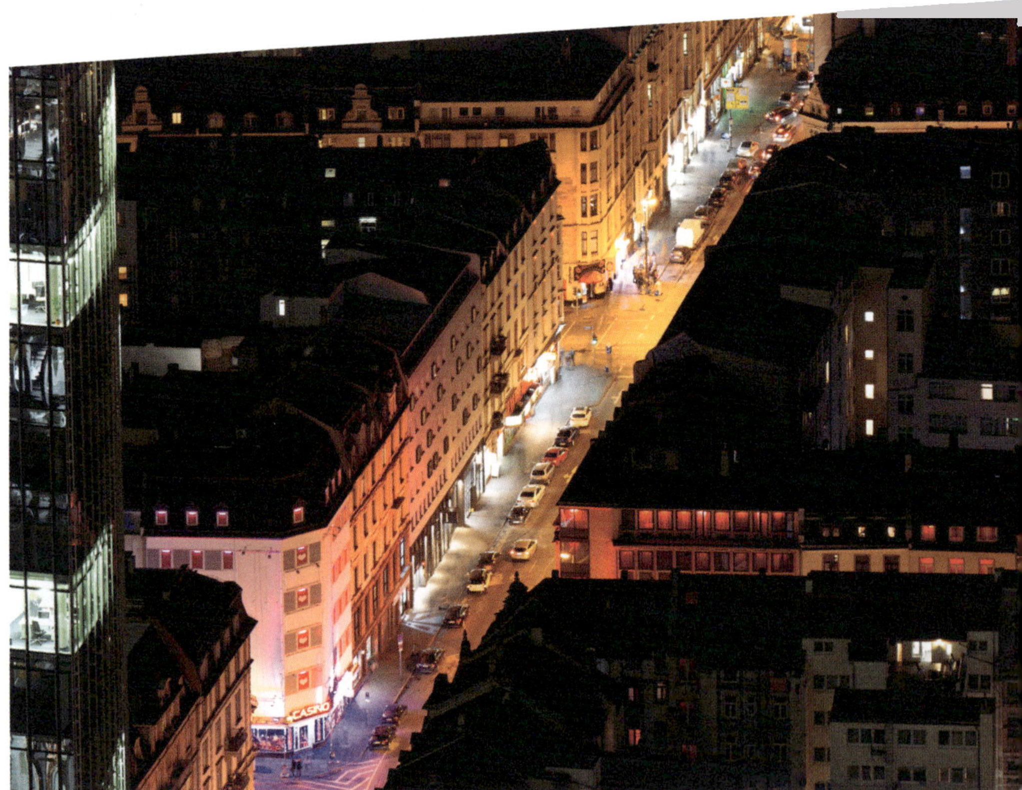

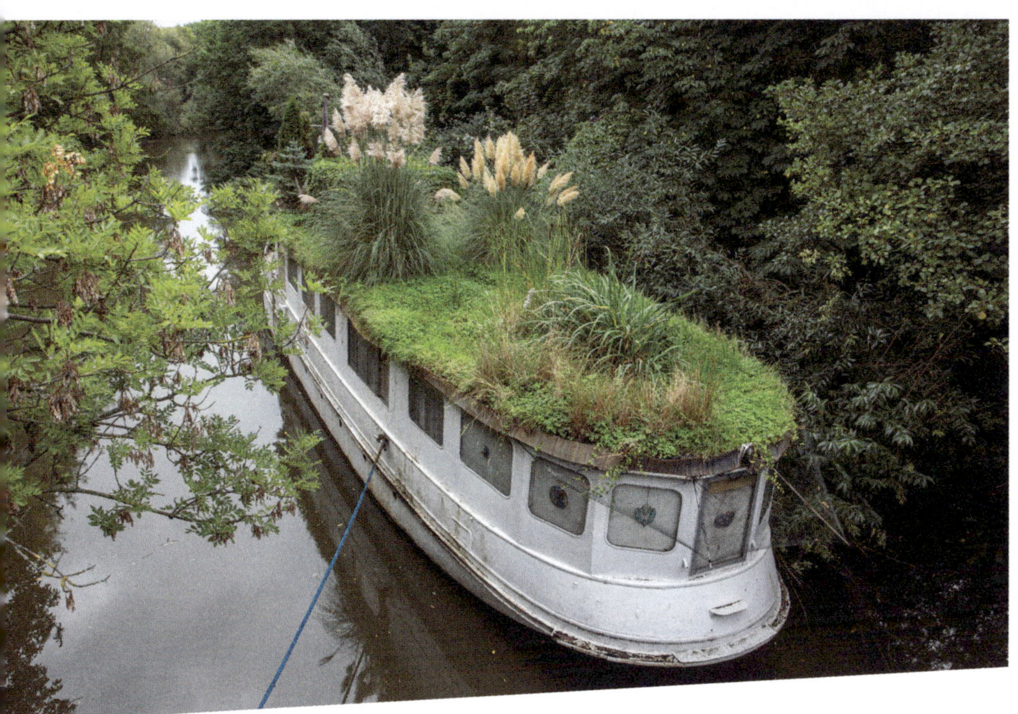

Am Mainufer

Wir lassen das kunterbunte Bahnhofsviertel nun hinter uns und gelangen zum Mainufer. Über den Holbeinsteg, einer Brücke für Fußgänger und Radfahrer, queren wir den Main und fahren auf der Sachsenhäuser Mainseite am Ufer entlang. Wir passieren das Frankfurter Universitätsklinikum und fahren unter einer Bahnbrücke hindurch. Dann liegt auf der rechten Seite das 4 / Licht- und Luftbad (Niederräder Ufer 10, 60528 Frankfurt am Main) kurz „LiLu". Das LILU ist ein Idyll in Frankfurt, ein einzigartiges urbanes Biotop, am Main gelegen, eine Insel der Erholung, ein Rückzugsraum ohne Kommerz und Beachkultur. Es ist eine landschaftliche Schutzzone, eine Überschwemmungs- und Ausgleichsfläche für den Main, Erholungs- und Ausflugsziel mit Frankfurter Zeitgeschichte und Badekultur. Hier kann man alleine und gemeinsam sein, lesen, spielen, sich sonnen und treffen, kommunizieren und feiern. Auch wir machen eine Pause an diesem schönen Ort. Dann führt der Weg weiter am Main entlang bis nach Frankfurt Schwanheim. Während wir am Niederräder Ufer

BUNTES TREIBEN

Karitative Einrichtungen, Striptease-Bars und Druckräume prägen das Bahnhofsviertel ebenso wie internationale Restaurants, Künstlerateliers, imposante Hotels, traditionsreiche Fachgeschäfte und Läden aus aller Welt.

< links / Das Frankfurter Bahnhofsviertel ist bunt und trubelig
^ oben / Eine Grüne Oase: Das Licht- und Luftbad (LiLu)

FRANKFURTS EINZIGE FÄHRE

Frankfurt Höchst ist nicht nur Industrie, sondern hat eine wunderschöne Fachwerkaltstadt, die älteste Kirche Frankfurts und Frankfurts einzige Fähre.

noch von Hafen und Bahngleisen umgeben sind, wird das Mainufer stadtauswärts immer grüner und der Radweg idyllischer.

STRANDURLAUB VOR DER HAUSTÜR

Strandfeeling auf der Düne

Wir fahren am Schwanheimer Ufer entlang und biegen am Ende des Stadtteils links zur 5 / Schwanheimer Düne ab. Das knapp 60 Hektar große Gebiet ist nicht nur ein einzigartiges Naturschutzgebiet, sondern auch ein beliebtes Naherholungsziel. Für Frankfurter ist ein Ausflug hierher sozusagen Strandurlaub vor der Haustür. Um das Gelände nicht zu zerstören, wurde ein Bohlenweg angelegt. Tatsächlich erscheint es wie ein Kurzurlaub am Meer, wenn man hier entlangspaziert: Auf dem Quarzsand-Gemisch der Düne finden wir die typische Pflanzengesellschaft einer Binnendüne, die ökologisch kostbare Silbergrasflur. Daneben halten sich auf dem mageren Sand auch Kiefern, die mit ihrem bizarren Wuchs an die Vegetation ferner, unwirtlicher Meeresküsten erinnern. In dem seit 2003 als Flora-Fauna-Habitat ausgewiesenen Gebiet haben zudem seltene Tiere eine Heimat gefunden, etwa der Pirol. Die Fahrräder schieben wir über den Bohlenweg, wie es auf den Hinweisschildern steht.

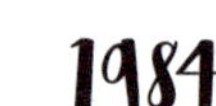

wurde die Schwanheimer Düne zum Naturschutzgebiet erklärt. Sie entstand bereits vor rund 10.000 Jahren in Folge der letzten Eiszeit. Der Wind blies feine Sande aus dem Flussbett des Mains heraus.

Höchster Industriecharme

Für das letzte Stück des Dünengebietes steigen wir wieder in den Sattel und fahren bis zur Leunastraße, die schließlich zur Leunabrücke führt. Oben auf der Brücke machen wir noch einmal Halt. Ich mag den Ausblick besonders – es ist eine einzigartige Mischung zwischen den Höchster Industrieanlagen und einem dicht bewachsenem Mainufer. Letzter Tourenstopp ist das 6 / Schloss Höchst. Es besteht aus dem im 14. Jahrhundert erbauten Alten Schloss und dem Ende des 16. Jahrhunderts entstandenen Neuen Schloss. Einmal im Jahr findet hier das Höchster Schlossfest statt. Von hier ist es nicht mehr weit bis zum 7 / Bahnhof Höchst – die S-Bahn-Fahrt zum Frankfurter Hauptbahnhof dauert 9 Minuten.

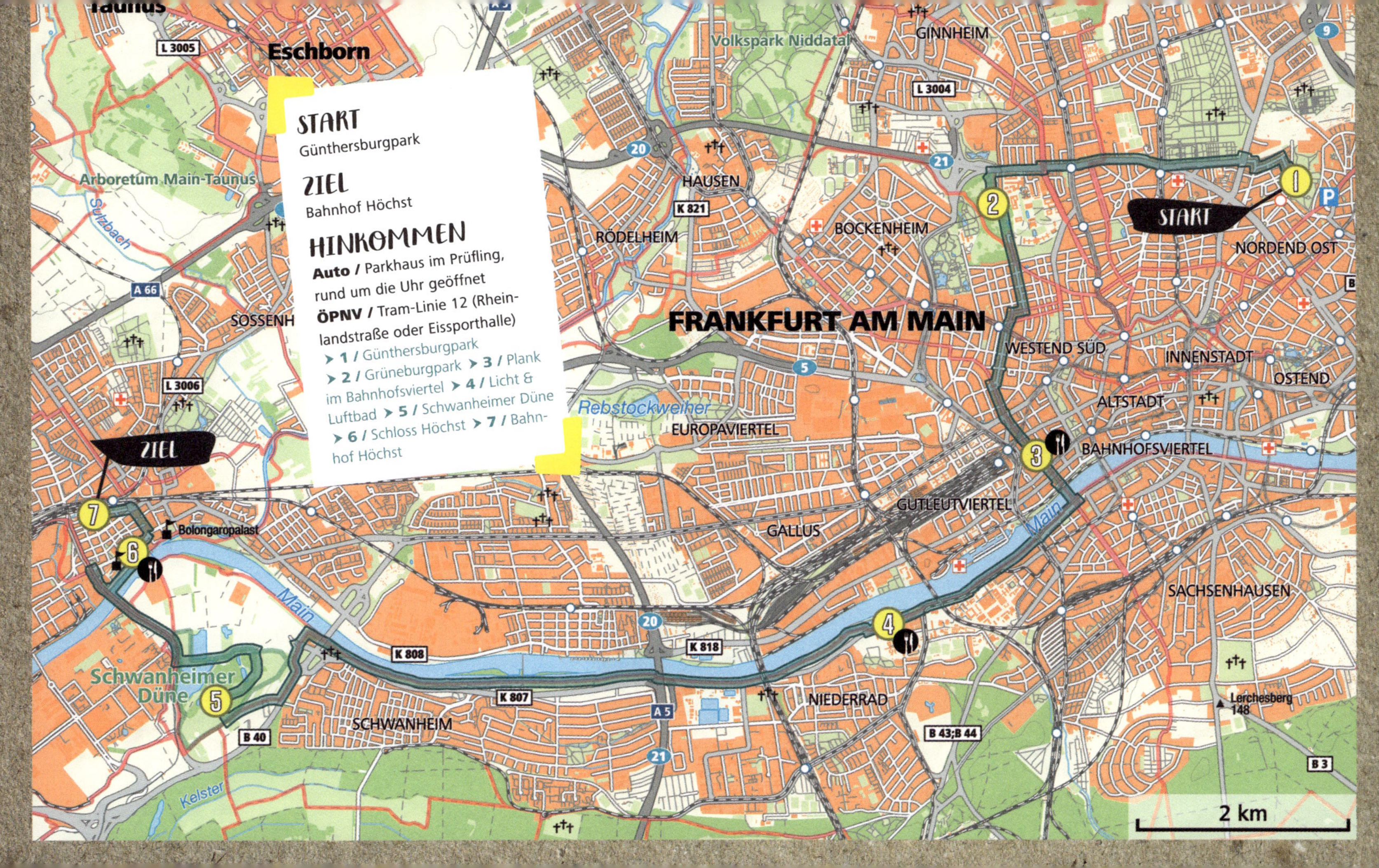

START
Günthersburgpark

ZIEL
Bahnhof Höchst

HINKOMMEN
Auto / Parkhaus im Prüfling, rund um die Uhr geöffnet
ÖPNV / Tram-Linie 12 (Rheinlandstraße oder Eissporthalle)

➤ **1 /** Günthersburgpark ➤ **2 /** Grüneburgpark ➤ **3 /** Plank im Bahnhofsviertel ➤ **4 /** Licht & Luftbad ➤ **5 /** Schwanheimer Düne ➤ **6 /** Schloss Höchst ➤ **7 /** Bahnhof Höchst

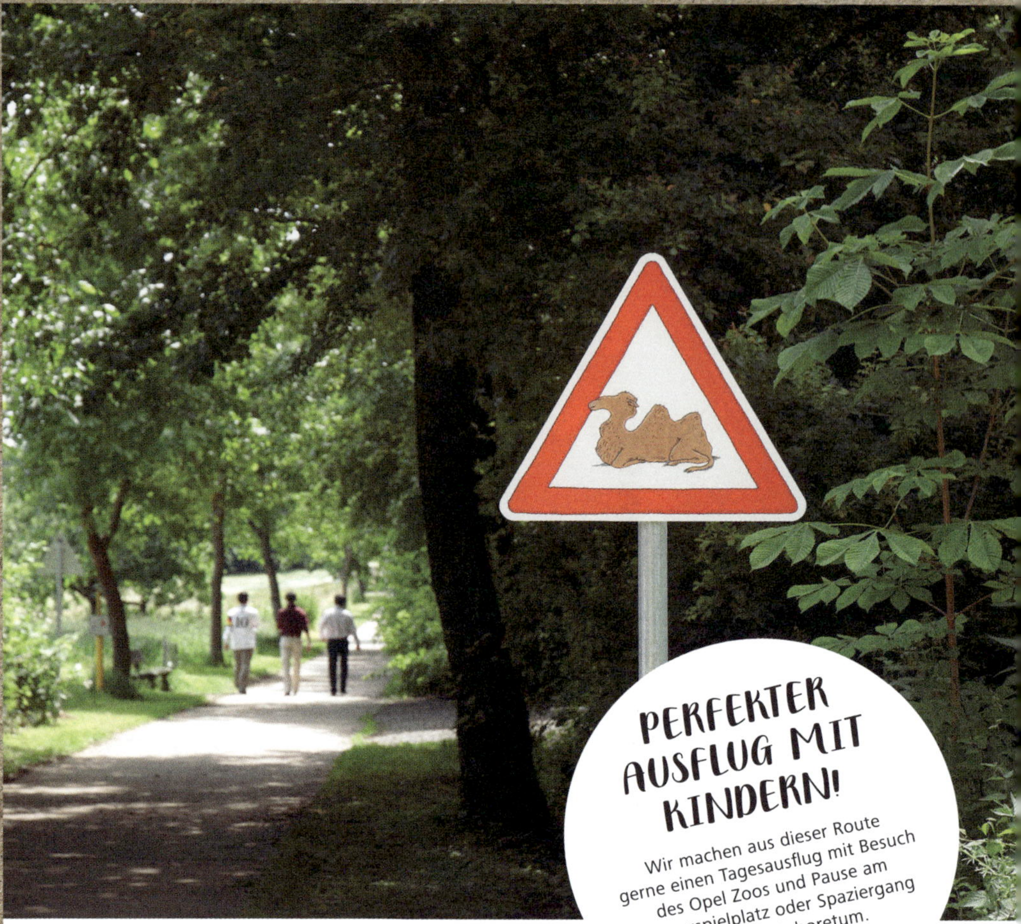

PERFEKTER AUSFLUG MIT KINDERN!

Wir machen aus dieser Route gerne einen Tagesausflug mit Besuch des Opel Zoos und Pause am Traktorspielplatz oder Spaziergang durch das Arboretum.

➤ **1 /** Vom Bahnhof Kronberg geht es steil bergauf. Wir befinden uns im Taunus-Gebirge.

➤ **2 /** Ein Spaziergang durch den Opel Zoo ist spannend und kann mehrere Stunden dauern.

➤ **3 /** Ein Relikt aus vergangenen Zeiten: Im Quellenpark Kronthal schöpfen wir Wasser.

➤ **4 /** Der Froschteich Schwalbach ist ein unerwarteter Foto-Spot der Extraklasse.

➤ **5 /** Am Wiesenhof Ponderosa am Arboretum kehren wir ein.

➤ **6 /** Wir finden einen besonders schönen Picknickplatz an der Nidda.

➤ **7 /** Auf ein Stück Kuchen am feinfrankfurt Kiosk.

➤ **8 /** Am Zoo Frankfurt endet die Safari.

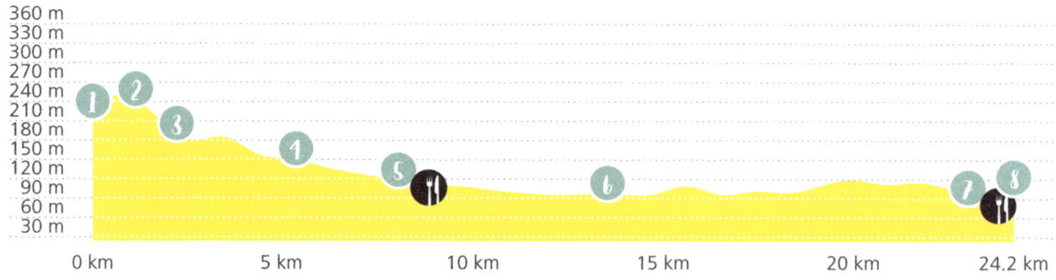

TIERISCHES ABENTEUER

Auf der Safari-Route von Kronberg zum Frankfurter Zoo

Im Opel Zoo fragen wir die Tiere nach dem Weg. An einer besonders niedrigen Unterführung überlegen wir, ob wir vielleicht lieber die Giraffenumleitung nehmen sollten und eine „Tigerliegewiese" im Park lädt zum Rasten ein. Die Safari-Route wurde vom Regionalpark Rhein Main entworfen, um den Tieren zwischen Opel Zoo und Frankfurter Zoo eine Wanderroute zu bieten. Es kann ja sein, dass die Tiere sich einmal besuchen möchten, oder? Vorsorglich sind jedenfalls entsprechende Schilder aufgestellt worden, die insbesondere bei Menschenkindern für großen Spaß sorgen.

24 Kilometer
110 Höhenmeter ▲
230 Höhenmeter ▼
2 Stunden
Streckentour

CHARAKTER

Sportlich ●●●●●
Abkühlung ●●●●○
Schlemmen ●●●●○
Panorama ●●●○○

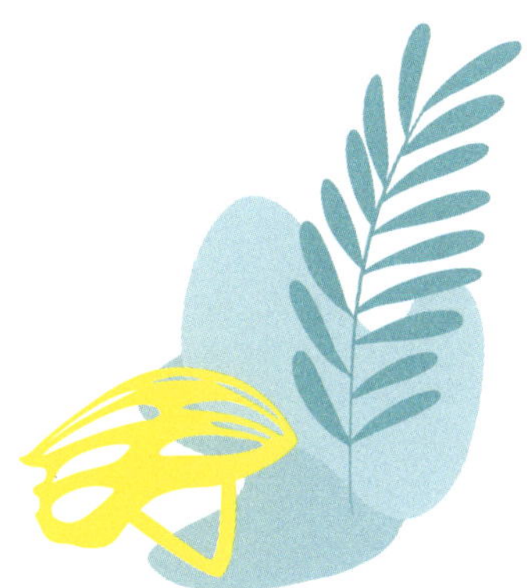

Schönes Kronberg

Zunächst einmal fahren wir durch Kronbergs malerische Altstadt mit ihren mittelalterlich anmutenden Fachwerkhäusern. Ist man erstmal vom unterhalb liegenden 1 / Bahnhof

---

TOURENINFO / Teils anspruchsvolle Route, geländegängige Räder empfohlen. Für Familien mit Kindern geeignet. In beide Richtungen befahrbar und mit dem Wegweiser „Safari" ausgeschildert. Verläuft über GrünGürtelradweg, Regionalparkrundroute. Überwiegend auf Radwegen, durch Parks und Grünanlagen. E-Bike-Ladestation am Opel Zoo

---

◂ links / Trampeltier Bodenwelle! Skurille Verkehrsschilder an der Safari-Route

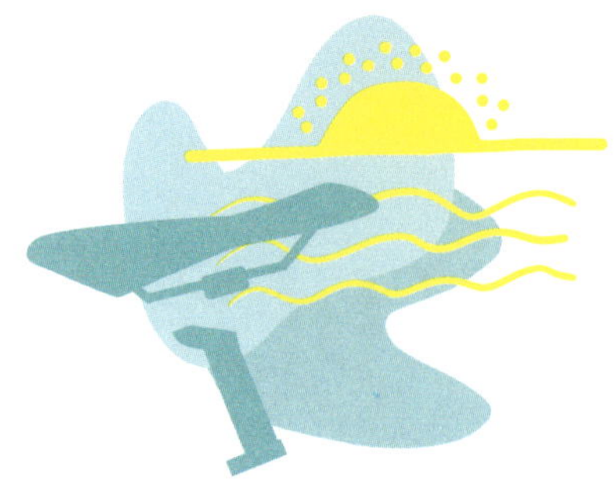

Kronberg im höher gelegenen Stadtkern angekommen, lohnt eine kurze Pause und ein Spaziergang durch die schöne Stadt im Taunus sehr. Von der Innenstadt sind wir nach wenigen Minuten Fahrt am 2 / Opel Zoo angelangt, meinem absoluten Lieblingszoo und dem eigentlichen Ausgangspunkt der Route. Würde man von der Königsteiner Straße kommend rechts abbiegen, gelangt man nach wenigen Metern zum wirklich schönen Waldschwimmbad Kronberg und direkt gegenüber befindet sich der Schlosspark Kronberg, der ebenfalls einen Besuch wert ist.

Zwischen Savanne ...

Wir biegen nach links Richtung Eingang des Zoos ab. Die bewaldeten Hügel um uns herum und der Weitblick auf Frankfurt auf der linken Seite sind bereits während der Anfahrt über die Landstraße am Opel Zoo phänomenal! Wir radeln direkt am Eingang vorbei und die ersten Pferde, Dromedare und Ziegen werden von der Straße aus sichtbar. Wer sich für den Besuch des Zoos entscheidet, sollte genug Zeit einplanen – ein Spaziergang durch die hügelige Zooanlage zieht sich. Die Anlage ist groß und es gibt seltene Tierarten zu beobachten. Meine Lieblingsorte im Zoo sind der Blick auf und über das Elefantengehege vom Spazierweg oberhalb des Geheges aus. Man fühlt sich wirklich wie in der Savanne und insbesondere im Herbst, wenn der umliegende Wald bunt gefärbt ist, könnte die Kulisse nicht malerischer sein. Die Eisfüchse kurz vor der Freiflugvoliere beobachte ich am liebsten beim Herumtollen oder Fressen. Auf dem Philosophenweg kann man dem Gepard (durch eine Glasscheibe getrennt) auf Augenhöhe begegnen. Ich könnte endlos so weiter aufzählen, denn es ist wirklich jedes Gehege und jeder Spazierweg eine Attraktion!

KRONBERG IM TAUNUS

In der Altstadt des Luftkurorts Kronberg schmücken fast 50 Scherenschnitte die Straßenlaternen. Es gibt Führungen entlang des Laternenweges.

➤ rechts oben / Der Frankfurter Zoo ist der zweitälteste Zoo Deutschlands ➤ rechts Mitte / Weitsprungübungsstrecke für Kängurus

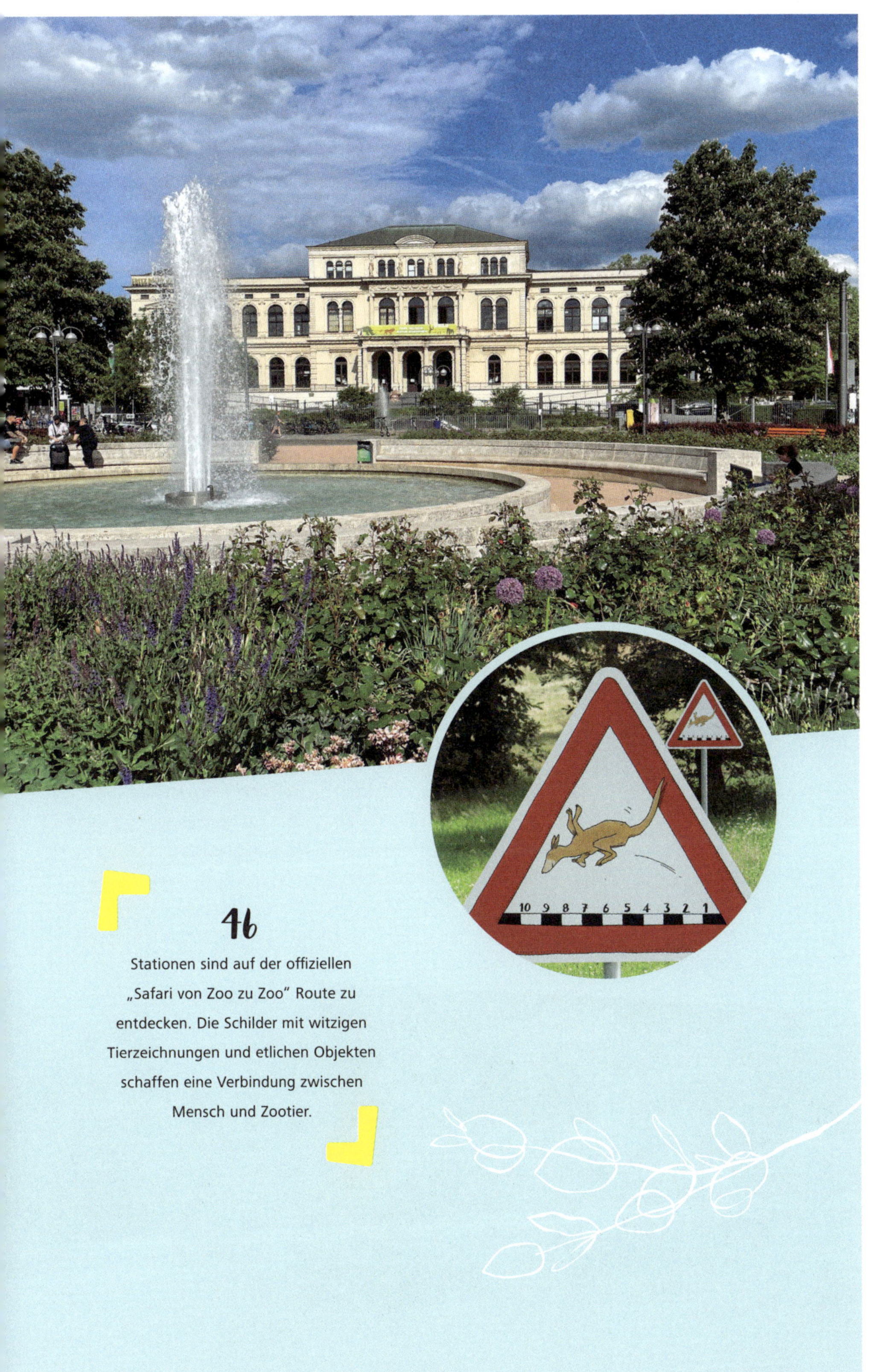

46

Stationen sind auf der offiziellen „Safari von Zoo zu Zoo" Route zu entdecken. Die Schilder mit witzigen Tierzeichnungen und etlichen Objekten schaffen eine Verbindung zwischen Mensch und Zootier.

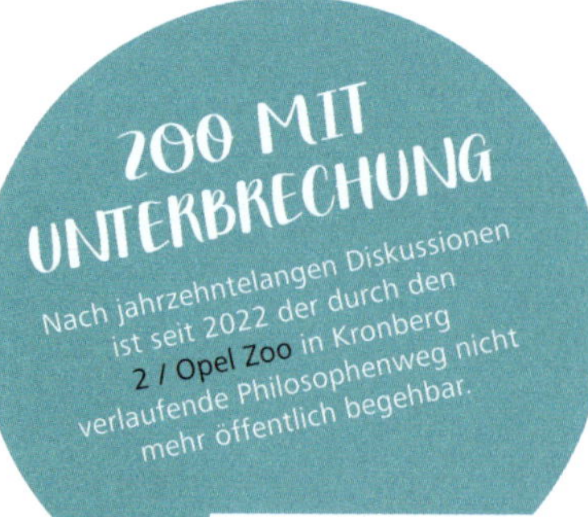

ZOO MIT UNTERBRECHUNG

Nach jahrzehntelangen Diskussionen ist seit 2022 der durch den 2 / Opel Zoo in Kronberg verlaufende Philosophenweg nicht mehr öffentlich begehbar.

… und Sauerbrunnen

BLICK AUF KRONBERG UND BURG

Wir machen uns auf den Weg zum 3 / Quellenpark Kronthal. Zunächst umfahren wir das Zoogelände und kommen dann auf einen schmalen und sehr steil abwärts führenden Wanderweg – die ca. drei Kilometer lange Passage ist auch bergab anstrengend, da unwegsam, ein gelände-gängiges Rad oder E-Bike wäre hier von Vorteil. Immerhin werden wir mit einem tollen Blick auf Kronberg und die Burg belohnt. Im Quellenpark machen wir eine Verschnaufpause – der Stopp lohnt besonders, wenn man die Tour andersherum fährt. Vor dem steilen Aufstieg zum Opel Zoo kann man dann Mineralwasser an den Quellen schöpfen. In der historischen Gartenanlage wurde Mitte des 16. Jahrhunderts erstmals ein Sauerbrunnen urkundlich erwähnt. Mit der Entdeckung der Heilwirkung der Wässerchen durch den Kronberger Amtsarzt Ferdinand Küster im Jahr 1818 begann die wirtschaftliche Nutzung des Kronthales, die aber inzwischen eingestellt wurde. Ein Vergnügen ist es außerdem an heißen Sommertagen, im kleinen gekachelten Wassertretbecken eine Kneippkur zu machen. Wir setzen unsere Tour in Richtung Schwalbach fort. Der Weg verläuft

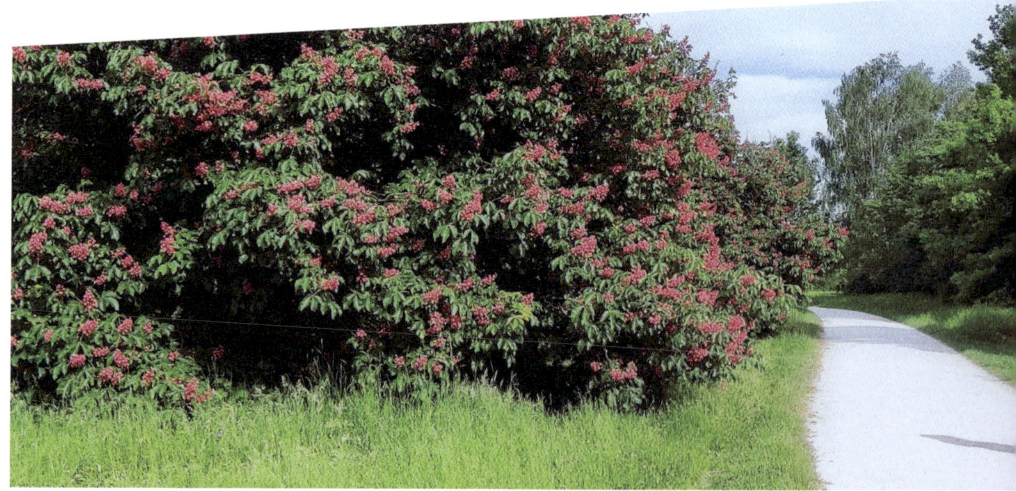

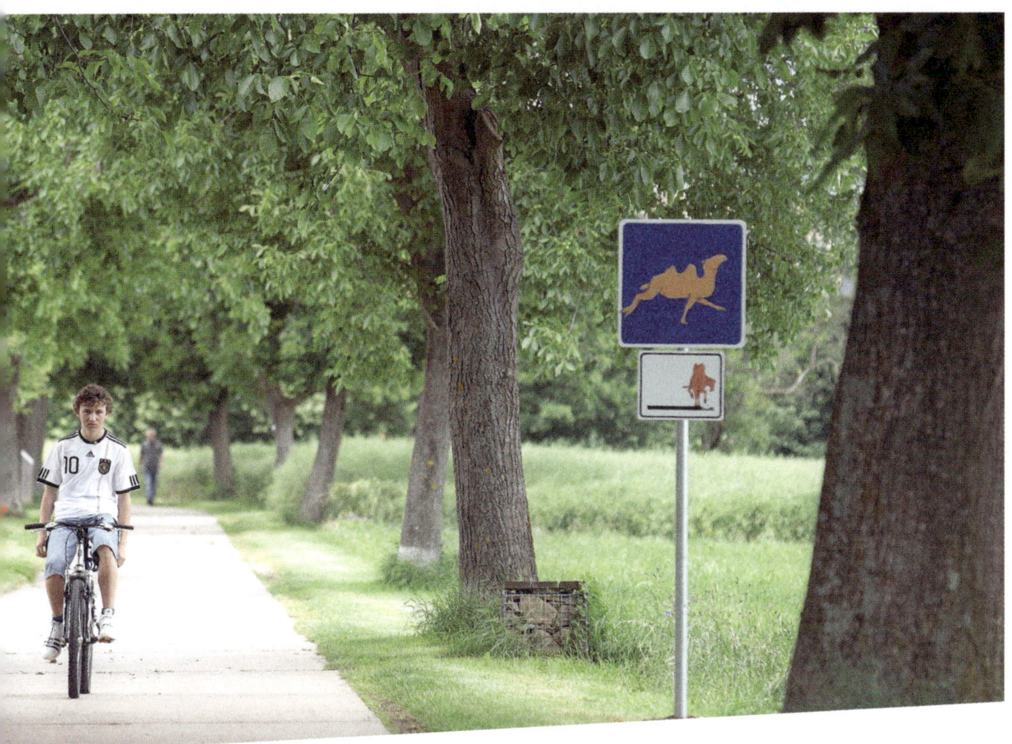

auf asphaltierten Radwegen, die zwischen Wäldern und Wiesen entlang führen. Mitten im Ort passieren wir den 4 / Froschteich Schwalbach, der unerwartet romantisch auf uns wirkt.

Kostenfreie Weltreise

Wir folgen dem gut ausgebauten Radweg weiter in Richtung Eschborn und gelangen zunächst zum Arboretum, einer riesigen Waldlandschaft, die mehr als 600 Baum- und Straucharten der nördlichen Erdhalbkugel beheimatet. Ein Spaziergang durch das Arboretum bedeutet eine kostenfreie Weltreise durch 38 verschiedene, natürliche Waldgesellschaften. Der idyllisch gelegene Biergarten vom 5 / Wiesenhof Ponderosa am Arboretum bietet eine schöne Pausenmöglichkeit. Kurz vor Sossenheim kommt eine Unterführung unter der A66 hindurch. Beim Durchfahren hat man das Gefühl, den Kopf einziehen zu müssen, so niedrig ist die Decke. Zum Glück befindet sich am Eingang der Unterführung ein lustiges Hinweisschild der Safari-Route – die „Giraffenumleitung".

1.700

Tiere leben im Opel Zoo.

< links / Ein besonderes Erlebnis: Das Arboretum in Eschborn hält prachtvolle Bäume bereit ^ oben / Entlang der Safari-Route

KRONTHALER WASSER

Kronthaler Wasser war lange Jahre ein Exportschlager ersten Ranges. Bis nach England und Amerika wurde es verkauft. 2005 wurde der Abfüllbetrieb eingestellt.

Picknickplätze

Danach geht es durch eine verwunschene Parkanlage. Der „Sulzbach" schlängelt sich malerisch durch die Landschaft – insbesondere im Frühling ist der Anblick wunderschön. Ein Picknick bietet sich an. Im Sommer kann man hier gut die Füße ins Wasser halten und Kinder haben genügend Wiese zum Herumtoben. Hinter Sossenheim führt der Radweg durch wunderschöne Wiesen und Obstbäume zur Nidda. Über eine Holzbrücke queren wir die Nidda zunächst. Manchmal kann man von der Brücke aus Nutrias beobachten. Auf der anderen Uferseite fahren wir auf dem angelegten Radweg immer am Fluss Richtung Frankfurt. Wir kommen an einem schönen 6 / Picknickplatz an der Nidda vorbei. Kurz darauf folgt eine weitere sehr niedrige Unterführung unter der Autobahnen hindurch. Dahinter biegt die Route von der Nidda ab.

PICKNICK AM WASSER

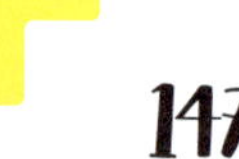

147

Jahre alt ist die älteste Tieranlage im Frankfurter Zoo: die Greifvogel-Voliere.

Von der Tigerliegewiese zum feinfrankfurt

Wir treffen auf weitere lustige Hinweisschilder, die uns daran erinnern, dass wir auf der Safari-Route unterwegs sind. Nun führt der Weg durch Grünanlagen, zuerst am Rande von Frankfurt-Bockenheim, dann durch den Grüneburgpark im Stadtteil Westend. Hier treffen wir auch auf die „Tigerliegewiese" – ein weiteres witziges Hinweisschild der Safari-Route. Wir schlängeln uns durch das Westend bis zu den Frankfurter Wallanlagen – Parkanlagen, die um die Innenstadt herum führen. An der Eschenheimer Anlage treffen wir auf den 7 / feinfrankfurt Kiosk – einer der Top-Treffpunkte für Frankfurter und kein gewöhnlicher Kiosk. Hier kann man nicht nur Getränke zum Mitnehmen kaufen, sondern auch Verweilen. Es gibt Sitzmöglichkeiten, Snacks und Kuchen und die Getränkeauswahl ist etwas umfangreicher als an jedem gewöhnlichen Kiosk. Durch die Wallanlagen schlängeln wir uns schließlich bis zum 8 / Zoo Frankfurt, wo die Tour endet.

Achtung: Nicht alle Schilder, die uns auf dieser Route begleitet haben, sind im Text aufgezählt. Viel Spaß beim Suchen und Finden!

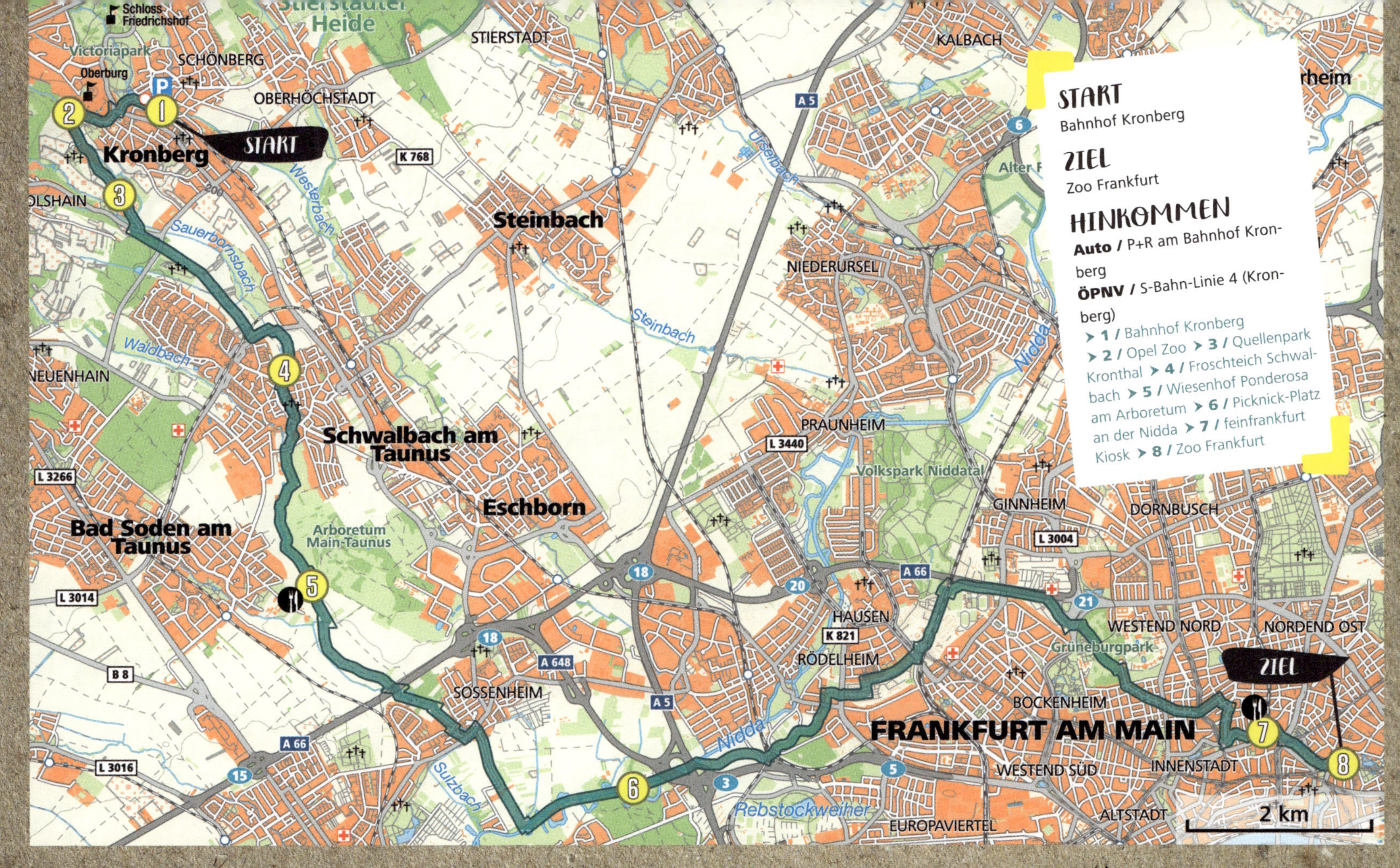
START
Bahnhof Kronberg
ZIEL
Zoo Frankfurt
HINKOMMEN
Auto / P+R am Bahnhof Kronberg
ÖPNV / S-Bahn-Linie 4 (Kronberg)
➤ 1 / Bahnhof Kronberg ➤ 2 / Opel Zoo ➤ 3 / Quellenpark Kronthal ➤ 4 / Froschteich Schwalbach ➤ 5 / Wiesenhof Ponderosa am Arboretum ➤ 6 / Picknick-Platz an der Nidda ➤ 7 / feinfrankfurt Kiosk ➤ 8 / Zoo Frankfurt
START
ZIEL
Schloss Friedrichshof
Victoriapark
Oberburg
SCHÖNBERG
OBERHÖCHSTADT
Kronberg
STIERSTADT
KALBACH
Steinbach
NIEDERURSEL
PRAUNHEIM
Volkspark Niddatal
GINNHEIM
DORNBUSCH
Schwalbach am Taunus
Eschborn
Bad Soden am Taunus
Arboretum Main-Taunus
NEUENHAIN
SOSSENHEIM
HAUSEN
RÖDELHEIM
BOCKENHEIM
WESTEND NORD
NORDEND OST
Grüneburgpark
FRANKFURT AM MAIN
WESTEND SÜD
INNENSTADT
ALTSTADT
EUROPAVIERTEL
Rebstockweiher
Westerbach
Sauerbornsbach
Waldbach
Urselbach
Steinbach
Nidda
Sulzbach
A 5
A 66
A 648
K 768
K 821
L 3440
L 3004
L 3266
L 3014
L 3016
B 8
2 km

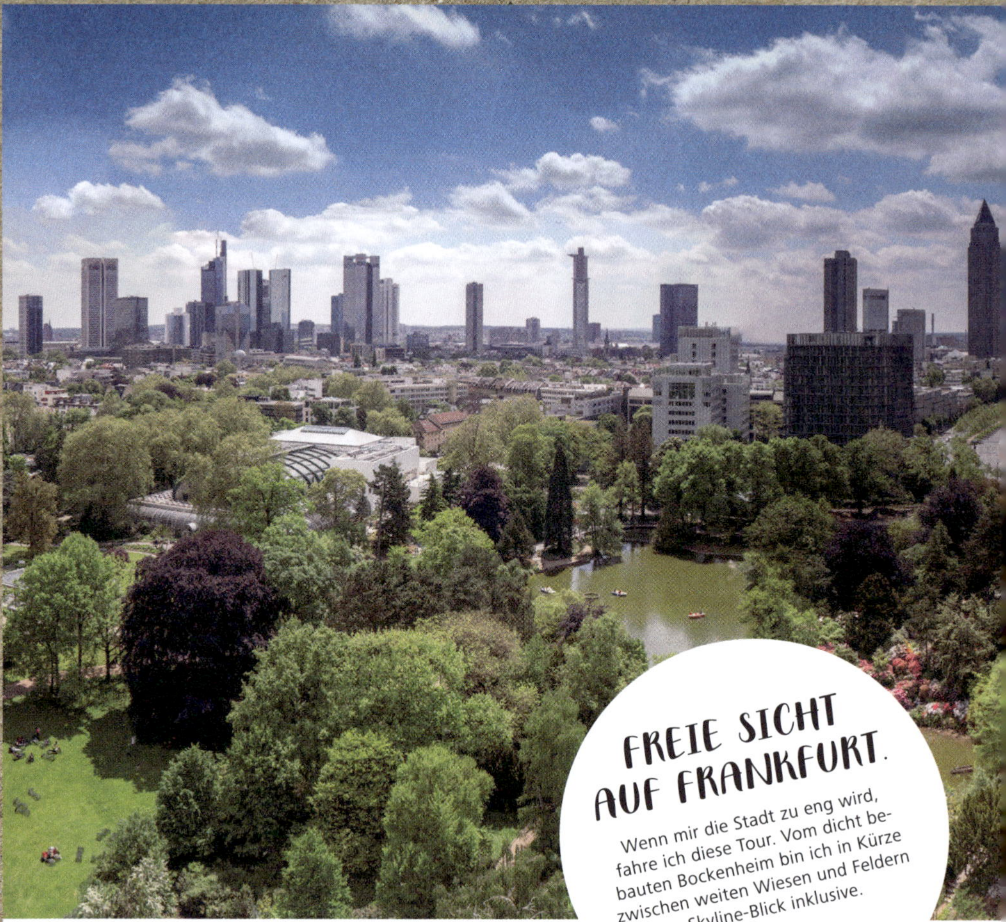

FREIE SICHT AUF FRANKFURT.

Wenn mir die Stadt zu eng wird, fahre ich diese Tour. Vom dicht bebauten Bockenheim bin ich in Kürze zwischen weiten Wiesen und Feldern – Skyline-Blick inklusive.

➤ **1 /** Der Westbahnhof Frankfurt liegt im Stadtteil Bockenheim.

➤ **2 /** Wir umfahren den Palmengarten Frankfurt.

➤ **3 /** Auf der einen Seite Fluss und auf der anderen der Volkspark Nidda/ Praunheimer Nachtigallenwäldchen.

➤ **4 /** Äppelwoi-Rast an der Apfelweinbrücke Steinbach.

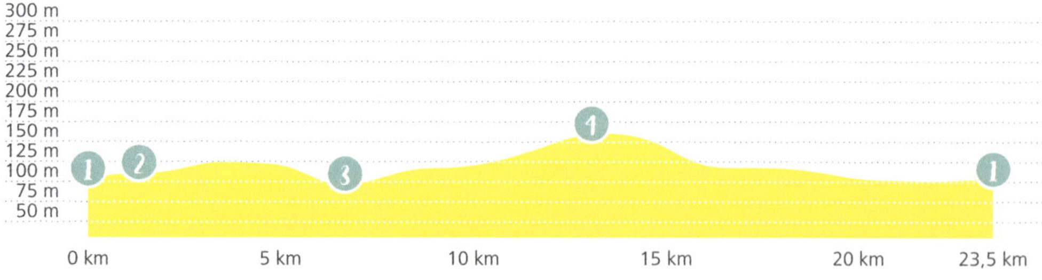

WEITSICHT GENIESSEN

Kleine Runde durch Frankfurts Westen

Wir fahren am berühmten Frankfurter Palmengarten entlang. Hinter Praunheim genießen wir die Weite und Ausblicke gen Taunus und Frankfurter Skyline und rasten am Apfelweinbrückchen bei Steinbach.

24 Kilometer
140 Höhenmeter ▲
140 Höhenmeter ▼
2 Stunden
Rundtour

Zwischen Messe und dem Eingangstor der Stadt

Wir starten am 1 / Frankfurter Westbahnhof, der sich im Stadtteil Bockenheim befindet. Der Westbahnhof ist vom Hauptbahnhof aus eine Station hinter der Messe und wird mit allen S-Bahnen Richtung Messe angefahren. Auf dem Messegelände findet seit 2022 eine der international größten Fahrradmessen statt. Die Eurobike hat im Sommer 2022 über 30.000 Fachbesucher und knapp 30.000 Fahrradfans angelockt. Für uns geht es vom Westbahnhof aus über die Adalbertstraße zur Bockenheimer Warte, dem sogenannten ingangstor zum Stadtteil. Das altertümliche Wart-

CHARAKTER
Sportlich ●●●○○
Abkühlung ●○○○○
Schlemmen ●○○○○
Panorama ●●●●●

TOURENINFO / Leichte Radtour auf befestigten Radwegen. Verläuft ein kurzes Stück auf dem Niddaradweg und zwischen Steinbach und Eschborn auf der Regionalparkrundroute. Insbesondere der Abschnitt zwischen Praunheim und Eschborn bietet keinen Schatten.

◀ links / Grüne Oase inmitten der Großstadt. Der Frankfurter Palmengarten

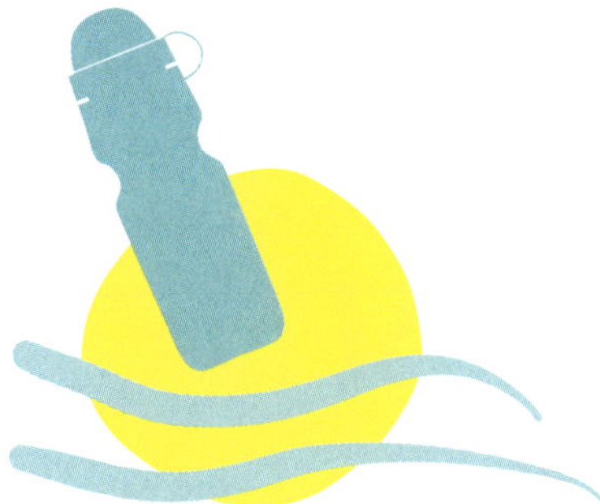

türmchen thront mitten auf einem großen Platz, auf dem donnerstags der Bockenheimer Wochenmarkt stattfindet. Wir folgen der Gräfstraße ein kurzes Stück und biegen dann nach rechts auf die Sophienstraße ab.

Pflanzen aus aller Welt

Nach wenigen Metern kommen wir zum 2 / Palmengarten Frankfurt, einem der größten botanischen Gärten Deutschlands. Ein Eingang befindet sich in der Palmengartenstraße, die man von der Zeppelinallee aus über eine kleine Gasse erreicht. Pflanzen aus aller Welt, alter Baumbestand, Wiesen und Wasser, Kunst und Kultur – der Palmengarten ist ein Ort, der seinesgleichen sucht. 22 Hektar ist der Garten groß, in seinem Freiland und unter den Dächern seiner teilweise historischen Schauhäuser wachsen rund 13.000 Pflanzenarten. Ausstellungen, Themenführungen und Musikveranstaltungen – der Palmengarten ist wirklich zu jeder Jahreszeit einen Besuch wert. Meine Lieblingsorte sind das Haus Rosenbrunn gegenüber des Haupteingangs in der Siesmeyerstraße und der Bambus-Wald, der sich in der Nähe des Schmetterlingshauses befindet. Im Sommer halten wir uns gerne auf dem Wasserspielplatz im Norden des Palmengartens auf, wo sich auch ein Kinderkiosk befindet. Wer sich mit dem Gelände des Palmengartens etwas intensiver beschäftigt, entdeckt vielleicht auch ein märchenhaft schönes Anhängsel. Wir radeln zuerst über die Zeppelinallee und dann auf der Miquelallee um das Gelände des Palmengartens herum. Schließlich gelangen wir über die Hansaallee in den Stadtteil Dornbusch hinein.

GRÖSSTER PARK DER STADT

Der 3 / Volkspark Niddatal, auch Niddapark genannt, ist mit circa 168 ha der größte und bekannteste Volkspark in Frankfurt.

Von Ginnheim zur Nidda

Wir fahren nach Frankfurt Ginnheim, dessen uriger Stadtkern sich

---

➤ **rechts oben / Blick auf das Haus Rosenbrunn im Palmengarten**
➤ **rechts Mitte / Ausblick auf den Wasserfall im Palmengarten**

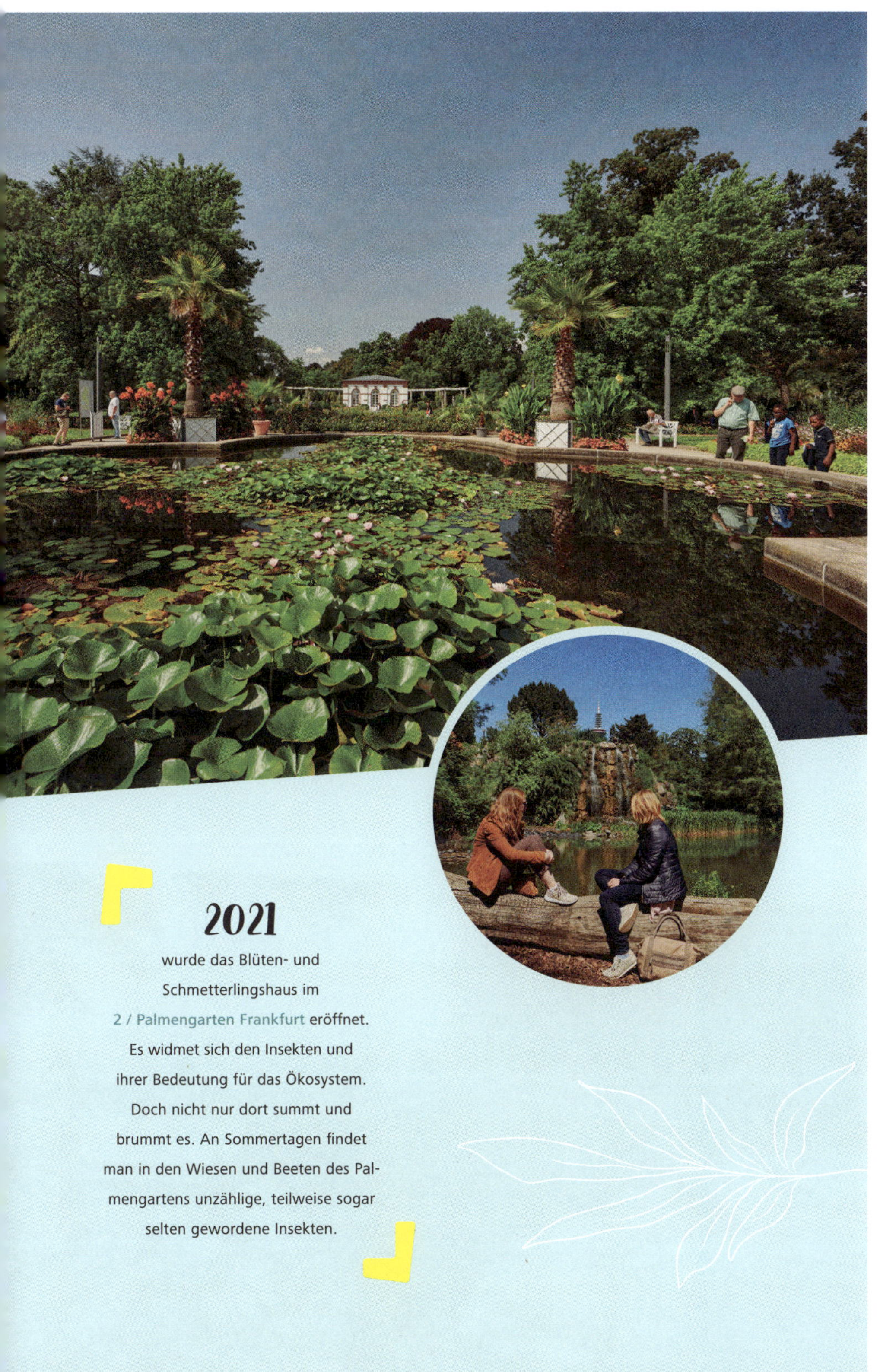

2021

wurde das Blüten- und Schmetterlingshaus im 2 / Palmengarten Frankfurt eröffnet. Es widmet sich den Insekten und ihrer Bedeutung für das Ökosystem. Doch nicht nur dort summt und brummt es. An Sommertagen findet man in den Wiesen und Beeten des Palmengartens unzählige, teilweise sogar selten gewordene Insekten.

AM TAUNUSHANG

Von den Feldern zwischen Praunheim, Steinbach und Eschborn haben wir einen tollen Blick auf den umliegenden Taunus mit seiner höchsten Erhebung, dem Feldberg.

mehr nach Dorf als nach Großstadt anfühlt. Schließlich passieren wir das Ginnheimer Wirtshaus, in das wir auf unseren Radtouren grundsätzlich sehr gerne einkehren. Anschließend fahren wir auf dem Niddaradweg entlang und überqueren den Fluss über die Römerbrücke. Auf der anderen Seite fahren wir an der Nidda entlang.

AM GRÖSSTEN FRANKFURTER VOLKSPARK

Der größte Volkspark

Der 3 / Volkspark Nidda/Praunheimer Nachtigallenwäldchen befindet sich nun auf der gegenüberliegenden Seite. Das Nachtigallenwäldchen liegt am Rande dieses größten Frankfurter Volksparks. Wer mehr Zeit hat, sollte vor der Römerbrücke links in den Park hineinfahren und eine Runde drehen. Es gibt wunderbar angelegte Fuß- und Radwege und das weitläufige Gelände hat von Obstbaum-Plantagen bis zum Wasserspielpatz jede Menge Schönes zu bieten.

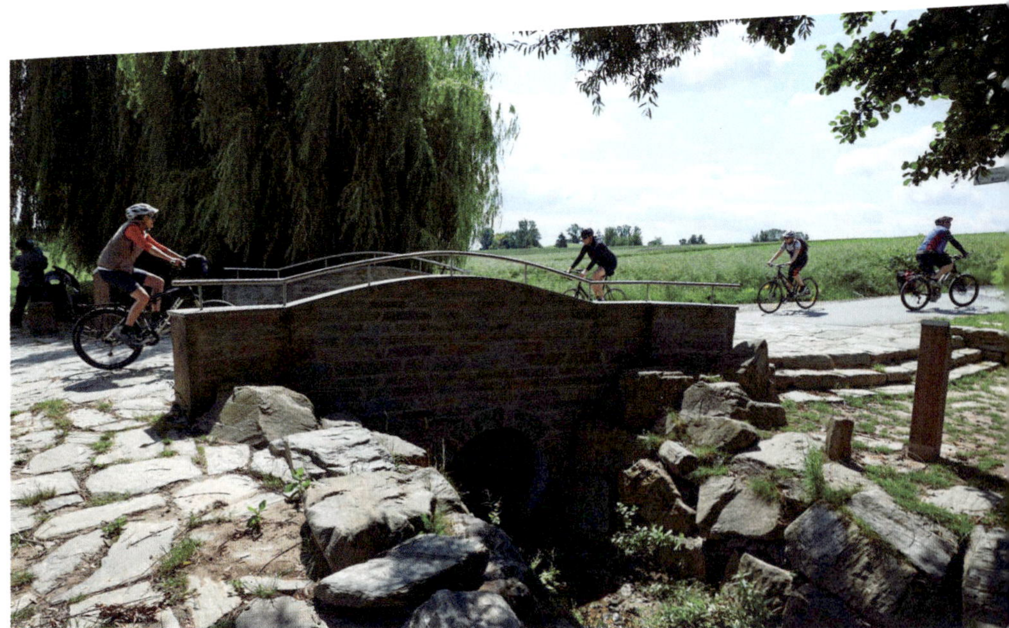

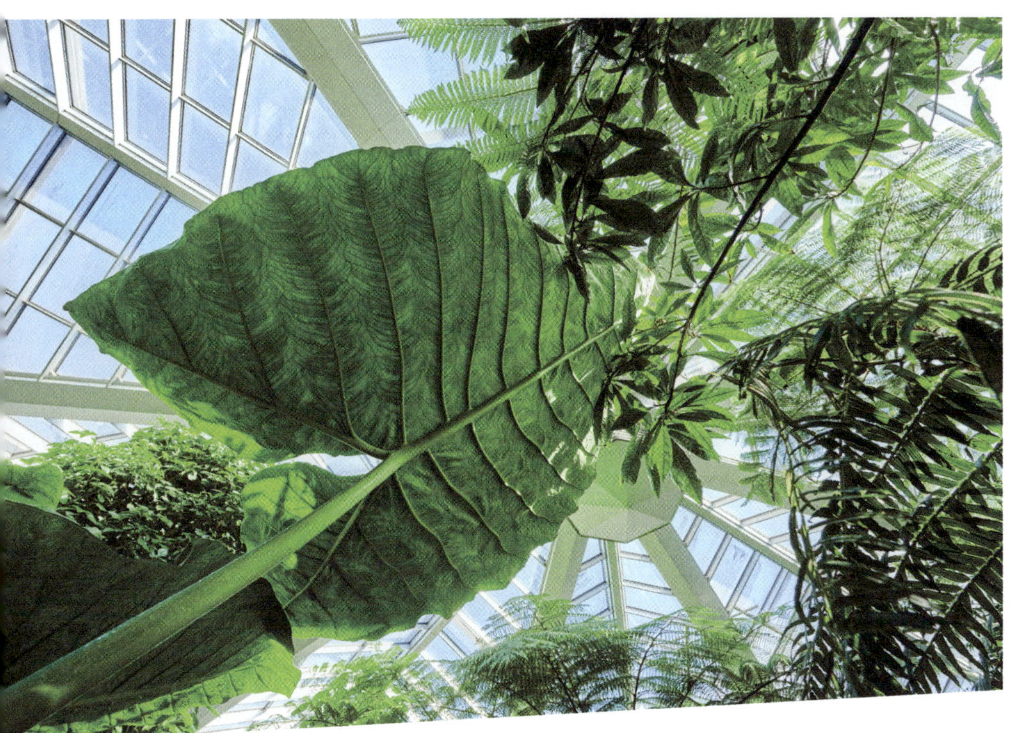

Frankfurt aus naher Ferne

Unsere Runde führt uns nach Praunheim und vorbei am Nordwest-Krankenhaus. Dahinter verläuft der asphaltierte Radweg für den Rest der Runde durch weite Felder. Wir haben einen wunderbaren Blick auf die Frankfurter Skyline und das umliegende Taunus-Gebirge. Als ich zum ersten Mal hier entlanggefahren bin, war ich schier begeistert von der Weitsicht und der Frankfurter Skyline aus dieser Perspektive. Auf Höhe Steinach-Weißkirchen gelangen wir auf die Regionalparkrundroute.

Verbindendes

An der 4 / Apfelweinbrücke Steinbach machen wir Rast. Das „Äppelwoibrückchen" in der Steinbachaue stellt eine direkte Schnittstelle von der großen Regionalparkrundroute zur auch schon in älteren Zeiten wichtigen Wegverbindung Frankfurt-Praunheim-Steinbach her. Apfelwein und Brücke, das ist eigentlich doppelt gemoppelt: Dass eine Brücke etwas Verbindendes hat, ist klar.

100

Jahre und mehr währt die Tradition, dass sich Frankfurter auf den Weg zur 4 / Apfelweinbrücke Steinbach machen, um gesellig beim Äppler zusammen zu sitzen.

< links / Steg mit Geschichte: Die Apfelweinbrücke bei Steinbach
∧ oben / So grün ist Frankfurt

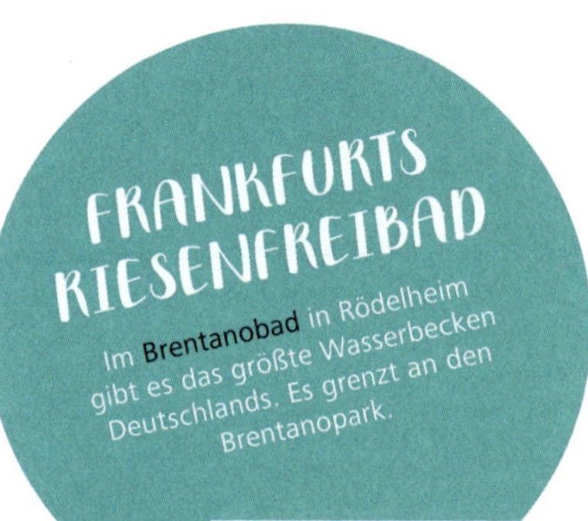

BERGAB MIT BLICK AUF DIE SKYLINE

Gerade so aber wird seit je her der vergorene Apfeltrunk in hiesigen Gefilden als ein die Menschen verbindendes Getränk gefeiert. Das war auch schon so in Zeiten, als der Vorläufer des heute aufgemauerten Übergangs noch ein Holzsteg war. Wenige hundert Meter hinter der kleinen Brücke finden wir einen Sitzkiesel am Radweg – unverwechselbares Erkennungsmerkmal der Regionalparkrundroute. Wir rollen auf dem Radweg an der Landstraße Richtung Eschborn bergab und genießen einen tollen Blick auf die Skyline. Während die Regionalparkrundroute am Eschborner Friedhof in Richtung Stadt abbiegt, fahren wir am Rande der Kleinstadt entlang, überqueren den Autobahnzubringer und durchfahren den S-Bahnhof Eschborn Süd.

1881

wurde die Familienkelterei Possmann gegründet, die ihren Sitz am Rande von Rödelheim hat. Sie ist der größte Apfel-Verarbeitungsbetrieb in Hessen. Interessantes und Wissenswertes rund um den Apfel und die handwerkliche Herstellung von Apfelsaft und Apfelwein kann man in der Keltereiführung erfahren.

Zwischen Rödelheims größten Parks

Danach führt der Radweg an der Bahntrasse der S-Bahn entlang bis nach Rödelheim, wo wir an der Frankfurter Äpfelwein Botschaft (Eschborner Landstraße 154, 60489 Frankfurt am Main) der Kelterei Possmann vorbeikommen. Die traditionsreiche Apfelweinwirtschaft befindet sich in einem kleinen Industriegebiet auf dem Gelände der Kelterei. In gemütlichem, rustikalen Ambiente werden typisch hessische Gerichte und Apfelwein serviert. Im Sommer lässt es sich im wunderschönen Apfelweingarten bestens rasten. Wir fahren weiter bis zum Bahnhof Rödelheim, den wir durchqueren. Über eine Nebenstraße kommen wir auf die Hauptverkehrsstraße Rödelheims, die zwischen Solmspark und Brentanopark hindurchführt. Die beiden Parks verfügen über einen uralten Baumbestand, große Wiesen und tolle Spielplätze und sind Teil des Radwegenetzes des Frankfurter GrünGürtels. Als ich vor einigen Jahren zum ersten Mal durch diese Parks geradelt bin, war ich wirklich überrascht von dieser gepflegten und grünen Seite Rödelheims. Wer noch Zeit hat, sollte unbedingt eine Extrarunde durch die Parks drehen! Schließlich geht es für uns über die Rödelheimer Landstraße zurück zu unserem Ausgangspunkt in Bockenheim.

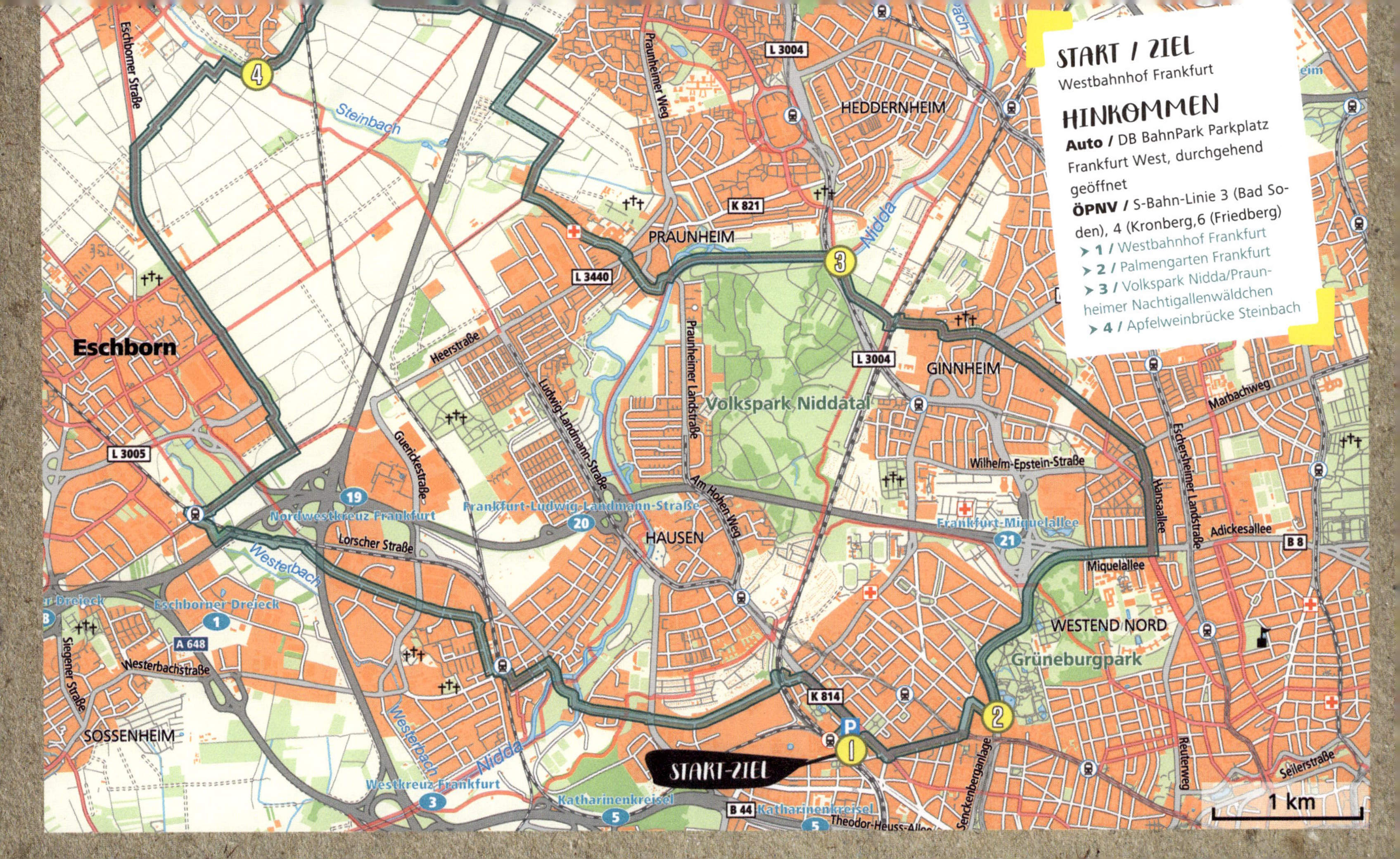
START / ZIEL
Westbahnhof Frankfurt
HINKOMMEN
Auto / DB BahnPark Parkplatz Frankfurt West, durchgehend geöffnet
ÖPNV / S-Bahn-Linie 3 (Bad Soden), 4 (Kronberg,6 (Friedberg)
1 / Westbahnhof Frankfurt
2 / Palmengarten Frankfurt
3 / Volkspark Nidda/Praunheimer Nachtigallenwäldchen
4 / Apfelweinbrücke Steinbach
START-ZIEL
Eschborn
HEDDERNHEIM
PRAUNHEIM
GINNHEIM
HAUSEN
WESTEND NORD
SOSSENHEIM
Volkspark Niddatal
Grüneburgpark
Eschborner Straße
Steinbach
Praunheimer Weg
Heerstraße
Guerickestraße
Ludwig-Landmann-Straße
Praunheimer Landstraße
Am Hohen Weg
Lorscher Straße
Westerbach
Nidda
Wilhelm-Epstein-Straße
Marbachweg
Eschersheimer Landstraße
Hansaallee
Adickesallee
Miquelallee
Senckenberganlage
Reuterweg
Seilerstraße
Theodor-Heuss-Allee
Westerbachstraße
Siegener Straße
Nordwestkreuz Frankfurt
Frankfurt-Ludwig-Landmann-Straße
Frankfurt-Miquelallee
Eschborner Dreieck
Westkreuz Frankfurt
Katharinenkreisel
L 3004
K 821
L 3440
L 3005
K 814
B 44
B 8
A 648
1 km

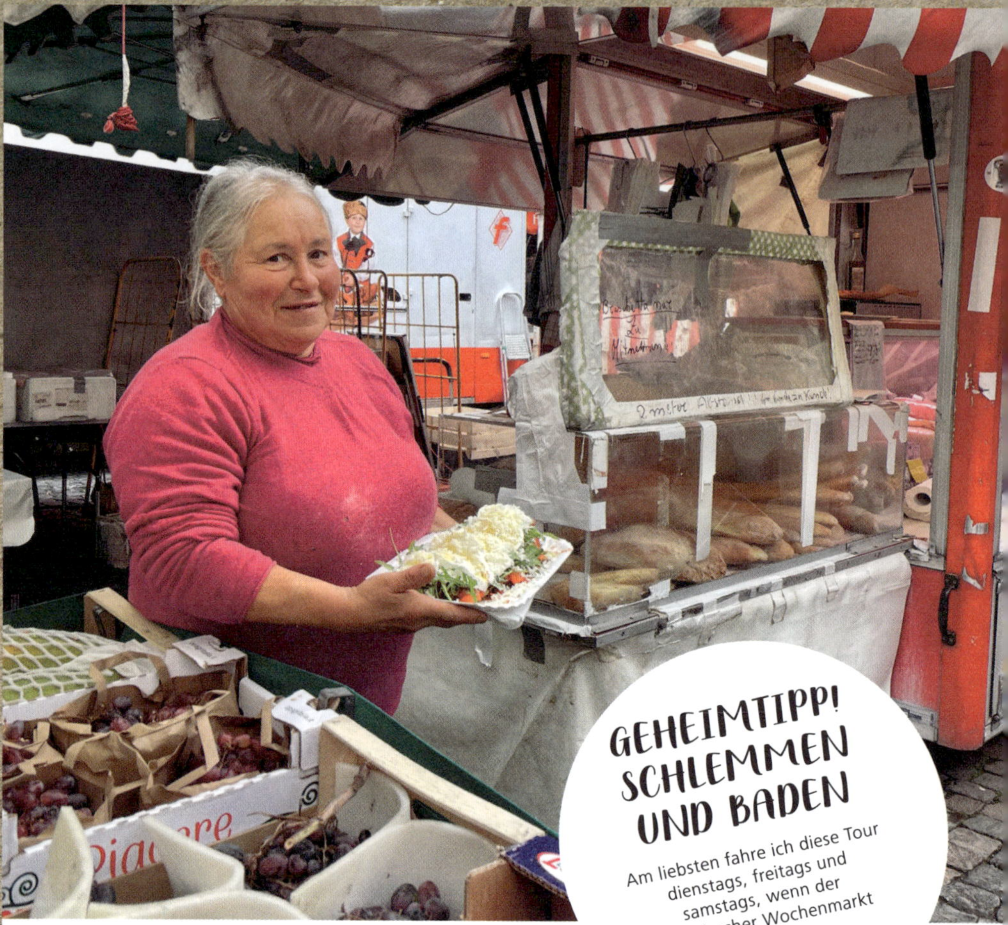

GEHEIMTIPP! SCHLEMMEN UND BADEN

Am liebsten fahre ich diese Tour dienstags, freitags und samstags, wenn der Offenbacher Wochenmarkt stattfindet.

➤ **1 /** Wir schlendern eine Runde über den Wochenmarkt auf dem Wilhelmsplatz Offenbach.

➤ **2 /** Wetter erleben im Wetterpark.

➤ **3 /** Kaum bekannte Schönheit: Dietesheimer Steinbrüche.

➤ **4 /** Schleuse bei Mühlheim.

➤ **5 /** Baden im Schultheisweiher.

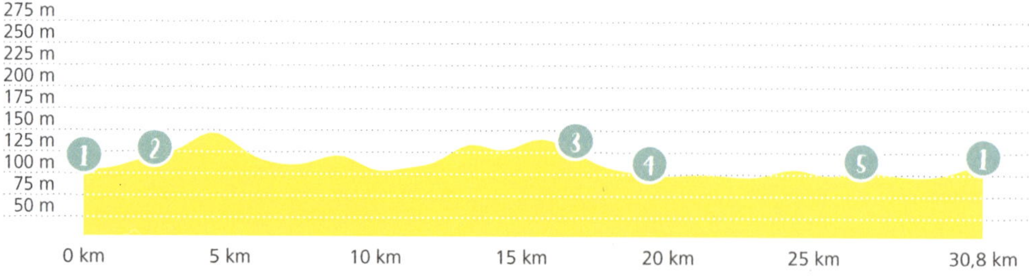

OFFENBACH AM MEER

Zwischen Main und Seenlandschaft

Als Frankfurter eine Tour in Offenbach starten? Vielleicht ist das für den einen oder anderen eine Tour, die du so nie gemacht hättest, aber unbedingt die Anreise wert! Wir erfahren etwas über das Wetter, entdecken eine Perle der Natur und betrachten eine beeindruckende Schleuse.

31 Kilometer
175 Höhenmeter ▲
175 Höhenmeter ▼
2:30 Stunden
Rundtour

Das hat Offenbach zu bieten

Zwischen Frankfurt und Offenbach besteht seit jeher eine gewisse Spannung. Für Zugezogene wie mich ist so manch ein spöttischer Kommentar gegenüber Offenbach nicht ernst gemeint. Im Gegenteil: Offenbach sollte man sich anschauen! Es gibt wirklich viele schöne Ecken. Das Büsingpalais beispielsweise ist Offenbachs repräsentativstes Gebäude. Es entstand in seiner ursprünglichen Form 1775/76 als dreiflüge-

CHARAKTER

Sportlich ●●○○○
Abkühlung ●●●●●
Schlemmen ●●●●●
Panorama ●●●○○

TOUR, DIE DU SO NIE GEMACHT HÄTTEST

TOURENINFO / Für die ganze Familie geeignet. Besonders in den warmen Sommermonaten ist der Schultheis-Weiher schön zum Baden. Trifft auf Regionalparkrundroute, Fernradwege R3 und R4 sowie Mainradweg. Im Waldgebiet bei Mühlheim und an den Steinbrüchen Wanderwege und teilweise schmale Wegabschnitte. Je nach Jahreszeit kann es viele Insekten geben.

‹ links / Stadtbekannt: Maria vom Tiroler Bauernstand ist stadtbekannt

TOUR, DIE DU SO NIE GEMACHT HÄTTEST

liges Stadtpalais der Schnupftabak-Fabrikanten Bernard und d'Orville. Später wurde es als neobarocke Schlossanlage ausgebaut. Heute ist es teilweise ein Hotelkomplex und der andere Teil wird für städtische Veranstaltungen genutzt. Davor befindet sich der Büsingpark, der Stadtpark Offenbachs. Sehenswert ist auch die historische Altstadt, das Mathildenviertel mit seinen zahlreichen Gründerzeit- und Jugendstilwohnhäusern und vor allem der einzigartige Wochenmarkt. Hier auf dem 1 / Wilhelmsplatz Offenbach beginnt unsere Runde.

So entsteht Wetter

Durch die Offenbacher Innenstadt radeln wir bis zum idyllisch gelegenen 2 / Wetterpark am Buchhügel in Offenbach. Seit 2005 befindet sich auf dem Gelände der ehemaligen Anzuchtgärtnerei der Wetterpark. Offene Landschaft und viele außergewöhnliche Bäume prägen seine Kulisse. Ein Themenpfad, der durch das Parkgelände führt, verbindet mittlerweile 14 Exponate von der vollautomatischen Wetterstation des Deutschen Wetterdienstes (DWD) bis hin zum 13 Meter hohen Sicht-Turm mit Blick auf Offenbach und Taunus. Wie entstehen eigentlich Jahreszeiten? Warum brauche ich einen Regenschirm, obwohl gerade noch die Sonne schien? Woher kommt der Regenbogen und was genau ist ein Tiefdruckgebiet? Antworten auf diese Fragen werden bei Führungen durch den Wetterpark gegeben. Diese eignen sich für jede Altersklasse. Mit dem Regionalpark Besucherzentrum am Kilometer 113,8 der Regionalparkrundroute hat der Wetterpark seit Juli 2014 eine weitere Attraktion. Das Besucherzentrum ist einer Wetterschutzhütte nachempfunden und man kann hier Wetterphänomenen wie Regionalklima oder optischen Erscheinungen nachspüren und sogar selbst einen Tornado erzeugen. Außerdem gibt es eine Ausstellung zum Regionalpark RheinMain.

AUS DEM HOLZOFEN

Frisches Brot und Bruschetta aus dem Holzofen finden wir auf dem Wochenmarkt am 1 / Wilhelmsplatz Offenbach.

- **rechts oben / Am Offenbacher Mainufer**
- **rechts Mitte / Offenbach am Meer**

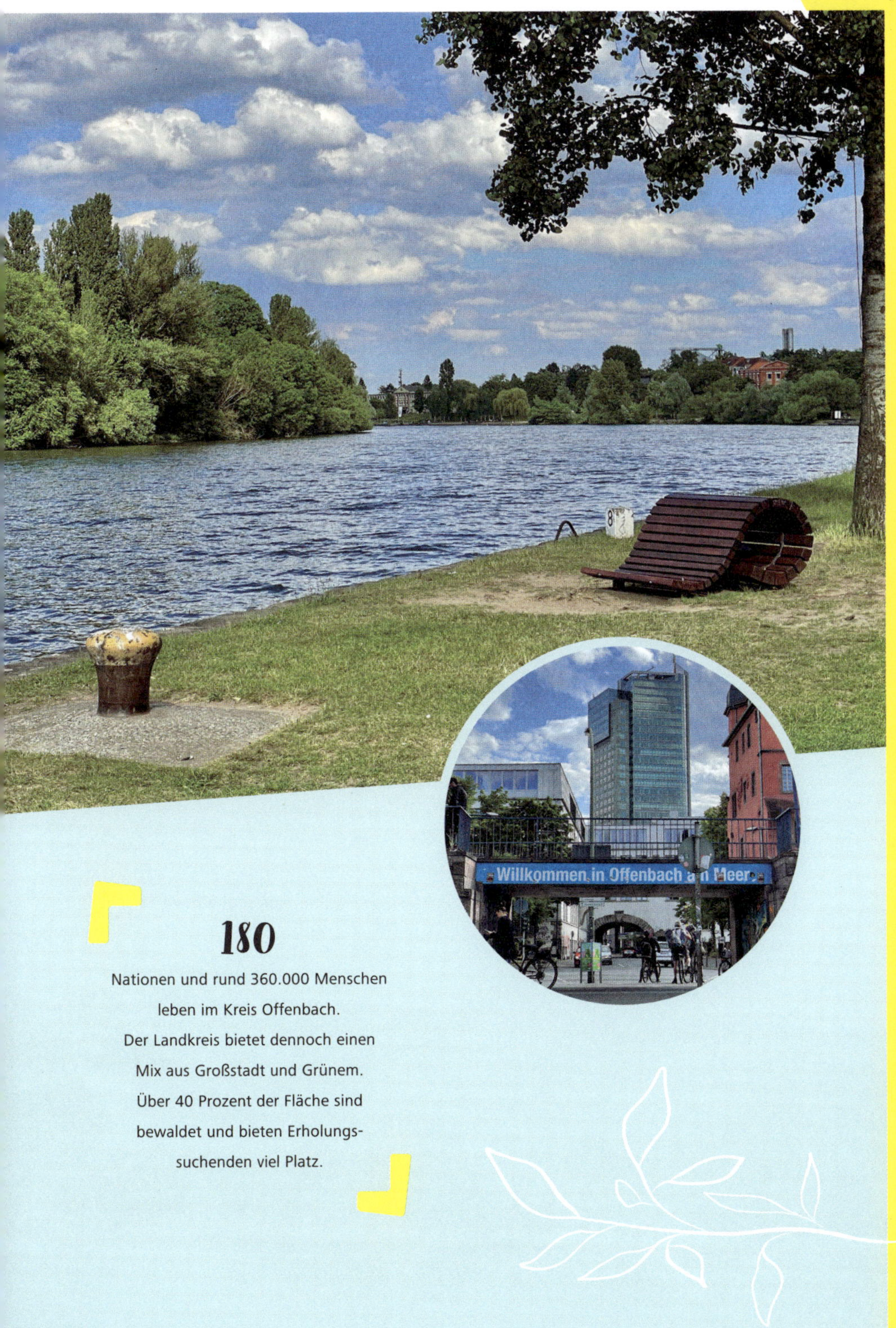

180

Nationen und rund 360.000 Menschen leben im Kreis Offenbach. Der Landkreis bietet dennoch einen Mix aus Großstadt und Grünem. Über 40 Prozent der Fläche sind bewaldet und bieten Erholungssuchenden viel Platz.

ALLE REDEN ÜBERS WETTER

Aber kaum jemand weiß, wodurch Stürme oder Hagelschauer entstehen. Antworten rund um das Thema Wetter und Klima gibt es im 2 / Wetterpark.

Herzhaftes oder Süßes?

Unsere Route führt nun in leichtem Auf und Ab über den Bieberer Berg. Wir kommen an einem schönen Spielplatz vorbei und Sparda-Bank-Hessen-Stadion. Hinter dem Bahnhof Offenbach-Bieber fahren wir durch Felder und Wiesen bis Zur Käsmühle (Dietesheimer Str. 408, 63073 Offenbach am Main), einem rustikalen Ausflugs-lokal mit Weinstube, Terrasse und schönem Biergarten. Hier lassen wir uns ein Handkes-Trio schmecken. Der Weg führt uns nun durch ein Waldgebiet zum Mülheimer Stadtteil Lämmerspiel, wo unmittelbar an der Route das nette Café Golkännchen (Bischof-Ketteler-Straße 23-25, 63165 Mühlheim am Main) liegt. Außer montags werden hier täglich sehr leckere Torten und Kuchen angeboten – natürlich auch der berühmte „Frankfurter Kranz".

TOUR, DIE DU SO NIE GEMACHT HÄTTEST

Seenlandschaft mit bizarren Felsen

Wir fahren aus dem Ort heraus, am Friedhof vorbei und wieder in den Wald hinein. Über Wanderwege geht es nun bis zu den 3 / Dietesheimer Steinbrüchen. Die ehemaligen Basaltsteinbrüche sind heute ein attraktives Naherholungsgebiet. Neben den größten

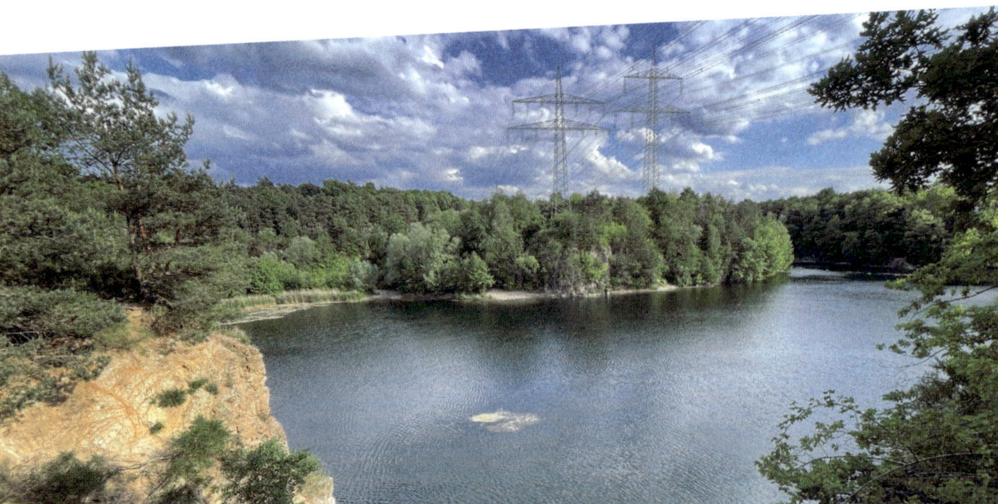

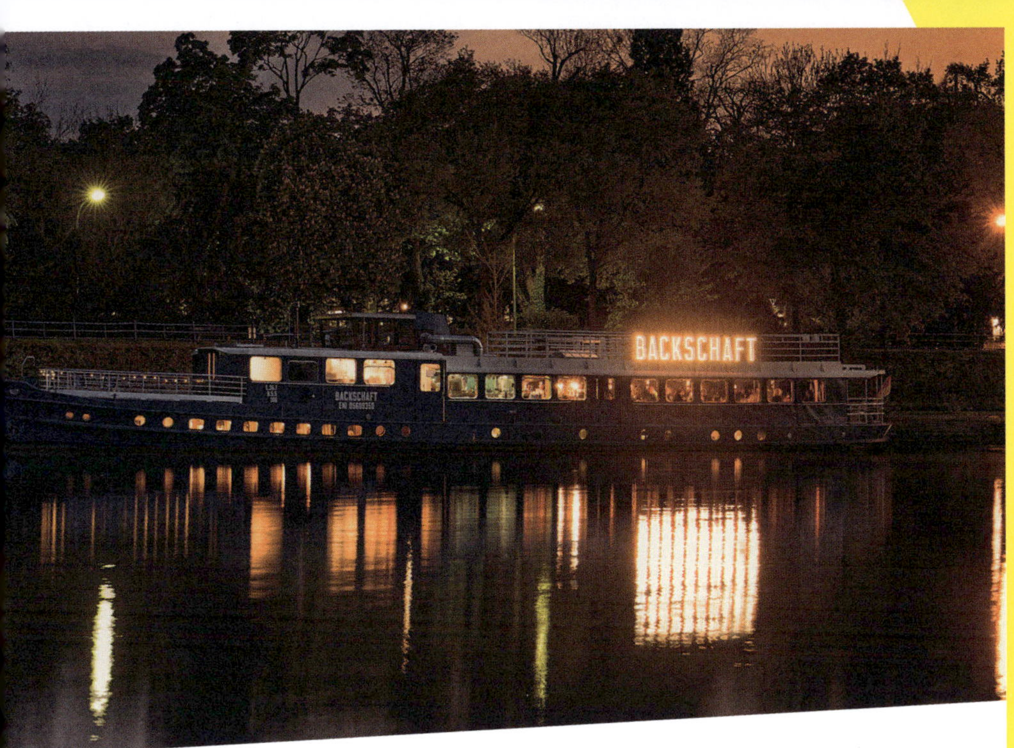

Seen, dem Vogelsberger See und dem Oberwaldsee, wird das reizvolle Landschaftsbild durch eine Reihe kleinerer Seen ergänzt. Hohe Steilwände sind als bizarre Felsformationen zu bewundern, die in der Rhein-Main-Region einzigartig sind. Zur Rekultivierung sind am Vogelsberger See und am Oberwaldsee rund 120.000 Bäume, meist Eichen und Erlen, sowie annähernd 7.000 Sträucher gepflanzt worden.

1982

endete in den 3 / Dietesheimer Steinbrüchen der Basaltabbau. Dieser sorgte für die in der Region einzigartigen bizarren Felsstrukturen. Nach der Stilllegung der Basaltproduktion entstand eine beeindruckende Seenlandschaft.

Knapp 14 Meter hohe Canyon-Brücke

Die Wege im Naturschutzgebiet sind zwar gut begehbar, für Radfahrer aber an manchen Stellen schmal und dicht bewachsen, weshalb es sich anbietet, von den Rädern abzusteigen und diese zu schieben oder gar abzustellen und eine Runde durch das Gelände zu spazieren. Ohnehin kommen wir an tollen Aussichtspunkten vorbei, an denen man wunderbar längere Pausen machen kann. Direkt auf unserer Route liegt eine fast 14 Meter hohe Canyon-Brücke, von der wir den schönsten Blick auf die einzigartige Landschaft haben.

< links / Natur pur in den Dietesheimer Steinbrüchen ^ oben / Die Backschaft ist ein Event-Schiff und liegt am Offenbacher Mainufer

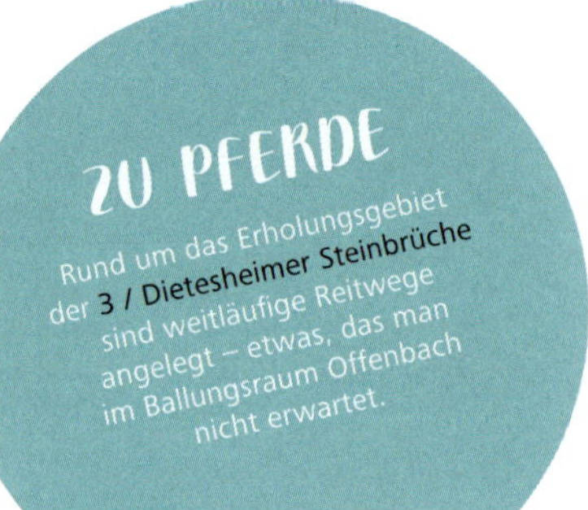

Abkürzung möglich

Nach wenigen Kilometern erreichen wir den Mülheimer Stadtteil Dietesheim mit der S-Bahn-Station Mühlheim(Main)-Dietesheim. Wer die Tour vorzeitig beenden möchte, kann hier einsteigen und zurück fahren.

11

Hektar und nur drei Meter tief ist der 5 / Schultheis-Weiher, der das Kernstück eines 27 Hektar großen Naturschutzgebietes ist, in dem Pirol und Buntspecht brüten, Zugvögel Rast machen und auch der Eisvogel Zuhause ist.

Am Mainufer entlang

Unsere Route führt uns weiter zum Mainufer. Hier entdecken wir die große 4 / Schleuse bei Mühlheim. Sie besteht aus der großen Schleuse, der kleinen Sportbootschleuse, dem Wehr mit drei Wehrfeldern und einem Wasserkraftwerk. Dort wird aus der Energie des abfließenden Wassers Strom erzeugt. Staustufen stauen zunächst Wasser auf, mit der Intention, einen Höhenunterschied zu überwinden. Die Schleuse ermöglicht auch in trockenen Sommern den Schiffsverkehr. Am Main geht es nun für weitere elf Kilometer auf einem asphaltierten Radweg entlang.

Abkühlen & Rasten

Wir fahren an Rumpenheim mit seinem Schloss (siehe Tour 13) vorbei und gelangen zum Bürgel-Rumpenheimer Mainbogen und dem 5 / Schultheis-Weiher. Ein natürlicher Freiraum am Rande des hochverdichteten Ballungsgebietes, der als Hessische Mainaue größtenteils unter Schutz steht. Hier machen wir Rast. Im Sommer bietet der See eine gute Gelegenheit für einen Badestopp – es gibt Duschen, Toiletten und eine Badeaufsicht. Zu jeder Jahreszeit lassen sich im hiesigen Vogelschutzgebiet Nachtigall, Teichrohrsänger und andere Vogelarten beobachten. Nun ist es nur noch ein kurzes Stück flussabwärts, bis wir wieder in Offenbach ankommen. Durch eine Eingangspforte mit der Aufschrift Offenbach am Meer geht es zurück zum Offenbacher Marktplatz. Wenn wir an der Eingangspforte nach rechts schauen, sehen wir am Mainufer das Eventschiff Backschaft liegen. Die Anmietung für private Anlässe kann ich nur empfehlen: Das Schiff bietet eine gelungene Mischung aus rustikaler Gemütlichkeit und hochwertiger internationaler Küche.

TOUR, DIE DU SO NIE GEMACHT HÄTTEST

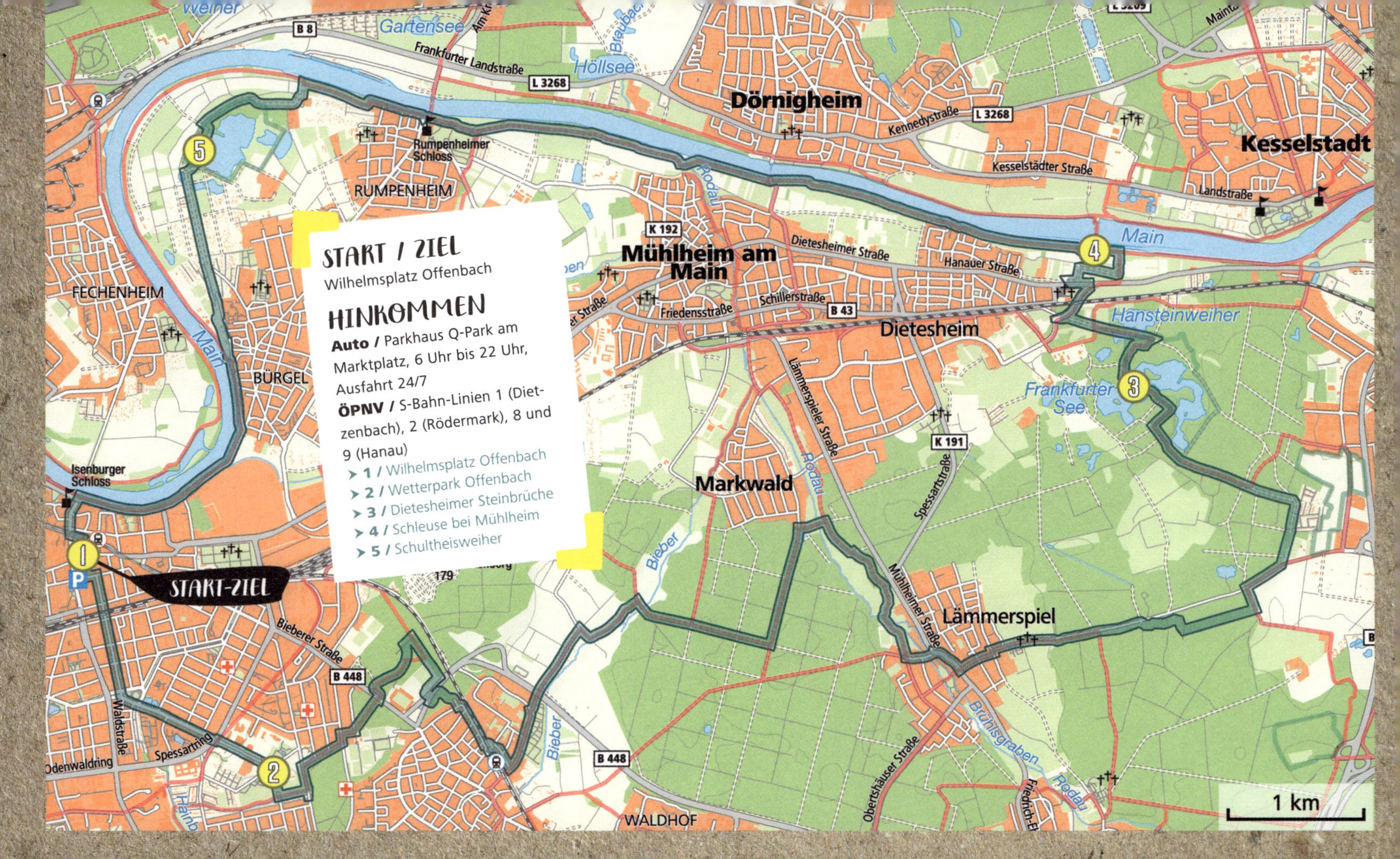

START / ZIEL
Wilhelmsplatz Offenbach
HINKOMMEN
Auto / Parkhaus Q-Park am Marktplatz, 6 Uhr bis 22 Uhr, Ausfahrt 24/7
ÖPNV / S-Bahn-Linien 1 (Dietzenbach), 2 (Rödermark), 8 und 9 (Hanau)
1 / Wilhelmsplatz Offenbach
2 / Wetterpark Offenbach
3 / Dietesheimer Steinbrüche
4 / Schleuse bei Mühlheim
5 / Schultheisweiher
START-ZIEL
Dörnigheim
Kesselstadt
Mühlheim am Main
Dietesheim
Markwald
Lämmerspiel
RUMPENHEIM
Rumpenheimer Schloss
FECHENHEIM
BÜRGEL
Isenburger Schloss
WALDHOF
Main
Gartensee
Höllsee
Hansteinweiher
Frankfurter See
Rodau
Bieber
Brühlsgraben
Frankfurter Landstraße
Kennedystraße
Kesselstädter Straße
Landstraße
Dietesheimer Straße
Hanauer Straße
Schillerstraße
Friedensstraße
Lämmerspieler Straße
Spessartstraße
Mühlheimer Straße
Obertshäuser Straße
Bieberer Straße
Waldstraße
Spessartring
Odenwaldring
B 8
L 3268
K 192
B 43
K 191
B 448
1 km

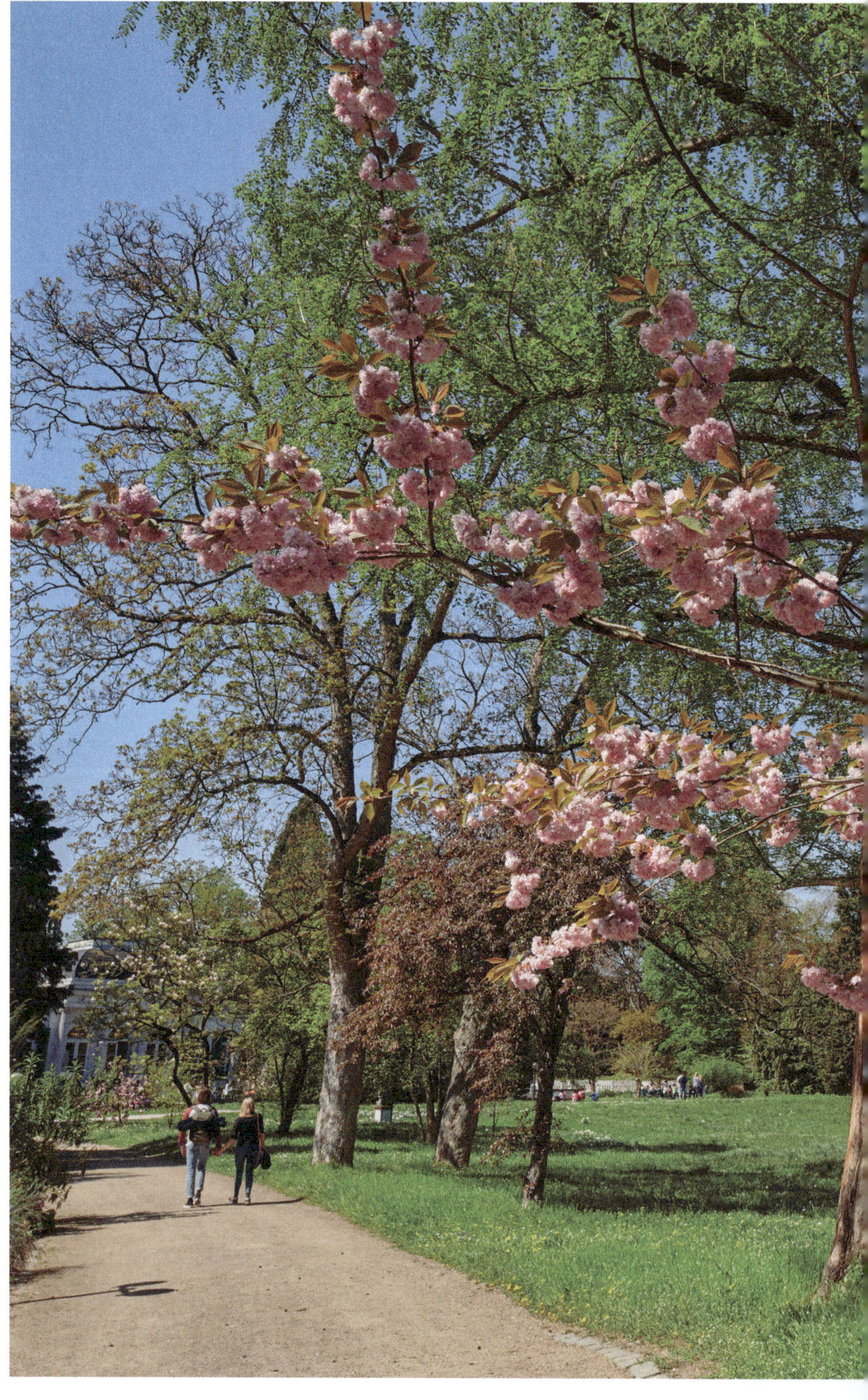

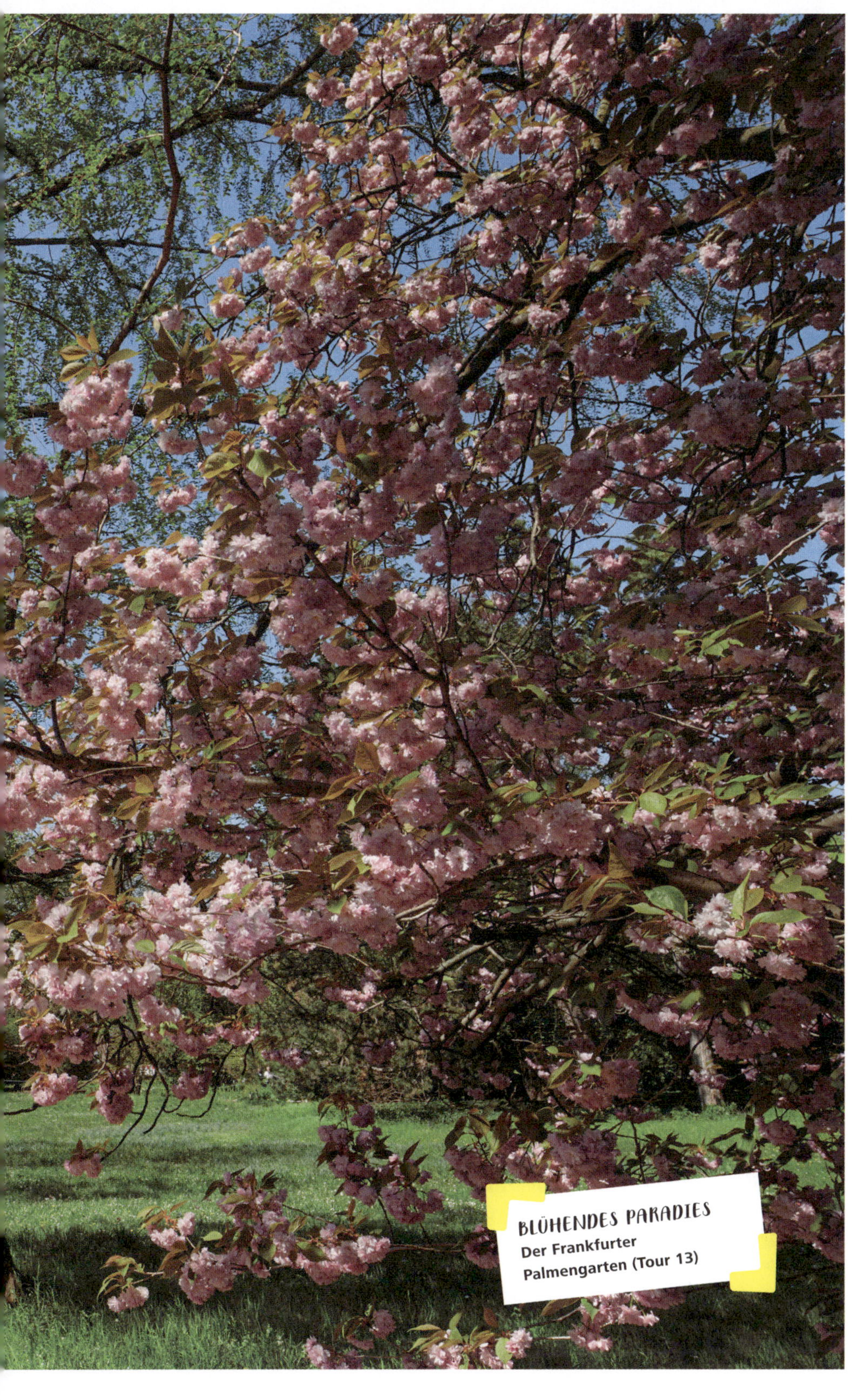

BLÜHENDES PARADIES
Der Frankfurter Palmengarten (Tour 13)

MEHR ERFAHREN

Seite

10 GOLDENES TOR ZUR WETTERAU / KulTour
Obstwiesenrunde um Bad Vilbel ➤ **2:15 Stunden** 85

11 HEILENDE KRAFT DES WASSERS / KulTour
Vom Bad Vilbeler Sprudel bis zum Kneippkurort
Bad Nauheim ➤ **2:30 Stunden** 95

12 ALTE HANDELSROUTE „HOHE STRASSE" / NaTour
Vom Frankfurter Lohrberg bis Büdingen ➤ **3:15 Stunden** 105

13 ARCHITEKTUR ENTDECKEN / ArchitekTour
Von der Neuen Altstadt bis zum Goetheturm durch Frankfurt
➤ **2:45 Stunden** 115

14 EIN KLASSIKER / ArchitekTour
Auf dem Mainradweg bis nach Aschaffenburg ➤ **3:15 Stunden** 125

15 EINFACH MAL SEIN / KulTour
Entspannte Runde von Frankfurt Bockenheim zum
Spielpark Hocheim ➤ **2:45 Stunden** 135

16 FRISCHE TAUNUSLUFT SCHNUPPERN / MuskulaTour
Eine Runde um Lorsbach im Taunus ➤ **3:30 Stunden** 145

17 BUCHFINKEN AUF DER SPUR / MuskalaTour
Von Oberusel nach Usingen ➤ **5 Stunden** 155

TOUR, DIE DU SO NIE GEMACHT HÄTTEST

18 KLEINE ODENWALD-QUERUNG / NaTour
Von Rödermark nach Michelstadt ➤ **4 Stunden** 165

SPANNENDE TAGESTOUREN, DIE JEDER SCHAFFT

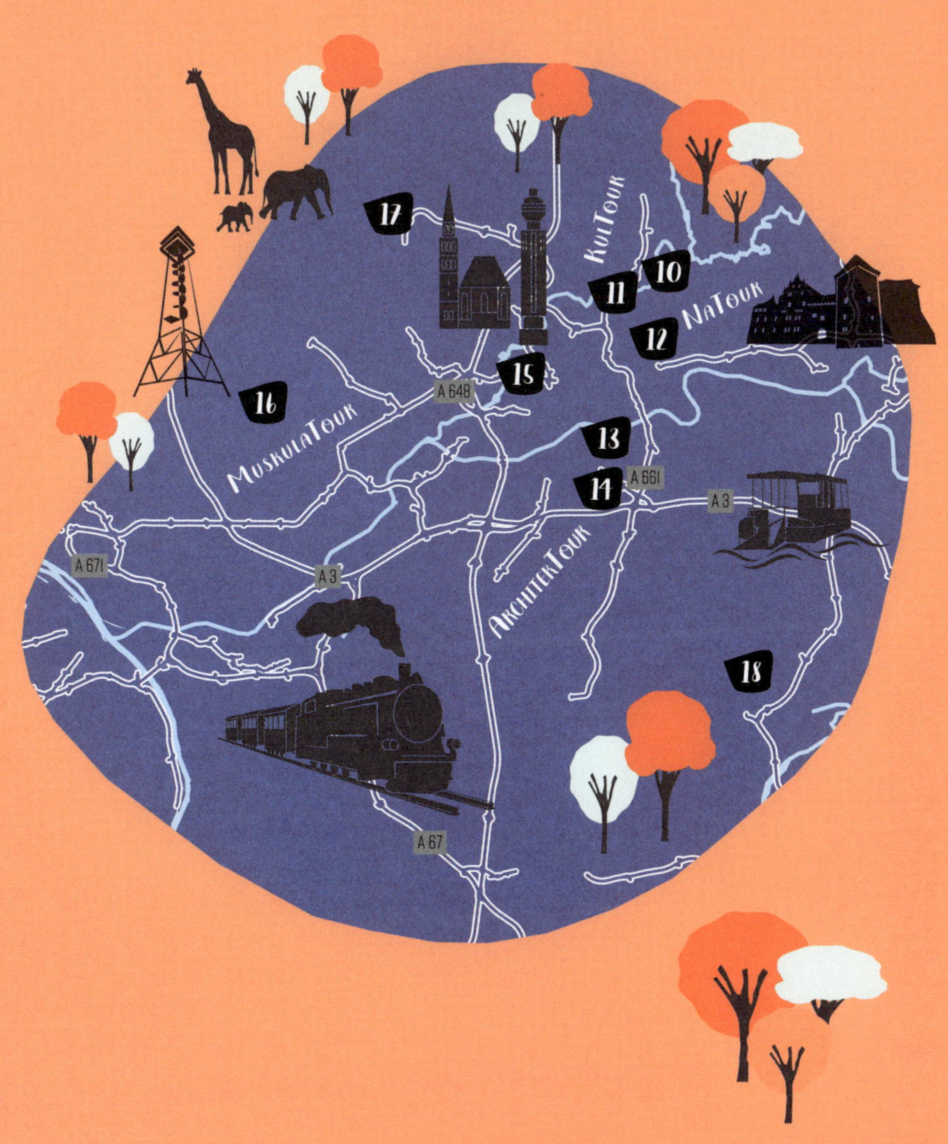

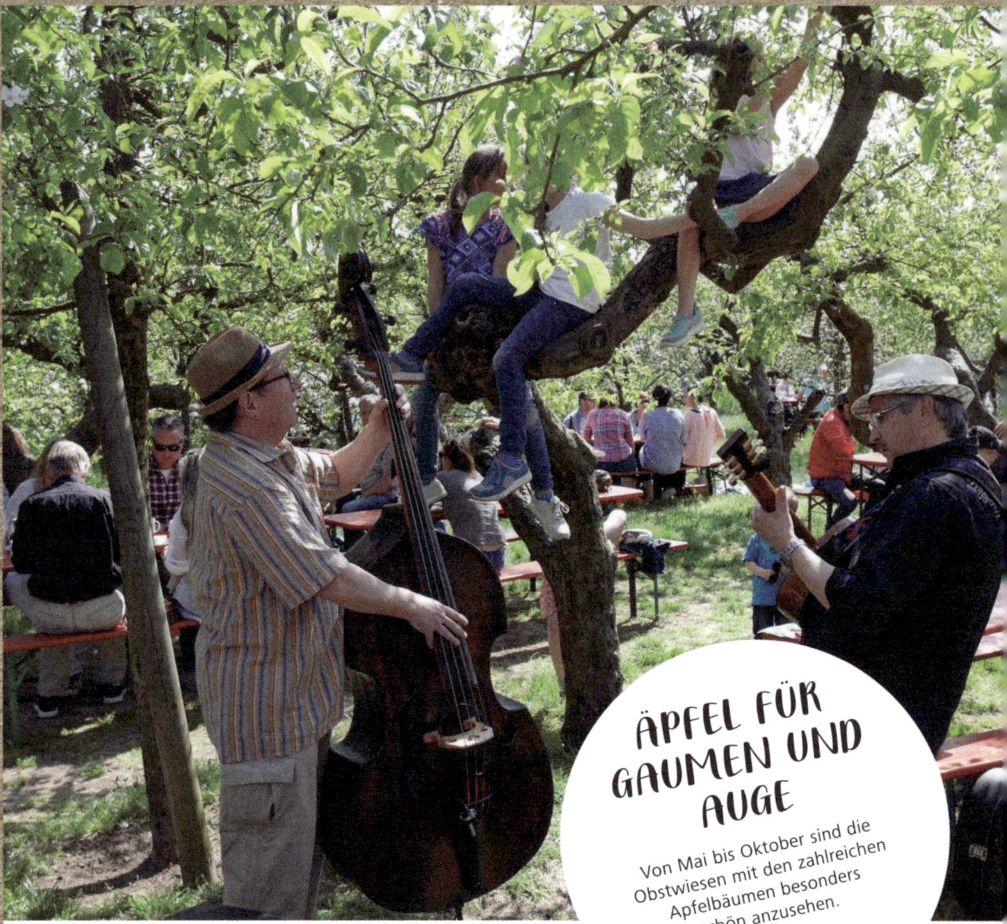

ÄPFEL FÜR GAUMEN UND AUGE

Von Mai bis Oktober sind die Obstwiesen mit den zahlreichen Apfelbäumen besonders schön anzusehen.

➤ **1 /** Am Bahnhof Bad Vilbel beginnt unsere Runde.

➤ **2 /** Kleine Erfrischung in Kreilings Sommergarten.

➤ **3 /** Eine Ehrenrunde um den Apfelkreisel Massenheim.

➤ **4 /** Auf dem Obsthof am Steinberg rasten wir zwischen 120 Apfelsorten.

➤ **5 /** Zu Tisch in Neidharts Küche.

➤ **6 /** Leckeres für Zuhause finden wir auf dem Biohof Mager.

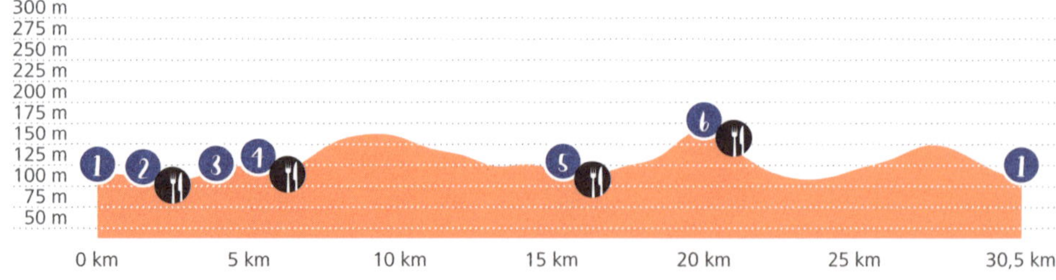

Goldenes Tor zur Wetterau

Obstwiesenrunde um Bad Vilbel

Die Hessische Apfelwein- und Obstwiesenroute umfasst ein Wegenetz von über 1000 km. Unsere Tour ist eine von drei ausgewiesenen Routen im Wetteraukreis, die sich miteinander verbinden lassen. Wir passieren Streuobstwiesen, Lehrgärten, Keltereien und Gaststätten sowie Direktvermarkter.

31 Kilometer
229 Höhenmeter ▲
229 Höhenmeter ▼
2:15 Stunden
Rundtour

Apfelwein aus dem Bembel

Er gehört zu Frankfurt wie Skyline und Flughafen: Der Apfelwein, auch Ebbelwoi oder einfach „Stöffche" genannt. Serviert wird er traditionell im Bembel, den man in Frankfurt in allen Größen und mit flexiblen Beschriftungen und Verzierungen bekommt. Die Geschichte des hessischen Nationalgetränks reicht weit zurück und der Besuch in den Sachsenhausener Traditionshäusern wie Apfelwein Wagner (Schweizer Str. 71, 60594 Frankfurt am Main) oder die Gaststätte Zum Gemalten Haus (Schweizer Str. 67, 60594 Frankfurt

Charakter

Sportlich ●●○○○
Abkühlung ●○○○○
Schlemmen ●●●●●
Panorama ●●○○○

Toureninfo / Asphaltwege und ausgebaute Landwirtschaftswege. Flach bis leicht hügelig. Beschilderung (roter Apfel und umlaufender grüner Pfeil) teilweise verblichen, Route kann in beide Richtungen befahren werden. Alternativ endet Tour am Dottenfelderhof

---

< links / Im Apfelgarten vom Obsthof am Steinberg

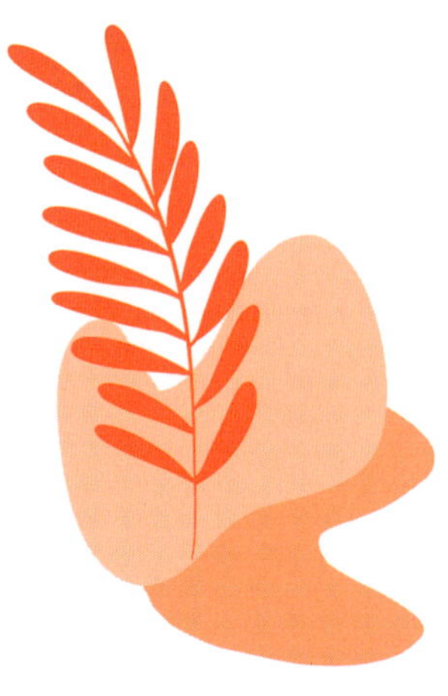

am Main) ist Pflicht bei einem Frankfurtbesuch. Besonders spannend an der Geschichte des Apfelweins ist, dass er heute auch gut zur Lebenseinstellung vieler Menschen passt: Zumeist kommt er aus kleinen Manufakturen, in denen Regionalität und Leidenschaft für das Produkt großgeschrieben werden. Der Apfelwein ist damit ein wahrhaft nachhaltiger Genuss, oder wie es Andreas Schneider vom Obsthof am Steinberg ausdrückt: „Wer Apfelwein trinkt, erhält alte Sorten und den Frankfurter Streuobstwiesengürtel!"

Die Nidda entlang

Der Umweltgedanke gefällt uns und so treten wir am 1 / Bad Vilbeler Bahnhof beschwingt in die Pedale, um dem Ursprung des Frankfurter Apfelweins auf den Grund zu gehen. Wir gelangen direkt zum Uferweg der Nidda, wo wir der Beschilderung folgen. Nach nicht einmal 2 Kilometern liegt kurz hinter dem Bad Vilbeler Freibad, 2 / Kreilings Sommergarten (Ritterstraße 3, 61118 Bad Vilbel) an der Route. Wer zum Lokal möchte, muss die Route verlassen, die Nidda überqueren und gelangt über den Bahnhof Bad Vilbel Süd zum Kreilingshöfchen. Im Sommergarten werden Apfelweine der Kelterei Walther aus Bruchköbel serviert. Dazu finden wir die Klassiker der hessischen Küche auf der Speisekarte – natürlich angepasst an die Region Wetterau. Unser Weg führt uns weiter an der Nidda entlang, bis wir nach rechts zur Straße abbiegen und an der Schutzhütte vorbei nach Massenheim fahren.

MINERALBRUNNEN IN BAD VILBEL

Bereits um 1864/65 wurde in Bad Vilbel ein Mineralbrunnenbetrieb gegründet. Seit 1955 ist der Brunnen als Heilquelle anerkannt.

Biohof und Metropole

Nach der Durchfahrt des sehenswerten Ortszentrums von Massenheim wird der 3 / Apfelkreisel erreicht. Wir drehen eine Extrarunde um den Apfel herum und biegen dann nach links in die verkehrsberuhigte Homburger Straße ab. Diese führt uns bis zur Nord-Um-

---

> **rechts oben / Hofladen am Obsthof in Steinberg**
> **rechts Mitte / Am Apfelkreisel in Massenheim**

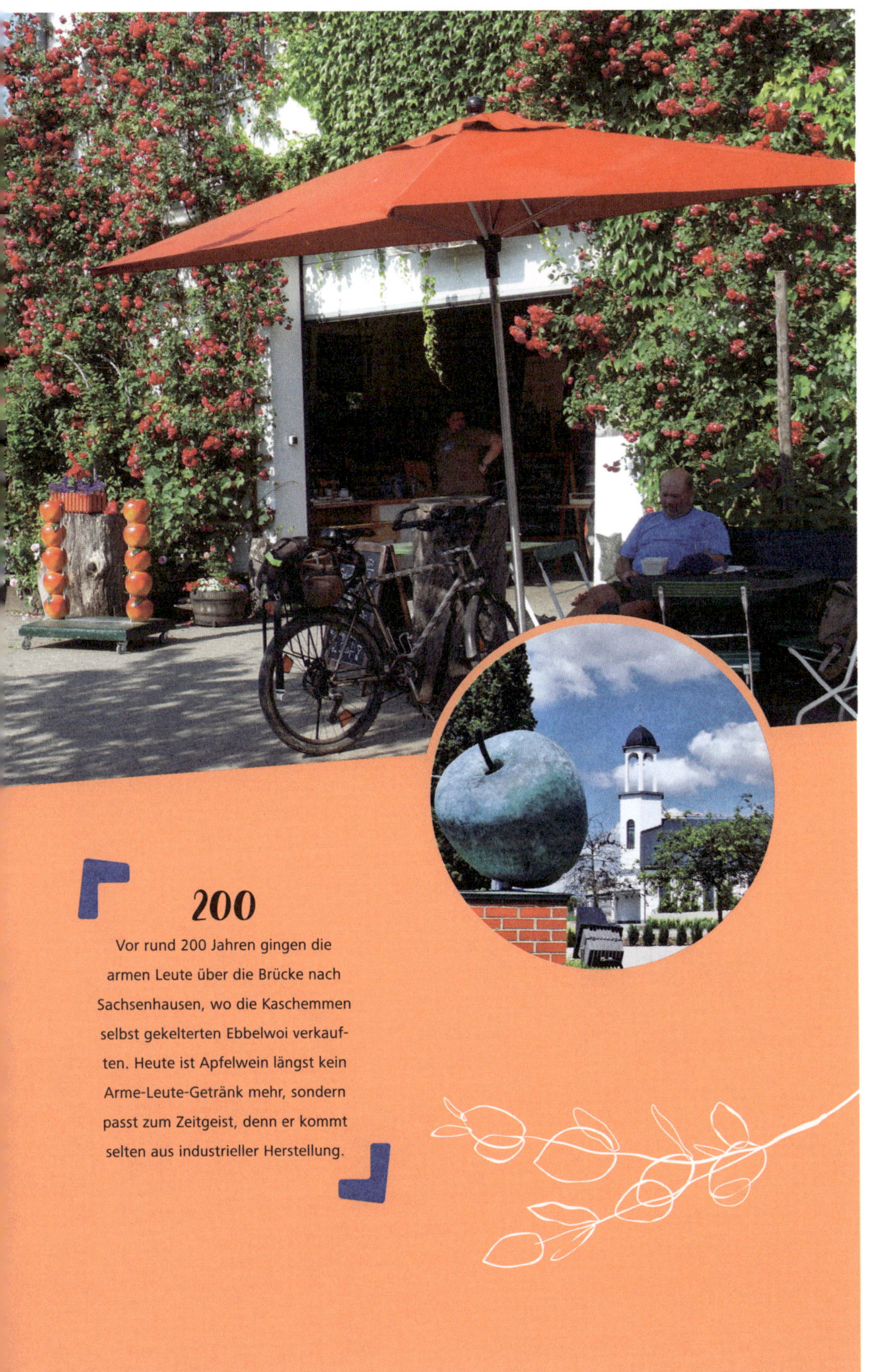

200

Vor rund 200 Jahren gingen die armen Leute über die Brücke nach Sachsenhausen, wo die Kaschemmen selbst gekelterten Ebbelwoi verkauften. Heute ist Apfelwein längst kein Arme-Leute-Getränk mehr, sondern passt zum Zeitgeist, denn er kommt selten aus industrieller Herstellung.

Sauer gespritzt

trinkt man hierzulande den Apfelwein. Das bedeutet, dass dem Apfelwein Mineralwasser beigemischt wird. Die süße Variante enthält Zitronenlimonade.

gehung, die wir an einer Bedarfsampel queren. Anschließend führt der Weg durch eine Wohnstraße nach Nieder-Erlenbach hinab. Hier gelangen wir zum 4 / Obsthof am Steinberg (Am Steinberg 24, 60437 Frankfurt am Main, täglich geöffnet), der nur etwa 200 Meter rechts neben der Route liegt. Auf dem Apfelhain gedeihen etwa 120 Apfelsorten, die auf biologische Weise angebaut werden. Seltene Gewächse wie Champagnerrenette, Goldparmäne oder Geheimrat Dr. Ollenburg sind darunter. Sie bilden die Grundlage für feine Apfelweine, die ganzjährig im urigen Apfelgarten serviert werden. Dazu finden wir auch leckere Kleinigkeiten in absoluter Bio-Qualität auf der Speisekarte – vegetarische und vegane Gerichte überwiegen. Für Kinder stehen zwei Spielplätze mit Schaukeln und Sandkasten zur Verfügung. Und zum Hof gehört auch ein Hofladen, in dem zahlreiche Obstsorten aus eigenem Anbau zum Verkauf angeboten werden. Zur Saison finden jede Menge Veranstaltungen statt, wie etwa das Kelterfest im September, Apfelweinwanderungen und Live-Musik. Wir schauen uns noch etwas um und entdecken im Norden hinter den Wiesen und Feldern des Obsthofs die

Seltene Bioäpfel

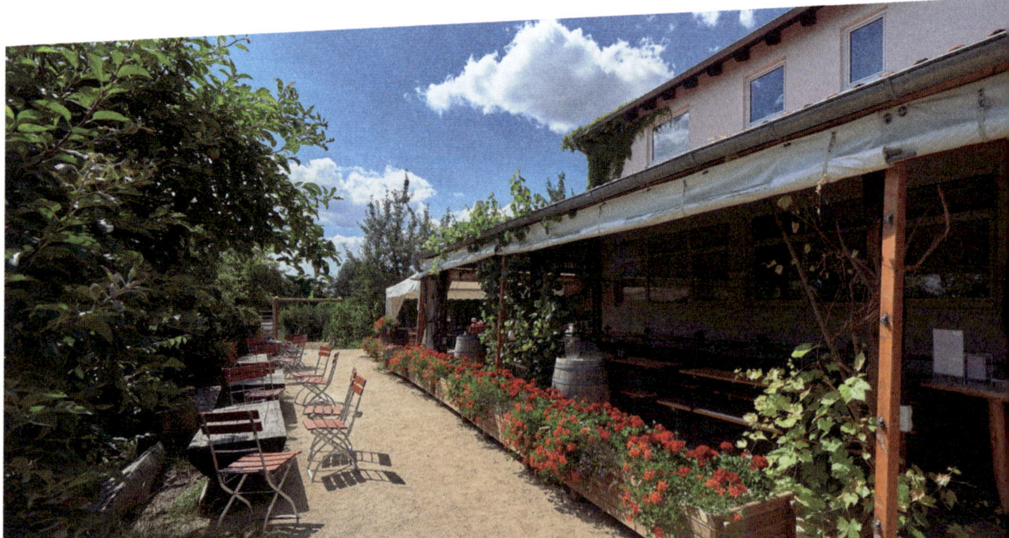

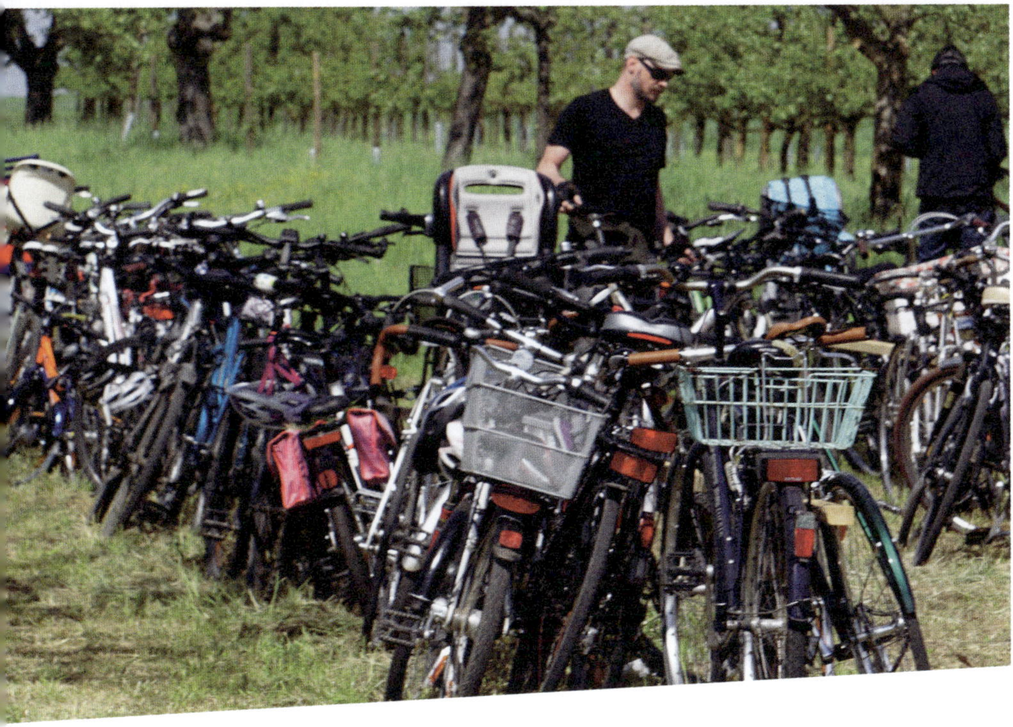

Frankfurter Skyline in der Ferne. Der Biohof und die internationale Metropole – längst kein Widerspruch mehr. Zwar ist der Apfelwein ein regional stark verwurzeltes Produkt, zugleich ist er aber auch in aller Welt zu Hause.

Einkehr zur Halbzeit

Wir kehren zurück auf einen Rad- und Fußweg, der uns entlang des Erlenbaches führt, bevor es nach rechts hinauf auf den Galgenberg und nach Petterweil geht. In Petterweil verläuft die Route auf Wohnstraßen um den Ort herum und anschließend entlang des Riedgrabens durch Obstwiesen. Wir queren die Bundesstraße 3 an der Ampelanlage, die Bahnlinie über eine Fußgängerbrücke und passieren die Kelterei Rapps (Brunnenstraße 1, 61184 Karben), Hessens größter Fruchtsaft-Hersteller und ein bedeutender Anbieter von verschiedenen Apfelwein-Spezialitäten. Das Produktsortiment von Rapp umfasst über 30 Sorten Fruchtsäfte und -nektare und drei verschiedene Apfelweine. Die Kelterei kann (je nach pandemischer Lage) kostenlos besichtigt werden. Außerdem ist Sonn- und Feiertags ein Natur-Erlebnisgarten geöffnet. Hier gibt es heimische Pflan-

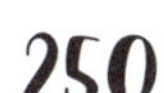

250

Verschiedene Sorten an Obst gedeihen auf dem 4 / Obsthof am Steinberg in Karben.

< links / Rast unter Äpfeln. Quelle. Obsthof am Steinberg
^ oben / Wenn der Obsthof am Radweg liegt

zen- und Tierarten zu entdecken, besonders sehenswert ist das Insektenhotel, die Streuobstwiese mit Nisthilfen und der geologische Pfad. Auf dem Barfußpfad können wir uns besonders gut die Füße vertreten, bevor es wieder aufs Rad geht. Jetzt fahren wir runter zur Nidda und können einen Abstecher zu 5 / Neidharts Küche (Robert-Bosch-Straße 48, 61184 Karben) machen. Neben einer hochwertigen Speisekarte finden wir hier auch Programm wie Wein-, Rum- und Apfelweinproben, Kochkurse und saisonale Events, wie die Wetterauer Lammwochen. Die Einkehr lohnt aber auch zu jedem anderen Zeitpunkt.

CIDER WORLD FRANKFURT
In Frankfurt findet einmal im Jahr die Frankfurter Apfelweinmesse „Cider World" statt. Ausgetragen wird sie unter anderem in Frankfurter Apfelweinstuben.

Wurst und Käse

Wir queren den Niddauferweg und fahren über eine kleine Brücke über den Fluss. Durch eine Parkanlage erreichen wir Groß-Karben und das Degenfeldsche Schloss. Die Route führt am Schulzentrum vorbei, am Kreisverkehr verlassen wir den Ort nach links. Vorbei an Obstwiesen und dem Karbener Rosenhang führt unser Weg über Felder zum 6 / Biohof Mager (Ulmenweg 50, 61184 Karben). Der Hof wird seit 1994 in organisch-biologischer Wirtschaftsweise geführt und gehört dem ökologischen Anbauver-

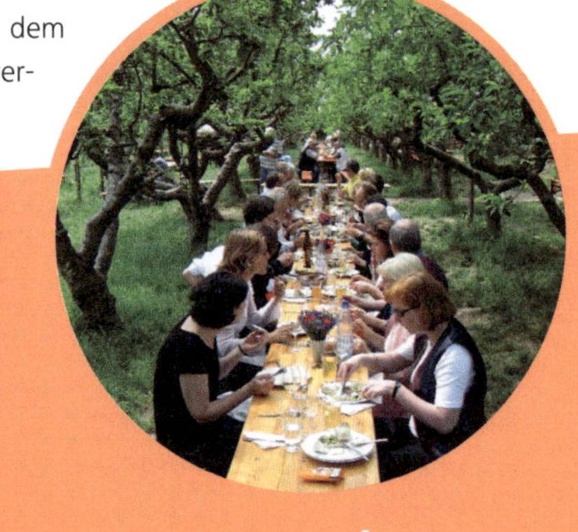

EISMANUFAKTUR MONTI

Ein Eis aus eigener Herstellung mit Blick aufs Degenfeldsche Schloss genießen wir in Karben bei Eis Monti.

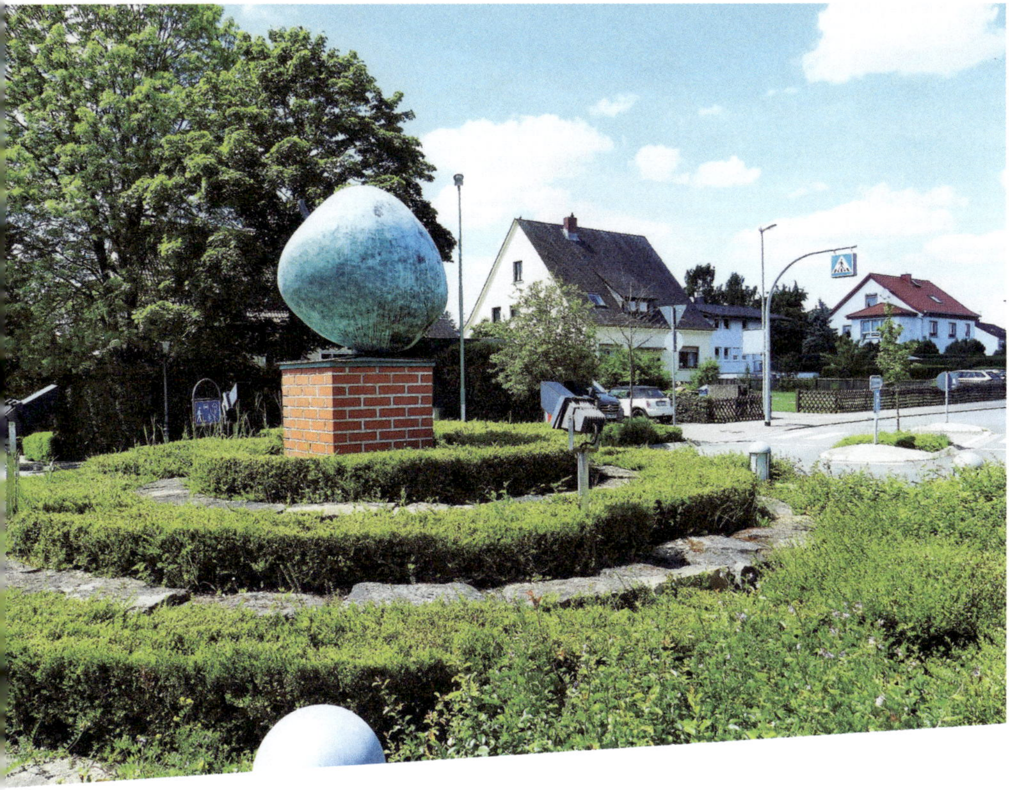

band Bioland an. Sein Sortiment findet man auch in Frankfurter und Darmstädter Rewe-Märkten. Wir haben noch etwas Platz in unserem Fahrradkorb und nehmen uns Käse und Wurst für Zuhause mit.

Auf ins letzte Drittel der Tour

Mit unseren Drahteseln nehmen wir Kurs auf Rendel. Ein kurzes Stück müssen wir auf einer Kreisstraße fahren, bevor wir auf Wirtschaftswegen Gronau erreichen. Aus dem Kreisel in Gronau biegen wir links bergan auf ein offenes Feld mit herrlichen Rundblicken. Wir tanken noch einmal ordentlich frische Luft, bevor es wieder städtisch wird. Über den Weinberg geht es durch Streuobstwiesen hinab ins Tal nach Bad Vilbel, wo beim Alten Rathaus die Nidda erreicht wird. Unsere Runde endet wieder am 1 / Bahnhof in Bad Vilbel. Alternativ kann von Gronau auch über den Niddaradweg Richtung Dortelweil der Dottenfelderhof (siehe Tagestour 11) angefahren werden.

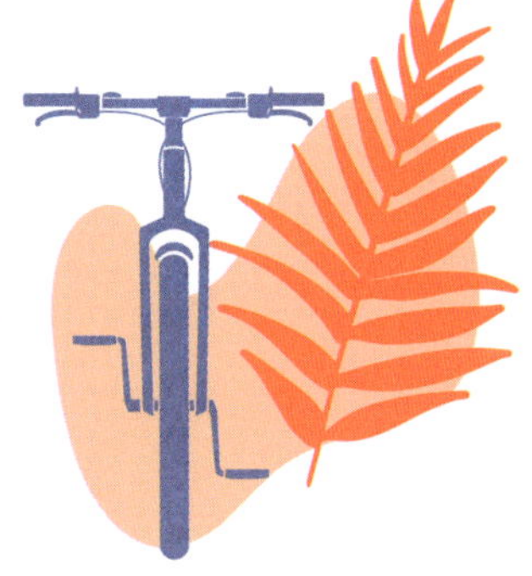

‹ links / Paradies unter Apfelbäumen
^ oben / Wo der Apfel im Mittelpunkt steht

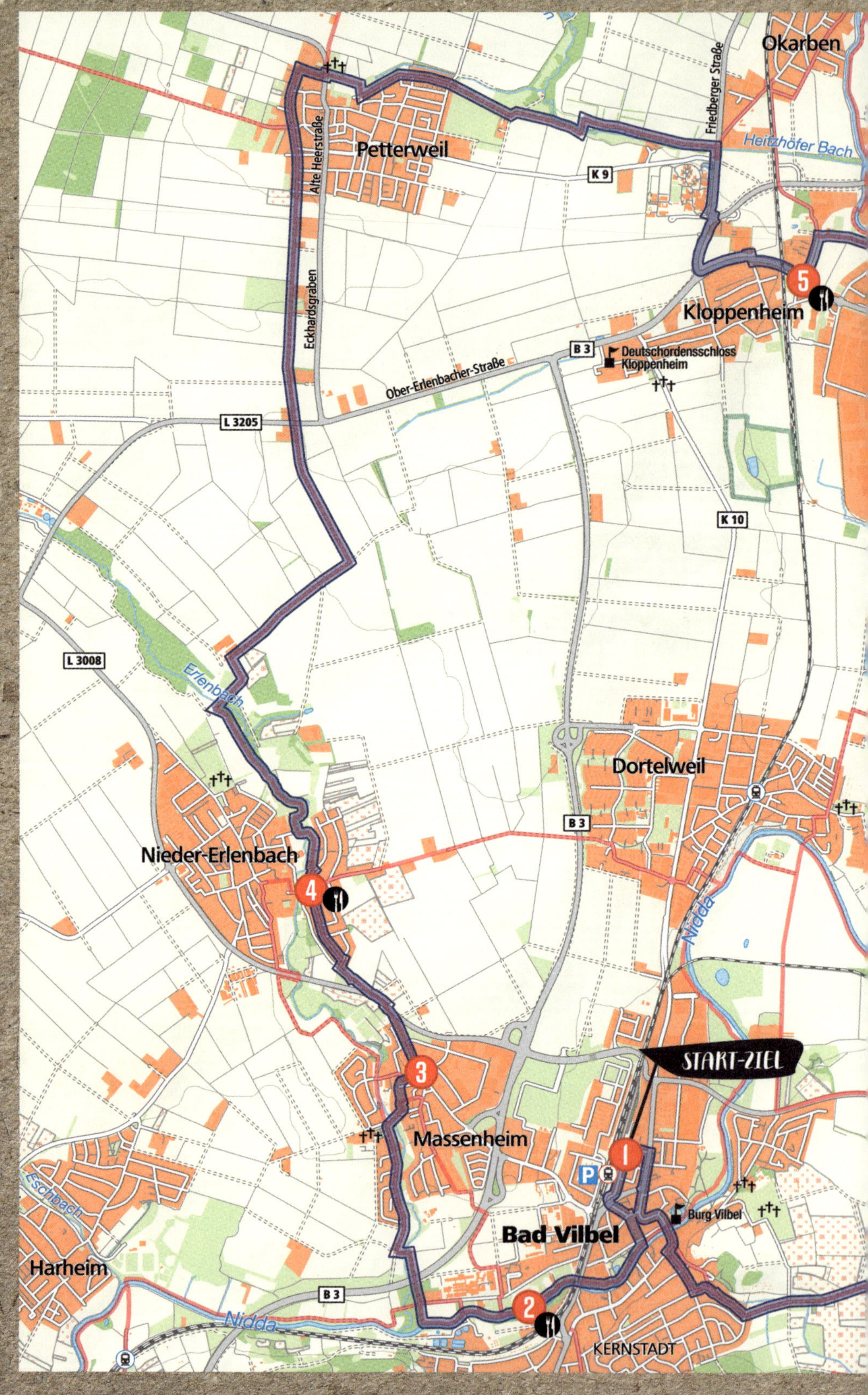

Okarben
Friedberger Straße
Heitzhöfer Bach
Petterweil
Alte Heerstraße
K 9
5
Kloppenheim
Eckhardsgraben
B 3
Deutschordensschloss Kloppenheim
Ober-Erlenbacher-Straße
L 3205
K 10
L 3008
Erlenbach
Dortelweil
B 3
Nieder-Erlenbach
4
Nidda
START-ZIEL
3
Massenheim
1
P
Burg Vilbel
Bad Vilbel
Eschbach
Harheim
B 3
2
Nidda
KERNSTADT

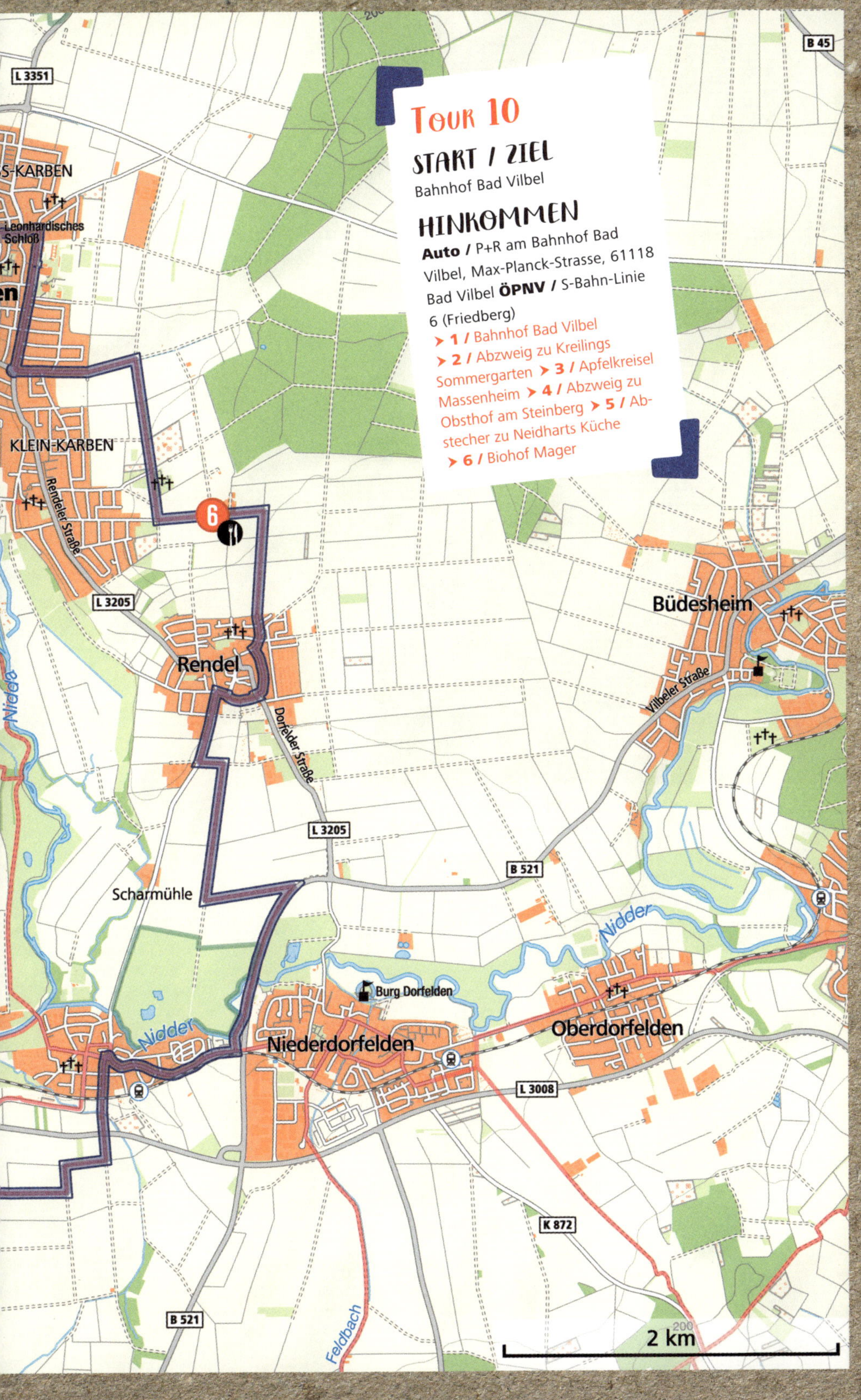
Tour 10
START / ZIEL
Bahnhof Bad Vilbel
HINKOMMEN
Auto / P+R am Bahnhof Bad Vilbel, Max-Planck-Strasse, 61118 Bad Vilbel ÖPNV / S-Bahn-Linie 6 (Friedberg)
➤ 1 / Bahnhof Bad Vilbel
➤ 2 / Abzweig zu Kreilings Sommergarten ➤ 3 / Apfelkreisel Massenheim ➤ 4 / Abzweig zu Obsthof am Steinberg ➤ 5 / Abstecher zu Neidharts Küche
➤ 6 / Biohof Mager
L 3351
B 45
-KARBEN
Leonhardisches Schloß
KLEIN-KARBEN
Rendeler Straße
L 3205
Rendel
Dorfelder Straße
Büdesheim
Vilbeler Straße
Nidda
Scharmühle
B 521
Nidder
Burg Dorfelden
Niederdorfelden
Oberdorfelden
L 3008
K 872
Feldbach
2 km

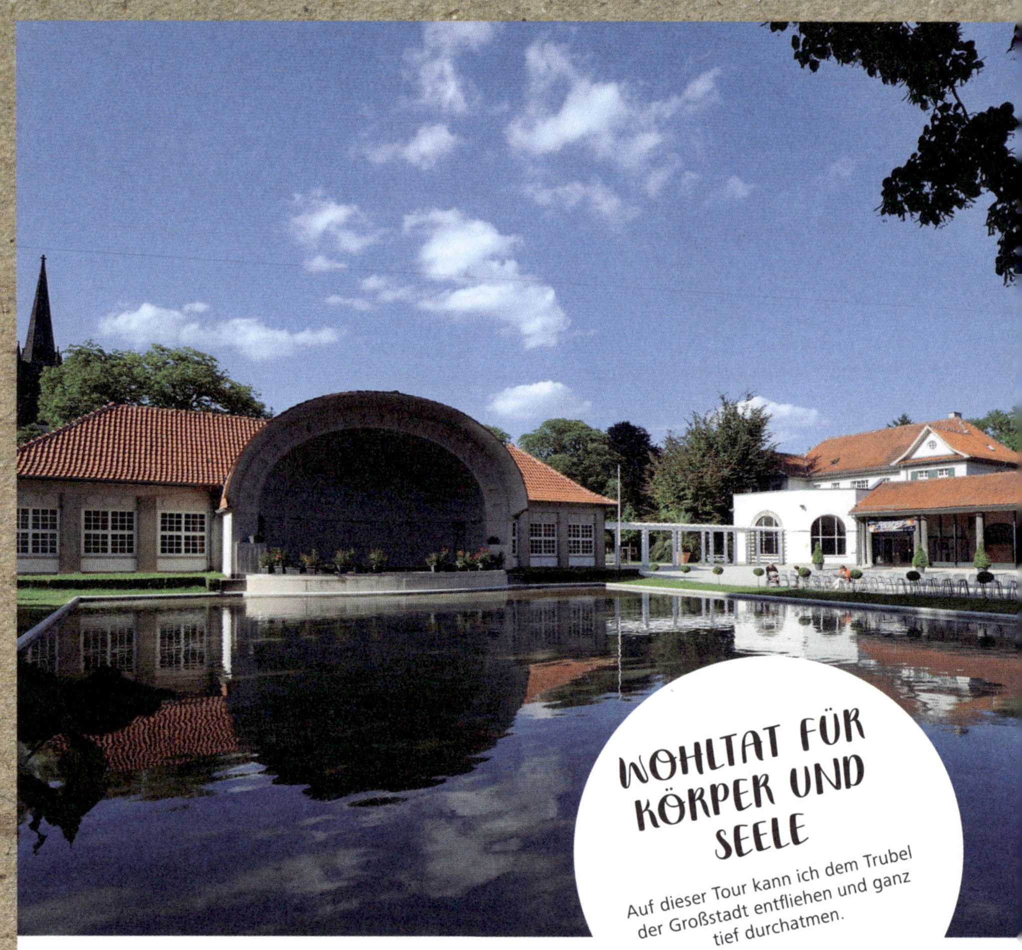

WOHLTAT FÜR KÖRPER UND SEELE

Auf dieser Tour kann ich dem Trubel der Großstadt entfliehen und ganz tief durchatmen.

➤ **1 /** Wir starten unsere Tour am Bahnhof Bad Vilbel.

➤ **2 /** Erholung pur in der Neuen Stadtmitte von Bad Vilbel.

➤ **3 /** ADFC Rad-Check Station im Burgpark.

➤ **4 /** Ein Abstecher zur Landwirtschaft zum Dottenfelderhof.

➤ **5 /** Den Quell der Gesundheit finden wir am Bad Vilbeler Römerbrunnen.

➤ **6 /** Rast auf dem Sitzkiesel bei Karben.

➤ **7 /** An der Burg Friedberg klettern wir auf den Turm.

➤ **8 /** Tief durchatmen am Café Ludwigsbrunnen in Bad Nauheim.

➤ **9 /** Wir beenden die Tour am Bahnhof Bad Nauheim.

275 m
250 m
225 m
200 m
175 m
150 m
125 m
100 m
75 m
50 m

0 km 5 km 10 km 15 km 20 km 25 km 30 km 34,6 km

HEILENDE KRAFT DES WASSERS

Vom Bad Vilbeler Sprudel bis zum Kneippkurort Bad Nauheim

Meeresluft schnuppern am Rande der Mainmetropole? Die Saline in Bad Nauheim macht das möglich. Zwischen den Kurorten Bad Vilbel und Bad Nauheim erleben wir wunderbare Landschaften und genießen den Fernblick auf den Feldberg. In Friedberg kommen Elvis-Presley-Fans auf ihre Kosten.

35 Kilometer
160 Höhenmeter ▲
110 Höhenmeter ▼
2:30 Stunden
Streckentour

Wie in Italien

Wir fahren vom 1 / Bahnhof Bad Vilbel direkt zur sogenannten 2 / Neuen Stadtmitte Bad Vilbel mit der großen Bibliotheksbrücke, auf und um welche herum sich Cafés und Bars angesiedelt haben. Auch unterhalb dieser kann man gut auf den großen Sitzstufen am Ufer, der sogenannten „Nidda-Treppe", rasten und den Blick auf die grün umsäumte Nidda genießen. Die Konzeption der „Neuen Stadtmitte" war vom Charme der mittelalterlichen Stadtplätze in Italien und Deutschland inspiriert. Während man um den Marktplatz herum zahlreiche Geschäfte findet, stehen auf der ande-

CHARAKTER

Sportlich ●●○○○
Abkühlung ●●●●●
Schlemmen ●●●●○
Panorama ●●○○○

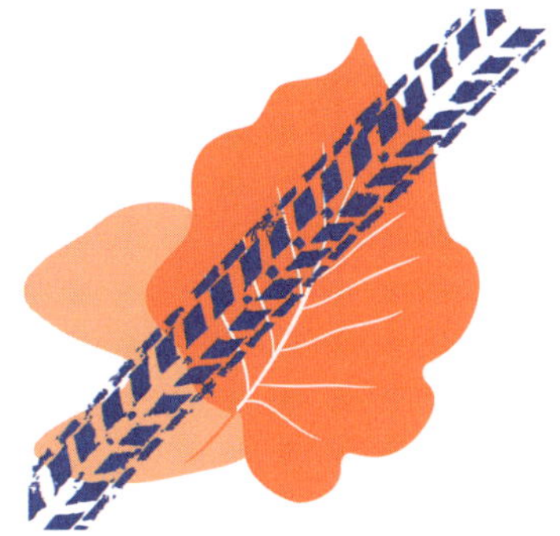

TOURENINFO / Gut geeignet für Familien, auch mit kleineren Kindern in Fahrradanhängern o.ä., geringe Steigungen. Route verläuft über Niddaradweg bis Niddatal, ab Friedberg über Usatalradweg

‹ links / Blick auf die Trinkkuranlage in Bad Nauheim.

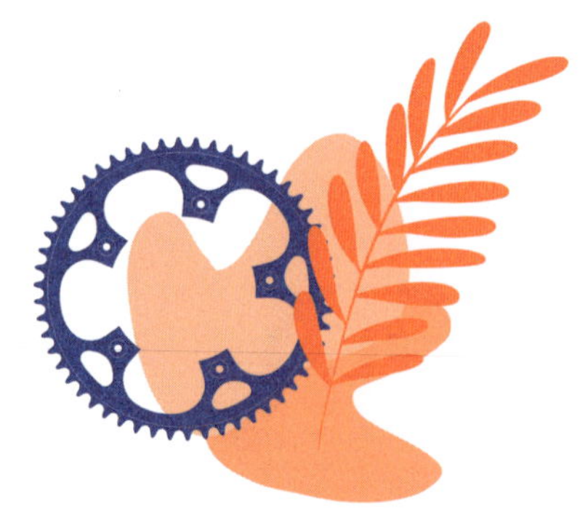

ren Uferseite alle Zeichen auf Erholung. Hier befindet sich das frisch sanierte Kurhaus mit der vorgelagerten Orangerie und dem Kurpark mit Springbrunnen und bunten Blumenbeeten.

Entlang der Nidda

Unser Radweg führt oberhalb dieser Szenerie auf einem Kamm entlang und Wegweiser machen uns schon auf die nächsten Höhepunkte Bad Vilbels aufmerksam: Nach kurzer Fahrt gelangen wir an die Wasserburg, auf der jährlich die überregional bekannten Burgfestspiele aufgeführt werden. Wir entdecken Skulpturenkunst am Wegesrand und den 3 / Burgpark, wo sich eine vom ADFC errichtete Reparaturstation befindet. An der nächsten Brücke haben wir die Möglichkeit, einen Abstecher nach rechts zum 4 / Dottenfelderhof (61118 Bad Vilbel) zu machen. Hier können wir Landwirtschaft und Tiere erleben und uns im Hofladen mit Backwaren, Käse, Obst und Gemüse sowie Fleisch eindecken.

DURSTLÖSCHER & FITMACHER

Ein Halt an der staatlich anerkannten Heilquelle, 5 / Römerbrunnen, lohnt sich.

Der Römerbrunnen – Markenzeichen Bad Vilbels

Gleich darauf kommen wir am 5 / Römerbrunnen vorbei. Die staatlich anerkannte Heilquelle, deren Mineralwasser die Hassia Gruppe vertreibt, ist das Markenzeichen des Kurorts. Die Rede ist von einer sogenannten artesischen Quelle, deren Wasser stark kohlensäurehaltig ist. Hier am Römerbrunnen können wir erfahren, wie Technik und Naturkraft zusammenarbeiten. In pulsierenden Stößen schießt aus der artesischen Quelle Wasser aus einer Tiefe von 287 Metern an die Erdoberfläche. Der Unterschied zu einem Geysir ist, dass der Wasserdruck durch eine Wasseransammlung zwischen zwei wasserundurchlässigen Schichten entsteht, das Wasser dann zum tiefsten Punkt läuft und anschließend an die Oberfläche drückt.

➤ rechts oben / Festlich beleuchtet: Die Wasserburg in Bad Vilbel
➤ rechts Mitte / Burgfestspiele in Bad Vilbel Dottenfelderhof

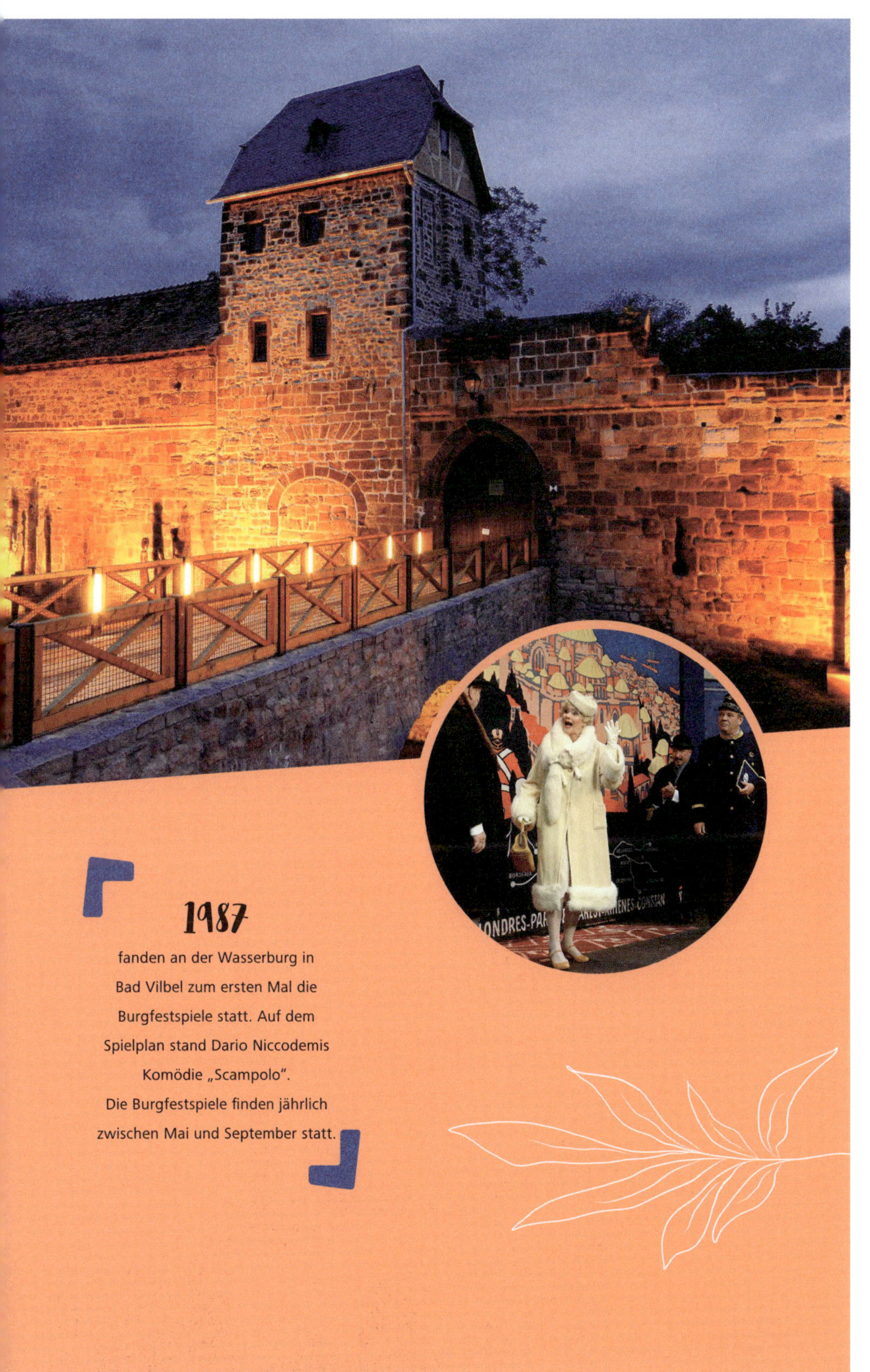

1987

fanden an der Wasserburg in Bad Vilbel zum ersten Mal die Burgfestspiele statt. Auf dem Spielplan stand Dario Niccodemis Komödie „Scampolo“.
Die Burgfestspiele finden jährlich zwischen Mai und September statt.

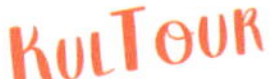

Stadtführung in Friedberg

Jeden Sonntag, 14 Uhr gibt es Führungen durch 7 / Burg und Altstadt. Treffpunkt ist das Wetterau-Museum (Haagstraße 16, 61169 Friedberg).

Bei Störchen und Biebern

Natur pur auf dem Niddaradweg Richtung Karben

Für uns geht es auf dem neu ausgebauten Niddaradweg weiter Richtung Karben. Ohne große Steigungen genießen wir die renaturierte Flusslandschaft, halten Ausschau nach Bibern und Störchen, die man auf Höhe Gronau, wo der Nebenfluss Nidder in die Nidda mündet, besonders häufig beobachten kann. Nahe Klein-Karben erreichen wir einen 6 / Sitzkiesel – Erkennungszeichen dafür, dass wir uns auf einem vom Projekt Regionalpark RheinMain konzipierten Radweg befinden. Hier kann man eine kurze Rast einlegen und die Aussicht über Felder und Wiesen genießen. Da der Großteil der Tour noch vor uns liegt, treten wir in die Pedale und lassen unsere Blicke vom Drahtesel aus in die wunderschöne Natur schweifen. Wir können tief durchatmen und die Fahrt wirklich genießen, da der Weg keine nennenswerten Steigungen hat. Wir kommen an der Alten Mühle Okarben vorbei, wo wir der Beschilderung „Niddaradweg" bzw. „Hessischer Radfernweg R4" weiter folgen.

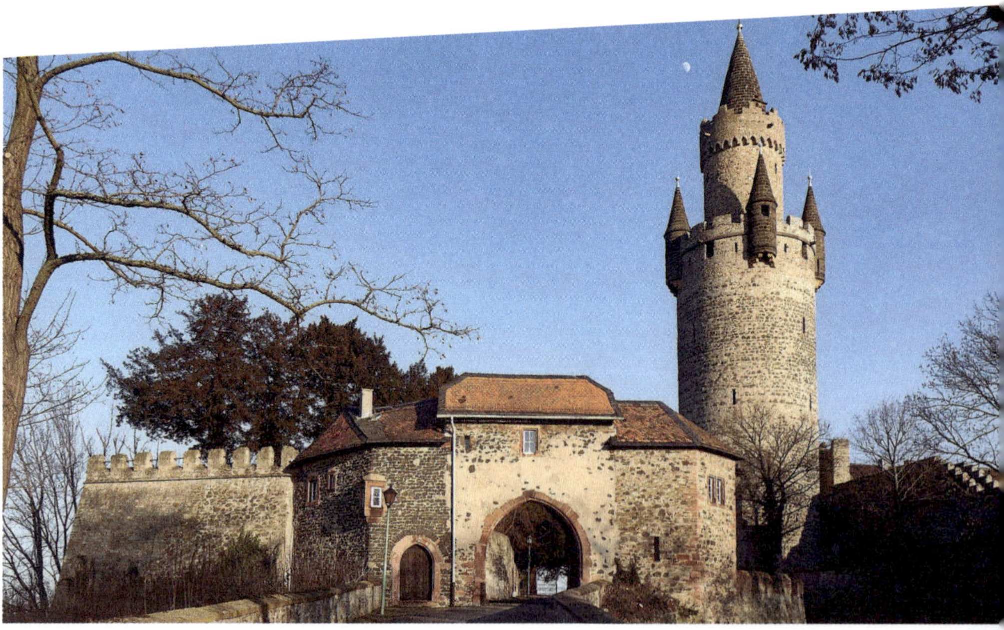

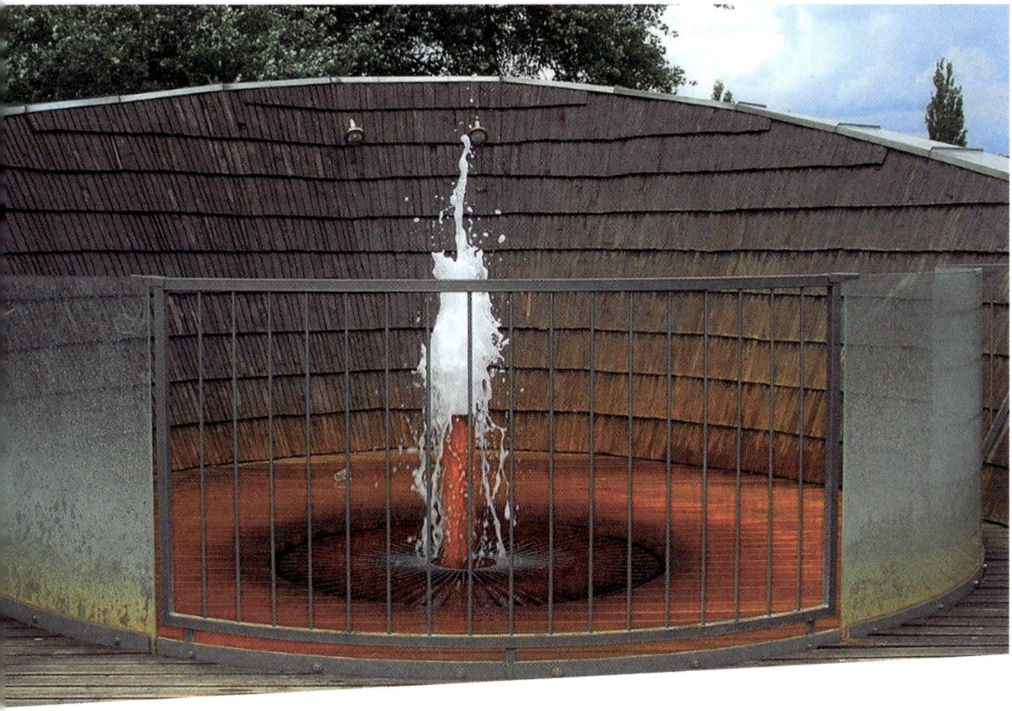

Alternativer Abstecher

Wir radeln immer an der Nidda entlang, kreuzen nach knapp 17 Kilometern die Apfelwein- und Obstwiesenroute (siehe Tour 10) und können kurz vor Ilbenstadt den Feldberg in der Ferne sehen. Wer einen kleinen Umweg von etwa 4 Km (Hin- und Rückweg) in Kauf nimmt, kann die Basilika von Ilbenstadt besichtigen, die auch der „Dom der Wetterau" genannt wird. Einkehren kann man dort auch wunderbar in der Klosterschänke, wo gutbürgerliches Essen serviert wird.

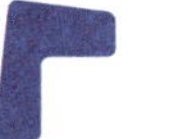

Jedes Jahr um den 16. August, den Todestag von Elvis Presley, verwandeln sich die beschaulichen Städtchen Friedberg und Bad Nauheim in ein Meer aus Cadillacs, Petticoats und Elvis-Tollen.

Fantastischer Fernblick von der Burg Friedberg

Bei Niddatal-Assenheim biegen wir auf den Usatalradweg ab und verlassen die Niddaroute. Unser Ausblick ist phänomenal: Weite Felder und die Frankfurter Skyline in der Ferne lassen den Kopf frei werden. Schon bald erreichen wir Friedberg. Wir schlängeln uns am Rande Friedbergs am Fluss, der Usa, entlang. In Friedberg gibt es nicht nur zahlreiche Möglichkeiten zum Einkehren, sondern auch eine 7 / Burg, die jederzeit besichtigt werden kann (Turmbesteigung zwischen April und Oktober samstags und sonntags sowie an Feier-

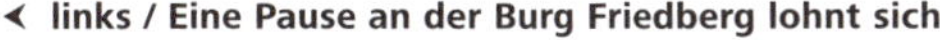

< links / Eine Pause an der Burg Friedberg lohnt sich
^ oben / Der berühmte Bad Vilbeler Römerbrunnen

tagen zwischen 14 und 18 Uhr möglich). Oben angekommen, wird man mit einer grandiosen Aussicht auf Vogelsberg, Taunus und Frankfurt belohnt. Friedberg hält noch mehr Höhepunkte bereit: Direkt am Radweg gelegen, finden wir eine Mikwe (jüdisches Ritualbad) aus dem Jahr 1260 und mehrere zusammenliegende Bahnviadukte.

Anlaufpunkt für Elvis-Presley-Anhänger: Friedberg und Bad Nauheim

Friedberg ist auch Anlaufpunkt für Elvis-Presley-Fans: Der „King of Rock 'n' Roll" war von Oktober 1958 bis März 1960 in den Friedberger „Ray Barracks", der Kaserne, stationiert. Neben einem Denkmal gibt es einschlägige Stadtrundgänge sowie das alljährliche Elvis Weekend Mitte August, das Fans aus der ganzen Welt mit Sammler- und Fanständen und Musik anzieht. Die letzten etwa zwei Kilometer folgen wir weiter der Usa bis nach Bad Nauheim, wo uns Elvis Presley weiter verfolgt. Beispielsweise halten wir an einer Ampel mit Elvis-Presley-Ampelmännchen. In Bad Nauheim soll der „King of Rock 'n' Roll" gewohnt haben. Auch hier gibt es thematisch passende Stadtführungen.

SANIERUNG DES SPRUDELHOFS

Der Sprudelhof befindet sich aktuell in einer mehrjährigen Sanierungsphase. Die Bauarbeiten werden erst in ein paar Jahren vollständig abgeschlossen sein.

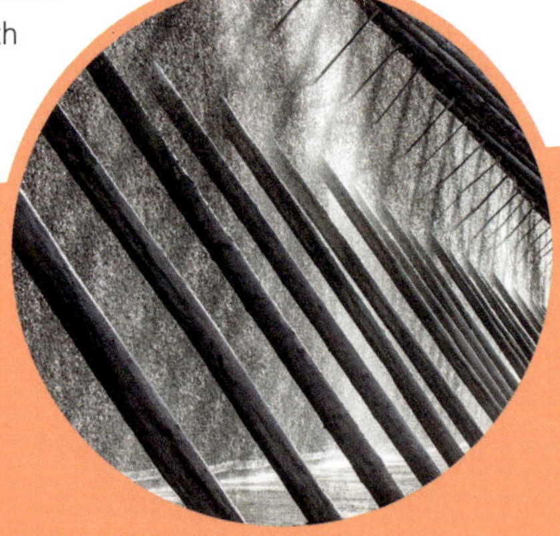

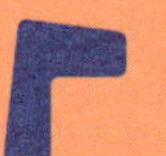

22

Salzhaltiges Wasser besitzt einen Salzgehalt von gerade einmal 3 Prozent. Durch den Verdunstungsprozess an den Gradierbauten wird dieser auf 22 Prozent erhöht.

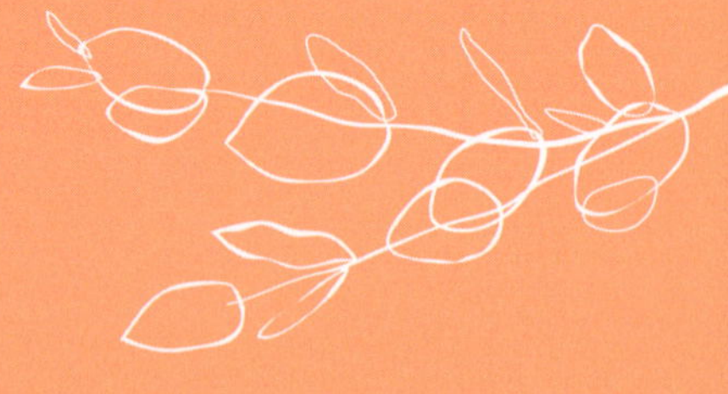

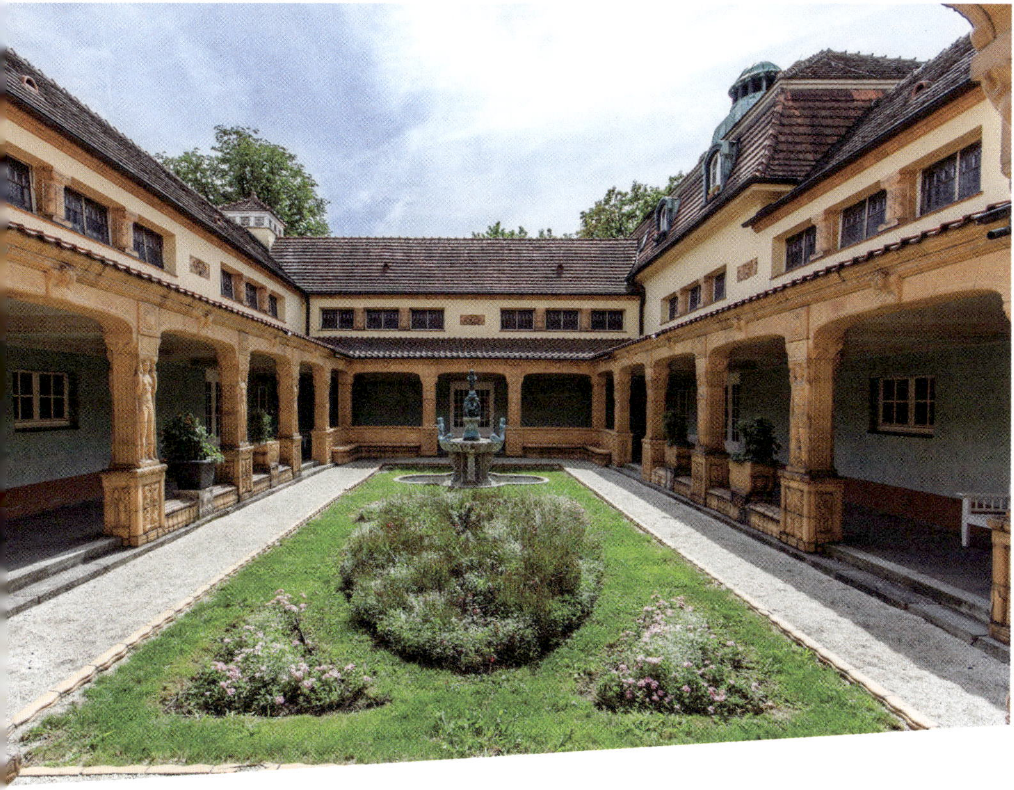

Kaffee trinken im Hexenhäuschen

Weiter zurück als der Besuch von Elvis reicht die Sole-Geschichte des Kurorts: Schon vor über 2.000 Jahren haben die Kelten hier umfangreiche Anlagen zur Salzgewinnung errichtet – eine Tradition, die bis in die Moderne reicht und von der heute noch insgesamt fünf Gradierbauten zeugen. Durch Zerstäuben der Sole entsteht die Meeresluft, die zahlreichen Kurgästen verordnet wird. Im Kneippkurort fahren wir bis zum 8 / Cafe am Ludwigsbrunnen (Zanderstraße 35, 61231 Bad Nauheim), aufgrund seiner hübschen Fachwerkoptik auch „Hexenhäuschen" genannt. Es befindet sich am Gradierbau III, der direkt am Usatalradweg liegt. Von März bis Oktober rieselt die Sole an den Gradierbauten – eine echte Wohltat. Die Weiterfahrt bis zum Sprudelhof, dem größten geschlossenen Jugendstilensemble Europas, lohnt sich. Auf dem kurzen Abschnitt zwischen Hexenhäuschen und Sprudelhof finden wir weitere Gradierbauten und Kuranlagen. Am 9 / Bahnhof Bad Nauheim beenden wir unsere Tour und können in den Zug zurück steigen.

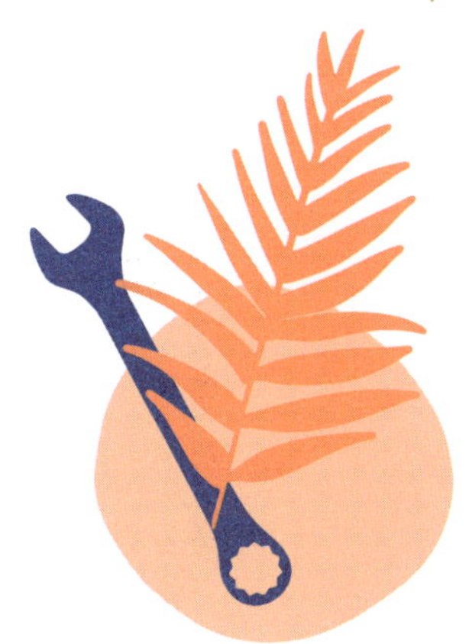

< links / Gesunder Nebel in Bad Nauheim
^ oben / Das Badehaus vor der Sanierung

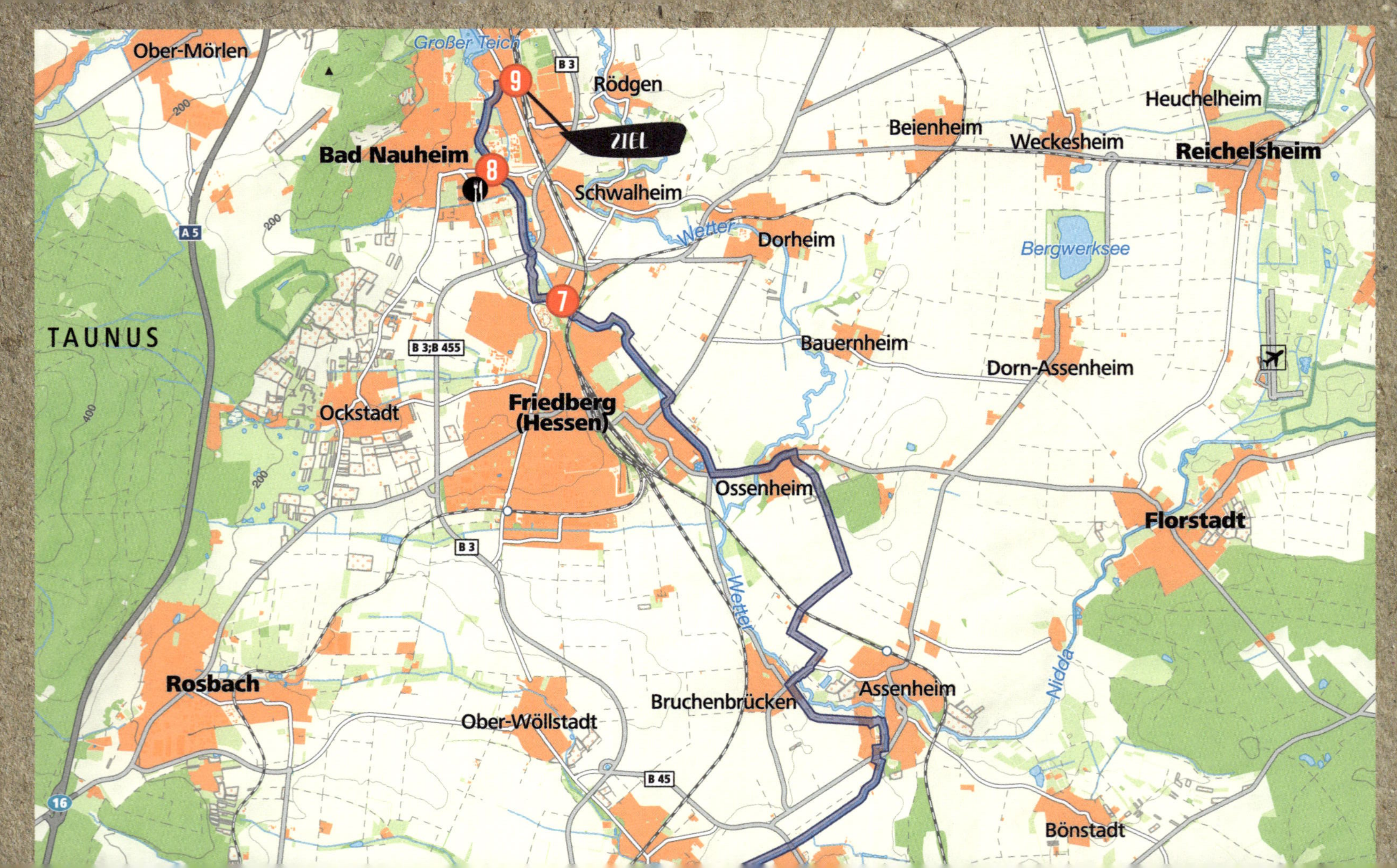

Ober-Mörlen
Großer Teich
B 3
Rödgen
9
ZIEL
Heuchelheim
Beienheim
Weckesheim
Reichelsheim
Bad Nauheim
8
Schwalheim
200
A 5
Wetter
Dorheim
Bergwerksee
7
TAUNUS
B 3;B 455
Bauernheim
Dorn-Assenheim
Ockstadt
Friedberg (Hessen)
400
Ossenheim
Florstadt
B 3
Wetter
Nidda
Rosbach
Assenheim
Bruchenbrücken
Ober-Wöllstadt
B 45
16
Bönstadt

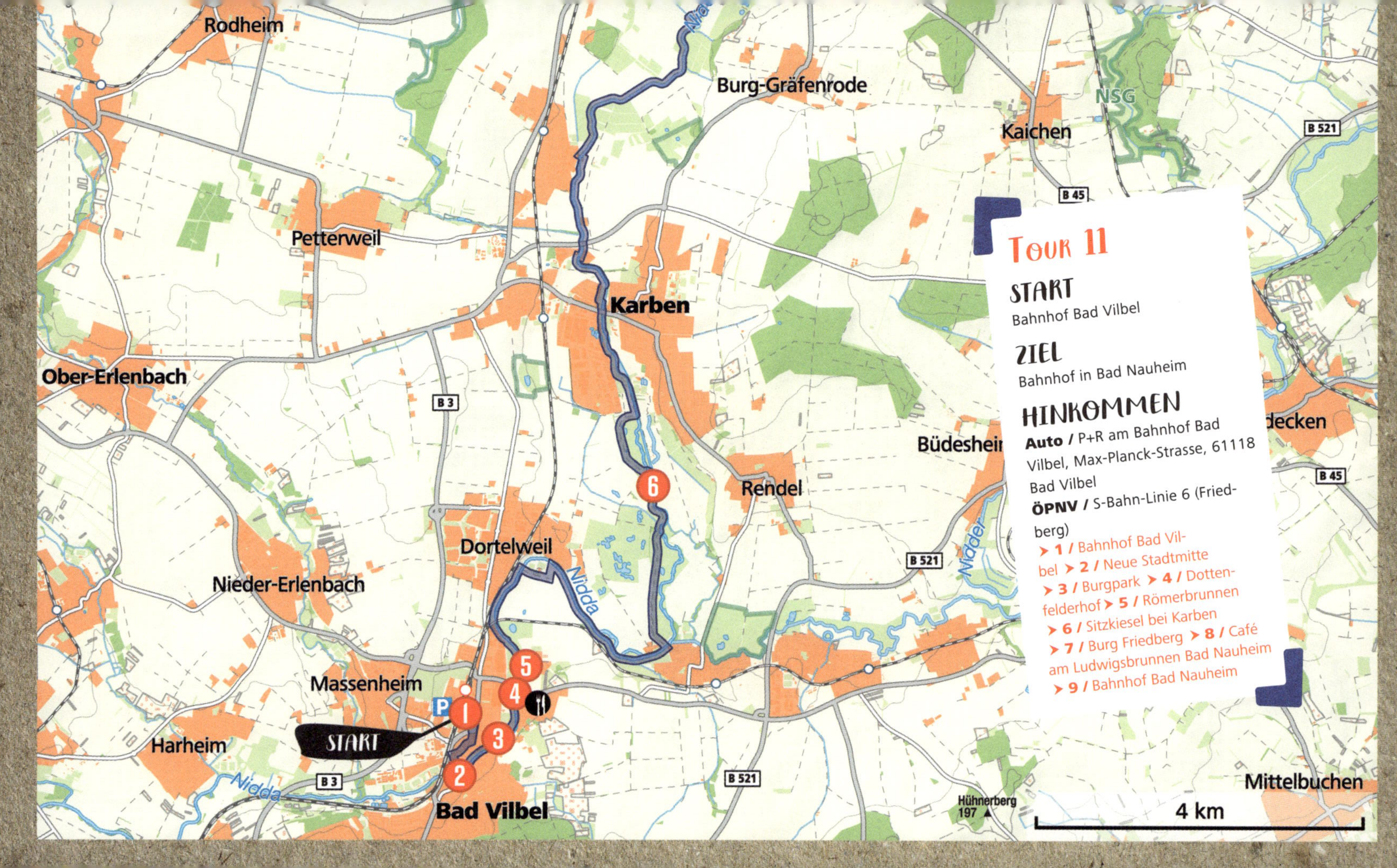

Tour 11

START

Bahnhof Bad Vilbel

ZIEL

Bahnhof in Bad Nauheim

HINKOMMEN

Auto / P+R am Bahnhof Bad Vilbel, Max-Planck-Strasse, 61118 Bad Vilbel

ÖPNV / S-Bahn-Linie 6 (Friedberg)

➤ **1 /** Bahnhof Bad Vilbel ➤ **2 /** Neue Stadtmitte ➤ **3 /** Burgpark ➤ **4 /** Dottenfelderhof ➤ **5 /** Römerbrunnen ➤ **6 /** Sitzkiesel bei Karben ➤ **7 /** Burg Friedberg ➤ **8 /** Café am Ludwigsbrunnen Bad Nauheim ➤ **9 /** Bahnhof Bad Nauheim

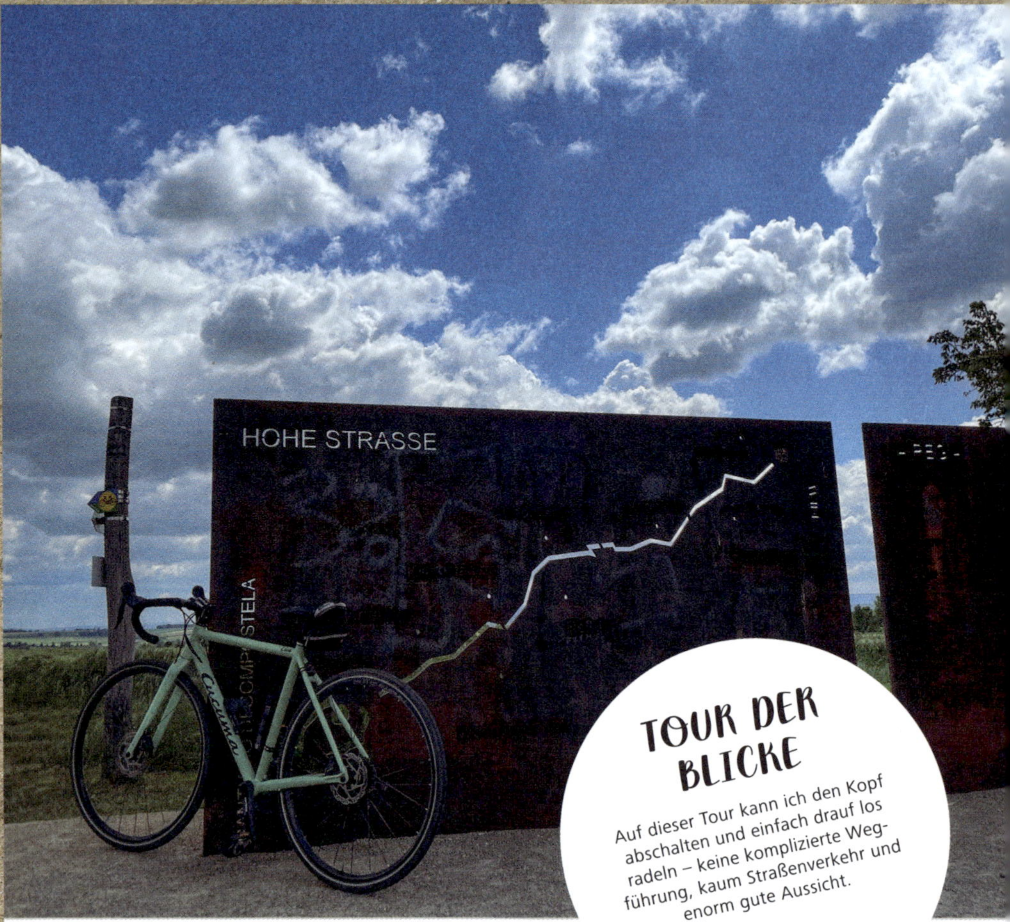

TOUR DER BLICKE

Auf dieser Tour kann ich den Kopf abschalten und einfach drauf los radeln – keine komplizierte Wegführung, kaum Straßenverkehr und enorm gute Aussicht.

> **1 /** Phänomenaler Ausblick auf die Mainmetropole vom Hausberg, dem Lohrberg.

> **2 /** An der Sichtachse Große Loh fokussieren wir zwei wichtige Landmarken Hessens.

> **3 /** Die Seele baumeln lassen in den großen bequemen Hängematten am Lausbaum.

> **4 /** Hoch hinaus in der Galgenschaukel.

> **5 /** Auf der Riesenbank fühlen wir uns riesig.

> **6 /** Wir fühlen uns wie im Märchen bei unserem Ausblick auf die Ronneburg.

> **7 /** In Büdingen endet unsere Tour am Bahnhof.

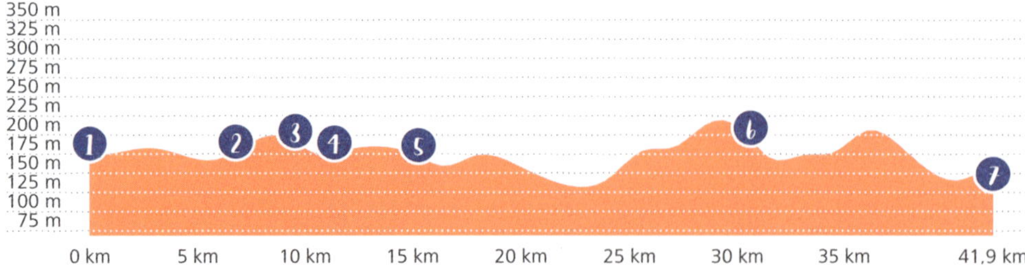

ALTE HANDELSROUTE „HOHE STRASSE“

Vom Frankfurter Lohrberg bis Büdingen

Ruhesuchende, Sonnenhungrige und Naturliebhaber aufgepasst. Hier kommt die perfekte Tour für euch. Vom Frankfurter Lohrberg führt unser Weg nach Bergen-Enkheim, wo am Ortsausgang die „Hohe Straße“ beginnt. Wir genießen die gesamte Fahrt bis nach Büdingen phänomenale Aussichten auf schnurgeraden Wegen. Am Wegrand entdecken wir in regelmäßigen Abständen Attraktionen, schaukeln in Hängematten und machen Rast auf einer Riesenbank.

42 Kilometer
370 Höhenmeter ▲
400 Höhenmeter ▼
3:15 Stunden
Streckentour

CHARAKTER

Sportlich ●●●●○
Abkühlung ●○○○○
Schlemmen ●○○○○
Panorama ●●●●●

Volkspark mit Gaststätte

Wir beginnen unsere Tour an Frankfurts Hausberg, dem 1 / Lohrberg. Wer die Tour mit dem Feierabend-Ride 2 verbunden hat und von der Innenstadt aus herauf geradelt ist, braucht möglicherweise eine längere Erholungspause nach dem Anstieg zum Lohrberg. Dafür wird man schon auf

TOURENINFO / Kaum Einkehrmöglichkeiten direkt an der Strecke. Kreuzt in Markköbel Limesradweg in Richtung Altenstadt und in Diebach Ysenburgroute. Teils Waldwege und kurzer Abschnitt über holprige Schotterpiste, Anreise aus Frankfurter Innenstadt per Rad Verknüpfung mit Feierabend-Ride 2

← links / Radweg mit eigenem Eingang

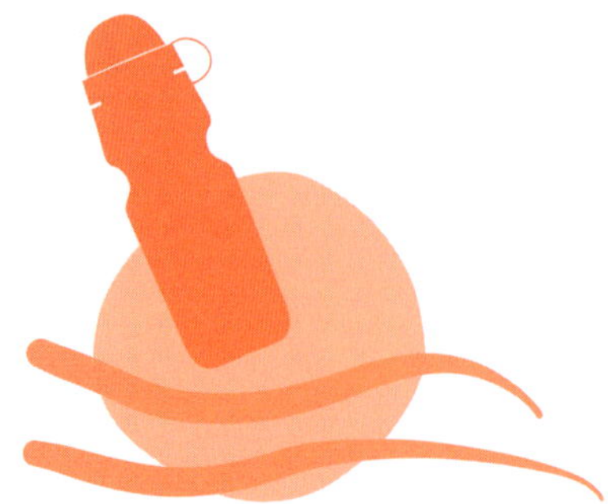

dem letzten Stück bergauf mit wunderschönen Ausblicken auf Frankfurt und die Region belohnt, im Frühling duftet es nach Blumen und man radelt zwischen blühenden Apfelbäumen hindurch. Oben angekommen, lässt es sich auf der großen von Bäumen gerahmten Wiese wunderbar rasten – auch Grillen ist erlaubt. Am sonnenverwöhnten Hang des Lohrbergs finden wir außerdem die letzte Weinanbaufläche Frankfurts. Einkehren lässt es sich sehr gut in oder auf der Terrasse der Lohrberg-Schänke, die täglich ab 11 Uhr geöffnet hat. Hier gibt es die gesamte Palette der hessischen Küche, am Nachmittag Kaffee und Kuchen.

HOCH IN DEN HIMMEL

An der Himmelsschaukel Rummelsberg, einer von 18 Stationen der Regionalparkroute Hohe Straße, geht es für uns hoch hinaus. Loslassen und tief durchatmen!

Lounge unter Obstbäumen: Entrée Hohe Straße

Wir machen uns auf den Weg nach Bergen-Enkheim, wo uns das erste Stück auf einer Straße ohne Radweg entlangführt. Am Ortsausgang gelangen wir zum Entrée Hohe Straße: Der Ort ist mit einer Übersichtstafel gestaltet, die den Verlauf der Hohen Straße und der „Via Regia" zeigt. Drumherum blühen Obstbäume und hinter dem Eingang haben wir schon Sicht auf die schnur-gerade alte Handelsstraße. Das Rhein-Main-Gebiet war schon immer Durchgangsland für Händler, Völker, Pilger und Heere in alle Richtungen. Die Hohe Straße war nur eine Teilstrecke in einem ganz Europa überziehenden Straßennetz. Unter anderem war sie Teil der historischen Via Regia von Santiago de Compostela nach Kiew. Sie führte vom heutigen Frankfurt-Bergen via Erfurt nach Leipzig. Als Höhenweg war sie eine bedeutende Handelsroute, über die Bernstein- und nordische Bronzearbeiten in das Fuldaer Land transportiert wurden. Und seit dem frühen Mittelalter war die Hohe Straße der kürzeste und gangbare Verbindungsweg zwischen den geistlichen und politischen Zentren Mainz, Fulda und Erfurt. In gleicher Weise war sie eine der Hauptverbindungen zwischen den Handelsstädten

---

➤ **rechts oben / Denkmal am Wartbaum**
➤ **rechts Mitte / Schafsmilcheis aus eigener Herstellung am Kapellenhof**

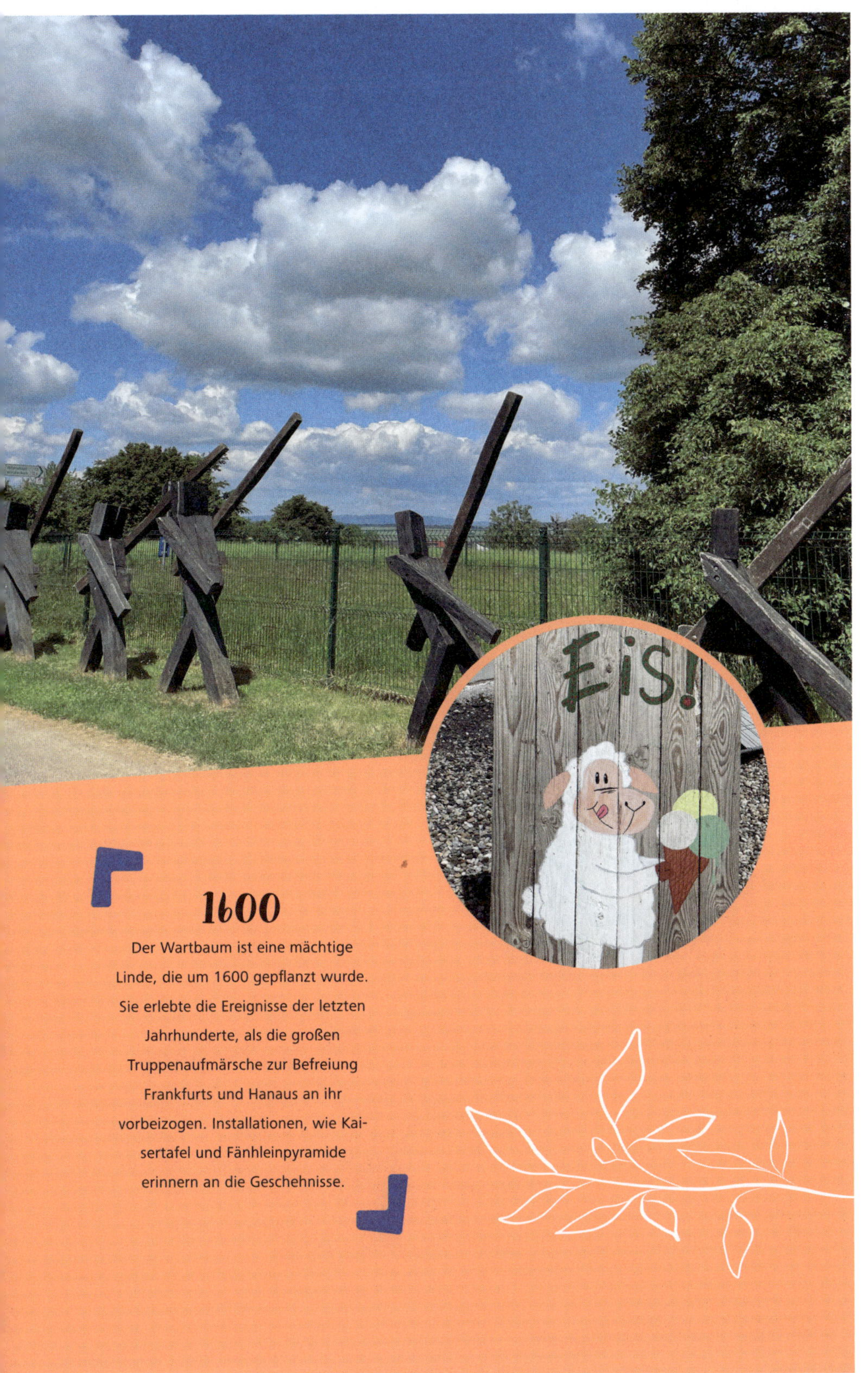

1600

Der Wartbaum ist eine mächtige Linde, die um 1600 gepflanzt wurde. Sie erlebte die Ereignisse der letzten Jahrhunderte, als die großen Truppenaufmärsche zur Befreiung Frankfurts und Hanaus an ihr vorbeizogen. Installationen, wie Kaisertafel und Fänhleinpyramide erinnern an die Geschehnisse.

Schafmilcheis

Dieses leckere Eis aus eigener Herstellung am Kapellenhof ist einzigartig in Hessen.

Grandioser Ausblick

Frankfurt am Main und Leipzig. (Quelle: Regionalpark RheinMain) Der Weg führt immer geradeaus zwischen Feldern und Wiesen hindurch. Da wir weder Verkehr noch Kreuzungen beachten müssen, können wir den grandiosen Ausblick genießen. Nach etwa einer halben Stunde Fahrtzeit erreichen wir die 2 / Große Loh am Waldrand: zwei doppelte Stelenreihen, die den Blick auf zwei markante Landmarken, den Taunus-Quarzit-Steinbruch oberhalb des Örtchens Köppern und auf das Kraftwerk Staudinger am Main in Großkrotzenburg, lenken.

Ein schattiges Plätzchen

Wer seine Brotdose gepackt hat, der findet kurz darauf ein lauschiges Pausenplätzchen: Wir halten am 3 / Lausbaum, unter dem große und stabile Hängematten zum Abhängen einladen. Früher war hier vermutlich die letzte Rast auf der Reise von Leipzig nach Frankfurt.

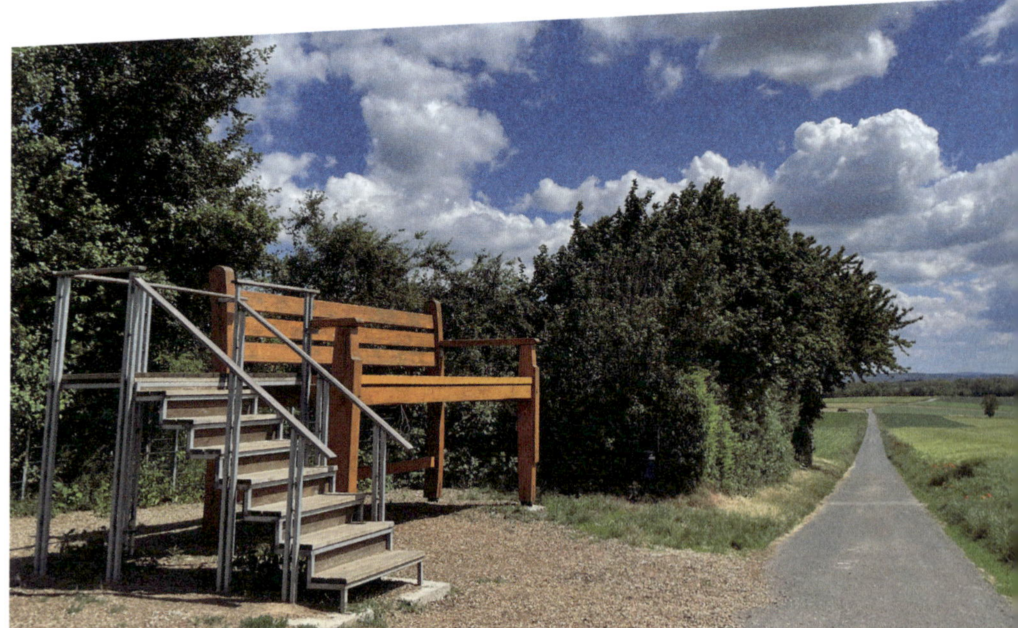

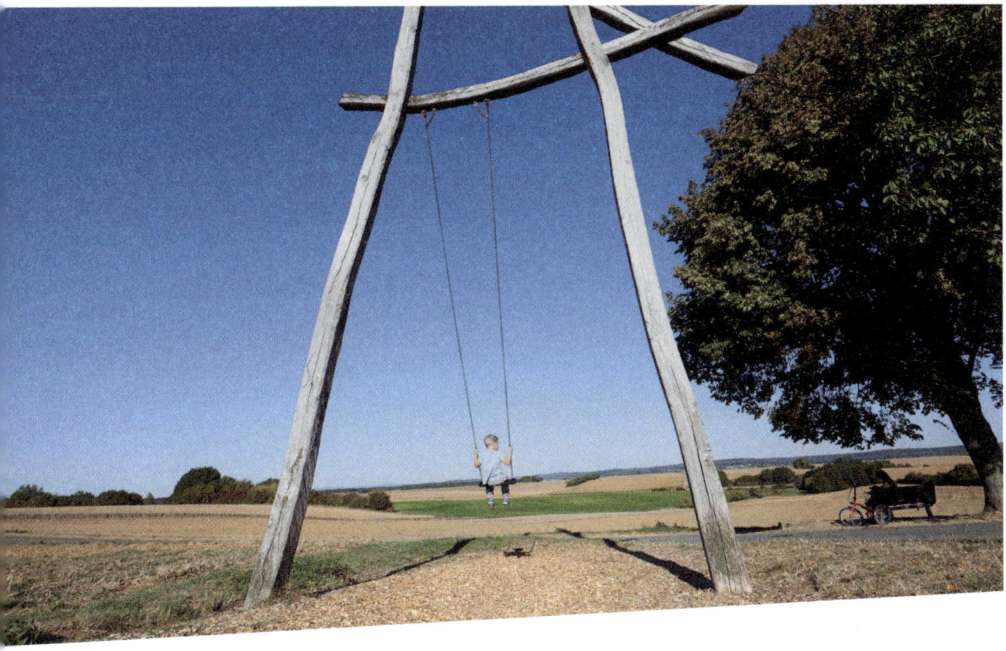

Schaukeln in allen Varianten

Ein Gefühl von Freiheit sollen die zahlreichen großen Schaukeln vermitteln, die an besonders herausragenden Orten der ehemaligen Handelsroute errichtet wurden. Wir machen eine Schaukelpause an der 4 / Galgenschaukel auf Höhe der Ortschaft Kilianstädten, kurz darauf finden wir auch noch eine Vogelnestschaukel – beste Gelegenheit, um auch die Kinder einmal schaukeln zu lassen. Ein tolles Fotomotiv bietet die 5 / Riesenbank auf Höhe Ostheim. Kurz dahinter finden wir dann auch noch die Himmelsschaukel Rummelsberg.

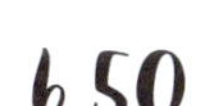

Meter hoch sind die Glasstelen, die aus Corten-Stahl mit innenliegenden, horizontal geschichteten Glasscheiben bestehen.

Schlemmerpause an einer besonderen Verkaufshütte

Nach 21 Kilometern, etwa in der Hälfte der Strecke, halten wir am Hofgut Kapellenhof (Auf dem alten Hof 1, Schafskäserei, 63546 Hammersbach). Die Verkaufshütte ist sieben Tage die Woche, 24 Stunden geöffnet. Ein Stopp für Radfahrer ist sogar erwünscht: Es gibt Sitzmöglichkeiten und Wasser sowie Bio-Limonaden. An den Kühlschränken und Eistruhen darf man sich selbst bedienen. Gezahlt wird auf Vertrauensbasis ausschließlich mit Bargeld. Zu den angebotenen Produkten zählen Joghurt, Frischkäse, Camembert, Brie, Räucherkäse und handgeschöpfter Schafkäse sowie Bratwurst und Pfefferbeißer – alles in Bio-Qualität und aus direkter Herstellung

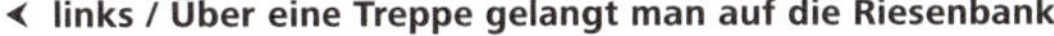

< links / Über eine Treppe gelangt man auf die Riesenbank
^ oben / Pause zum Schaukeln

auf dem Hof oder von kooperierenden Höfen. Wir haben es auf etwas abgesehen, was laut Kapellenhof in Hessen einzigartig sei: In der Eistruhe finden wir hausgemachtes Bio-Schafmilcheis. Und das schmeckt wirklich köstlich!

Weitblick in Richtung Taunus und auf die Ronneburg

Oberhalb der Ortschaft Langen-Bergheim fast auf dem höchsten Punkt glitzern zwei große Stelen im Sonnenlicht. Ein kleiner Rastplatz bietet weite Ausblicke in die Ferne. Die doppelten Glasstelen brechen das Sonnenlicht unterschiedlich und funkeln. Jeweils in der Mitte können der Taunus mit Feldberg sowie die Frankfurter Skyline mit dem Messeturm fokussiert werden. Ein paar Kilometer später kommen wir aus dem Ysenburger Wald, wo wir etwas Schatten finden, der Weg über den kurzen Waldabschnitt hinweg allerdings etwas holprig ist. Dafür werden wir mit einem herrlichen Blick auf die 6 / Ronneburg (Auf der Burg, 63549 Ronneburg, burg-ronneburg.de) belohnt. Die Burg ist eine der wenigen im originalen Bauzustand des 16. Jh. erhaltenen Höhenburgen Deutschlands und zählt zu den bedeutendsten Burgen in Hessen.

FÜRST VON YSENBURG

Noch heute residiert ein Fürst von Ysenburg im Büdinger Schloss. Wer Zeit für eine Besichtigung hat, sollte sich das Schloss nicht entgehen lassen.

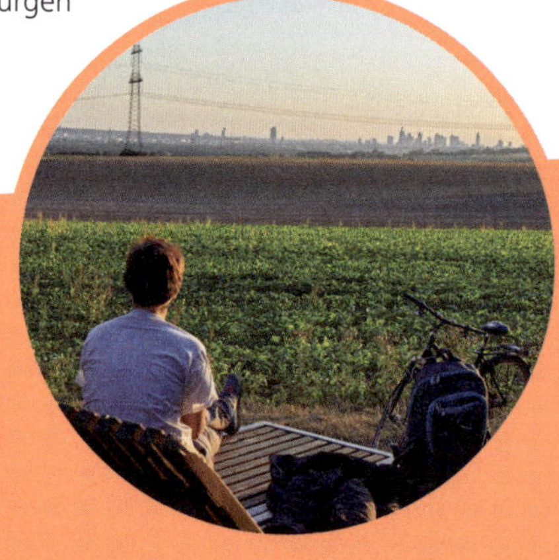

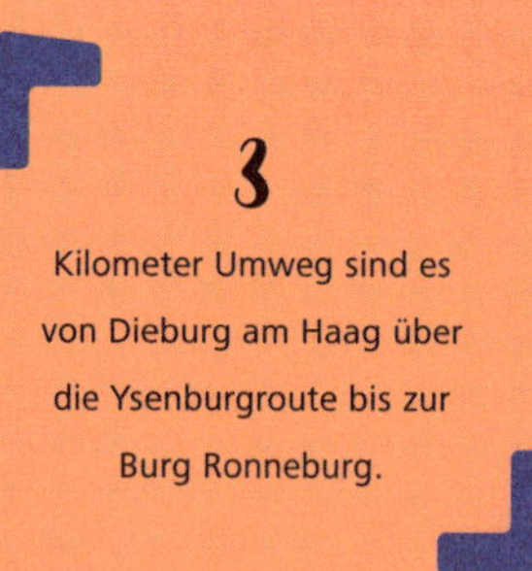

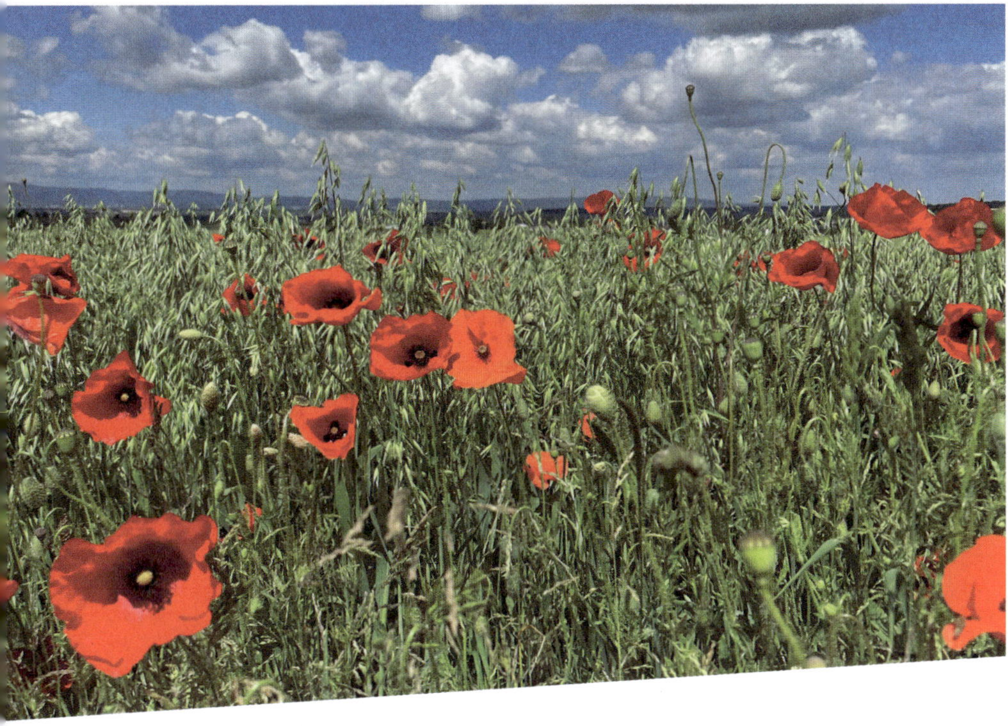

Abstecher zur Burg

Über die Ysenburgroute, auf die wir in Diebach am Haag treffen, können wir sie nach etwa drei Kilometern per Rad anfahren. Ein Abstecher lohnt sich. Auf der Burg finden, neben den überregional bekannten Mittelalterlichen Burgfestspielen im frühen Herbst, ganzjährig Märkte und Veranstaltungen statt. Es gibt außerdem ein Burgmuseum mit Programm.

Endspurt

Wir setzen unsere Tour auf der Hohen Straße fort. Von Diebach am Haag sind es noch gut 9 Kilometer bis zum Ende unserer Tour. Wir wissen, dass wir bald am Ziel sind, als wir das Industriegebiet von Büdingen erreichen. Auch wenn man es an diesem Ort nicht vermuten würde: Büdingen ist ein sehenswertes Städtchen mit mittelalterlicher Altstadt und Schloss. Wer noch Zeit hat, sollte unbedingt in die Stadt hinein fahren. Die Stadt ist sogar überregional bekannt und zählt zu den besterhaltenen Stadtanlagen Europas. Kurz darauf landen wir am 7 / Bahnhof Büdingen. Von hier geht es zurück nach Frankfurt.

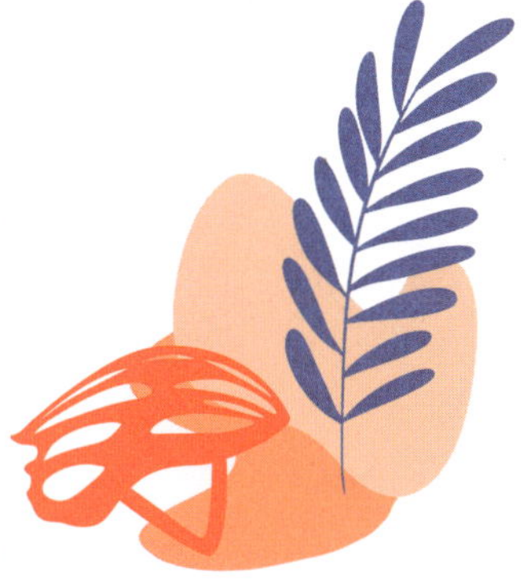

< links / Wunderbare Fernsicht ^ oben / Blumige Aussicht

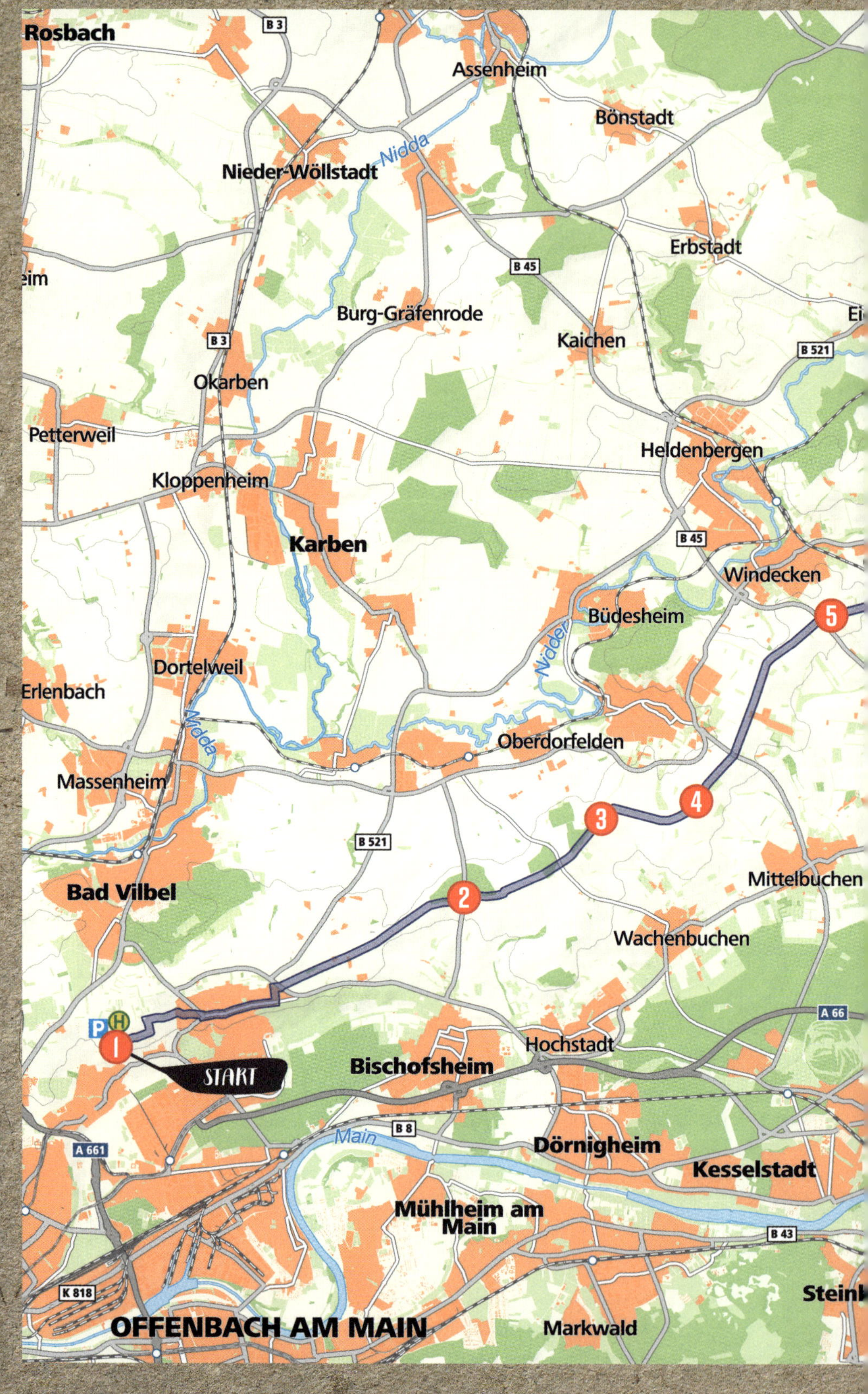

Rosbach
B 3
Assenheim
Bönstadt
Nidda
Nieder-Wöllstadt
Erbstadt
B 45
Burg-Gräfenrode
B 3
Kaichen
B 521
Okarben
Petterweil
Heldenbergen
Kloppenheim
Karben
B 45
Windecken
Büdesheim
5
Nidder
Dortelweil
Erlenbach
Nidda
Oberdorfelden
Massenheim
4
3
B 521
Mittelbuchen
2
Bad Vilbel
Wachenbuchen
A 66
1
START
Hochstadt
Bischofsheim
B 8
Main
Dörnigheim
A 661
Kesselstadt
Mühlheim am Main
B 43
K 818
OFFENBACH AM MAIN
Markwald

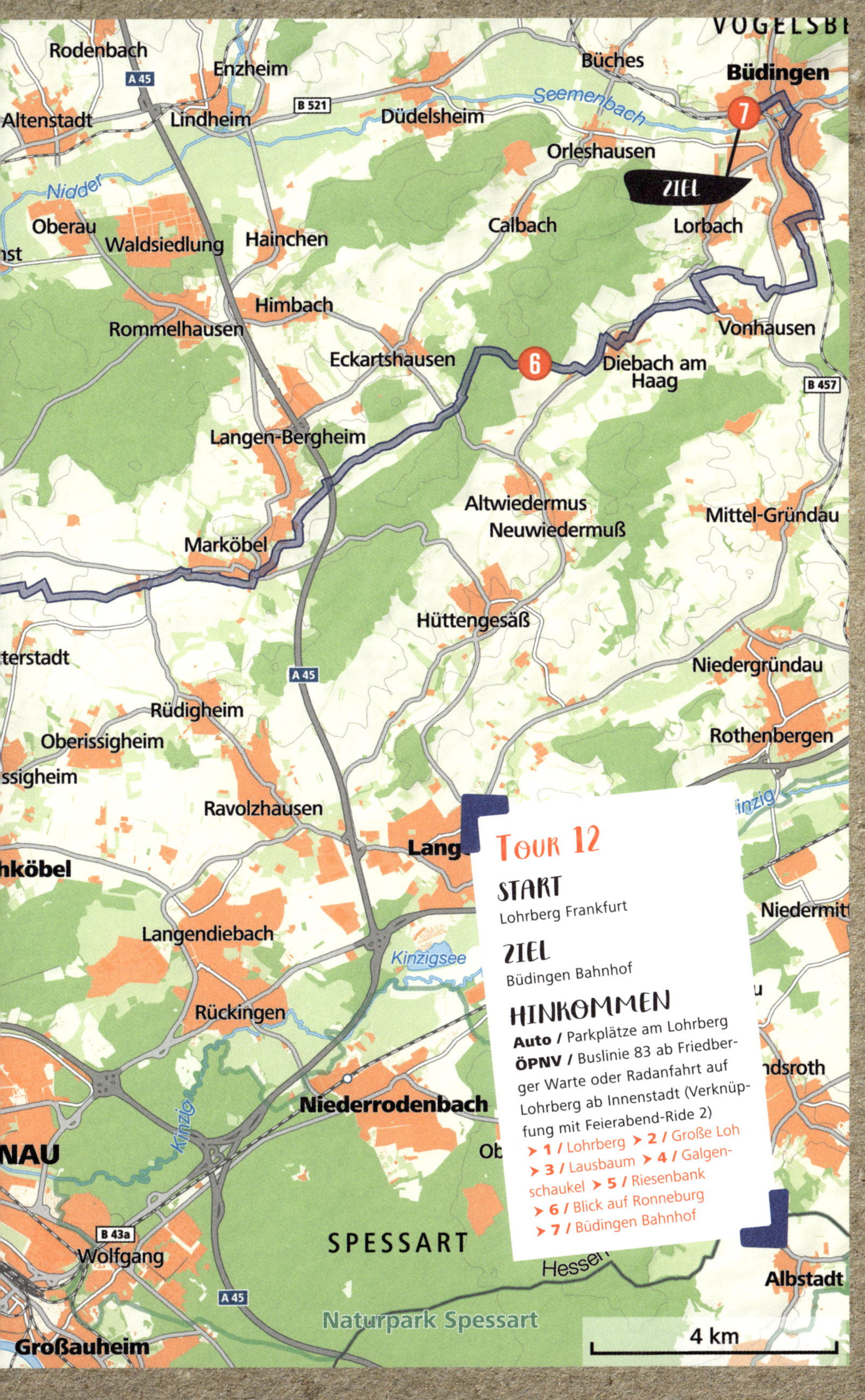
Rodenbach
Enzheim
A 45
Altenstadt
Lindheim
B 521
Düdelsheim
Büches
Büdingen
Seemenbach
7
Orleshausen
ZIEL
Nidder
Oberau
Waldsiedlung
Hainchen
Calbach
Lorbach
Himbach
Rommelhausen
Eckartshausen
6
Vonhausen
Diebach am Haag
B 457
Langen-Bergheim
Altwiedermus
Neuwiedermuß
Mittel-Gründau
Marköbel
Hüttengesäß
A 45
Niedergründau
Rüdigheim
Oberissigheim
Rothenbergen
Ravolzhausen
Langendiebach
Kinzigsee
Rückingen
Niederrodenbach
Kinzig
B 43a
Wolfgang
SPESSART
Hessen
Albstadt
A 45
Naturpark Spessart
Großauheim
4 km
TOUR 12
START
Lohrberg Frankfurt
ZIEL
Büdingen Bahnhof
HINKOMMEN
Auto / Parkplätze am Lohrberg
ÖPNV / Buslinie 83 ab Friedberger Warte oder Radanfahrt auf Lohrberg ab Innenstadt (Verknüpfung mit Feierabend-Ride 2)
➤ 1 / Lohrberg ➤ 2 / Große Loh ➤ 3 / Lausbaum ➤ 4 / Galgenschaukel ➤ 5 / Riesenbank ➤ 6 / Blick auf Ronneburg ➤ 7 / Büdingen Bahnhof

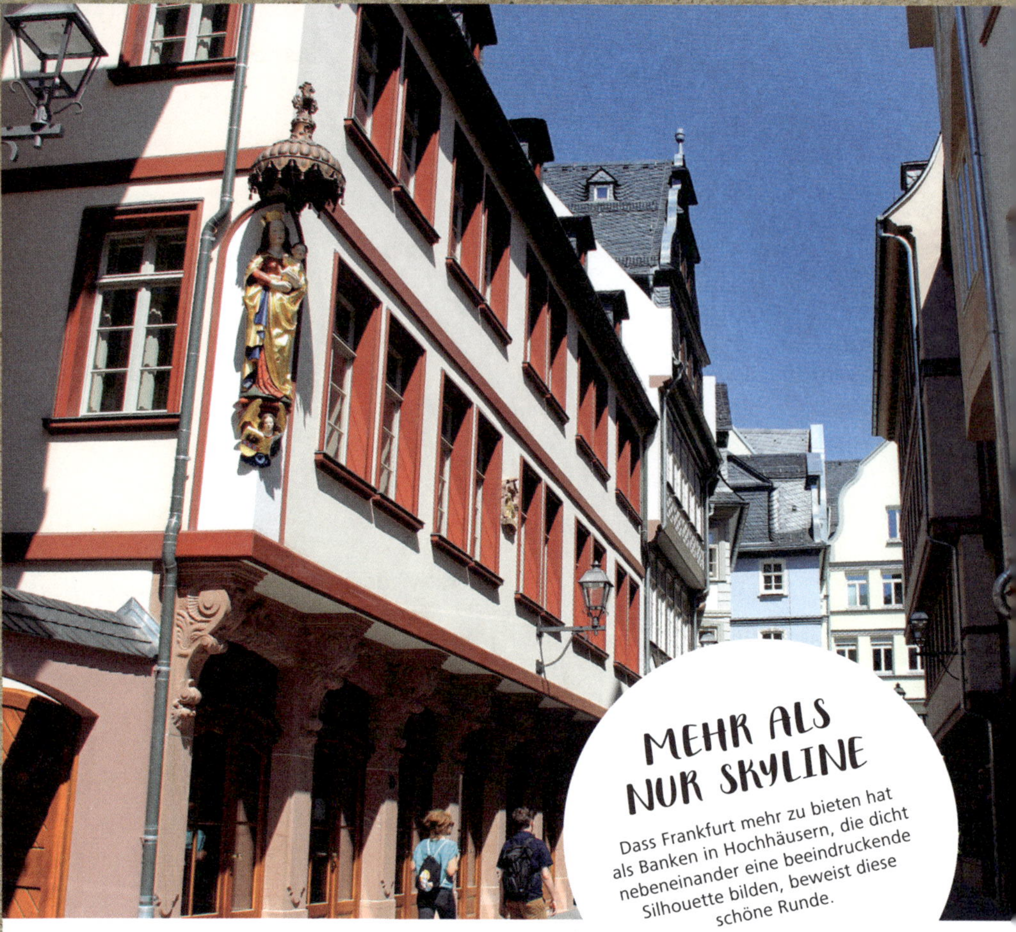

MEHR ALS NUR SKYLINE

Dass Frankfurt mehr zu bieten hat als Banken in Hochhäusern, die dicht nebeneinander eine beeindruckende Silhouette bilden, beweist diese schöne Runde.

› 1 / Das Struwwelpeter Museum ist unser Ausgangs- und Endpunkt.

› 2 / Am Abenteuerspielplatz Riederwald legen wir eine Pause ein.

› 3 / Mit der Auto- und Radfähre Rumpenheim geht es über den Main.

› 4 / Am Rumpenheimer Schloss bewundern wir den Schlosspark.

› 5 / Urlaubsfeeling genießen wir auf der Hafeninsel in Offenbach.

› 6 / Der Aufstieg lohnt sich: Atemberaubende Ausblicke auf dem Goetheturm.

› 7 / Auf den Grüne-Soße-Feldern bei Oberrad schnuppern wir Kräuter.

› 8 / Einzigartig: Der Blick auf die Europäische Zentralbank von der anderen Uferseite.

› 9 / Am Museumsufer radeln wir bis zum Architekturmuseum.

› 10 / Unterhalb des Gerippten lassen wir uns auf ein Tischtennis-Match ein.

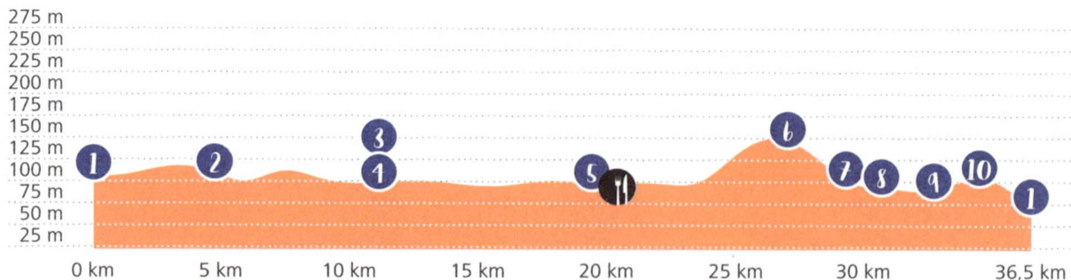

Architektur entdecken

Von der Neuen Altstadt über die Offenbacher Hafeninsel bis zum Goetheturm durch Frankfurt

Frankfurt strotzt vor beeindruckender Architektur. Auf unserer Runde verlieren wir uns in der neu gestalteten Frankfurter Altstadt, essen Eis auf der Hafeninsel in Offenbach und genießen den Ausblick auf die Skyline vom Goetheturm.

37 Kilometer
170 Höhenmeter ▲
170 Höhenmeter ▼
2:45 Stunden
Rundtour

Start mit Höhepunkt

Mitten in der Neuen Altstadt von Frankfurt geht es los – ein echter Höhepunkt für Architekturfans. Nach langer Bautätigkeit zwischen Römer und Dom ist das Jahrhundertprojekt Altstadtrekonstruktion 2017 vollendet worden. So bietet der kleinste Stadtteil Frankfurts eine gelungene Mischung aus modern und altertümlich und erinnert an die bewegte Geschichte der Stadt. Eine besondere Attraktion für Kinder ab etwa vier Jahren ist das 1 / Struwwelpeter Museum (Hinter dem Lämmchen 2–4, 6031 Frankfurt), in dem Kinder mit viel Spaß und Spiel die Geschichten

Charakter
Sportlich ●○○○○
Abkühlung ●●●●○
Schlemmen ●●●○○
Panorama ●●●○○

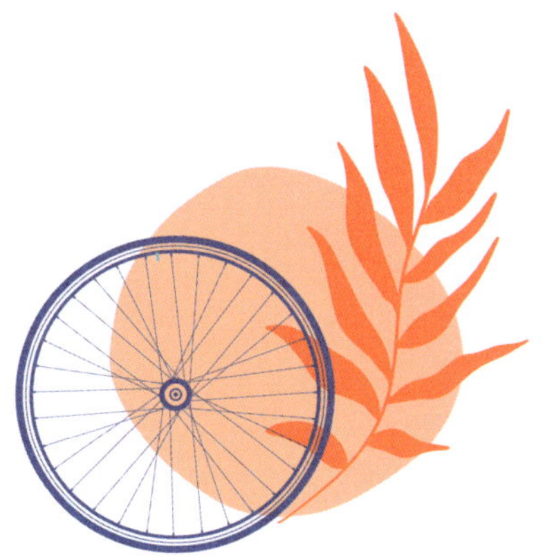

Toureninfo / Für die ganze Familie geeignet, kaum Steigungen und gut asphaltierte Wege, viel zu entdecken für Kinder ab etwa vier Jahren und Erwachsene. Fährübergang in Rumpenheim. Für E-Bikes geeignet. Einzelne Abschnitte über GrünGürtelradweg.

< links / Was man von Frankfurt nicht sofort sieht: Die Neue Altstadt

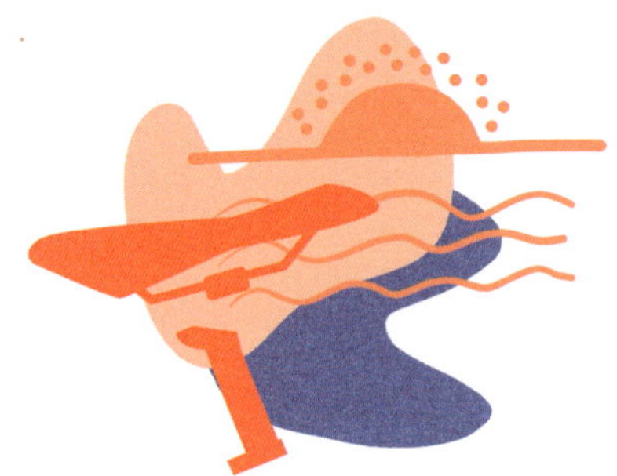

neu entdecken und zum Leben erwecken können. Wer noch eine Stärkung braucht, bevor es losgeht, wird im Frankfurter Kaffeehaus Hoppenworth & Ploch oder an der Wurstbraterei der Altstadtmetzgerei fündig.

SPIELPLATZ MIT PROGRAMM

Im Sommer finden auf dem 2 / Abenteuerspielplatz Riederwald Events wie Stockbrot oder Luftkissen statt.

Kurze Spielpause für die Kleinen

Über Konstablerwache und Nordend nehmen wir Kurs auf den Frankfurter Osten mit seinem ausgedehnten Ostpark und der Eissporthalle. Nach Querung der Autobahnen landen wir iam legendären 2 / Abenteuerspielplatz Riederwald (http://abenteuerspielplatz.de) im gleichnamigen Wald. Schon die Allerkleinsten lädt der Spielplatz zum Bauen, Klettern, Schaukeln, Toben und Matschen ein.

Genuss fürs Auge: Das Rumpenheimer Schloss am Main

Nach einer kurzen Spielpause geht es weiter über Grünflächen. Kurz bevor wir den Main passieren, schneiden wir den GrünGürtelradweg. Am Fluss entlang führt ein ebener Radweg bis zur 3 / Auto- und Radfähre nach Rumpenheim, die uns innerhalb von wenigen Minuten über den Main zum 4 / Rumpenheimer Schloss bringt. Sehenswert ist hier insbesondere der Schlosspark im Stile eines Englischen Gartens mit verschlungenen Pfaden.

Grüne Auen vor den Toren der Großstadt

Wir fahren nun auf der anderen Mainseite zurück bis zur Fechenheimer Fußgängerbrücke, wo wir den Main erneut queren, um am Mainbogen ein ganz besonderes Naturschauspiel zu erleben: Der Seitenarm des Mains ist ein Überschwemmungsgebiet. Nach der Renaturierung kann das Wasser die Auenlandschaft wieder durchströmen, die Tieren und Pflanzen vielfältige Lebensräume bietet.

➤ rechts oben / Das Rumpenheimer Schloss von der Uferseite aus
➤ rechts Mitte / Einzigartige Perspektive aus historischem Stadtkern und Wolkenkratzern

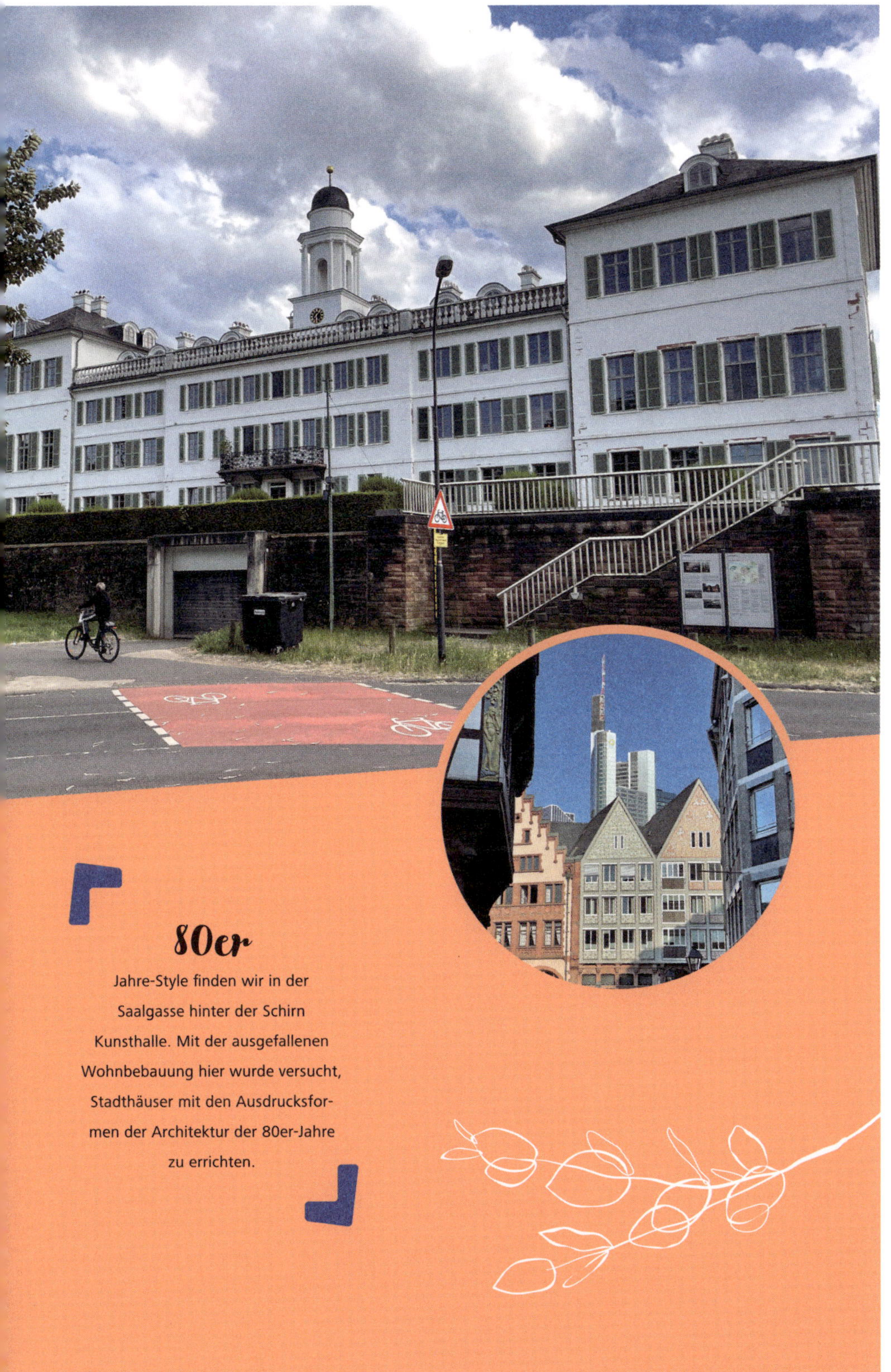

80er

Jahre-Style finden wir in der Saalgasse hinter der Schirn Kunsthalle. Mit der ausgefallenen Wohnbebauung hier wurde versucht, Stadthäuser mit den Ausdrucksformen der Architektur der 80er-Jahre zu errichten.

Für Fledermausfans

Im Fechenheimer Wald kann man in Sommernächten nicht nur den Abendsegler, sondern auch verschiedene Fledermäuse beobachten.

Neue Architektur und Kultur auf der Hafeninsel

Unser Weg führt weiter bis nach Offenbach am südlichen Mainufer, wo wir auf der 5 / Hafeninsel rasten und ein Eis bei „La Luna" essen. Die Hafeninsel bietet einen einzigartigen Blick auf das Wasser, ins Grüne und auf die Frankfurter Skyline. Die Inselspitze ist ein exponierter Logenplatz.

Rast mit Blick

Skyline-Blick und Schatten im Stadtwald

Wir radeln am Main entlang bis zum beliebten Ausflugslokal Gerbermühle. Hier kann man gemütlich sitzen, Bratwurst essen und die Kinder spielen lassen – die Frankfurter Skyline stets im Blick. An der Gerbermühle verlassen wir den Uferradweg und nehmen Kurs auf Oberrad. Zwischen Gleisen und Feldern fährt es sich gemütlich, bevor es am Rande Oberrads den Berg hinauf in Richtung Stadtwald geht. Man kann vom Main durchaus einen direkteren Weg zum Stadtwald wählen, aber wir schlagen lieber einen kleinen

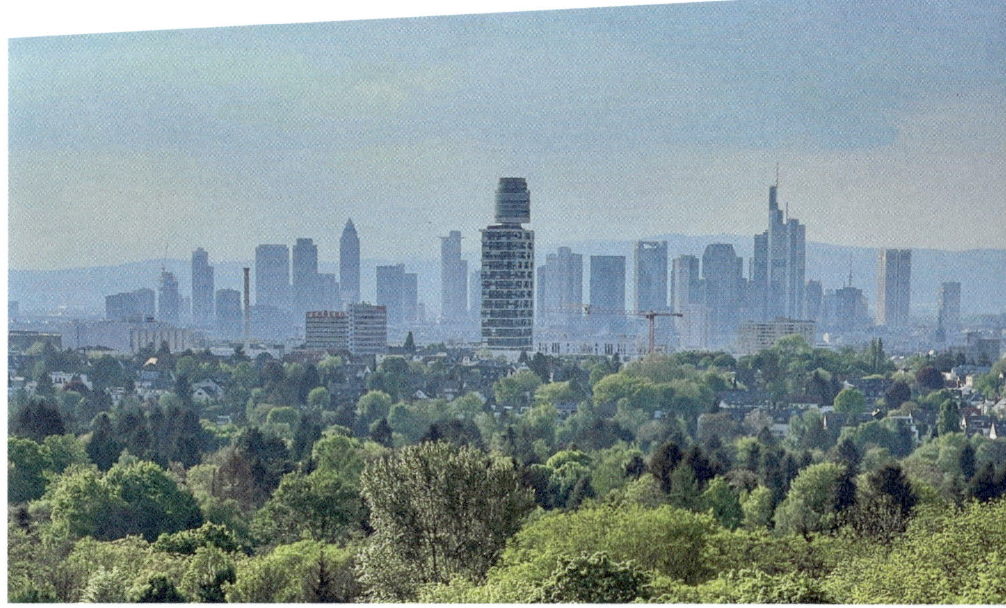

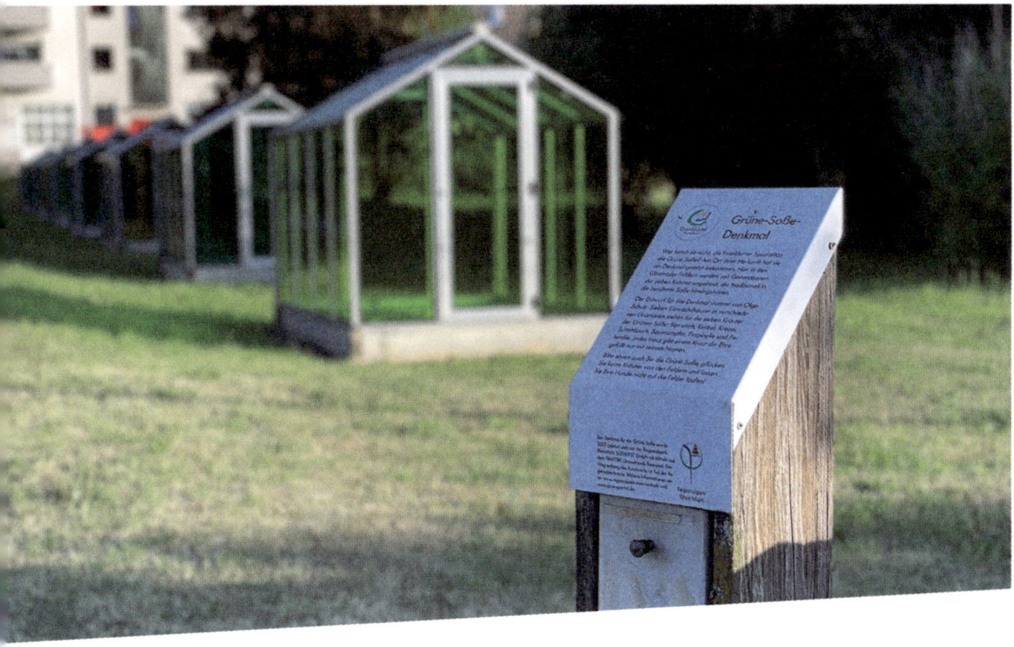

Bogen, um gemütlich am Rand der städtischen Landwirtschaftsflächen noch einmal auf EZB und Skyline zurückblicken zu können und uns nicht mitten durch den belebten Stadtteil Oberrad schlängeln zu müssen. Direkt hinter Oberrad folgt ein ländlich anmutender Abschnitt mit Kleingartenanlagen und Pferdekoppeln. Wir fahren am Waldfriedhof vorbei in den Stadtwald hinein. Auf unserem Weg zum neuen 6 / Goetheturm passieren wir den Waldspielplatz Scheerwald, der aufgrund seiner schattigen Lage und seiner Wasserspiele besonders im Sommer ein beliebter Anlaufpunkt ist. Von dort geht es weiter am Rande des Stadtwaldes entlang und für einen kurzen Moment befinden wir uns wieder auf dem GrünGürtelradweg. Wir rasten schließlich am Fuße des über 43 Meter hohen Goetheturms – ein Frankfurter Wahrzeichen. Der 1931 vollständig aus Holz erbaute Turm wurde im Jahr 2017 durch Brandstiftung komplett zerstört und in den Folgejahren wieder aufgebaut. Der Wiederaufbau erfolgte, auch auf Wunsch der Frankfurter Bürger, möglichst originalgetreu. Der neue Goetheturm ist jährlich von April bis Oktober geöffnet. Neben einer Gaststätte und Toiletten befindet sich unterhalb des Turms auch ein Waldspielpark mit Planschbecken undIrrgarten mit GrünGürteltieren.

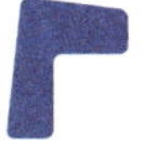

20

Km liegen hinter uns, wenn wir das Kulturzentrum Hafen 2 passieren. Hier finden ganzjährig wechselnde Veranstaltungen statt. Im Sommer beispielsweise Outdoor-Kino oder Open-Air-Konzerte.

< links / Blick vom Goetheturm ^ oben / Unweit der Speckgasse – direkt an den Oberräder Feldern wurde im Jahr 2007 ein Grüne-Soße-Denkmal eingeweiht. Erschaffen wurde es von der Künstlerin Olga Schulz

Der Duft der Grünen Soße

Nach unserer Verschnaufpause radeln wir bergab nach Oberrad. Hier besuchen wir die 7 / Grüne-Soße-Felder, die sich zwischen Oberrad und Mainufer befinden. Grüne Soße, Kartoffeln und Eier sind ein typisch hessisches Gericht. Die Soße besteht aus sieben Kräutern, die hauptsächlich hier mitten im Stadtgebiet angebaut werden. Die Kräuter kauft man traditionell in einer Papierrolle eingewickelt auf den Frankfurter Wochenmärkten.

AM HOFLADEN KRÄMER

können wir die Grüne-Soße-Kräutermischung ganz frisch vom Feld oder schon fertig verarbeitet als hausgemachte Grüne Soße kaufen.

Business, Lifestyle & Kultur: Mitten in Frankfurt

Jetzt führt unsere Tour wieder zurück in den Trubel der Stadt. Wir fahren zum Mainufer, genießen wieder den Ausblick auf die Skyline und kommen der 8 / Europäischen Zentralbank immer näher, unterhalb dieser sich der mit Bürgern gemeinsam geplante Hafenpark, ein Sport- und Skatepark mit modernster Ausstattung sowie das verglaste Hafenlokal Oosten befinden. Ein Besuch auf der Sonnenterrasse lohnt sich allemal, um bei einem Drink auf Fluss, Skyline und EZB zu blicken und die zahlreichen sich im Landeanflug befindlichen Flugzeuge zu beobachten. Um zum 9 / Deutschen Architekturmuseum (DAM) (Henschelstraße 18,

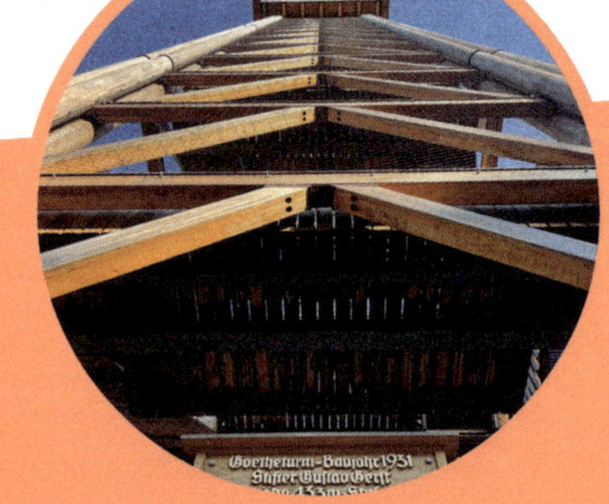

43

Meter und 196 Stufen hoch ist der 6 / Goetheturm im Frankfurter Stadtwald. Der Wiederaufbau nach dem Brand hat 2,4 Millionen Euro gekostet, von denen die Versicherung aber den größten Teil übernommen hat.

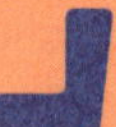

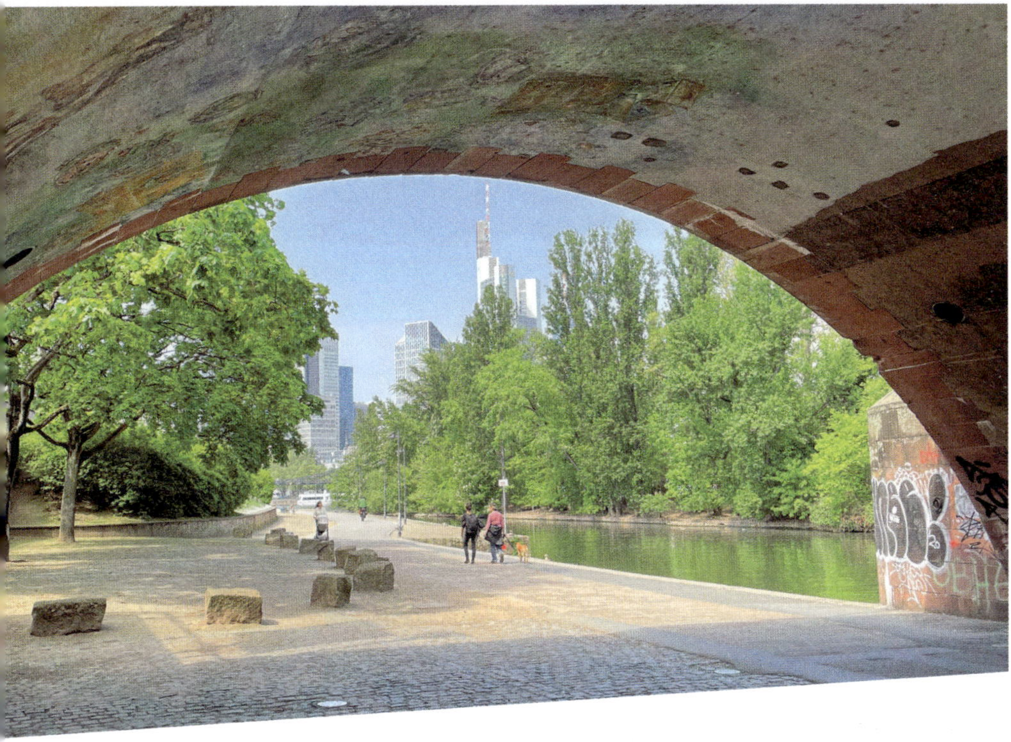

60314 Frankfurt am Main) zu gelangen, bleiben wir weiterhin auf der gegenüberliegenden Flussseite und gönnen uns den unverstellten Blick auf die EZB, bis wir zum Museumsufer kommen: Es zählt zu den wichtigsten internationalen Museumsstandorten. Ob zeitgenössische Kunst oder alte Meister, Goethe oder seine literarischen Erben, Welt- oder Geldkultur, ob Karika-turen oder Skulpturen, Design oder Stadtgeschichte: 38 Museen und Ausstellungshäuser finden wir entlang des Schaumainkais.

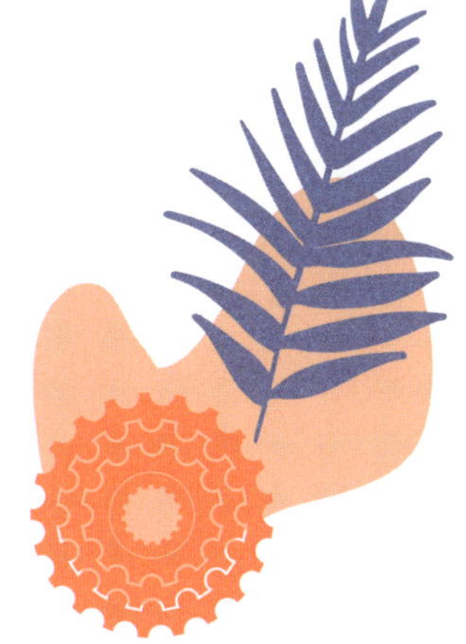

Tischtennisschläger und Bälle in der Fahrradtasche

Letzter Stopp dieser durch Frankfurts einzigartige Architektur geprägten Tour ist das 10 / Gerippte im Gutleutviertel, das wir nach Überquerung der Friedensbrücke erreichen. Der über 112 Meter hohe Westhafen Tower wurde 2004 fertiggestellt und wird wegen seiner an ein Frankfurter Apfelweinglas erinnernden Struktur im Volksmund „Geripptes" genannt. Bevor wir durch am Mainkai entlang bis zum Ausgangspunkt am 1 / Struwwelpeter Museum fahren, lassen wir uns auf ein Tischtennis-Match unterhalb des Hochhauses ein.

< links / Über 196 Treppenstufen nach ganz oben
^ oben / Auf ein Tischtennis-Match am Mainufer

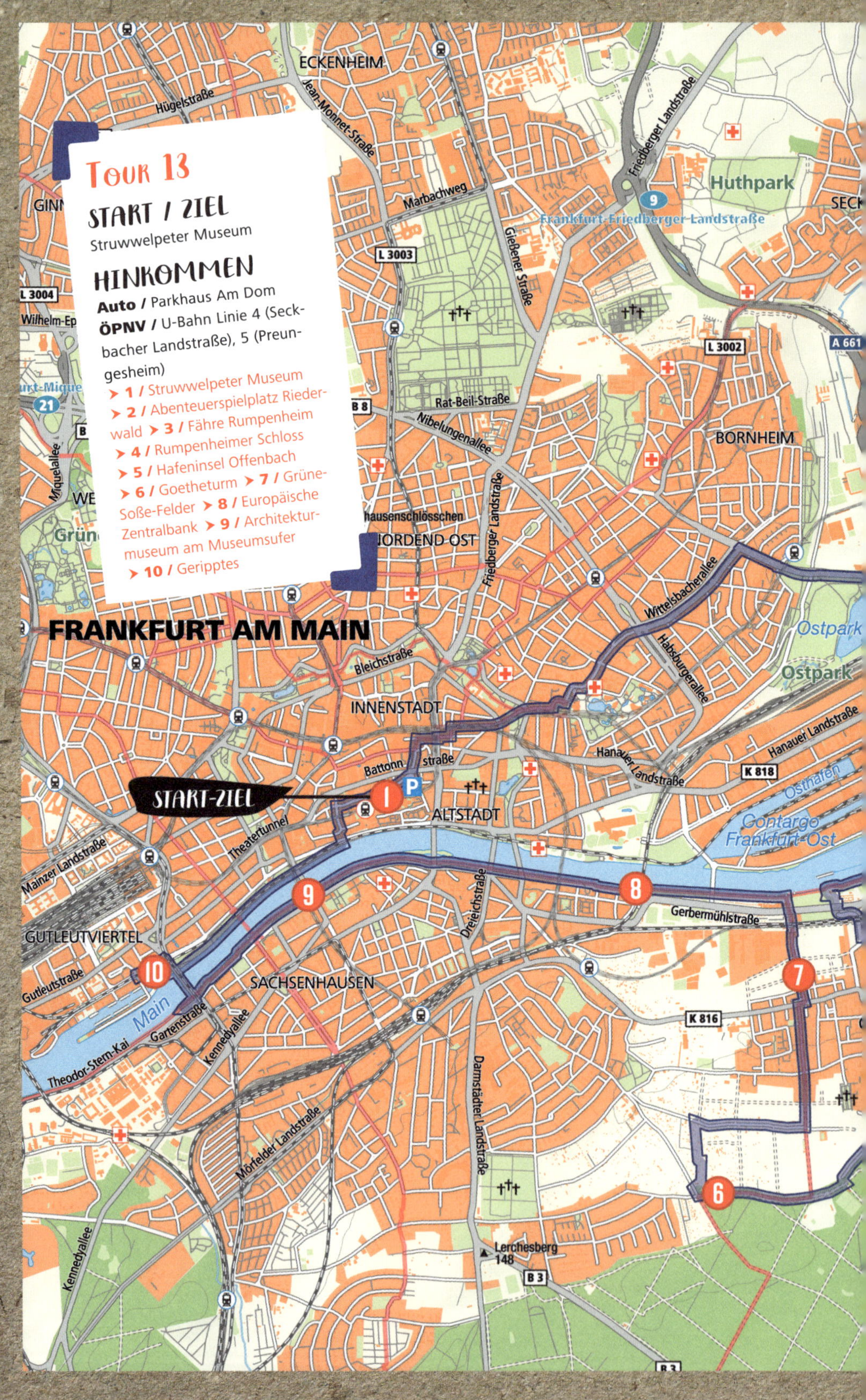
Tour 13
START / ZIEL
Struwwelpeter Museum
HINKOMMEN
Auto / Parkhaus Am Dom
ÖPNV / U-Bahn Linie 4 (Seckbacher Landstraße), 5 (Preungesheim)
➤ 1 / Struwwelpeter Museum
➤ 2 / Abenteuerspielplatz Riederwald ➤ 3 / Fähre Rumpenheim
➤ 4 / Rumpenheimer Schloss
➤ 5 / Hafeninsel Offenbach
➤ 6 / Goetheturm ➤ 7 / Grüne-Soße-Felder ➤ 8 / Europäische Zentralbank ➤ 9 / Architekturmuseum am Museumsufer
➤ 10 / Gerippptes
START-ZIEL
FRANKFURT AM MAIN
ECKENHEIM
INNENSTADT
ALTSTADT
SACHSENHAUSEN
GUTLEUTVIERTEL
BORNHEIM
NORDEND-OST
Huthpark
Ostpark
Main
Lerchesberg 148

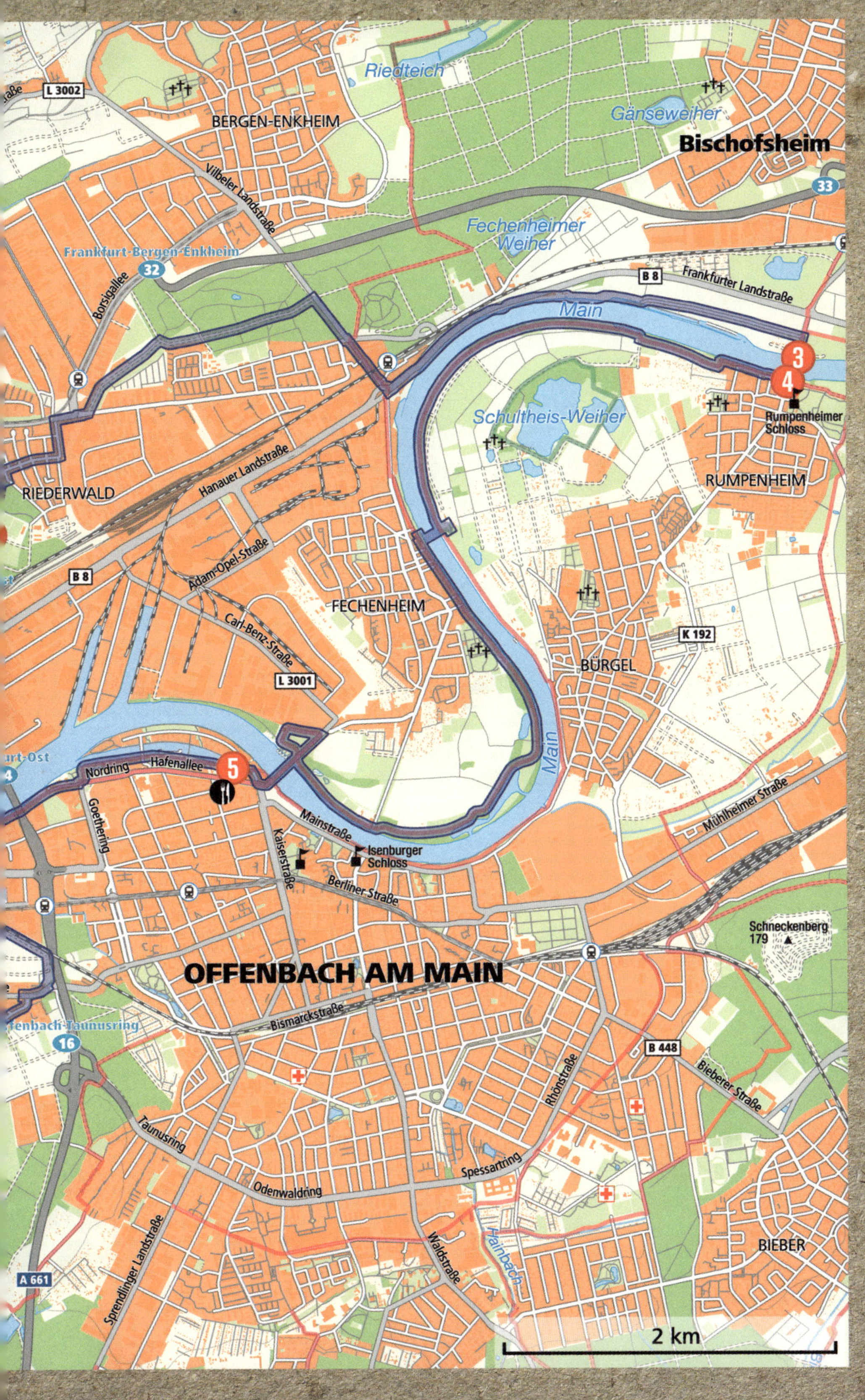

L 3002
BERGEN-ENKHEIM
Riedteich
Gänseweiher
Bischofsheim
33
Vilbeler Landstraße
Fechenheimer Weiher
Frankfurt-Bergen-Enkheim
32
Borsigallee
B 8
Frankfurter Landstraße
Main
3
4
Schultheis-Weiher
Rumpenheimer Schloss
RUMPENHEIM
RIEDERWALD
Hanauer Landstraße
Adam-Opel-Straße
B 8
FECHENHEIM
Carl-Benz-Straße
K 192
BÜRGEL
L 3001
Main
Nordring
Hafenallee
5
Goethering
Mainstraße
Isenburger Schloss
Kaiserstraße
Berliner Straße
Mühlheimer Straße
Schneckenberg 179
OFFENBACH AM MAIN
Bismarckstraße
16
B 448
Biebererstraße
Rhönstraße
Taunusring
Spessartring
Odenwaldring
Hainbach
Waldstraße
Sprendlinger Landstraße
A 661
BIEBER
2 km

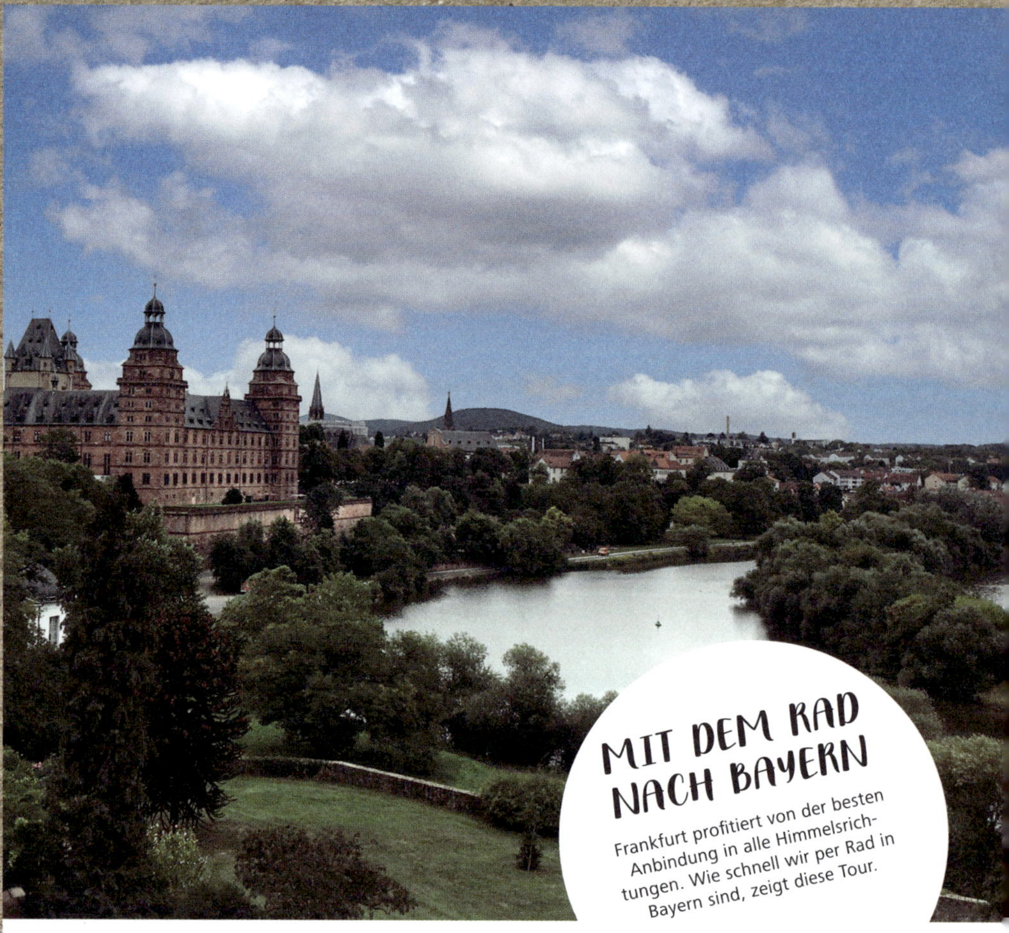

MIT DEM RAD NACH BAYERN

Frankfurt profitiert von der besten Anbindung in alle Himmelsrichtungen. Wie schnell wir per Rad in Bayern sind, zeigt diese Tour.

> **1 /** Ein wichtiger Knotenpunkt Frankfurts: Der Lokalbahnhof.

> **2 /** Wir machen einen Abstecher zur Heyne-Fabrik in Offenbach.

> **3 /** Ein Hauch Renaissance am Isenburger Schloss.

> **4 /** Von Klein-Auheim ist es nicht weit zur Fasanerie/Wildpark Hanau.

> **5 /** An der Fähranlegestelle Seligenstadt machen wir einen Abstecher zu Eis Kaiser.

> **6 /** Die Kiliansbrücke ist die Verbindung zwischen Hessen und Bayern.

> **7 /** Noch mehr Architektur besichtigen wir im Schloss Johannisburg in Aschaffenburg.

> **8 /** Vom Hauptbahnhof Aschaffenburg dauert die Fahrt nach Frankfurt nur etwa eine halbe Stunde.

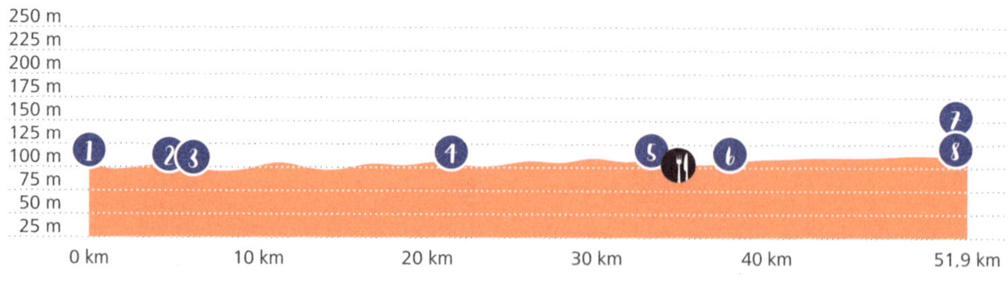

EIN KLASSIKER

Auf dem Mainradweg bis nach Aschaffenburg

Der Mainradweg ist nach Bewertung des ADFC der erste Fünf-Sterne-Radweg in Deutschland; er misst um die 500 Kilometer. Auf unserer Etappe überquert der Mainradweg die Landesgrenze zwischen Hessen und Bayern. Unter dem Motto „Zwischen Geschichte und Moderne" steht diese Etappe auf der offiziellen Webseite des Mainradwegs (mainradweg.com), weil die moderne Bankenmetropole auf historische Bauwerke trifft. Die offiziell empfohlene Streckenführung des Abschnitts 12 haben wir etwas verändert, um mehr Abwechslung zu schaffen.

60 Kilometer
220 Höhenmeter ▲
190 Höhenmeter ▼
3:15 Stunden
Streckentour

CHARAKTER
Sportlich ●●●○○
Abkühlung ●●●●●
Schlemmen ●●●●○
Panorama ●●●○○

Feinste Industriekultur! Bereits an unserem Ausgangspunkt, dem 1 / Frankfurter Lokalbahnhof, kommen Freunde der Industriekultur auf ihre Kosten. Was nach Provinzbahnhof klingen mag, ist ein wichtiger Knotenpunkt in Frankfurt. Eine

TOURENINFO / Gut geeignet für Familien, auch mit kleineren Kindern. Mainufer an Feier- und Ferientagen stark frequentiert. E-Bike-Ladestation am Aschaffenburger Hauptbahnhof, An- + Abreise mit DB-Regio-Ticket Main-Spessart plus Frankfurt für den Main-Spessart-Express. Tour verläuft über GrünGürtelradweg, Regionalparkrundroute (rot-weiße Markierung) und Mainradweg (blau-grüne Schilder).

‹ links / Blick auf das Aschaffenburger Mainufer

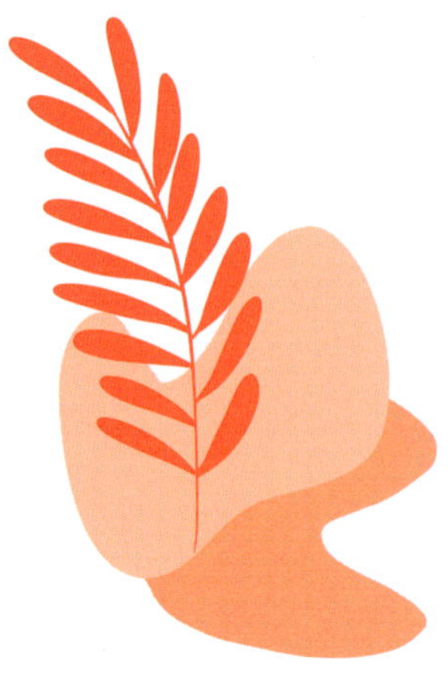

Vielzahl an Nah- und Fernverkehrszügen, Güterverkehr und andere Schienenfahrzeuge passieren den Lokalbahnhof täglich.

Aus alt mach neu: Die Heyne Fabrik liegt unmittelbar an unserer Route

Wir schlängeln uns durch eine etwas weniger belebte Straße bis zur Gerbermühlstraße vor, die parallel zum Mainufer verläuft und einen Fahrradweg bereithält. Hier entlangzufahren lohnt sich insbesondere an Wochenenden und Feiertagen, wo es am Mainufer sehr voll werden kann. Wer lieber direkten Blick aufs Wasser haben möchte, kann natürlich auch den Uferweg nutzen. Sobald wir EZB und Skyline im Rücken haben, biegen wir zwischen den „Ruderkneipen" und der Gerbermühle auf die Uferpromenade ein. Hier finden wir die Wegweiser „GrünGürtelradweg". In Offenbach angekommen lohnt ein Abstecher auf das Gelände der 2 / Heyne Fabrik (Ludwigstraße 180C, 63067 Offenbach am Main). Was 1869 eine neu gegründete Metallschrauben- und Präzisionsdrehteilfabrik der Gebrüder Heyne war, ist heute eine Vorzeigeimmobilie zum Thema Umnutzung in Offenbach und mit mehreren Architektur- und Denkmalschutzpreisen ausgezeichnet. Vom Radweg aus blicken wir außerdem auf das neu gestaltete Hafengelände in Offenbach (siehe Tagestour 13).

BAHNHOF ZUM SCHLEMMEN

Der „Lokalbahnhof" ist nicht nur ein echter Bahnhof, sondern auch der Name eines stadtbekannten Restaurants. Einkehren lohnt sich zu jeder Tageszeit.

Vorbei am Renaissanceschloss

Wir setzen unsere Tour bis zum 3 / Isenburger Schloss (Schloßstraße 66, 63065 Offenbach am Main) fort, das direkt an der Uferstraße liegt und eine der schönsten Renaissancefassaden nördlich der Alpen besitzt. Am Mainbogen verlassen wir den Main und biegen auf die Regionalparkrundroute ab, die uns auf diesem Abschnitt

---

➤ rechts oben / Schloss Johannisburg aus der Luft ➤ rechts Mitte / Wieder im Trend: Die alte Fabrikhalle der Heyne Fabrik in Offenbach wurde restauriert und umgenutzt

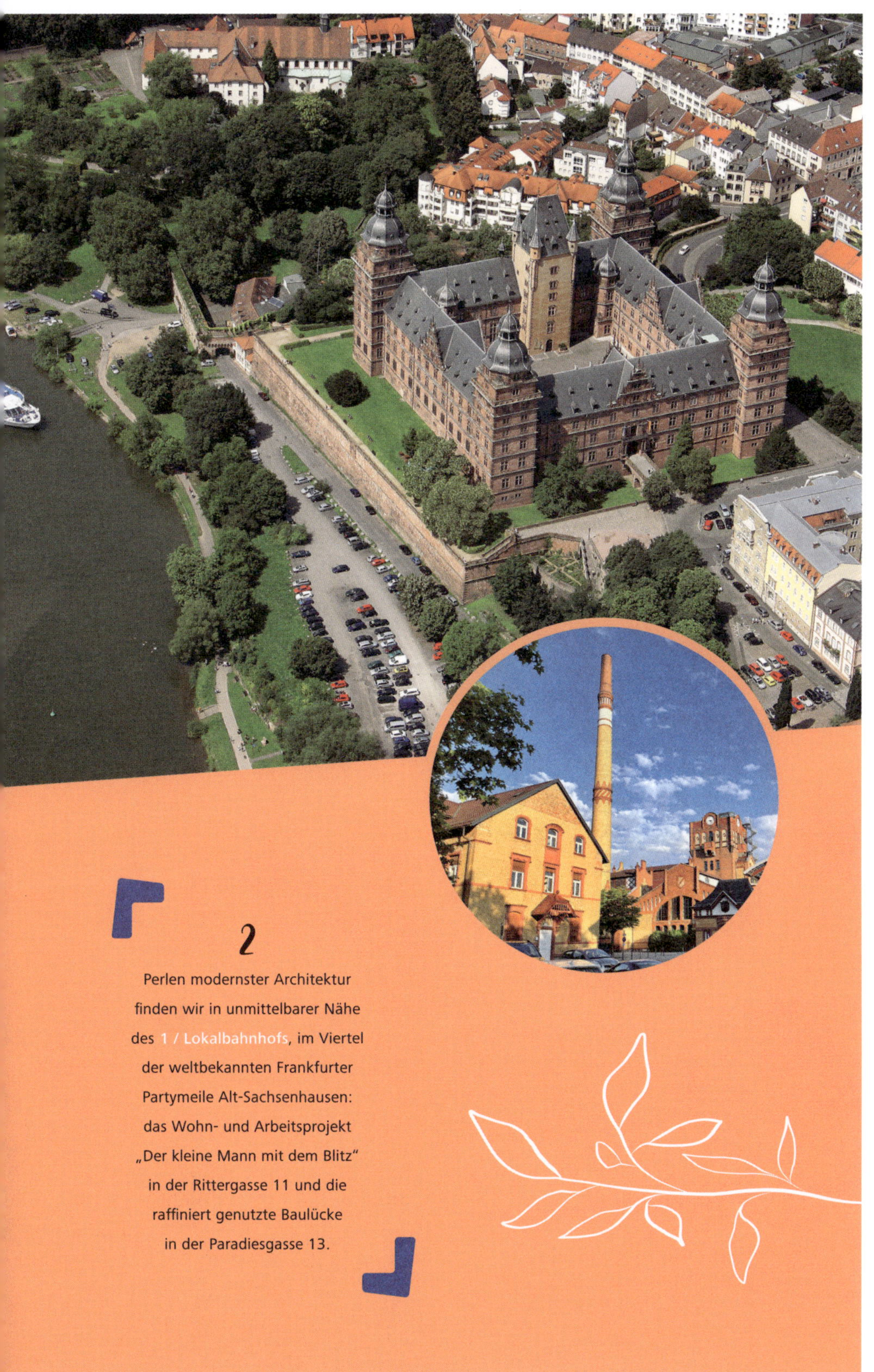

2

Perlen modernster Architektur finden wir in unmittelbarer Nähe des 1 / Lokalbahnhofs, im Viertel der weltbekannten Frankfurter Partymeile Alt-Sachsenhausen: das Wohn- und Arbeitsprojekt „Der kleine Mann mit dem Blitz" in der Rittergasse 11 und die raffiniert genutzte Baulücke in der Paradiesgasse 13.

Abkühlung gefällig?

Auf Höhe Dietesheim lohnt ein Abstecher zu den Dietesheimer Steinbrüchen und zum Vogelsberger See (siehe FR9).

auf einem gut asphaltierten Weg durch Felder und Wiesen führt. An der Bastion Rumpenheim landen wir wieder am Mainufer und erreichen nach der Unterquerung einer Bundesstraße den Hanauer Ortsteil Steinheim. Der Platz unterhalb des Maintors mit der alten Linde ist Ausgangspunkt für die Erkundung von Alt-Steinheim. Wir setzen unsere Tour bis nach Seligenstadt fort.

Im Wildpark bei Wölfen und Wildschweinen

Familienfreuden

Vorbei an 4 / Klein-Auheim, wo sich ein Abstecher in den Wildpark Hanau (Fasaneriestraße 106, 63456 Hanau) anbietet. Der über 100 ha (das sind 1 Mio. Quadratmeter) große Wildpark ist ein echtes Highlight für die ganze Familie. Wir fahren hier besonders an heißen Tagen sehr gerne hin, da es dann im großen Waldgebiet deutlich angenehmer ist als in der Großstadt. Ein Besuch lohnt sich aber bei jedem Wetter. Wer möchte, kann hier auch eine Wan-

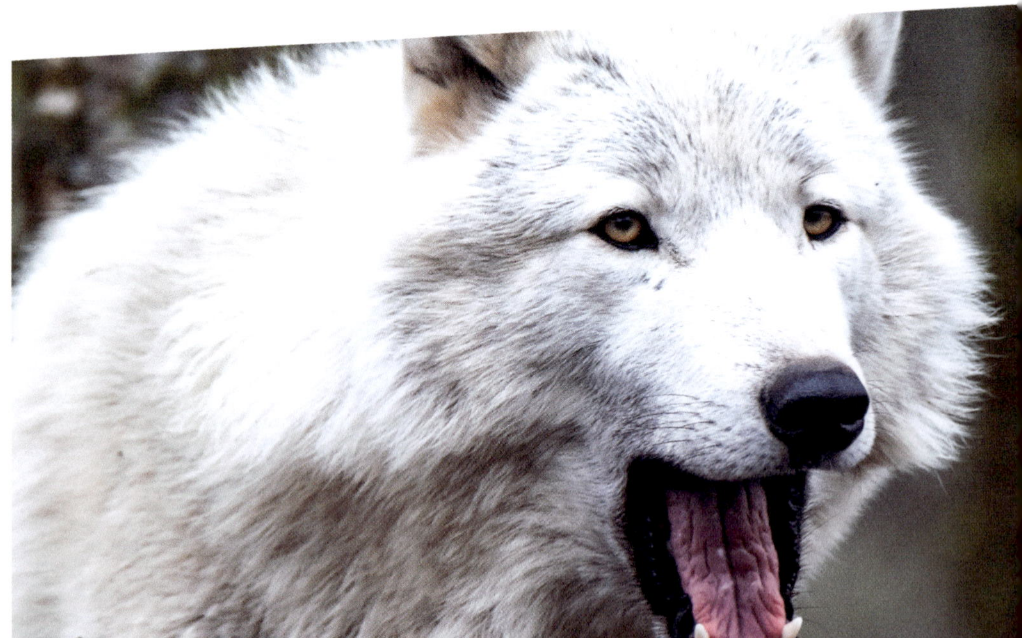

derung unternehmen, es stehen 15 Kilometer Wanderwege zur Verfügung. Mit kleineren Kindern ist aber schon der Spaziergang zu den Wölfen und Wildschweinen ein weiter Weg. Besonders empfehlenswert sind außerdem das ausladende Hirschgehege mit Aussichtsturm (gegenüber gibt es auch einen Spielplatz mit majestätischen Holzsesseln, einem Tipi und einem Trampolin) sowie die Elche, die wirklich riesig sind. Beeindruckend schön sind die Goldfasane, die tatsächlich gold leuchten. Für Pferdefans gibt es auch eine Pony-Reitstation. Im Wildpark werden verschiedene Führungen angeboten und es sind Verpflegungsstationen mit Eis, Waffeln oder Bratwurst vorhanden.

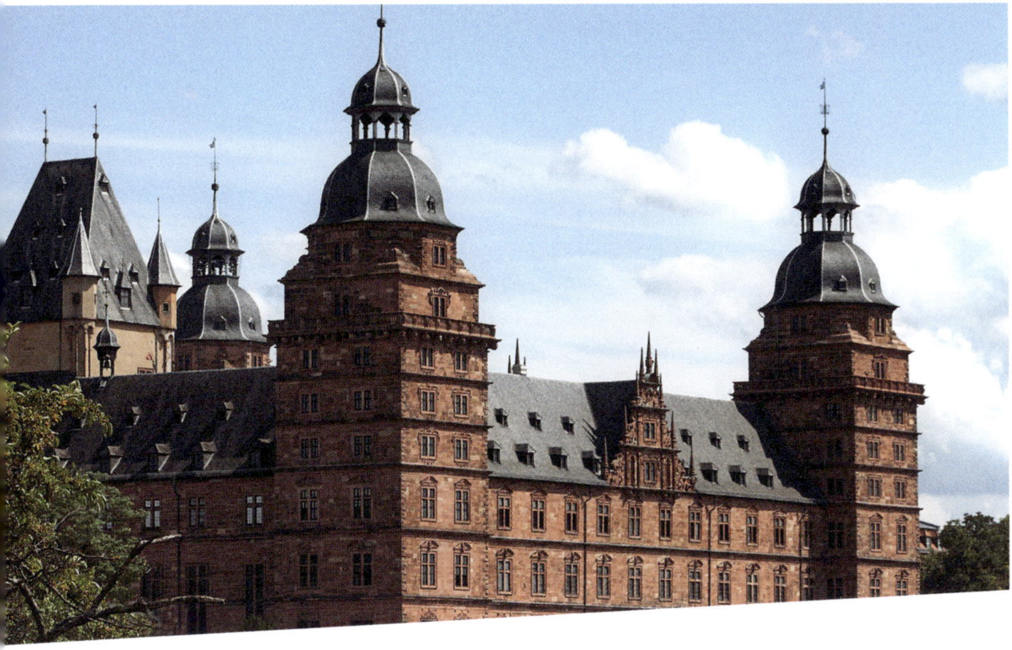

Kilometer sind es von 4 / Klein-Auheim bis zum Wildpark Hanau. Wer einen Umweg nehmen möchte oder die ursprüngliche Tour beenden möchte, dem sei der Besuch des Wildparks mit Fasanerie sehr empfohlen.

Pause in Seligenstadt

Für uns ist es nicht mehr weit, bis wir die 5 / Anlegestelle der Fähre in Seligenstadt erreichen. Sie ist der beste Ausgangspunkt für die Besichtigung der Einhardsbasilika und einen Abstecher in die wunderschöne Seligenstädter Altstadt. Wir haben in etwa die halbe Tour hinter uns, weshalb wir uns beim traditionellen „Eis Kaiser" eine Pause gönnen. Der „Eis Kaiser" nahe der berühmten Basilika in Seligenstadt gehört zu den bekanntesten Eisdielen in der Region. Das Familienunternehmen setzt auf Eis aus eigener Herstellung.

< links / Der Polarwolf wohnt im Wildpark Hanau
^ oben / Gewaltige Vierflügelanlage. Das Schloss Johannisburg

In unmittelbarer Nähe zum Mainradweg liegt auch das Kloster Seligenstadt mit seinem wunderschönen Klostergarten. Eine Verschnaufpause lässt sich auch hier hervorragend verbringen.

Die Kiliansbrücke führt uns nach Bayern

Wir wollen nun die Grenze überqueren und steuern die 6 / Kiliansbrücke an, die uns von Hessen nach Bayern bringt. Sie liegt kurz hinter Klein-Welzheim. und ist seit vielen Jahren ein Wahrzeichen am Main. Die ehemals hier verkehrende Mainfähre wurde kurz vor Einweihung der Brücke 1989 mit einem letzten "Holüber" verabschiedet. Wir passieren Kleinostheim und anschließend Mainaschaff mit dem Mainparksee, an den sich ein Campingplatz mit Bademöglichkeit angeschlossen hat.

AschaffenBURGER

In der Schlossgasse finden wir zahlreiche Restaurants, wie etwa die Brauereigaststätte Schlappeseppel oder das Theaterrestaurant, das den „AschaffenBURGER“ serviert.

Besichtigung des Schloss Johannissburg

Die Tour endet schließlich am 7 / Aschaffenburger Schloss Johannisburg (Schloßpl. 4, 63739 Aschaffenburg), welches direkt am Mainufer liegt. Das Schloss Johannisburg war bis 1803 die zweite Residenz der Mainzer Kurerzbischöfe. Die gewaltige Vierflügelanlage, 1605 bis 1614 unter Kurerzbischof

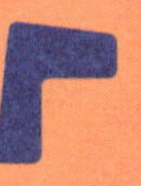

1989

liefen, nach langem politischen Gerangel um den Bau, endlich die ersten Menschen über die 6 / Kiliansbrücke. In erster Linie war sie ein Steg für zahlreiche Bürger, die von Bayern nach Frankfurt oder Hanau zur Arbeit wollten.

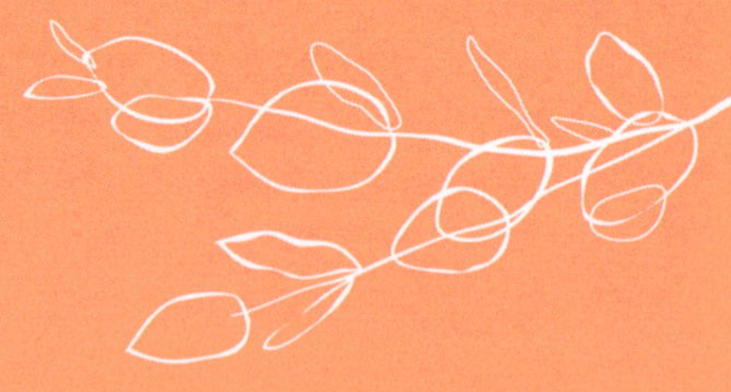

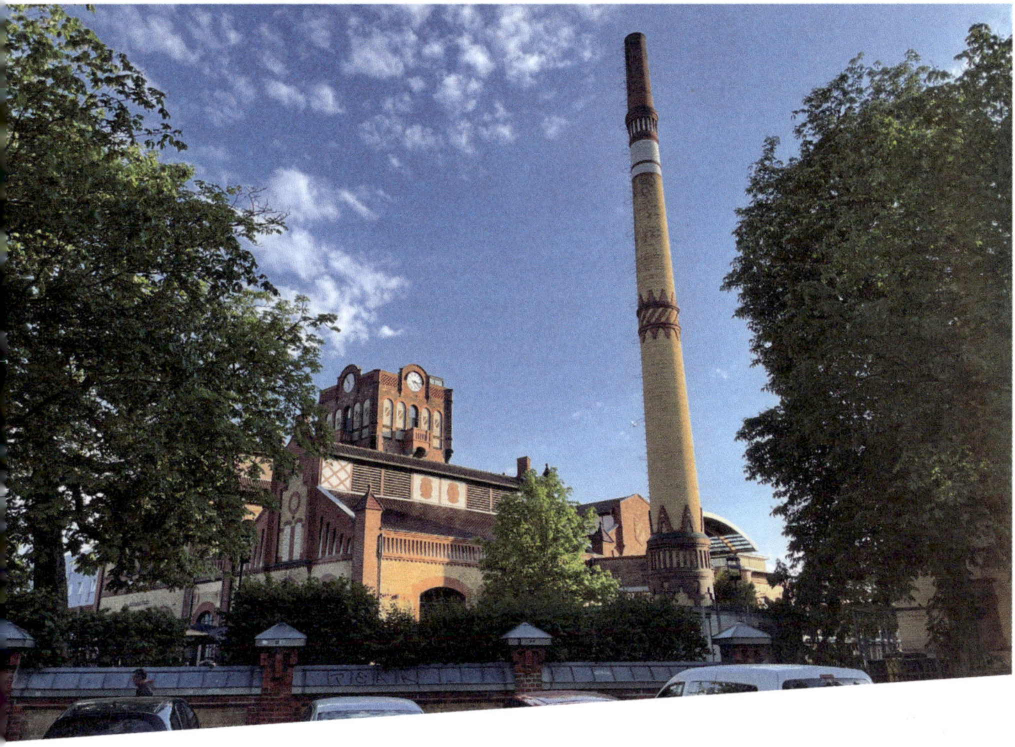

Johann Schweikard von Kronberg errichtet, gehört zu den bedeutendsten Schlossbauten der deutschen Spätrenaissance. Für diesen Neubau übernahm der Straßburger Baumeister Georg Ridinger von der mittelalterlichen Vorgängerburg nur den Bergfried als fünften Turm. Ende des 18. Jahrhunderts wurde das Innere des Schlosses nach Plänen des Architekten Emanuel Joseph von Herigoyen klassizistisch umgestaltet. Zu besichtigen sind eine Gemäldegalerie mit Werken von Lucas Cranach, eine Schlosskapelle mit Renaissancealtar, Kanzel und Portalskulpturen von Hans Juncker, die Paramentenkammer mit Ornaten aus dem ehemaligen Mainzer Domschatz, die mit klassizistischem Mobiliar ausgestatteten fürstlichen Wohnräume und das Städtische Schlossmuseum. Eine Besonderheit ist die weltweit größte Sammlung von aus Kork angefertigten Architekturmodellen. Nach der Schloss-Besichtigung radeln wir zum 8 / Hauptbahnhof Aschaffenburg, der nur etwa einen Kilometer vom Schloss entfernt liegt. Von hier bringt uns die Regionalbahn in einer halben Stunde Fahrtzeit zurück nach Frankfurt Süd.

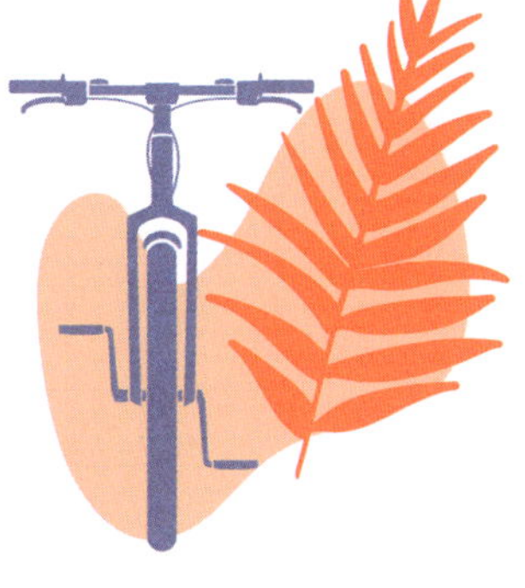

< links / Über eine Brücke gelangt man in die Schlossanlage des Schlosses Johannisburg ^ oben / Architektur an der Route. Heyne Fabrik in Offenbach

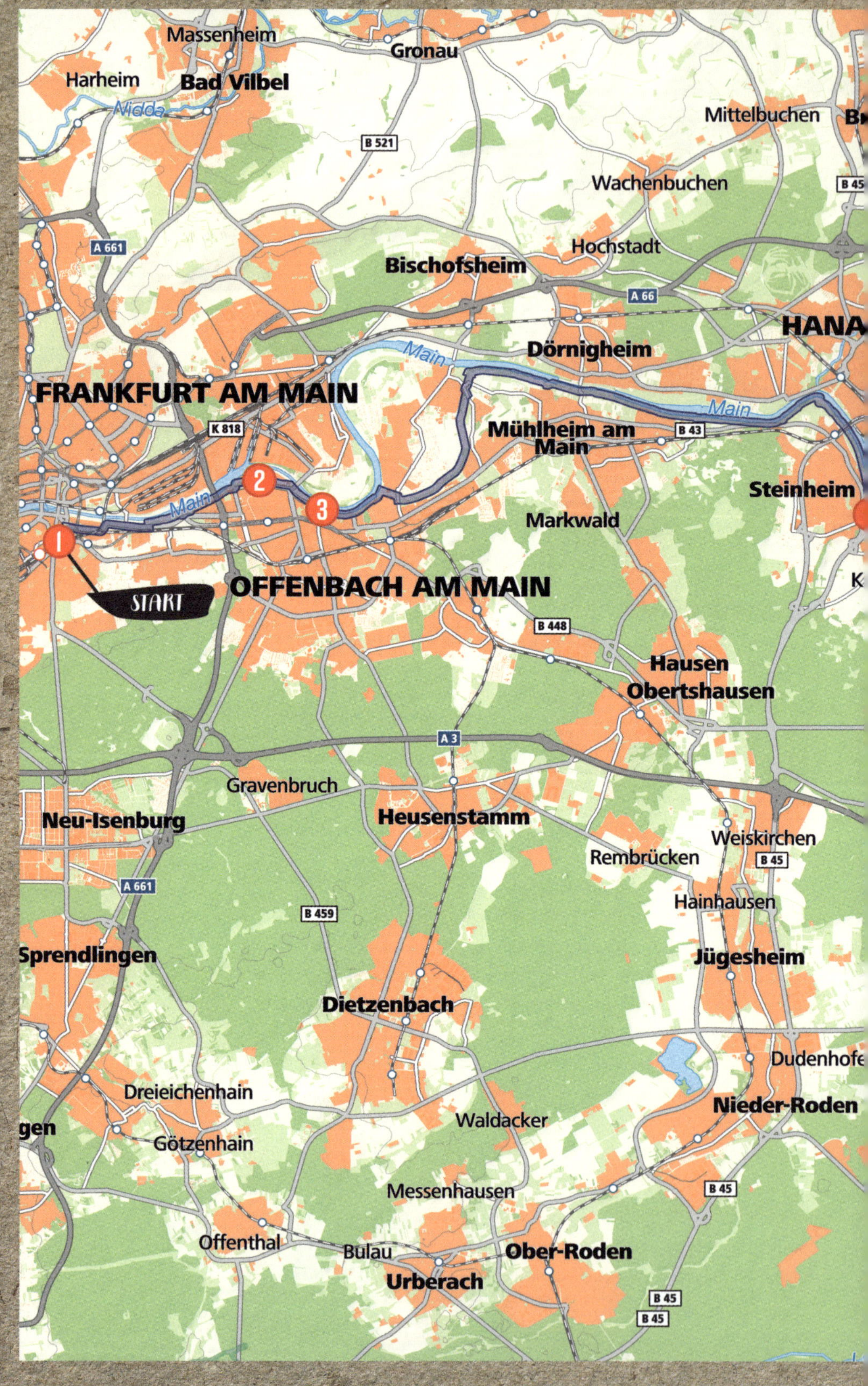
Massenheim
Gronau
Harheim
Bad Vilbel
Nidda
Mittelbuchen
B 521
Wachenbuchen
B 45
A 661
Hochstadt
Bischofsheim
A 66
Main
Dörnigheim
FRANKFURT AM MAIN
Main
K 818
Mühlheim am Main
B 43
2
Main
3
Steinheim
1
Markwald
START
OFFENBACH AM MAIN
B 448
Hausen
Obertshausen
A 3
Gravenbruch
Neu-Isenburg
Heusenstamm
Weiskirchen
Rembrücken
B 45
A 661
Hainhausen
B 459
Sprendlingen
Jügesheim
Dietzenbach
Dudenhofe
Dreieichenhain
Nieder-Roden
Waldacker
Götzenhain
Messenhausen
B 45
Offenthal
Bulau
Ober-Roden
Urberach
B 45
B 45

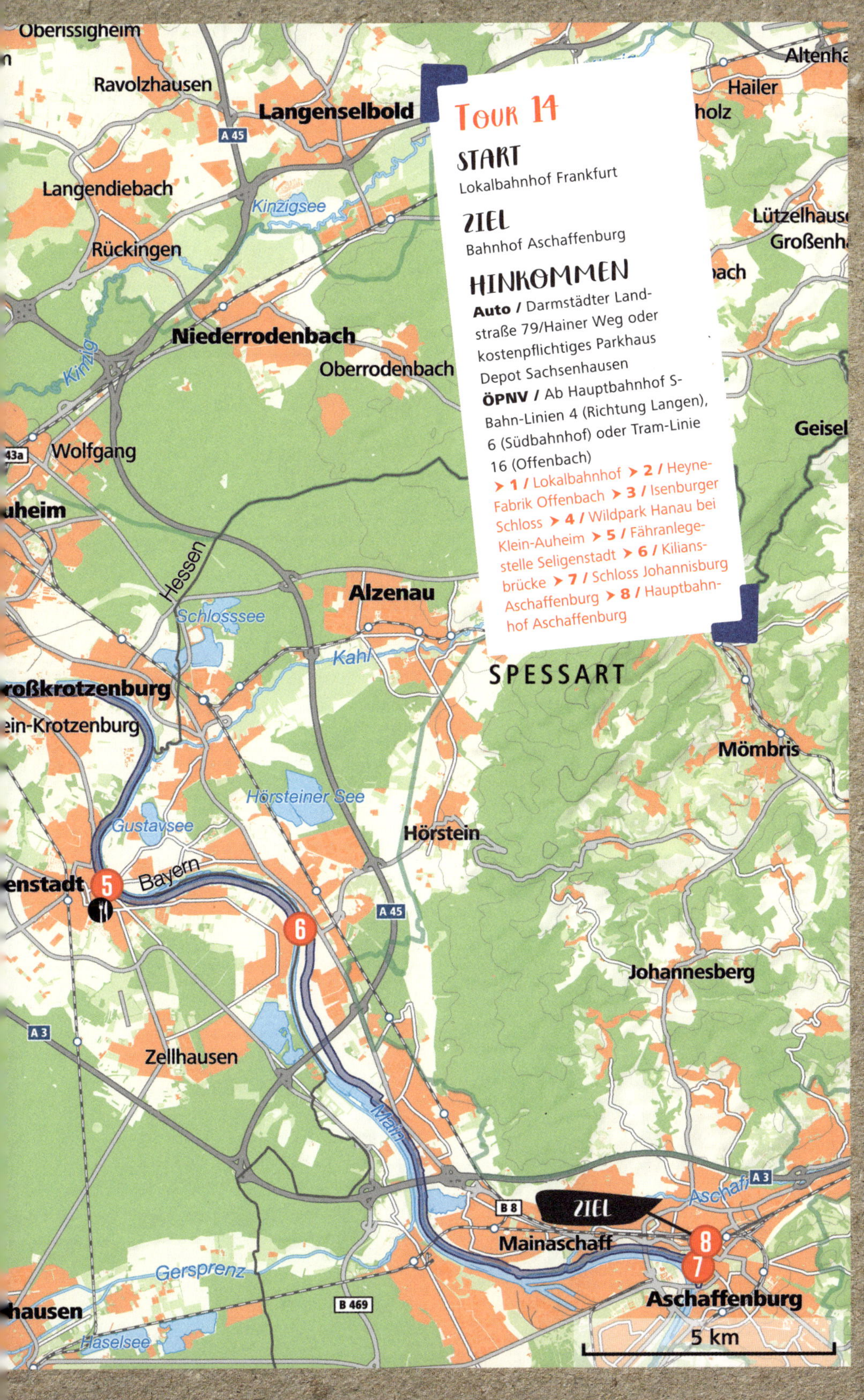
Tour 14
START
Lokalbahnhof Frankfurt
ZIEL
Bahnhof Aschaffenburg
HINKOMMEN
Auto / Darmstädter Landstraße 79/Hainer Weg oder kostenpflichtiges Parkhaus Depot Sachsenhausen
ÖPNV / Ab Hauptbahnhof S-Bahn-Linien 4 (Richtung Langen), 6 (Südbahnhof) oder Tram-Linie 16 (Offenbach)
➤ 1 / Lokalbahnhof ➤ 2 / Heyne-Fabrik Offenbach ➤ 3 / Isenburger Schloss ➤ 4 / Wildpark Hanau bei Klein-Auheim ➤ 5 / Fähranlegestelle Seligenstadt ➤ 6 / Kiliansbrücke ➤ 7 / Schloss Johannisburg Aschaffenburg ➤ 8 / Hauptbahnhof Aschaffenburg
Oberissigheim
Ravolzhausen
Langenselbold
A 45
Langendiebach
Kinzigsee
Rückingen
Niederrodenbach
Oberrodenbach
Kinzig
Wolfgang
Hessen
Alzenau
Schlosssee
Kahl
SPESSART
Großkrotzenburg
Klein-Krotzenburg
Hörsteiner See
Gustavsee
Hörstein
Bayern
A 45
Johannesberg
A 3
Zellhausen
Main
A 3
B 8
ZIEL
Aschaff
Mainaschaft
Aschaffenburg
Gersprenz
B 469
Haselsee
5 km
Altenha
Hailer
Lützelhause
Großenha
Geisel
Mömbris

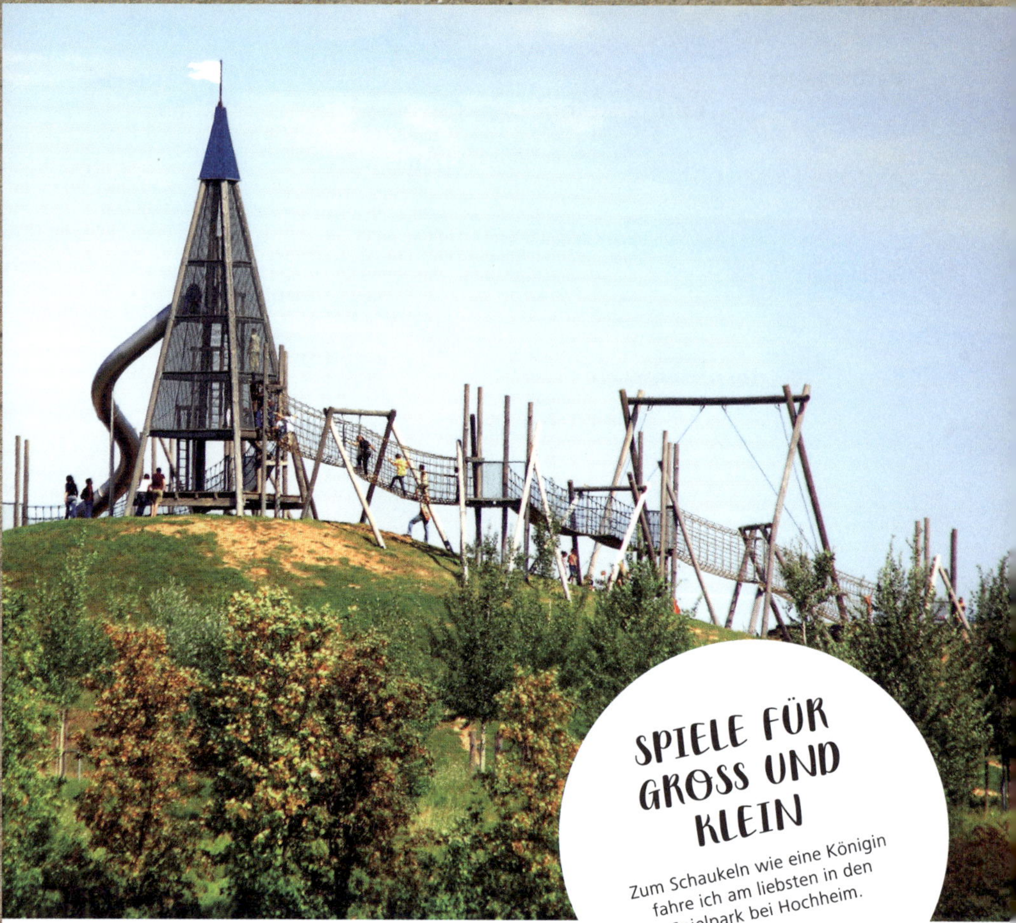

SPIELE FÜR GROSS UND KLEIN

Zum Schaukeln wie eine Königin fahre ich am liebsten in den Spielpark bei Hochheim.

➤ 1 / Am Kirchplatz im Stadtteil Bockenheim starten wir mit unserer entspannten Tour.

➤ 2 / An der Trinkhalle auf der Insel treffen wir vielleicht Rapper Moses Pelham.

➤ 3 / Frischen Duft und tolle Farben entdecken wir im Rosenparadies Rosarium Hattersheim.

➤ 4 / Grüne Oase nicht nur für Familien: Aktive Erholung an den Weilbacher Kiesgruben.

➤ 5 / An der Flörsheimer Warte genießen wir einen guten Schoppen Wein.

➤ 6 / Wir lassen den Abend im Spielpark Hochheim ausklingen.

➤ 7 / Vom Bahnhof in Hochheim fahren wir zurück nach Frankfurt.

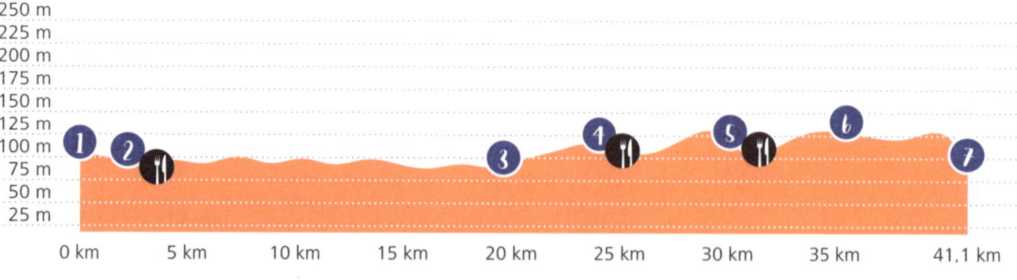

EINFACH MAL SEIN

Entspannte Runde von Frankfurt Bockenheim zum Spielpark Hochheim

Bockenheim ist einer der bevölkerungsreichsten Stadtteile Frankfurts und gerade einmal drei Kilometer von der Innenstadt entfernt. Von hier aus sind wir schnell an der Nidda und bald auch am Main, wo wir an der Uferbar in Okriftel rasten. Bei Hattersheim liegt uns der Duft von mehr als 6.500 Rosen in der Nase. An den Weilbacher Kiesgruben sind wir mitten in der Natur. Wir besteigen die Flörsheimer Warte und lassen den Tag im Spielpark Hochheim ausklingen.

41 Kilometer
80 Höhenmeter ▲
90 Höhenmeter ▼
2:45 Stunden
Streckentour

CHARAKTER
Sportlich ●●○○○
Abkühlung ●●●●●
Schlemmen ●●●●●
Panorama ●●●●●

Frankfurter Wasserhäuschen und Naturschauspiele

Wir starten am 1 / Kirchplatz in Bockenheim. Von hier geht es auf dem GrünGürtelradweg durch das Stadtgebiet von Rödelheim, vorbei an der 2 / Trinkhalle auf der Insel, wo wir einen kurzen Stopp für kühle Getränke einlegen. Man munkelt, dass man hier sogar ab und an Rödelheims Finest, den Rapper „Moses Pelham"

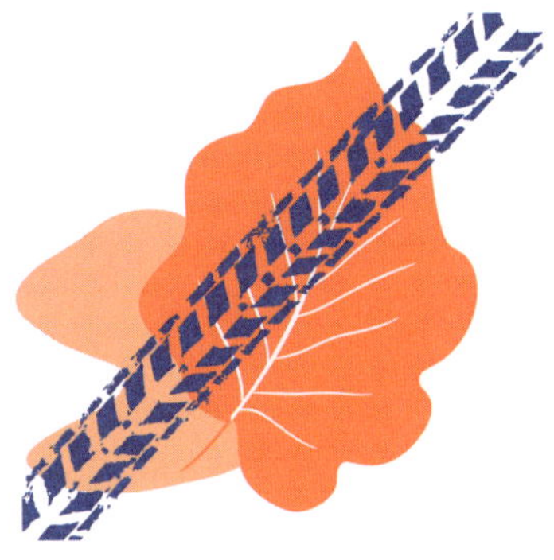

TOURENINFO / Familienfreundliche Tour mit Spielplätzen und angelegten Naturparks, kaum Steigungen, abwechslungsreiche Landschaft, Fährverbindung in Höchst. GrünGürtelradweg bis Höchst, dann Mainradweg bis Hattersheim, dann Regionalparkrundroute (rot-weiße Markierung) bis Spielpark Hochheim.

◂ links / Ein ganz besonderes Spielerlebnis bietet der Spielpark bei Hochheim

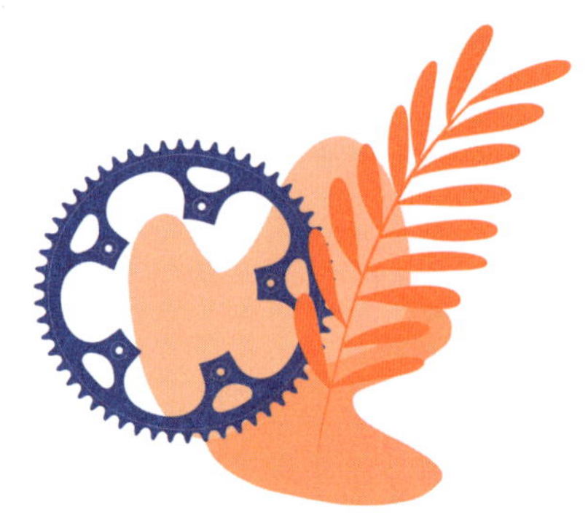

trifft. Direkt hinter diesem urtypischen Frankfurter Wasserhäuschen führt der Weg an der Nidda weiter. Wir fahren eine Weile am Ufer entlang, wo wir zahlreiche Rast- und Spielplätze, aber – insbesondere im Frühling – auch herrliche Naturschauspiele, wie ein großes Froschkonzert an einem Weiher direkt am Radweg vorfinden. Das Quaken ist nicht zu überhören und zieht die neugierigen Blicke der Radfahrer und Spaziergänger auf sich. Auf der Nidda beobachten wir vereinzelt Paddelboote, Schwäne und Nutrias, die in großer Zahl vorhanden und sehr zahm sind. Besonders schön wird es am Höchster Wehr, wo sogar noch ein altes Wehrhäuschen das Ufer ziert. Hier gibt es tolle Rastplätze direkt am Wasser.

Eisenbahnromantik und Rast am Waldrand

Wir fahren unter Deutschlands zweitältester Eisenbahnbrücke hindurch. Die Bogenbrücke wurde 1838 errichtet und ging 1839 in Betrieb. Auf der Eisenbahnbrücke Nied überquert die Taunus-Eisenbahn die Nidda. Nachdem wir am Industriestandort Frankfurt-Höchst mit der Fähre Richtung Schwanheim über den Main gesetzt haben, führt unser Weg vor Sindlingen über eine Brücke wieder auf die andere Flussseite zurück zum Sindlinger Mainufer. Nun befinden wir uns auf dem Mainradweg, der uns zunächst am Okrifteler Wäldchen vorbeiführt. Hier kommen wir an der gemütlichen mit Liegestühlen ausgestatteten Uferbar nicht vorbei, ohne eine kurze Rast zu machen.

ENTSPANNUNG IN LIEGESTÜHLEN
finden wir an der Uferbar mit Blick auf den Main.

Wo die Rosen duften

Nach etwa einer Stunde (reine) Fahrtzeit eröffnet sich die Sicht auf das 3 / Rosarium in Hattersheim. Im Jahr 1997 eröffnet, ist der Standort kein Zufall: Eine mehr als 100 Jahre alte Tradition hat Hattersheim den Beinamen „Stadt der Rosen" eingebracht – auch wenn heute nur noch in Okriftel kleinere Rosenfelder zu finden sind. Auf

---

➤ rechts oben / Das Rosarium in Hattersheim
➤ rechts Mitte / Niddamündung in den Main bei Frankfurt-Höchst

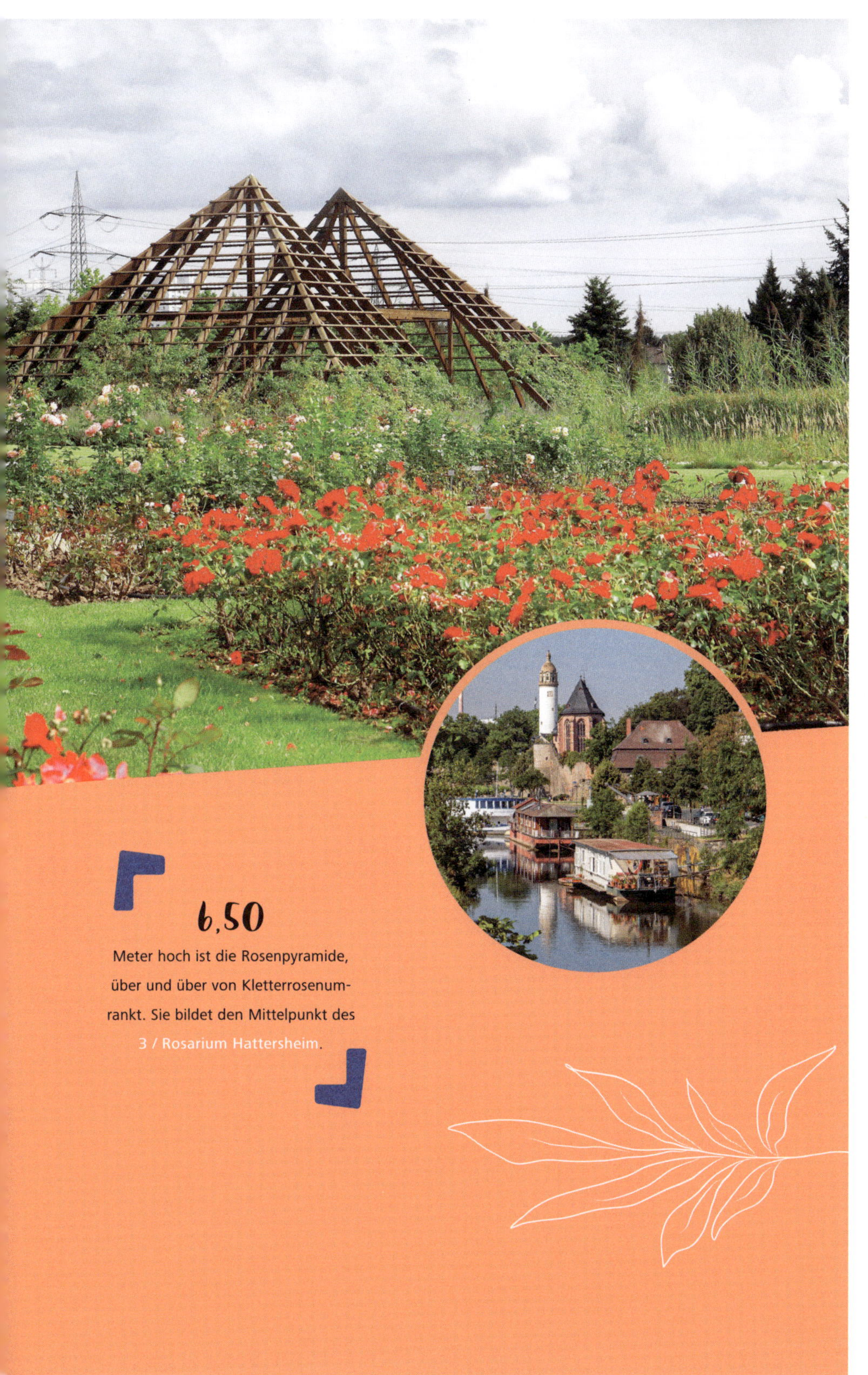

6,50

Meter hoch ist die Rosenpyramide, über und über von Kletterrosenumrankt. Sie bildet den Mittelpunkt des 3 / Rosarium Hattersheim.

FÜR ALLE

Das Naturschutzhaus an den **4 / Weilbacher Kiesgruben** bietet ein umfangreiches Veranstaltungsangebot für kleine und große Menschen an – (Frankfurter Straße 74, 65439 Flörsheim-Weilbach geöffnet Mo–Fr 9–16.30 Uhr, von Mai-Oktober auch sonntags 14-17 Uhr).

STADT DER ROSEN

einer Fläche von 1,3 Hektar blühen mehr als 6.500 Rosen. Zu den hier angebauten Sorten zählen u.a. Wasserrosen sowie die Hattersheimer Züchtungen „Wilhelm Kauth" und „Gretel Greul" aus den Jahren 1930 und 1939. Eine neue Züchtung erhielt hier im Sommer 2000 den Namen „Rosarium Hattersheim". Im Mittelpunkt steht die 6,50 Meter hohe Rosenpyramide, über und über von Kletterrosen umrankt. Im Rosarium finden ganzjährig wechselnde Veranstaltungen, wie Konzerte, Lesungen und Feste statt. Für Rosenfans werden außerdem mehrfach im Jahr Kurse rund um das Thema Rosen angeboten.

Natur entdecken an den Weilbacher Kiesgruben

Von Hattersheim führt unser Weg auf der Regionalparkrundroute weiter an einem Waldstück entlang und schließlich zwischen Feldern hindurch bis zu den 4 / Weilbacher Kiesgruben. Hier legen wir eine längere Pause ein. Das Besucherzentrum des Regionalparks RheinMain und das seit vielen Jahren aktive Naturschutzhaus Weil-

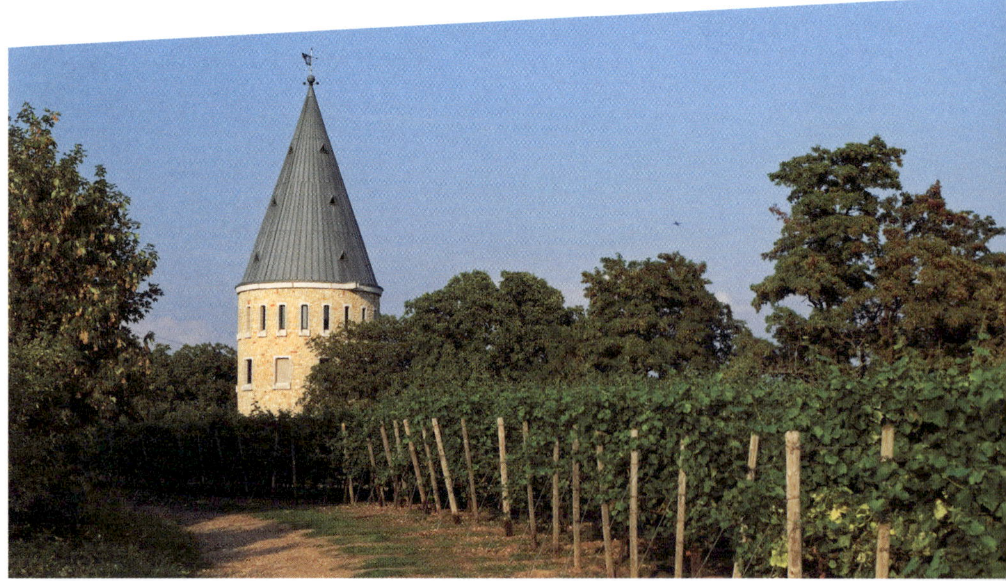

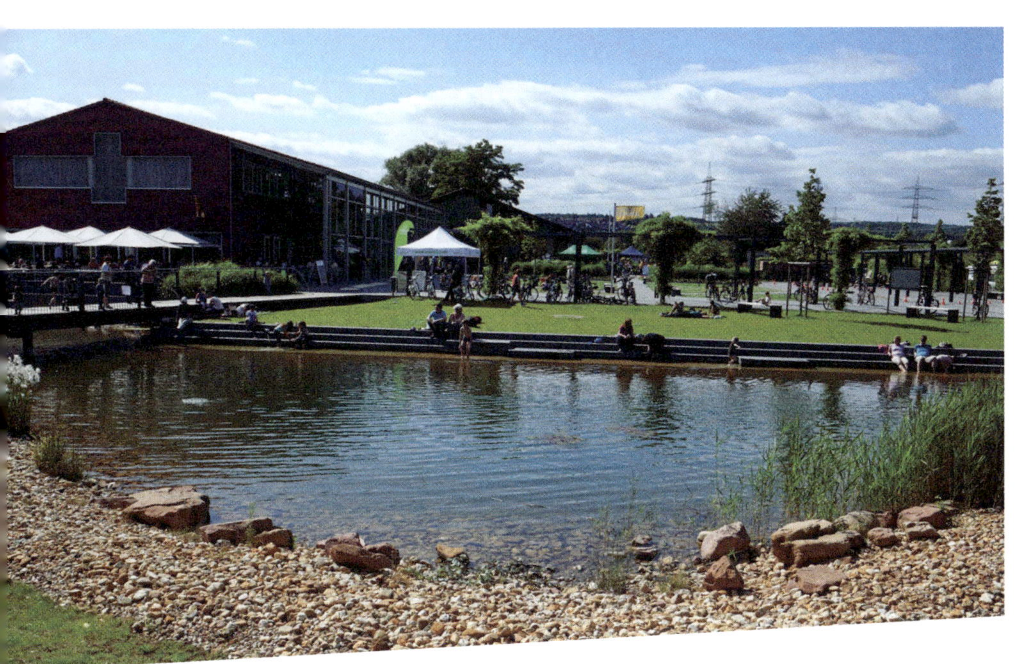

bacher Kiesgruben bilden zusammen das Regionalpark Portal. Hier, an einem wichtigen Etappenpunkt der Regionalparkrundroute finden wir ein Informationszentrum, Ausstellungen, einen Spielplatz mit Kletterwald, einen Aussichtsturm, von dem wir Blick auf den Flughafen und die Frankfurter Skyline haben, einen kleinen Teich sowie reizvolle Spazierwege mit der Möglichkeit, Biotope und seltene Tiere zu beobachten. Einkehren können wir im Gasthaus „Zum Wilden Esel" (dienstags bis sonntags ab mittags geöffnet), welches regionaltypische Küche anbietet.

Die Pause für Genießer

Wir bleiben auf der Regionalparkrundroute und legen nach etwa 20 Minuten an der 5 / Flörsheimer Warte (Landwehrweg, 65439 Flörsheim) unseren nächsten Stopp ein. Die Flörsheimer Warte in den Wickerer Weinbergen war ursprünglich einer der vier Wachtürme entlang der „Kasteler Landwehr". Das Verteidigungsbauwerk hatten die Mainzer Erzbischöfe im 15. Jahrhundert errichten lassen, um ihre rechtsrheinischen Besitzungen mit den Dörfern Kastel, Kostheim, Flörsheim und Hochheim zu schützen. Im Unterschied zu den historischen Stadtbefestigungen sind bei einer Landwehr gemauerte Elemente rar. In der Regel waren es herausgehobene

KLEINE SNACKS

An der 5 / Flörsheimer Warte werden kleine Snacks, Brezeln, Spundekäs, Handkäs und Bauernsalat serviert. Außerdem gibt es regionale Spezialitäten wie Rheingaues Käse oder Wisperforellen.

‹ links / Blick auf die Flörsheimer Warte
^ oben / Besucherzentrum der Weilbacher Kiesgruben

Wachtposten wie die Flörsheimer Warte, die so dauerhaft befestigt wurden. Heute wird die Flörsheimer Warte bewirtschaftet und man kann inmitten der Weinberge im Schatten des 30 Meter hohen Wartturms mit seinen vier Etagen einen „guten Schoppen" Rheingauer Weines genießen oder hinauf zur vierten Ebene in rund elf Metern Höhe steigen und den weiten Ausblick über die Region bis hinunter zum Odenwald bewundern. Wir entscheiden uns für Letzteres und brechen bald wieder auf. Kurz hinter der Warte hält die Regionalparkrundroute einen Treppenabschnitt bereit, der uns zum Absteigen zwingt. Wer etwas mehr Zeit hat, kann einen kleinen Umweg fahren.

HISTORISCHE ALTSTADT ZWISCHEN WEINBERGEN

Verwunschene Gässchen, prachtvolle Villen und namhafte Weingüter erwarten uns in Hochheim.

Ein Spielparadies für Kinder und Erwachsene

Unsere letzte Etappe führt uns zum 6 / Spielpark Hochheim. Der Spielpark ist bei Familien mit Kindern überregional bekannt und wurde auf dem Gelände einer ehemaligen Kiesgrube errichtet. Das schlägt sich in der Gestaltung des weitläufigen Freizeitgeländes mit seinen welligen Geländeformen ebenso nieder wie in den verwendeten Materialien und der Bepflanzung. Das Gelände bietet

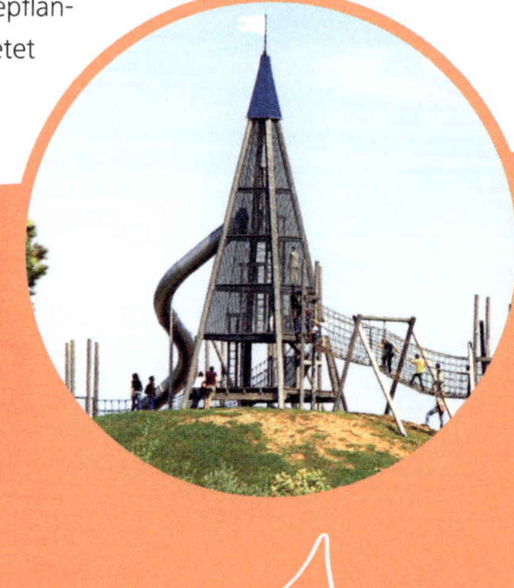

15

Meter hoch ist die Tunnelrutsche im 6 / Spielpark Hochheim. Nicht weniger aufregend ist der 13 Meter hohe Tarzanschwinger. – Hui!

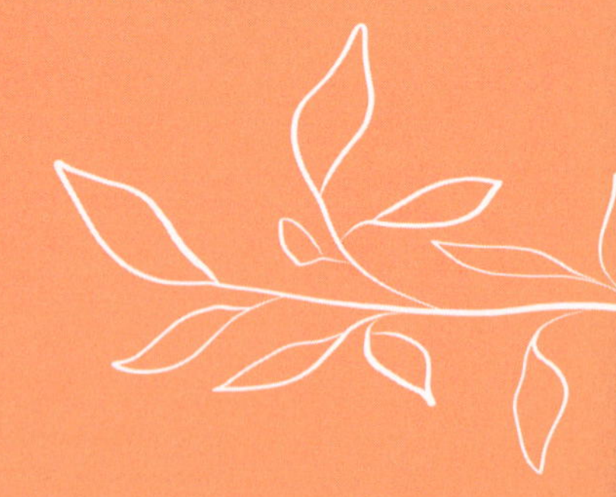

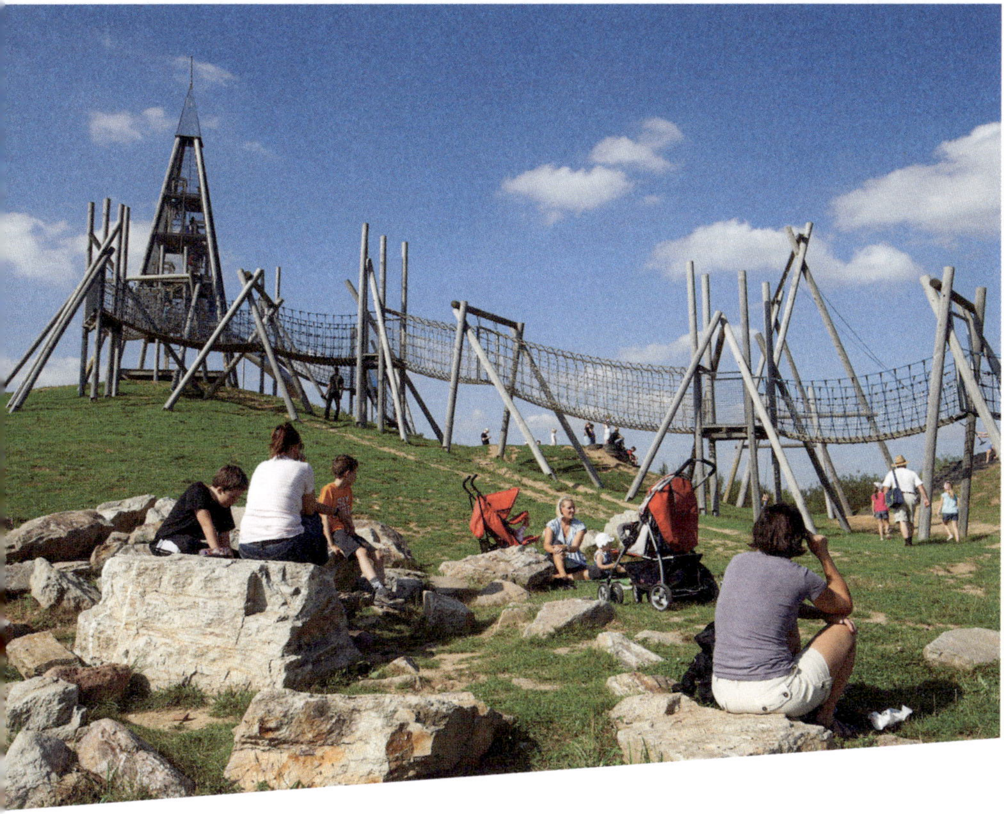

viel Raum für ein Picknick, ausgelassenes Toben und es gibt viele Spielgeräte zu entdecken. Auf einer Fläche von mehr als 50.000 Quadratmetern gibt es beispielsweise eine 15 Meter hohe Tunnelrutsche oder einen 13 Meter hohen Tarzanschwinger. Das Krähennest, ein Netztunnel und eine Dschungelbrücke laden ebenso zu sportlicher Betätigung ein wie eine 50 Meter lange Doppelseilbahn und eine Königinnenschaukel. Zudem fordern eine Seilkonstruktion und Baumstämme zum Balancieren heraus. Für kleinere Kinder gibt es auch ausgedehnte Sand- und Kiesflächen – dennoch lohnt sich der Ausflug vor allem mit älteren Kindern. Wir nutzen unser Tourenziel deshalb für ein ausgedehntes Picknick und lassen uns von der Bushaltestelle Hochheim (Main) Lindenhof zunächst nach 7 / Hochheim Bahnhof und dann per S-Bahn zum Frankfurter Hauptbahnhof zurückbringen. (Einfacher und schneller ist es, direkt zum Bahnhof Hochheim zu fahren.) Von Hochheim dauert die Rückfahrt zum Frankfurter Hauptbahnhof zwischen 20 und 30 Minuten.

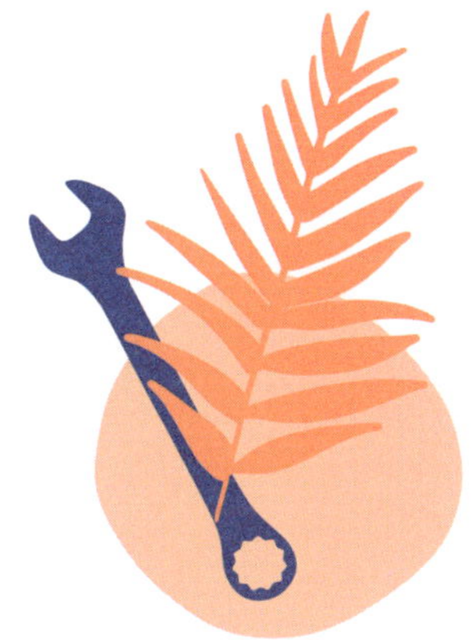

< links / Herumtoben und Klettern im Spielpark
^ oben / Auf dem Gelände des Spielparks Hochheim wunderbar rasten

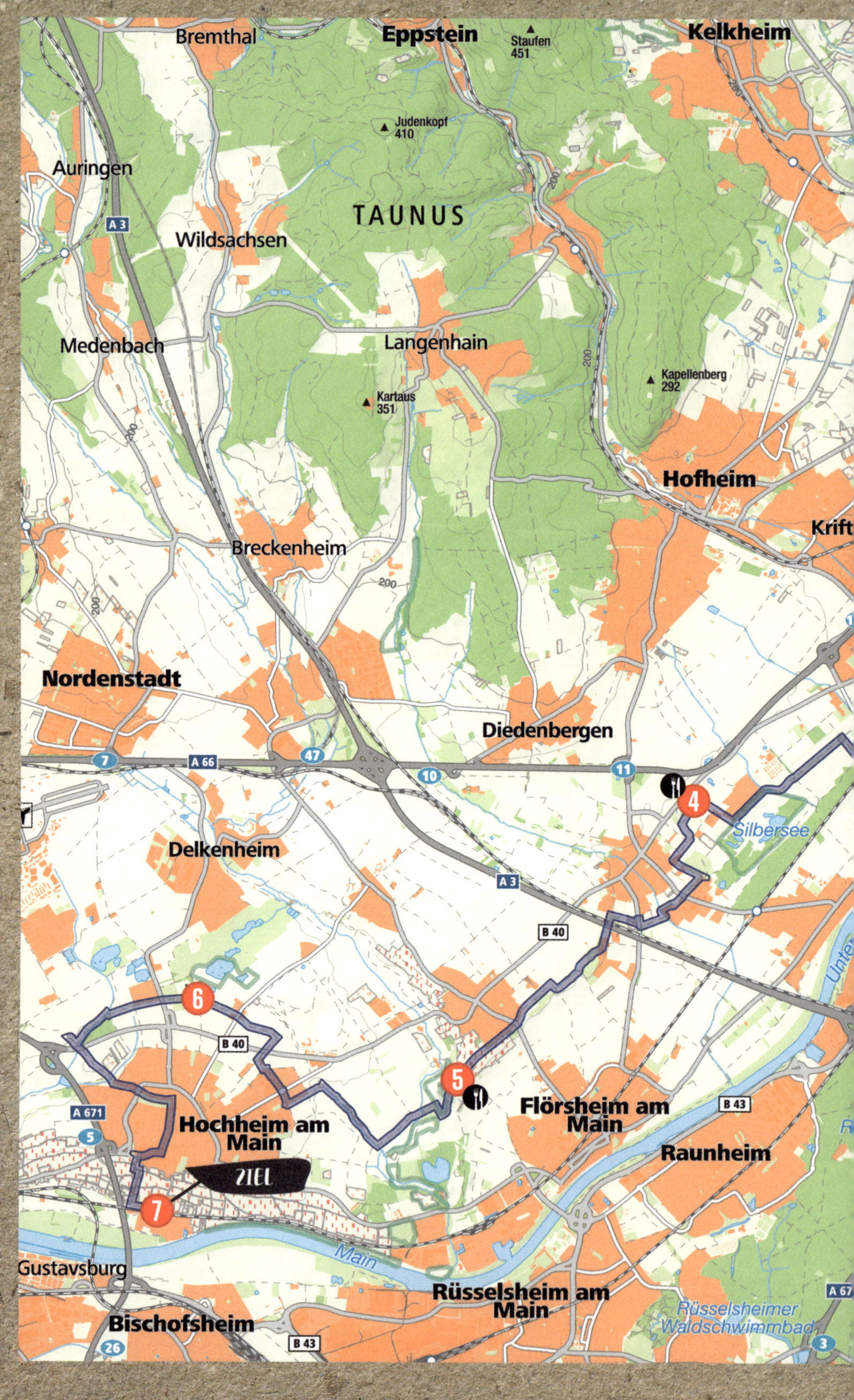
Bremthal
Eppstein
Staufen
451
Kelkheim
Judenkopf
410
Auringen
A 3
TAUNUS
Wildsachsen
Medenbach
Langenhain
Kartaus
351
Kapellenberg
292
Hofheim
Krift
Breckenheim
Nordenstadt
Diedenbergen
A 66
Silbersee
Delkenheim
A 3
B 40
B 40
Flörsheim am
Main
B 43
A 671
Hochheim am
Main
Raunheim
ZIEL
Main
Gustavsburg
Rüsselsheim am
Main
Rüsselsheimer
Waldschwimmbad
Bischofsheim
B 43

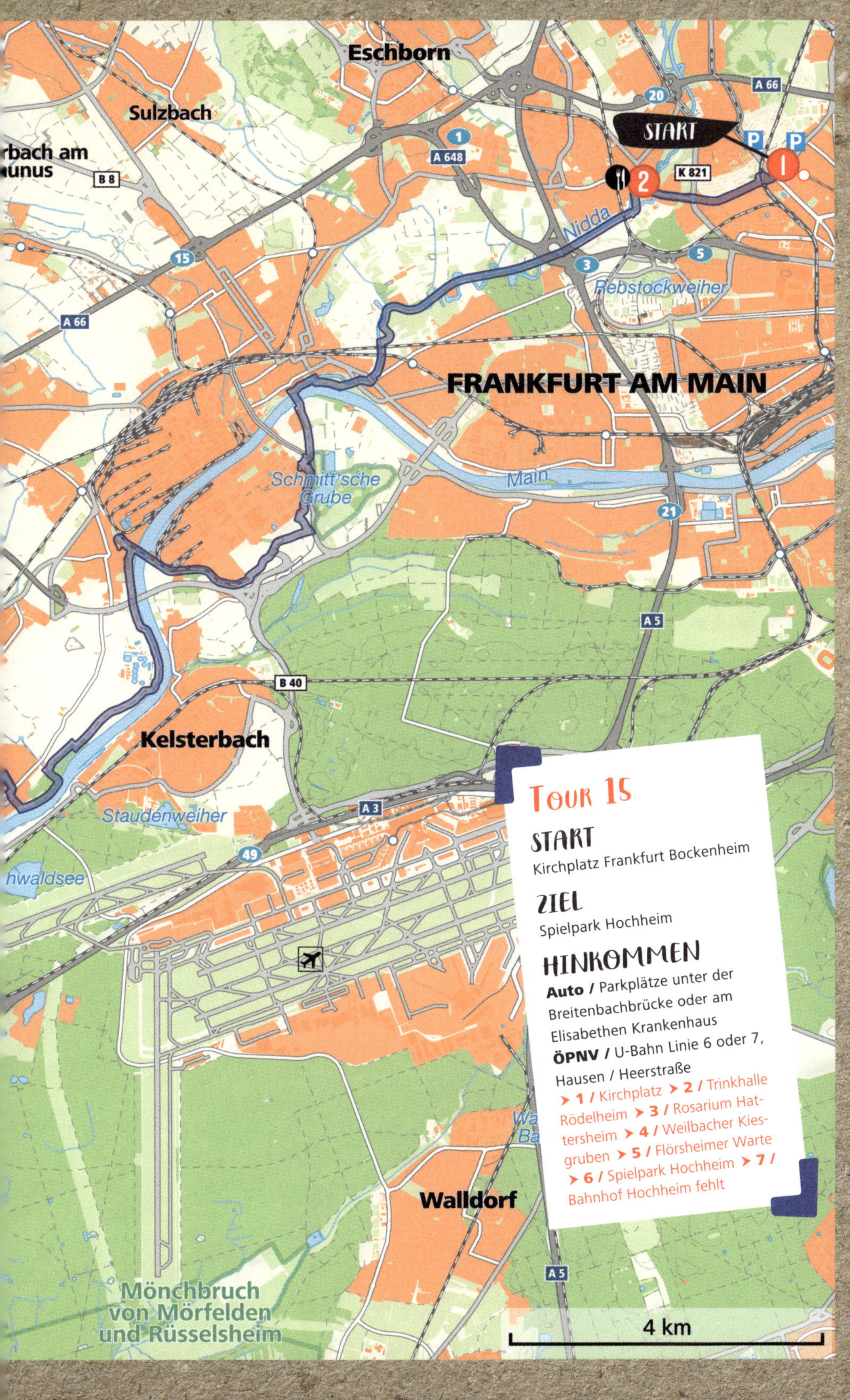
Eschborn
Sulzbach
B 8
A 648
A 66
START
K 821
Nidda
Rebstockweiher
FRANKFURT AM MAIN
Schmitt'sche Grube
Main
A 5
B 40
Kelsterbach
Staudenweiher
A 3
Walldorf
Mönchbruch von Mörfelden und Rüsselsheim
4 km
Tour 15
START
Kirchplatz Frankfurt Bockenheim
ZIEL
Spielpark Hochheim
HINKOMMEN
Auto / Parkplätze unter der Breitenbachbrücke oder am Elisabethen Krankenhaus
ÖPNV / U-Bahn Linie 6 oder 7, Hausen / Heerstraße
➤ 1 / Kirchplatz ➤ 2 / Trinkhalle Rödelheim ➤ 3 / Rosarium Hattersheim ➤ 4 / Weilbacher Kiesgruben ➤ 5 / Flörsheimer Warte ➤ 6 / Spielpark Hochheim ➤ 7 / Bahnhof Hochheim fehlt

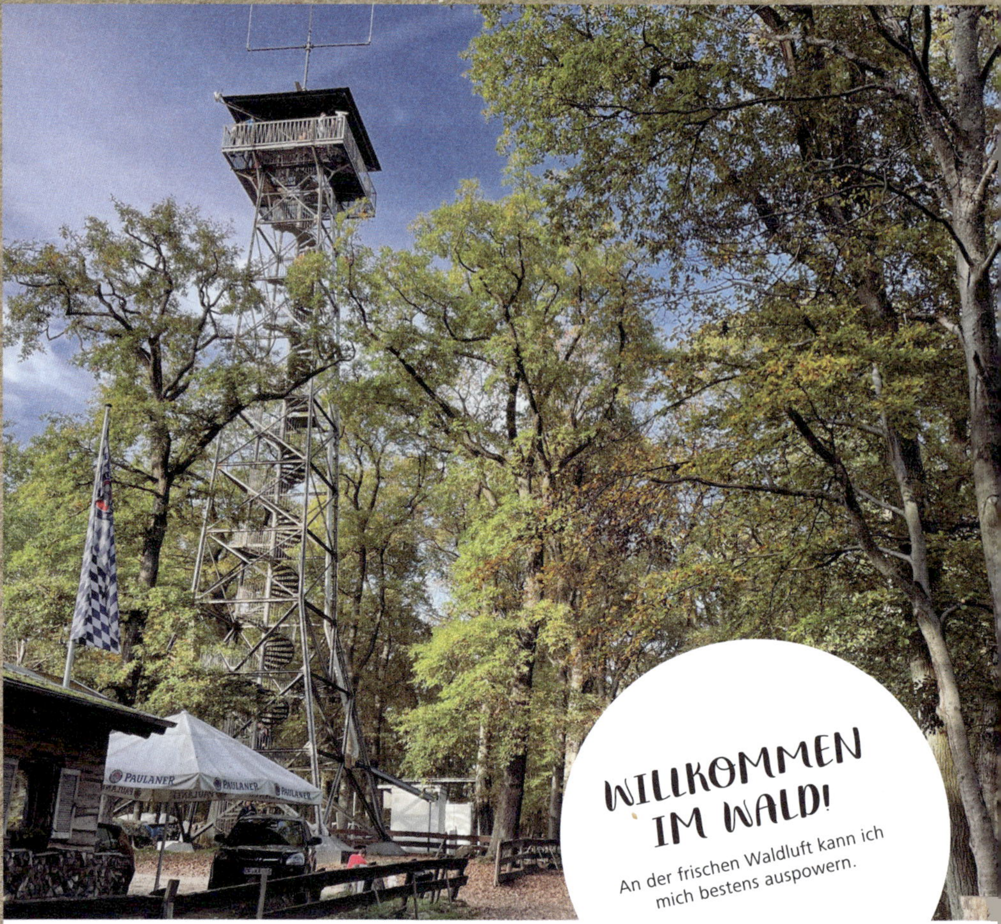

WILLKOMMEN IM WALD!

An der frischen Waldluft kann ich mich bestens auspowern.

➤ **1 /** S-Bahnfahrt ins Grüne: Ausgangspunkt ist der Bahnhof Lorsbach.

➤ **2 /** Ein Abstecher zur Burg Eppstein, dem ältesten Freilufttheater.

➤ **3 /** Fürstlich rasten am Fröhlichen Landmann und Rettershof.

➤ **4 /** Schnecke mit Ausblick.

➤ **5 /** Schattiger Biergarten am Waldrand: Einkehren im Restaurant Rote Mühle.

➤ **6 /** Den Weitblick vom Meisterturm Hofheim auf dem Kapellenberg genießen oder eine Einkehr in der Waldgaststätte

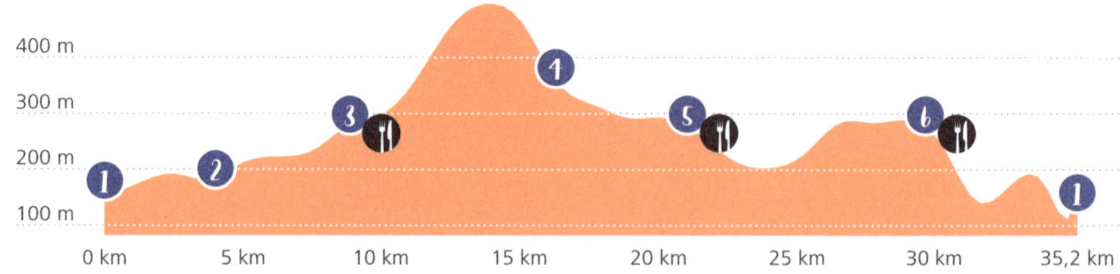

FRISCHE TAUNUSLUFT SCHNUPPERN

Eine Runde um Lorsbach im Taunus

Der gemütliche Ortsteil Lorsbach, der zur Kreisstadt Hofheim am Taunus gehört, ist Ausgangspunkt dieser einigermaßen anspruchsvollen Tour. Auf unserer Runde werden wir vortrefflich bekocht. Und am Ende der Tour führen uns 173 Treppenstufen zum Panoramarundblick.

35 Kilometer
680 Höhenmeter ▲
680 Höhenmeter ▼
3:30 Stunden
Rundtour

Durch das Lorsbachtal

Von Frankfurts Hochhäusern aus betrachtet, stellt der Taunus immer wieder eine unerwartet schöne Umrahmung der Großstadt dar. Unsere Tour beginnt am 1 / Bahnhof von Lorsbach (Am Bahnhof, 65719 Lorsbach), das in den südlichen Ausläufern des Taunus-Gebirges liegt. Es befindet sich im engen Lorsbachtal, welches Eppstein mit Hofheim verbindet. Durch das Lorsbachtal fahren wir am Schwarzbach entlang zunächst vier Kilometer bis Eppstein. Der Weg führt uns dabei über den Hessischen Radfernweg R8, die „Westerwald-Taunus-Bergstraße".

CHARAKTER
Sportlich ●●●●●
Abkühlung ●●○○○
Schlemmen ●●●●●
Panorama ●●●●○

TOURENINFO / Anspruchsvolle Tour mit einigen Steigungen. Teils Waldwege mit losem Untergrund. Viele schöne Einkehrmöglichkeiten an der Strecke. Verläuft von Lorsbach bis Eppstein über Hessischen Fernradweg R8.

◂ links / Blick auf den Meisterturm vom Radweg aus

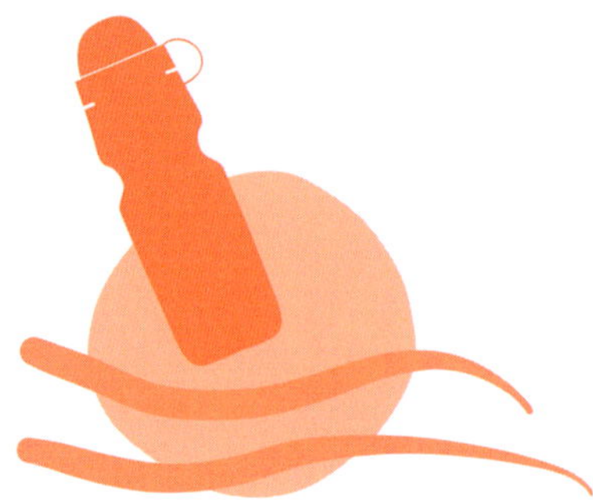

Fachwerkstädtchen mit Burg

In Eppstein, das wir nach knapp vier Kilometern erreichen, finden wir eine romantische Altstadt mit wunderschönen Fachwerkhäuschen in engen Gassen. Über ihr liegt die 2 / Burg Eppstein mit einem Museum, in dem die 1000-jährige Geschichte dieses bedeutsamen Kulturdenkmals anschaulich aufbereitet ist. Die Eppsteiner Burg ist zudem eine der ältesten Freiluft-Theaterspiel-stätten des Rhein-Main Gebietes. Seit 1913 finden hier in den Monaten Juni und Juli die Burgfestspiele Eppstein statt. Im Ort lohnt außerdem auch ein Abstecher zum Kaisertempel, der am Hang des 451 Meter hohen Staufens liegt. Er ist eine markante Station im Netz der Wanderwege, Aussichtspunkte und Gasthäuser und beliebtes Ausflugsziel mit Restaurant. Alljährlich am ersten Sonntag des Septembers findet hier das Kaisertempelfest statt. Wir folgen einem Radweg an einer vielbefahrenen Straße bis nach Fischbach. Dennoch, der Ausblick in die umliegende Landschaft ist wunderschön. Auf der Strecke liegt auch ein kleines italienisches Restaurant (Ristorante Fischbachtal, Fischbacher Str. 9, 65817 Eppstein), dessen Speisekarte vielversprechend aussieht.

SUNDOWNER LOUNGE IM VORDERTAUNUS

Am 3 / Rettershof gibt es eine Lounge mit Liegestühlen, Drinks und Musik. Bei schönem Wetter mittwochs bis samstags ab 16 Uhr geöffnet.

So viele Pausengelegenheiten

Ab Fischbach geht es stetig und gemächlich bergauf. Wir entdecken eine Rastbank, machen einen kurzen Stopp, um unseren Wasserhaushalt aufzufüllen und fahren anschließend noch etwa einen Kilometer bis zum 3 / Rettershof/Zum fröhlichen Landmann. Hier machen wir eine längere Pause. Es gibt viel zu entdecken: Die Geschichte des Rettershofs (Rettershof 5 / 65779 Kelkheim) reicht bis ins Jahr 1146 zurück. Heute ist das ehemalige Kloster ein schickes Hotel mit Restaurant und Beach Bar. Wer zufällig am Sonntag vorbeikommt, kann in vornehmer Szenerie Kaffee und Kuchen

---

➤ **rechts oben / Burganlage der Burg Eppstein**
➤ **rechts Mitte / Am Kaisertempel in Eppstein**

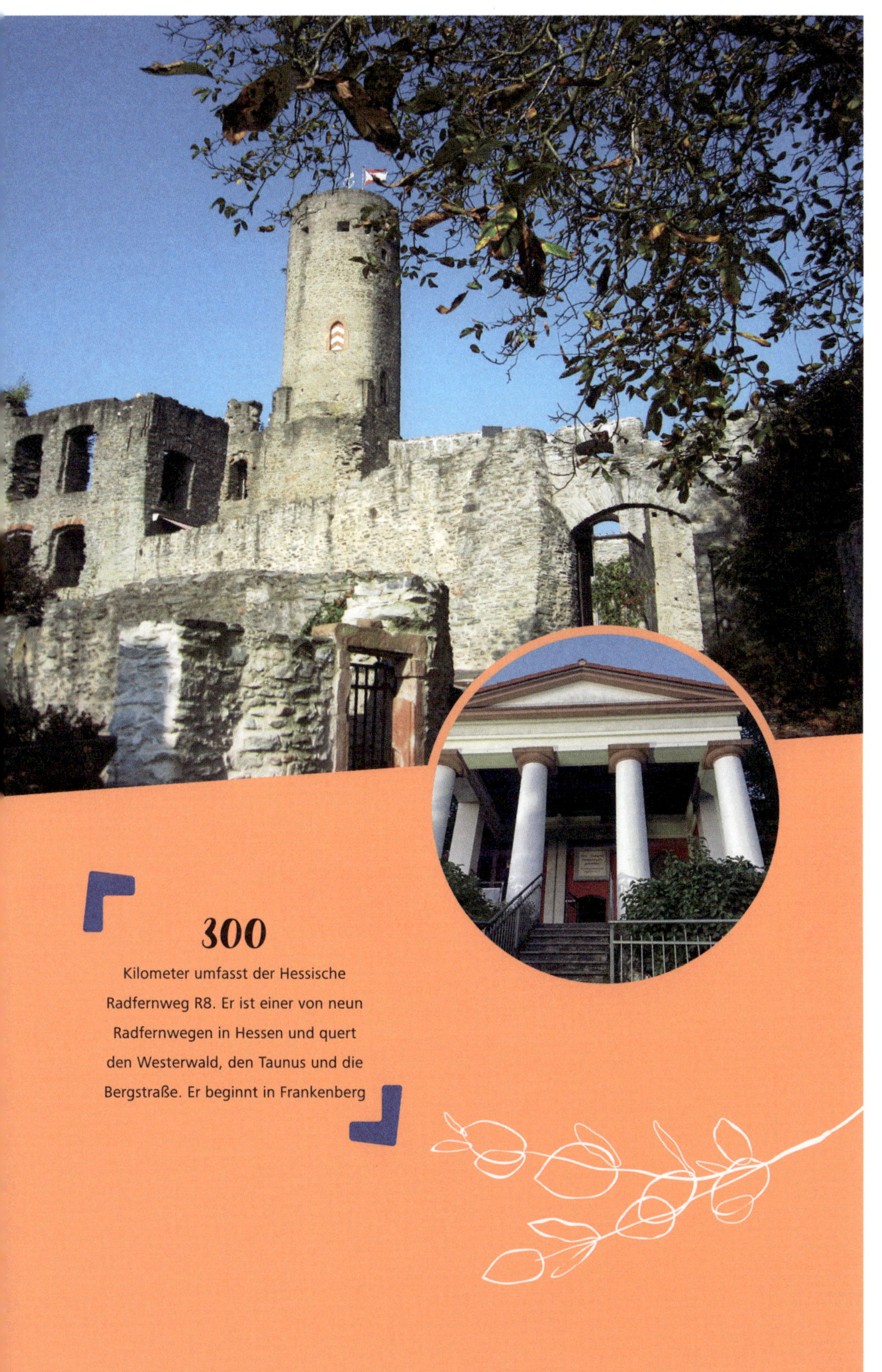

300

Kilometer umfasst der Hessische Radfernweg R8. Er ist einer von neun Radfernwegen in Hessen und quert den Westerwald, den Taunus und die Bergstraße. Er beginnt in Frankenberg

Wanderrunde am Rettershof

Vom Rettershof starten sieben ausgeschilderte Rundwanderwege. Die Touren sind mit einem R markiert und zwischen 2,5 und 13 Kilometer lang.

einnehmen. Rustikaler geht es im benachbarten Landgasthof Zum fröhlichen Landmann (Rettershof 2, 65779 Kelkheim-Fischbach, mittwochs bis sonntags ab 11:30 Uhr geöffnet) zu. Hier stärken wir uns auf der Terrasse bei Taunus-Forelle und geschmorten Ochsenbacken.

Edle Rösser in historischem Ambiente

Das Glück der Erde

Zum Rettershof gehört auch eine Reitanlage, die, eingebettet im einzigartigen, historischen Ambiente des über 860 Jahre alten Hofguts, wie eine Filmkulisse wirkt. Wir schauen uns die edlen Rosse des Pensionsstalls an und begrüßen die Hühner, die sich vor dem Reitstall aufhalten.

Steil bergauf am Zauberberg

Die Stärkung im Landgasthof war wertvoll, wie sich herausstellt, als wir wieder in die Pedale treten. Vom Kelkheimer Stadtteil Ruppertshain geht es ein kurzes Stück auf einer asphaltierten Straße sehr steil

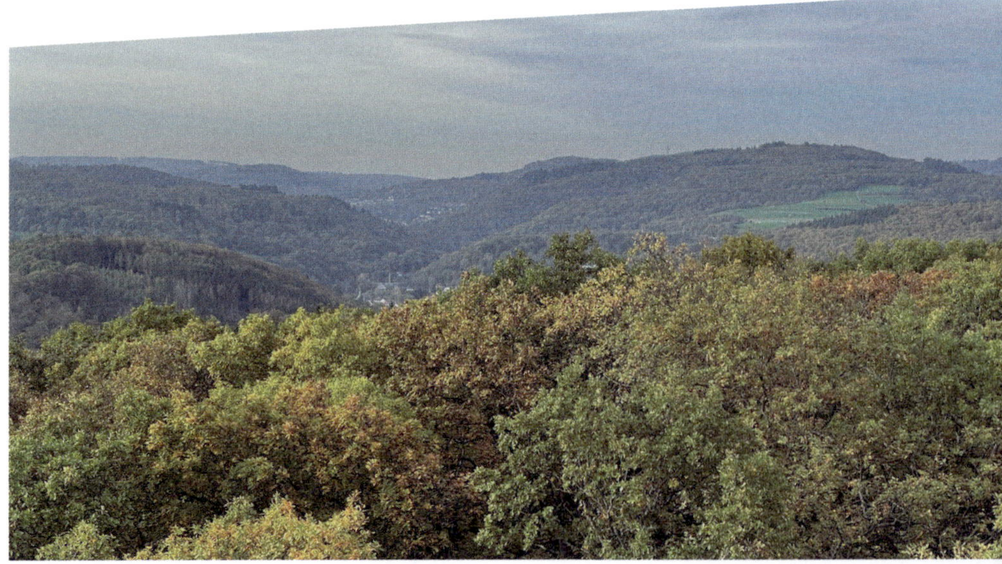

bergauf. Wir genießen dabei einen tollen Fernblick auf die Frankfurter Skyline. Wem es zu steil ist, der kann im Ort am Ende vom Gärtnerweg auch der Robert-Koch-Straße bis zur ehemaligen Lungenheilklinik (auch Hustenberg oder Zauberberg, nach dem gleichnamigen Roman von Thomas Mann benannt) folgen und dort über die Eppenhainer Straße weiterfahren. So oder so gelangen wir an eine Weggabelung, an der wir die Markierung der Passhöhe vom Ruppertshainer Berg entdecken – ein weißes Kreuz. Wir biegen auf den Viktoriaweg ab, und passieren einen Parkplatz zu Beginn dieses Wanderwegs. Unsere Tour führt uns auf einem Waldweg zunächst gemächlich bergauf, dann wieder leicht bergab bis zum Rastplatz 4 / Schnecke, von dem wir eine tolle Aussicht auf die Königsteiner Burg haben.

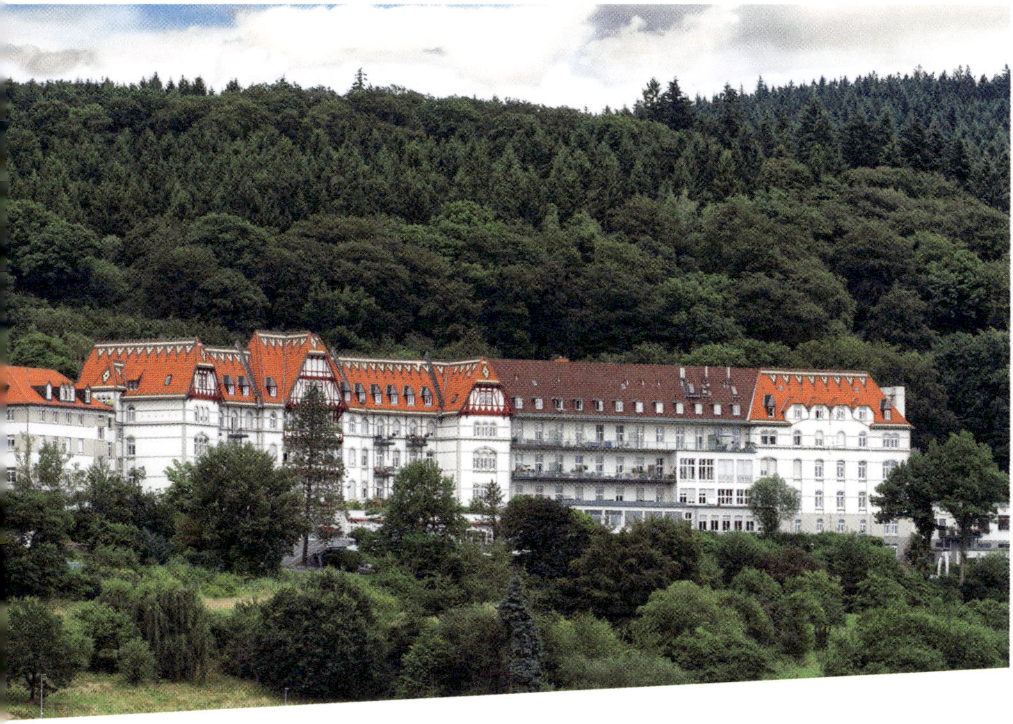

10

Autominuten entfernt, in Bad Soden, gibt es einen zugehörigen Reiterhof mit Reitschule. Die Reitanlage auf dem 3 / Rettershof ist eine Pensionsanlage für Privatpferde.

Bergab zum Biergarten

Nach einem kurzen Stopp geht es weiter gemächlich bergab, an Kuhweiden und Wiesen vorbei bis zum Örtchen Schneidhain. Wir queren den Liederbach und fahren an einer Wohnsiedlung ent-

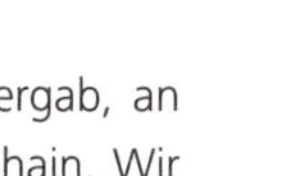

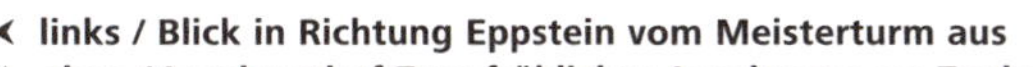

< links / Blick in Richtung Eppstein vom Meisterturm aus
^ oben / Landgasthof Zum fröhlichen Landmann am Zauberberg in Kelkheim

lang, die am Rande von Königstein liegt. Dann wieder durch Wiesen und ein kurzes Stück an der Landstraße entlang. Kurz vor der 5 / Roten Mühle (Rote Mühle 1, 65812 Bad Soden am Taunus) überqueren wir erneut den Liederbach. Die Rote Mühle präsentiert sich als uriger Landgasthof, der direkt am Waldrand liegt. Im schattigen Biergarten lassen wir uns unter den alten Linden ein Eis schmecken. Die Rote Mühle ist auch Austragungsort eines Krimi-Dinners und von hier starten geführte Wanderungen durch das angrenzende Braubach- und Liederbachtal.

AUFSTIEG ZUM GENUSS

Am 6 / Meisterturm befindet sich auch eine Gaststätte, die hessische Küche anbietet. Sie ist donnerstags bis sonntags geöffnet.

Kuchen in Kelkheim

Wir verlassen diesen idyllischen Ort und machen uns auf den Weg nach Kelkheim, wo wir jetzt den Stadtteil Hornau durchfahren. Am Rande Kelkheims kommen wir am Gimbacher Hof (Hof Gimbach 1, 65779 Kelkheim) vorbei, ein beliebtes Ausflugsziel für große und kleine Frankfurter. Wer noch Platz im Magen hat, sollte sich hier ein Stück Kuchen genehmigen. Dieser wird selbst gebacken und schmeckt wirklich vorzüglich. Wenn die Kleinen noch Lust haben, dann bietet sich Ponyreiten an (bestenfalls vorher reservieren). Zum Hof gehört auch ein kleiner Campingplatz, den wir vom Rad aus sehen können.

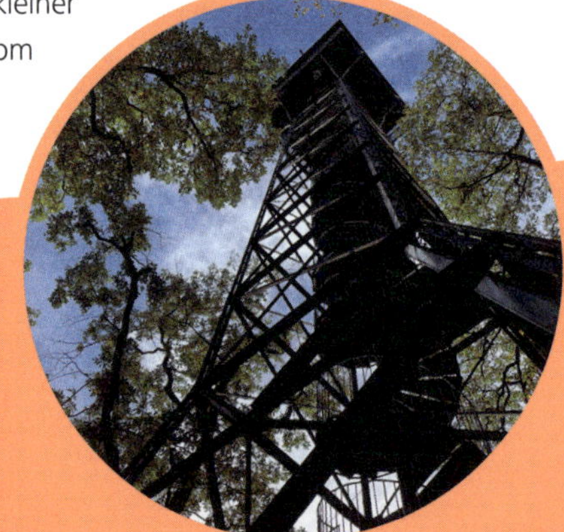

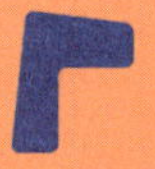

35

Meter hoch ist der 6 / Meisterturm in Hofheim. Der Turm besteht aus einem Stahlfachwerk mit viereckigem Grundriss. Innerhalb des Stahlskeletts befindet sich mittig eine Wendeltreppe, die zur überdachten Aussichtsplattform führt.

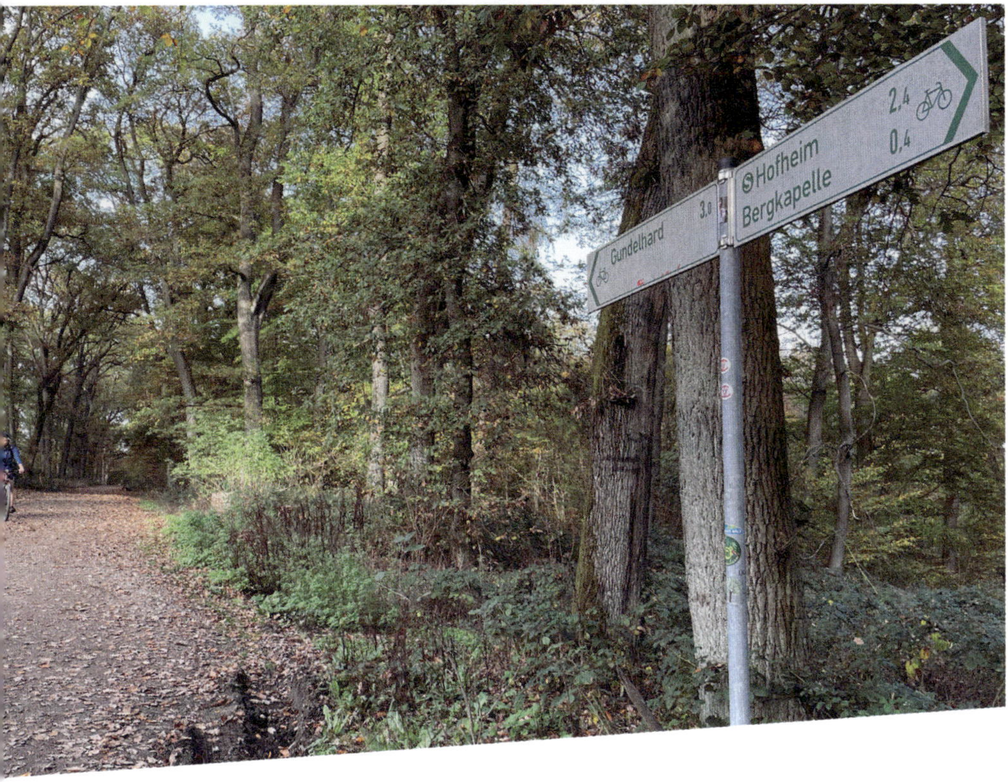

Fernblick

Durch den Stadtwald von Hofheim gelangen wir zum 6 / Meisterturm (Meisterturm 1, 65719 Hofheim am Taunus, nur fußläufig erreichbar). Die Anstrengungen der Tour sind beinahe vergessen und so geht es für uns noch einmal bis nach ganz oben auf den offenen Turm, der selbst auf dem Kapellenberg liegt. Wir haben Glück und genießen einen unverstellten Panoramablick, nach Süden über das Rhein-Main-Gebiet bis zum Odenwald, nach Norden auf die Höhenzüge des Taunus mitsamt dem Großen Feldberg. Rund 30 Kilometer liegen hinter uns und wir sind nun bereit für die letzten fünf Kilometer bis zum Ausgangspunkt. Vom Meisterturm aus geht es zunächst sehr steil bergab, am Wildpark Hofheim. Der Wildpark ist das Zuhause von Damwild und Wildschweinen und sollte eigentlich im Jahr 2015 geschlossen werden. Ein Verein hat sein Bestehen gerettet und über Spendengelder wird der Wildpark seither zunehmend attraktiver gestaltet. Unser Weg führt uns danach über Asphalt- und Waldwege stetig abwärts bis zum 1 / Bahnhof Lorsbach.

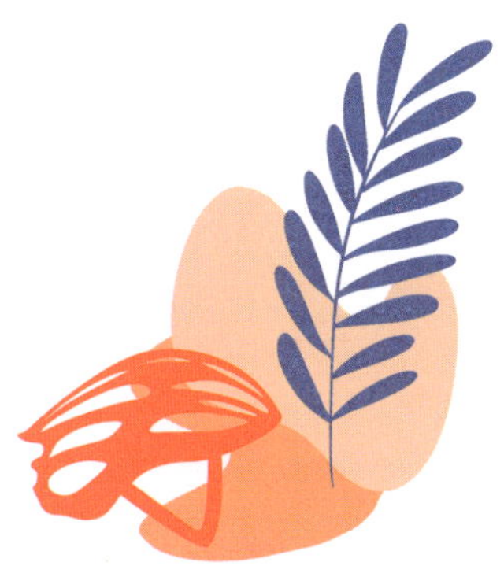

< links / Oben wirds wackelig
^ oben / Abgekürzt: Die S-Bahn-Station Hofheim ist zwei Kilometer entfernt

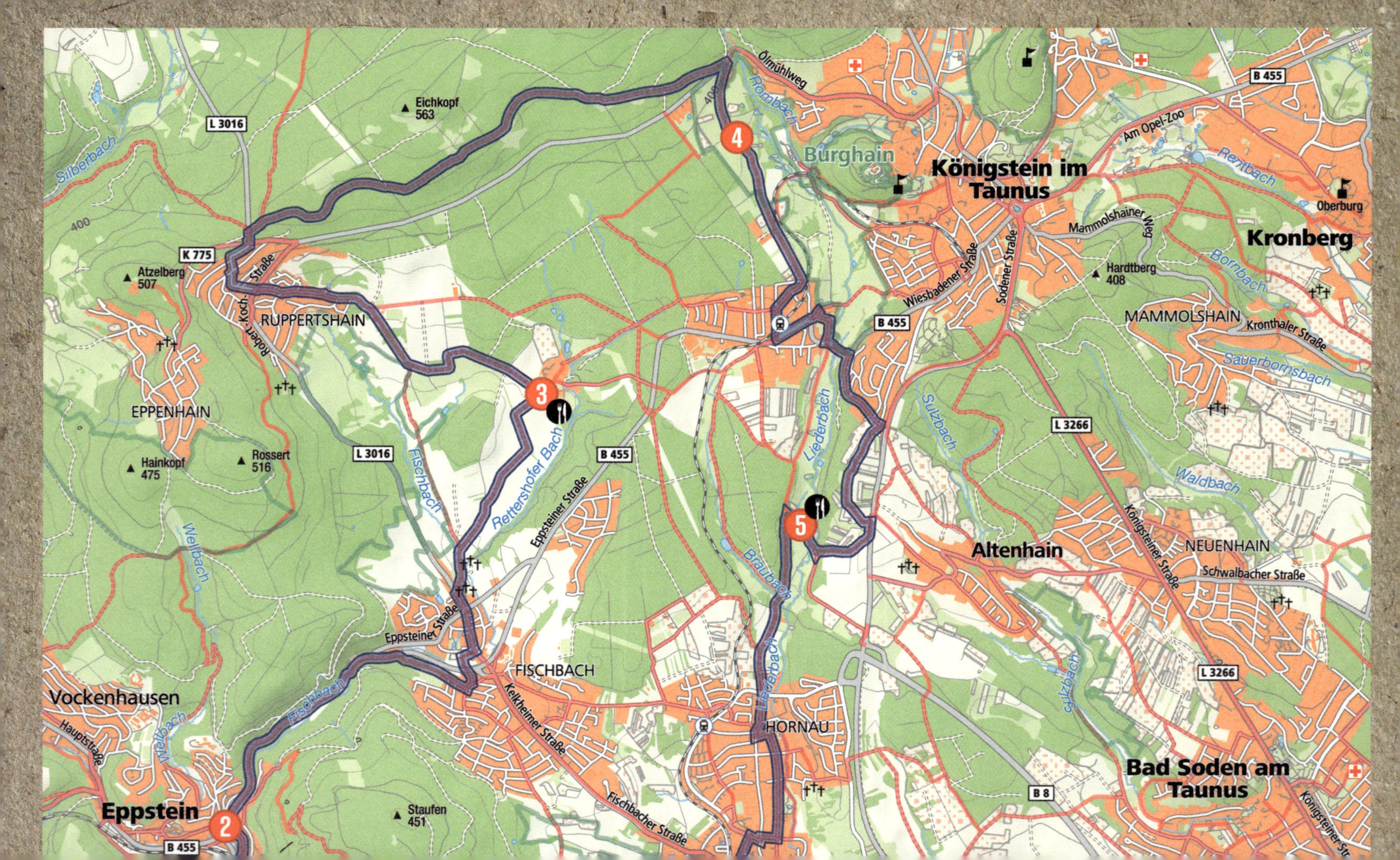

Silberbach
L 3016
Eichkopf
563
400
Ölmühlweg
Rombach
4
Burghain
Königstein im Taunus
B 455
Am Opel-Zoo
Rentbach
Oberburg
Kronberg
Mammolshainer Weg
Hardtberg
408
Bornbach
MAMMOLSHAIN
Kronthaler Straße
Sauerbornsbach
Wiesbadener Straße
Sodener Straße
B 455
K 775
Atzelberg
507
Robert-Koch-Straße
RUPPERTSHAIN
EPPENHAIN
Hainkopf
475
Rossert
516
L 3016
Fischbach
3
Rettershofer Bach
B 455
Eppsteiner Straße
Liederbach
Sulzbach
L 3266
Waldbach
5
Braubach
Altenhain
Königsteiner Straße
NEUENHAIN
Schwalbacher Straße
Wellbach
Eppsteiner Straße
FISCHBACH
Kelkheimer Straße
Liederbach
HORNAU
L 3266
Sulzbach
Vockenhausen
Hauptstraße
Wellbach
Fischbach
Eppstein
2
B 455
Staufen
451
Fischbacher Straße
B 8
Bad Soden am Taunus
Königsteiner Str.

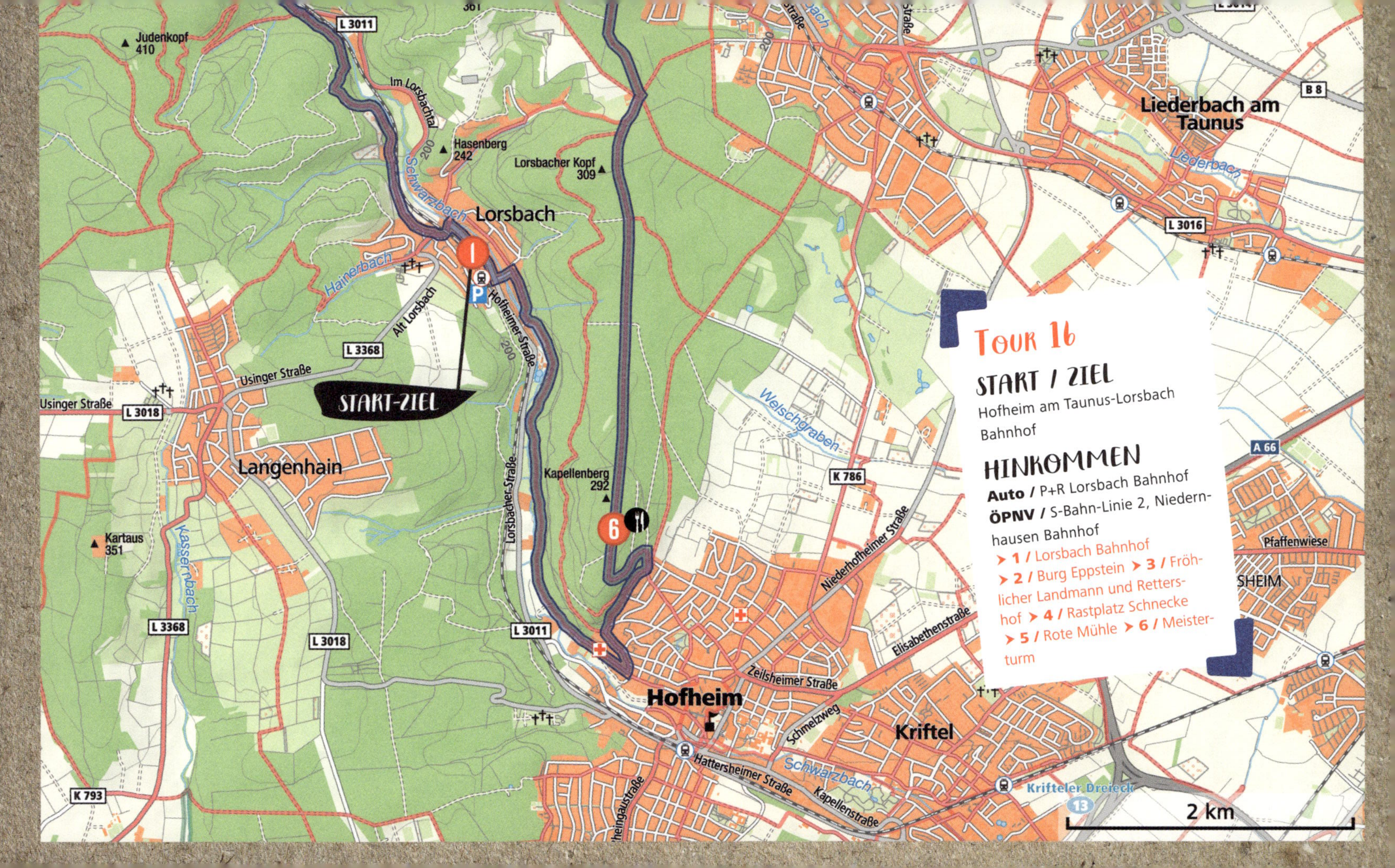
Tour 16
START / ZIEL
Hofheim am Taunus-Lorsbach Bahnhof
HINKOMMEN
Auto / P+R Lorsbach Bahnhof
ÖPNV / S-Bahn-Linie 2, Niedernhausen Bahnhof
➤ 1 / Lorsbach Bahnhof ➤ 2 / Burg Eppstein ➤ 3 / Fröhlicher Landmann und Rettershof ➤ 4 / Rastplatz Schnecke ➤ 5 / Rote Mühle ➤ 6 / Meisterturm
START-ZIEL
Lorsbach
Langenhain
Hofheim
Kriftel
Liederbach am Taunus
Judenkopf 410
Hasenberg 242
Lorsbacher Kopf 309
Kapellenberg 292
Kartaus 351
Im Lorsbachtal
Schwarzbach
Hainerbach
Alt Lorsbach
Hofheimer Straße
Lorsbacher Straße
Usinger Straße
Kassernbach
Welschgraben
Liederbach
Niederhofheimer Straße
Elisabethenstraße
Zeilsheimer Straße
Schmelzweg
Hattersheimer Straße
Kapellenstraße
Pfaffenwiese
Krifteler Dreieck
L 3011
L 3368
L 3018
L 3016
K 786
K 793
B 8
A 66
2 km

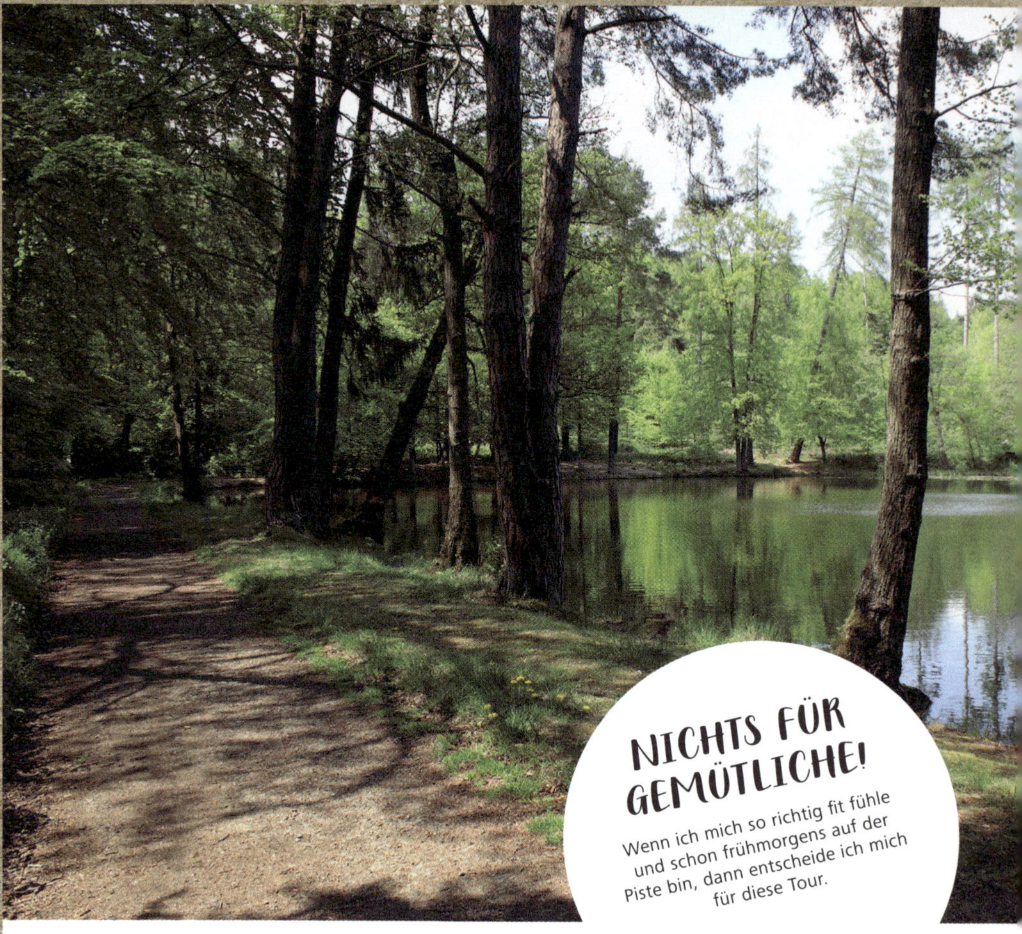

NICHTS FÜR GEMÜTLICHE!

Wenn ich mich so richtig fit fühle und schon frühmorgens auf der Piste bin, dann entscheide ich mich für diese Tour.

➤ **1 /** Parken oder Aussteigen am P+R Hohemark.

➤ **2 /** Den Fischen auf der Spur: Richtung Forellengut Herzberger.

➤ **3 /** Steil bergauf bis zur Saalburg.

➤ **4 /** Rasten vor malerischer Kulisse am Schloss Kransberg.

➤ **5 /** Pause für Kletterfans an den Eschbacher Klippen.

➤ **6 /** Picknick mit Ausblick auf den Grünwiesenweiher.

➤ **7 /** Durch die Usinger Altstadt treiben lassen.

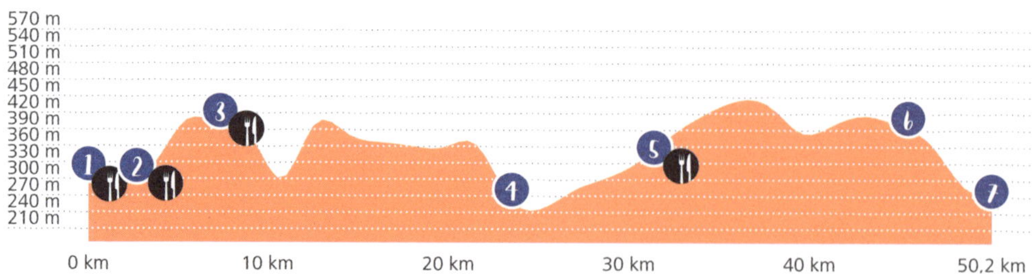

Buchfinken auf der Spur

Von Oberursel nach Usingen

Es geht stark bergauf bis zur Saalburg, wo wir uns bei einem kühlen Getränk ausruhen. Auf dem Limes-Radweg sehen wir Wachtürme und das Kleinkastell Lochmühle mit angeschlossenem Freizeitpark. An den Eschbacher Klippen machen wir ein Picknick. Unsere Tour mündet in die Buchfinkenstadt Usingen.

50 Kilometer
900 Höhenmeter ▲
910 Höhenmeter ▼
5 Stunden
Streckentour

CHARAKTER
Sportlich ●●●●●
Abkühlung ●●○○○
Schlemmen ●●●○○
Panorama ●●○○○

Im Taunus
Als Einstieg für diese Tour haben wir den 1 / P+R Hohemark im Norden von Oberursel gewählt. Das ist ein beliebter Startpunkt für Wanderer, Spaziergänger und Radfahrer. Im hier ansässigen Taunus-Informationszentrum kann man sich über die Umgebung informieren, E-Bikes leihen oder im Boulderwald verausgaben. Auch Einkehrmöglichkeiten und Toiletten sind vorhanden. Unser Ausgangspunkt befindet sich gleichfalls am unmittel-

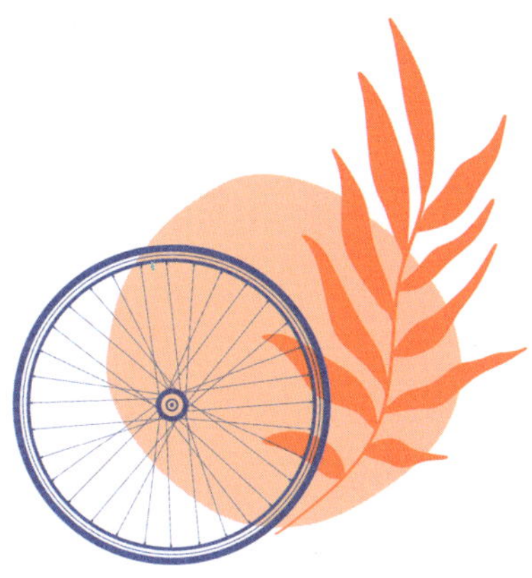

TOURENINFO / Anspruchsvolle Tour am Rande des Taunus-Gebirges, ständiges Auf und Ab. Quert Limes Radweg, Hessischen Fernradweg R6, Weiltalradweg. Optional Verlängerung über Usatalradweg nach Weiltal oder nur Buchfinkenroute vom Usinger Bahnhof aus. Die Tour kann ab Usinger Bahnhof als Runde (37Km) gefahren werden. Anreise ab Frankfurt mit der Taunusbahn. E-Bike-Ladestation in der Wehrheimer Mitte an der Tourist-Information.

‹ links / Am Grünwiesenweiher ist es schön schattig

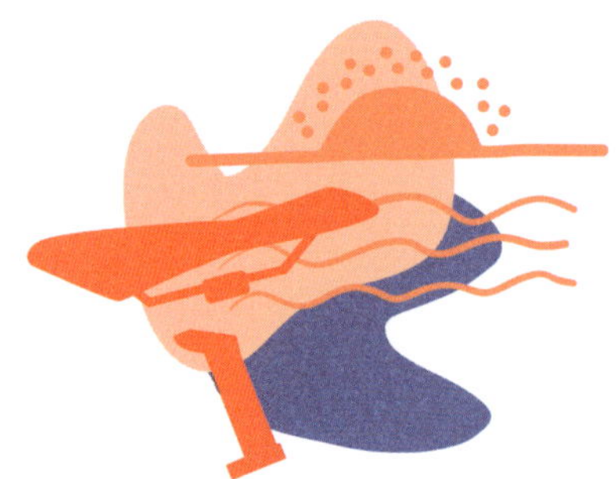

baren Rand der Höhenzüge des Taunus-Gebirges, was bedeutet, dass wir schon im ersten Abschnitt der Strecke einen größeren Anstieg überwinden müssen.

Einziges deutsches Mittelgebirge neben einer Metropole

Der Taunus bietet seinen Besuchern die spannende Kombination von großer Geschichte mit ihren zeitzeugenden Denkmälern, interessanten Ausflugzielen, umgeben von teils unberührter Naturlandschaft. Heute trägt die gesamte Region ihre beiden historischen Bezeichnungen gleichzeitig: „Taunus. Die Höhe." Weil er voller Höhepunkte ist – und vieles auf hohem Niveau bietet. Natur, Kultur, Attraktionen, Sport, Erholung und jede Menge Genuss.

EINKEHR IM LANDGASTHOF SAALBURG

Im großen Biergarten direkt neben dem 3 / Römerkastell Saalburg lassen sich hessische Spezialitäten, deutsche Küche und internationale Leckereien besonders gut genießen.

Zu Mammutbäumen

Über moderat befahrbare Wanderwege führt unsere Route zunächst bis zur Saalburg. Wir passieren zwei Mammutbäume am Frankfurter Forsthaus. Die beiden Sequoia-Bäume wurden vermutlich im Jahr 1848 gepflanzt, sie haben einen Durchmesser von gut zwei Metern. Anschließend fahren wir an der Hardertsmühle, einem ehemaligen Ausflugslokal, vorbei, von wo aus wir zum 2 / Forellengut Herzberger abbiegen können.

Auf ein Erfrischungsgetränk im Biergarten

Nach etwa einer Stunde Fahrtzeit erreichen wir das einzige wiederaufgebaute Römerkastell der Welt. Das 3 / Römerkastell Saalburg (Saalburg 1, 61350 Bad Homburg vor der Höhe) liegt auf einer Höhe von etwa 460 Metern. Hier machen wir eine Pause, besichtigen das Kastell und bleiben auf ein erfrischendes Getränk im Biergarten des preisgekrönten Landgasthofs Saalburg.

- **rechts oben / Am Ortsrand von Michelbach (Usingen)**
- **rechts Mitte / Kirche in Wernborn**

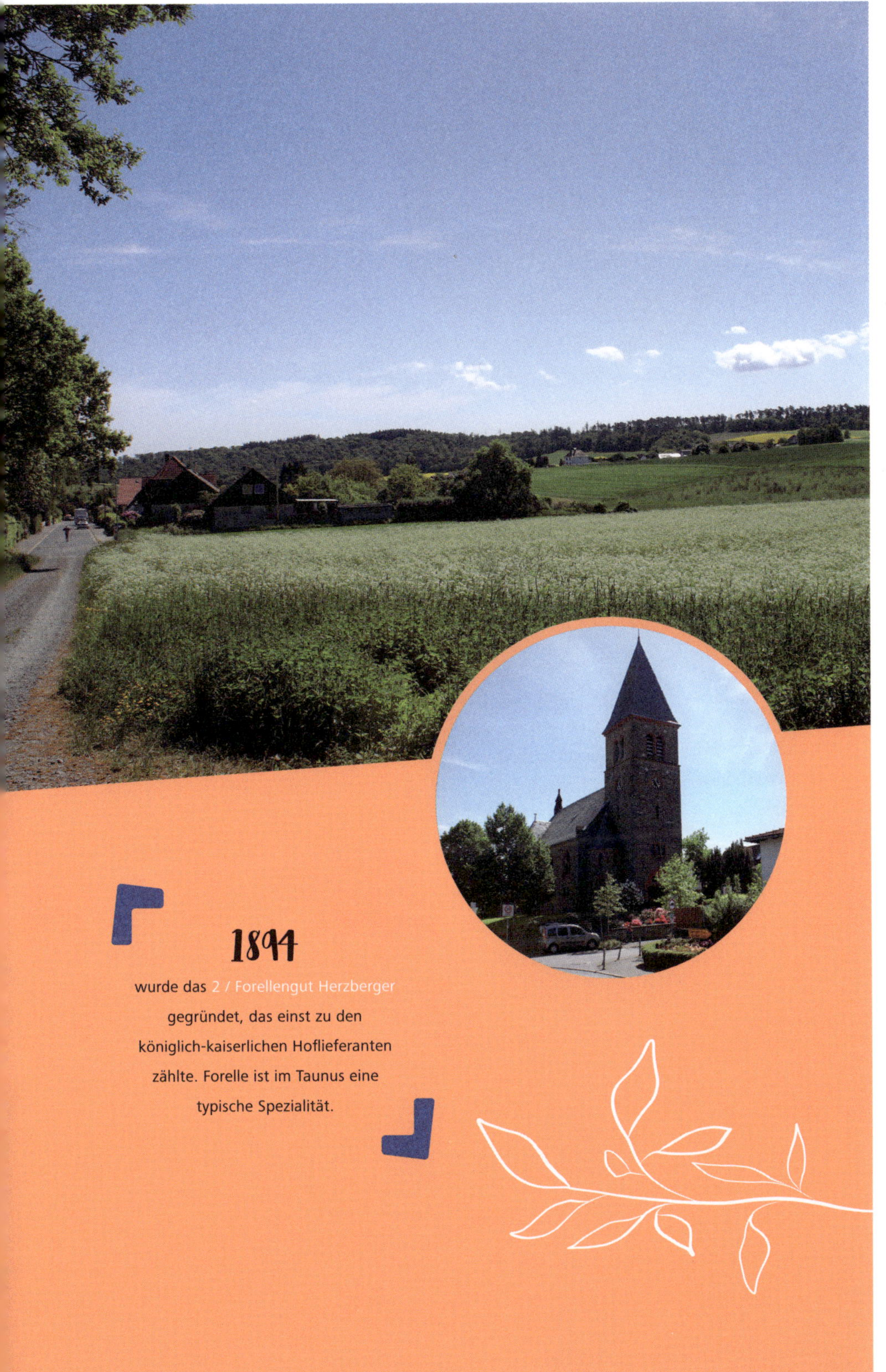

1894

wurde das 2 / Forellengut Herzberger gegründet, das einst zu den königlich-kaiserlichen Hoflieferanten zählte. Forelle ist im Taunus eine typische Spezialität.

Hessenpark

Das große Freilichtmuseum bietet verschiedene Attraktionen, wie Walderlebnispfad oder Insektenparadies sowie Bühnen, Handwerkskunst und Theater.

Über den Limes-Radweg

Für uns geht es weiter auf dem Limes-Radweg. Rund 100 km des insgesamt über 800 km langen Radwegs führen im Taunus von West nach Ost, von Heidenrod nahe der Grenze zu Rheinland-Pfalz bis Pfaffenwiesbach bzw. Butzbach in der Wetterau. Auf unserem Abschnitt passieren wir mehrere Wachtürme und das Kleinkastell Lochmühle, wo auch der Freizeitpark Lochmühle angeschlossen ist.

Wachtürme und Kleinkastell

Die Buchfinkenroute verspricht Abwechslung

Bei Wehrheim biegen wir Richtung Usingen ab, um auf die Buchfinkenroute zu gelangen. Wer sich an dieser Stelle schon genug ausgepowert hat, der kann von unserer Route abfahren und kurz vor dem Sportplatz Oberloh in Wehrheim nach Usingen abbiegen oder einen kleinen Abstecher nach Neu-Anspach machen. Für Naschkatzen liegt an der Abzweigemöglichkeit Richtung Usingen oder Neu-Anspach ein großes Erdbeerfeld, das in der Regel ab Ende Mai geöffnet hat. Dort gibt es herrlich schmeckende Erdbeeren zum direkten Verzehr oder zum Mitnehmen.

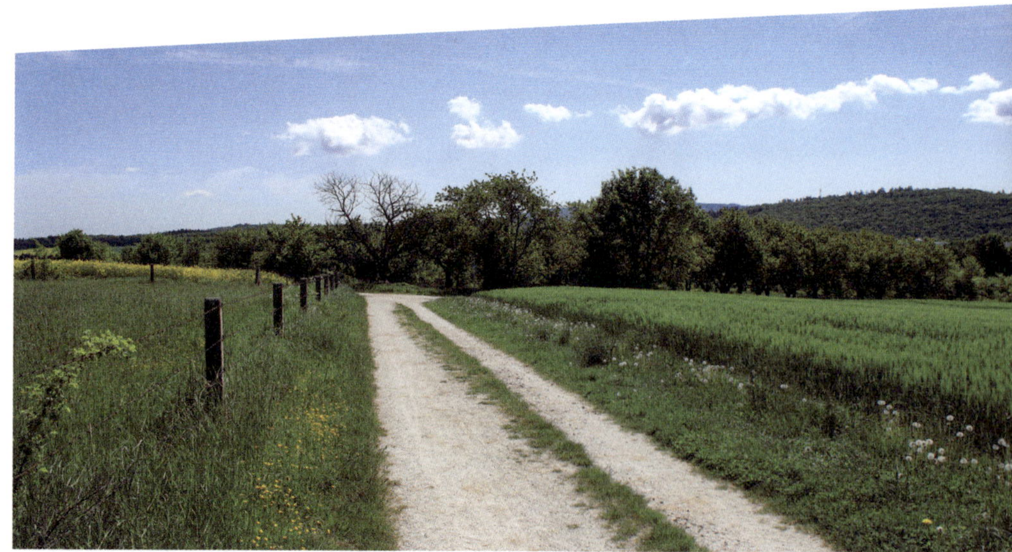

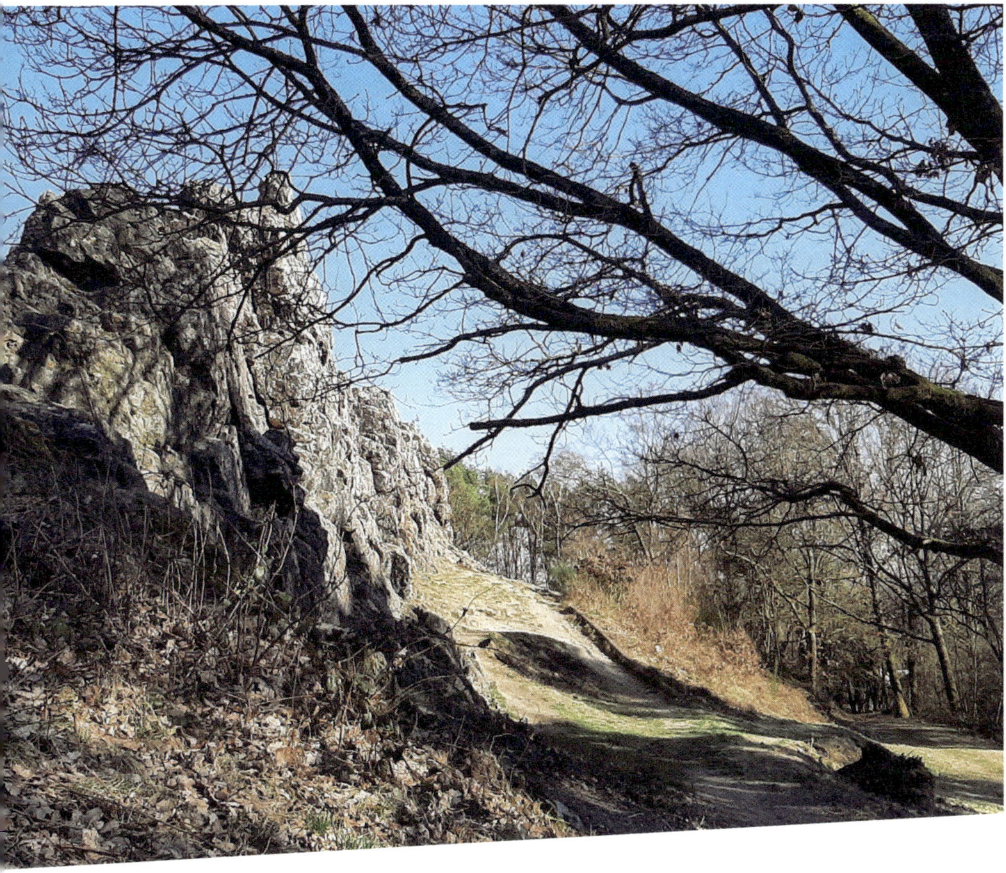

Das Auf und Ab erfordert gute Kondition

Auf der Buchfinkentour erleben wir Taleinschnitte und Höhenzüge gleichermaßen. Insgesamt stehen uns jetzt noch einmal knapp 500 Höhenmeter und rund 32 Km bevor. Diese verlaufen hauptsächlich durch Waldgebiete und an Waldrändern entlang. Entlang der Strecke befinden sich zahlreiche Sehenswürdigkeiten. Wir halten zunächst am 4 / Schloss Kransberg (Schloßstraße 1, 61250 Usingen). Das historische Gemäuer ist inzwischen vollständig restauriert und Austragungsort für Veranstaltungen. Kurz darauf, zwischen Kransberg und Wernborn ist die Buchfinkenroute mit dem Usatalradweg verknüpft. Hier besteht u.a. Anschluss in das Weiltal, über den Weiltalradweg. Eine schöne Verlängerungsmöglichkeit für Sportliche. Die Besichtigung der barocken Residenzstadt Weilburg ist ein echter Höhepunkt.

120

Fahrgeschäfte sowie Tiere und Landwirtschaft gibt es im Freizeitpark Lochmühle zu entdecken. Dieser befindet sich auf dem Gelände des Kleinkastells Lochmühle.

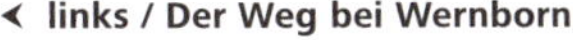

< links / Der Weg bei Wernborn
^ oben / Pause für Kletterfans: Die Eschbacher Klippen

Für Kletterfans: 12 Meter hohe Eschbacher Klippen

Wir bleiben unserer Route treu und steuern die 5 / Eschbacher Klippen an. Bevor wir zu diesen abbiegen, durchfahren wir den Ort Eschbach, wo die Einkehr in die „Eschbacker Katz" (Michelbacher Str. 2, 61250 Usingen) zu empfehlen ist. Wir stärken uns hier mit einer veganen Spargel-Gnocci-Pfanne. An den Eschbacher Klippen passieren wir einen Parkplatz, wo grüne Schilder auf Alternativrouten der Buchfinkenroute aufmerksam machen. Die Eschbacher Klippen bilden zu der sanfthügeligen Landschaft des Taunuses einen starken Kontrast. Steil aufragende bis 12 Meter hohe Felsen aus Quarzgestein sind Teil eines etwa 6 Kilometer langen Quarzganges, der sich quer durch das Usatal erstreckt. Bei Wilhelmsdorf können wir einer Alternativroute folgen, die zum Hattsteinweiher führt. Hier finden wir eine Badestelle mit etwa 4.500 qm Wiesen-Liegefläche. Zu empfehlen ist das nahe gelegene Tennisrestaurant „Lava" (Am Hattsteinweiher 2, 61250 Usingen), wo es von montags bis freitags einen sehr guten und preiswerten Mittagstisch gibt (Mittwoch Ruhetag).

EINZIGER BADESEE IM TAUNUS

In unmittelbarer Nähe der Route befindet sich das rund vier Meter tiefe EU-Gewässer Hattsteinweiher.

Wir halten Kurs auf den idyllisch

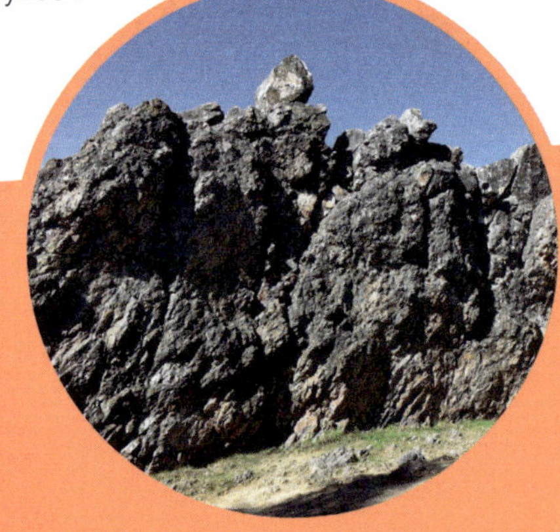

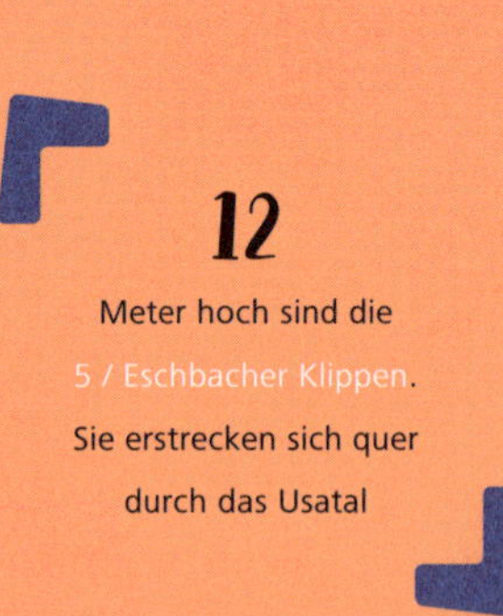

12

Meter hoch sind die 5 / Eschbacher Klippen. Sie erstrecken sich quer durch das Usatal

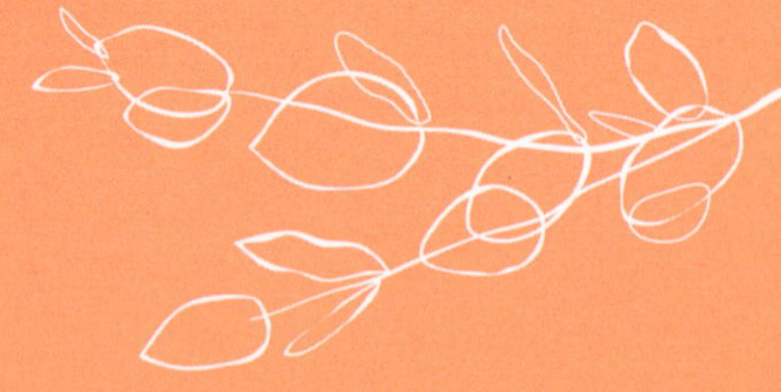

gelegenen 6 / Grünwiesenweiher, der zum Rasten einlädt. Im Wald befindet sich eine verborgene Kreuzkapelle.

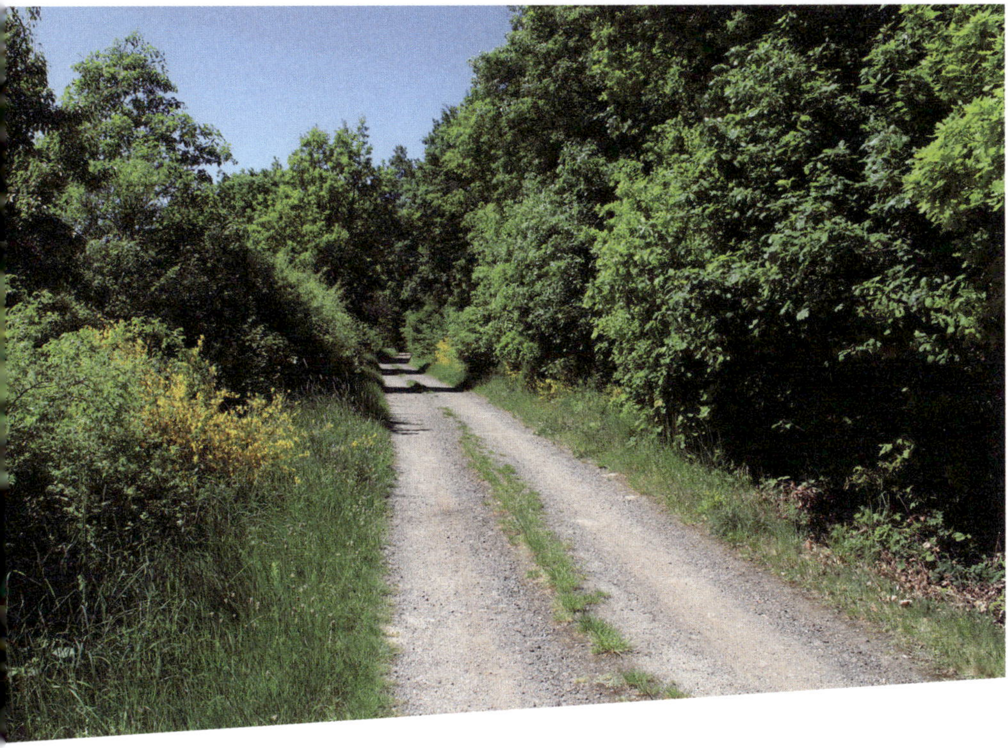

Alles dreht sich um die Buchfinken

Schließlich endet unsere Tour in 7 / Usingen. Die Stadt ist auch bekannt als Buchfinkenstadt. Das im Jahr 1938 durch Theo Geisel verfasste Buchfinkenlied beschreibt den Heimatbegriff vom Usinger Land im östlichen Hintertaunus, dem Buchfinkenland. Das Lied vermittelt Geborgenheit, menschliche Nähe und Wärme. Durch den Buchfinkenball, die Buchfinkenmesse und den Buchpreis „Usinger Buchfink" ist der Begriff in das Bewusstsein der Bürger zurückgekehrt. Seit dem Jubiläumsjahr 2002 verschönern an verschiedenen Stellen in der Stadt bunte Buchfinken das Stadtbild. Ein Ausflug in die wunderschöne historische Altstadt lohnt sich aber auch unabhängig davon. Unsere Radtour beenden wir am Usinger Bahnhof, wo die S-Bahn-Linie 5 oder die Taunus-Bahn zurück nach Frankfurt fährt.

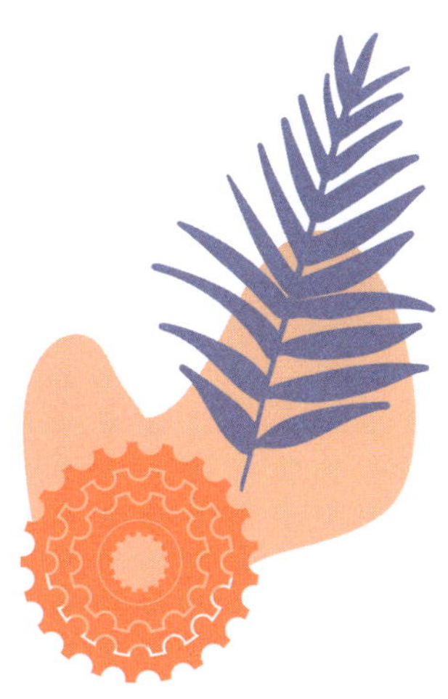

< links / Eindrucksvolle Felswand
^ oben / Auf dem Weg zum Grünwiesenweiher

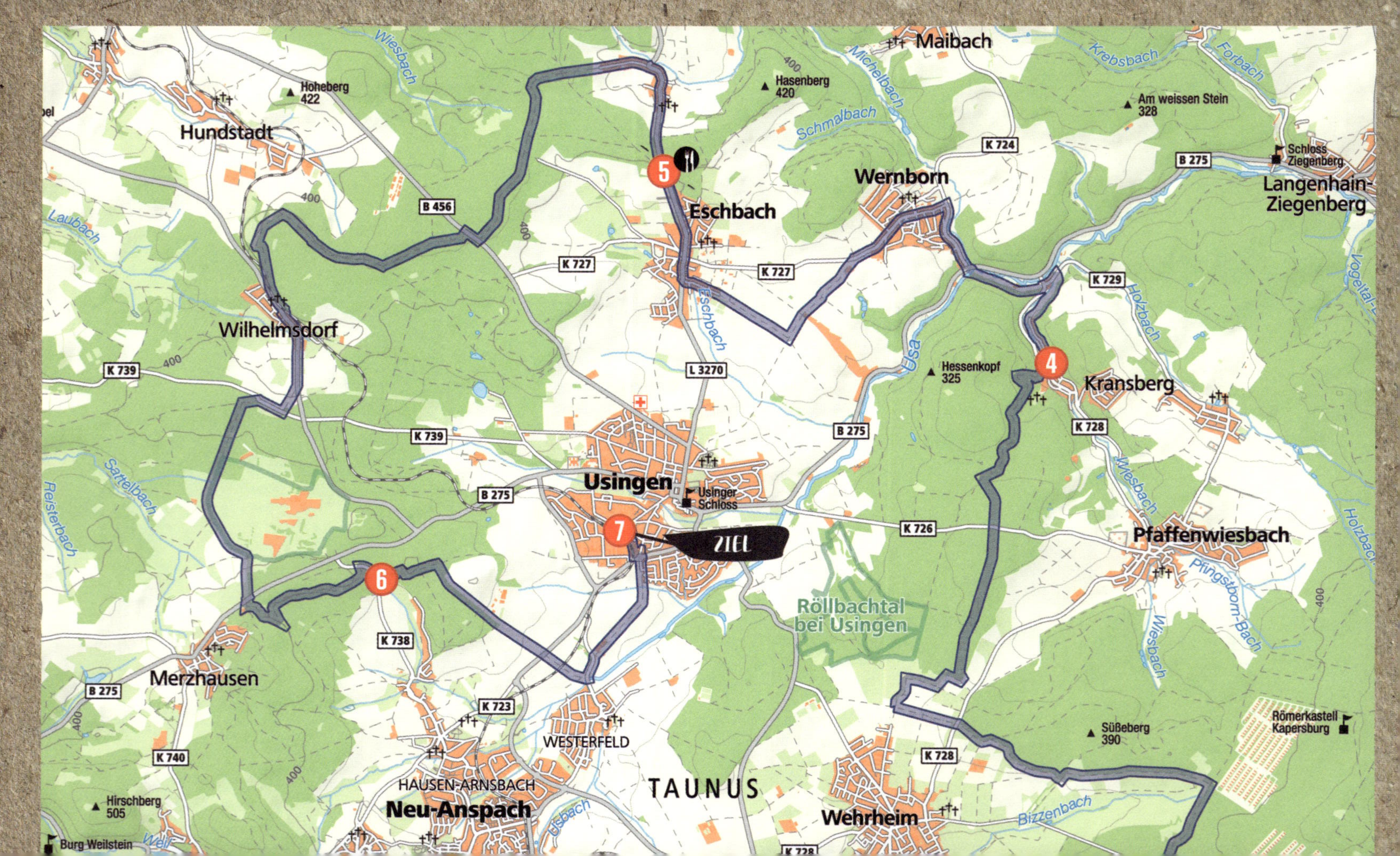
Maibach
Hoheberg 422
Hasenberg 420
Am weissen Stein 328
Hundstadt
Eschbach
Wernborn
Schloss Ziegenberg
Langenhain-Ziegenberg
Wilhelmsdorf
Hessenkopf 325
Kransberg
Usingen
Usinger Schloss
ZIEL
Pfaffenwiesbach
Röllbachtal bei Usingen
Merzhausen
WESTERFELD
HAUSEN-ARNSBACH
Neu-Anspach
TAUNUS
Wehrheim
Süßeberg 390
Römerkastell Kapersburg
Hirschberg 505
Burg Weilstein
Wiesbach
Michelbach
Krebsbach
Forbach
Schmalbach
Laubach
Eschbach
Usa
Holzbach
Vogeltal-B
Sattelbach
Reisterbach
Pfingstborn-Bach
Bizzenbach
B 456
B 275
K 724
K 727
K 729
K 739
L 3270
K 728
K 726
K 738
K 723
K 740
4
5
6
7

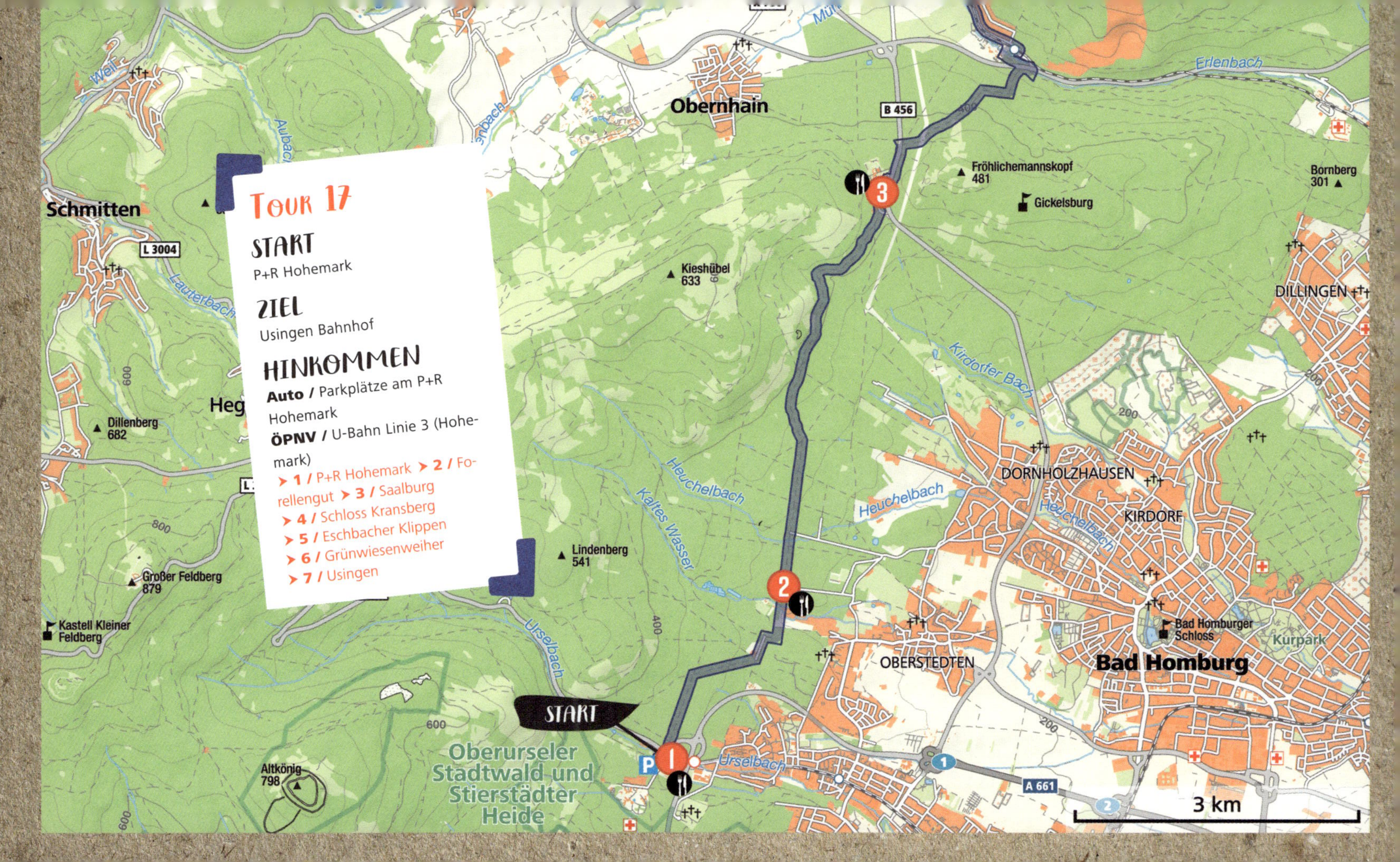
Tour 17
START
P+R Hohemark
ZIEL
Usingen Bahnhof
HINKOMMEN
Auto / Parkplätze am P+R Hohemark
ÖPNV / U-Bahn Linie 3 (Hohemark)
➤ 1 / P+R Hohemark ➤ 2 / Forellengut ➤ 3 / Saalburg
➤ 4 / Schloss Kransberg
➤ 5 / Eschbacher Klippen
➤ 6 / Grünwiesenweiher
➤ 7 / Usingen
START
Schmitten
Obernhain
Bad Homburg
Oberurseler Stadtwald und Stierstädter Heide
DORNHOLZHAUSEN
KIRDORF
OBERSTEDTEN
DILLINGEN
Bad Homburger Schloss
Kurpark
Fröhlichemannskopf 481
Gickelsburg
Bornberg 301
Kieshübel 633
Lindenberg 541
Dillenberg 682
Großer Feldberg 879
Kastell Kleiner Feldberg
Altkönig 798
Heuchelbach
Kaltes Wasser
Kirdorfer Bach
Urselbach
Erlenbach
Lauterbach
Weil
B 456
L 3004
A 661
3 km

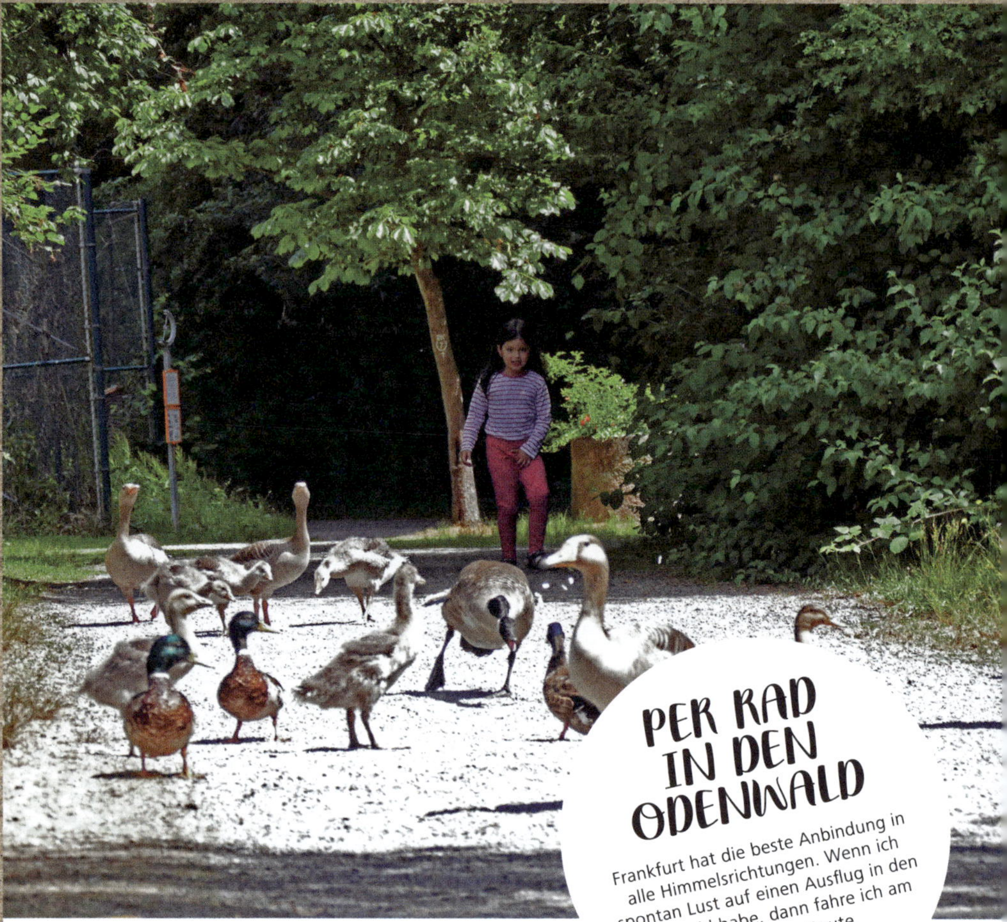

PER RAD IN DEN ODENWALD

Frankfurt hat die beste Anbindung in alle Himmelsrichtungen. Wenn ich spontan Lust auf einen Ausflug in den Odenwald habe, dann fahre ich am liebsten diese Route.

➤ 1 / Kein Großstadttrubel am Bahnhof Rödermark-Ober-Roden.

➤ 2 / Gemütlich rasten im Biergarten Langfeldsmühle

➤ 3 / Beine entspannen auf der Pump-Track-Strecke Groß-Umstadt.

➤ 4 / Ausruhen auf einer Bank mit Ausblick an der Odenwaldstraße.

➤ 5 / Es geht bergab zum Schloss Nauses.

➤ 6 / Zuhause der Fledermäuse: Mausohr-Bahnhof Mümling-Grumbach.

➤ 7 / Abkühlung und Erholung im Kurpark Bad König.

➤ 8 / Ein Gefühl wie im eigenen Garten haben wir im Biergarten Krone Zell.

➤ 9 / Ein Rundgang um das Schloss Fürstenau in Steinbach-Michelstadt.

➤ 10 / Treiben lassen vom Marktplatz Michelstadt aus.

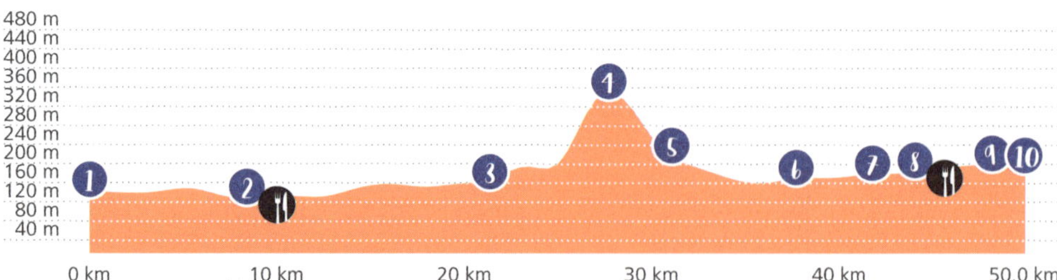

Kleine Odenwald-Querung

Von Rödermark nach Michelstadt

Ein schöner Biergarten liegt an den Ausläufern des Odenwalds. Im ersten asphaltierten Pumptrack Hessens nutzen wir den Schwung. Fledermäuse suchen wir im Mausohr-Bahnhof. Erholung finden wir in Bad König.

50 Kilometer
477 Höhenmeter ▲
416 Höhenmeter ▼
4 Stunden
Streckentour

In den Odenwald

Gemütlich geht es mit der S-Bahn in rund 40 Minuten ohne Umsteigen bis zur Endhaltestelle 1 / Rödermar-Ober-Roden. Hier gibt es auch einen Parkplatz, die Anreise per Auto dauert allerdings ohne Verkehr ebenso lang wie die Anreise mit der Bahn. Über Wald- und Wiesenwege fahren wir auf der Südhessen-Route 5 zunächst aus dem Ortsgebiet heraus und tauchen dann in das große Waldgebiet der Niederrodener Lache ein. Wir queren die Landstraße B45 und fahren weiter, bis wir nach etwas mehr als 8 Kilometern den wunderschön am Fluss Gersprenz

CHARAKTER
Sportlich ●●●●●
Abkühlung ●●●○○
Schlemmen ●●○○○
Panorama ●●●●○

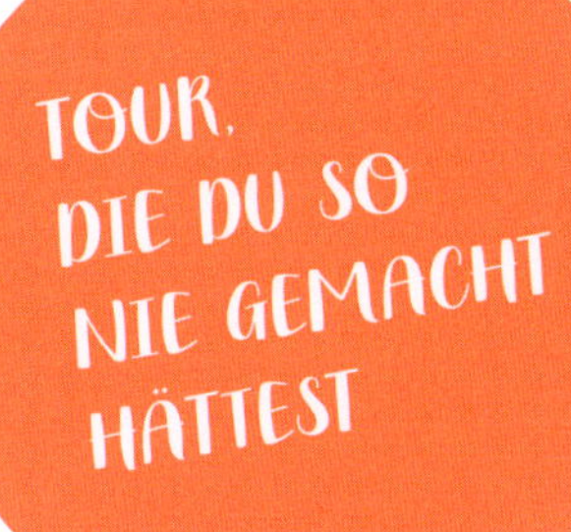

TOURENINFO / Wegweisungen: ab Rödermark auf Südhessen-Route 5, ab Hergershausen (Babenhausen) über Hessischen Radfernweg R4, kurzes Stück auf Hessischen Radfernweg R9, ab Höchst auf Drei-Länder-Radweg. Tischtennisschläger einpacken!

◂ links / Spaziergang durch den Kurpark Bad König

TOUR, DIE DU SO NIE GEMACHT HÄTTEST

gelegenen 2 / Biergarten Langfeldsmühle (64832 Babenhausen/Hergershausen) erreichen, der direkt am Radweg liegt. Zwar wurde der Mühlenbetrieb in den 70er Jahren des vorigen Jahrhunderts eingestellt. Jedoch wurde eine Wasserturbine errichtet, die heute noch in Betrieb ist und Strom ins Netz liefert. Wir befinden uns nun bereits an den ersten Ausläufern des nördlichen Odenwalds.

WOHNEN AUF DEM VULKAN

Der Otzberg ist ein erloschener Vulkan im vorderen Odenwald, auf dem sich der Ort Hering befindet. Die Basaltsäulen sind ein Überbleibsel des Schlotes.

Zur Weininsel

Wir tauchen tiefer ins Gebirge ein, folgen dem Hessischen Radfernweg R4, der an Wäldern, Wiesen und gelegentlich Ortschaften entlangführt. Von der Marienstatue, die uns auf dem Weg begegnet, sind es nur noch wenige Kilometer bis nach Groß-Umstadt. Als Odenwälder Weininsel gehört Groß-Umstadt zum Weinanbaugebiet Hessische Bergstraße, Bereich Umstadt/Roßdorf. Die Anbaufläche beträgt 78 Hektar. Es werden unter anderem die Rebsorten Müller-Thurgau, Riesling, Silvaner, Kerner, Bacchus, Scheurebe, Dornfelder, Portugieser, Ehrenfelser, Chardonnay, Spätburgunder, Grauer und Weißer Burgunder sowie Gewürztraminer kultiviert. Der Radweg führt mitten durch den Ort an einem Eiscafé vorbei und schließlich gelangen wir zum 3 / Pumptrack Groß-Umstadt (Auswärtige Gebäude 79, 64823 Groß-Umstadt). Seit Mai 2017 gibt es diese Anlage, die dank ihrer 500 Meter langen asphaltierten Bahn zu jeder Jahreszeit, bei jedem Wetter und von allen Menschen jeden Alters befahren werden kann – mit Skateboard, Longboard, Inline Skates, Scooter oder eben Fahrrad. Wir wagen uns auf den Parcours, der in einer Endlosschleife angelegt ist. Für unsere schon etwas beanspruchten Beinmuskeln ist es genau das richtige, denn durch schwungvolle Auf- und Abwärtsbewegungen kommen wir rasch auf Geschwindigkeit, ohne aktiv treten zu müssen.

- **rechts oben / Wasserfontäne im Kurpark Bad König**
- **rechts Mitte / Der Kurpark in Bad König ist ein Paradies für Kinder**

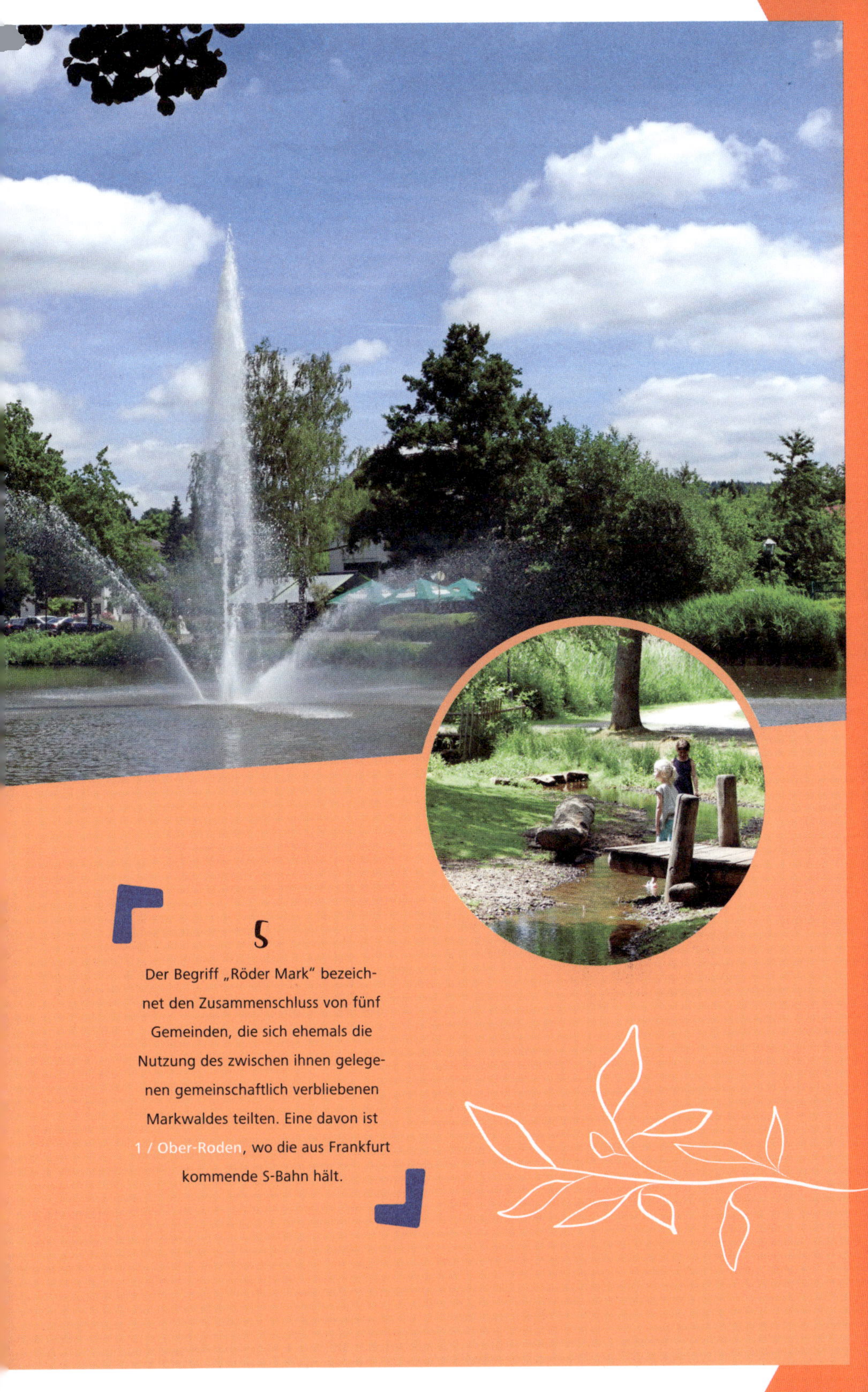

5

Der Begriff „Röder Mark" bezeichnet den Zusammenschluss von fünf Gemeinden, die sich ehemals die Nutzung des zwischen ihnen gelegenen gemeinschaftlich verbliebenen Markwaldes teilten. Eine davon ist 1 / Ober-Roden, wo die aus Frankfurt kommende S-Bahn hält.

Schöner Odenwald

Im Odenwald leben kaum 100.000 Menschen. Die Kombination aus sanften Hügeln, sattem Grün und geringer Bevölkerungsdichte erinnert an das Alpenvorland.

Tour, die du so nie gemacht hättest

Auf und ab bis Höchst im Odenwald

Hinter Groß-Umstadt führt unsere Route dann hinauf in die Höhen des Odenwaldes. Schöne Aussichten sind die Belohnung. Wir kämpfen uns steil bergauf bis in den Ort Hering, an dessen Ortsausgang wir an einer 4 / Bank rasten. Hier genießen wir den Ausblick auf Hering und den Odenwald. An unserem Wegpunkt befindet sich auch ein kleines Restaurant. Kurz vor 5 / Schloss Nauses (64853 Otzberg) führt der Weg bergab und wir lassen uns rollen. Nun liegen bereits 30 Kilometer hinter uns. Am Schloss ist von einstigen Wehranlagen, Gräben und Wirtschaftsgebäuden nichts mehr zu sehen. Das Haupthaus (Herrenhaus) und der Torturm sind noch erhalten. Der spätgotische Torturm vermittelt mit seinen gebuckelten Eckquadern etwas von der Wehrhaftigkeit der ehemaligen kleinen Wasserburg. Die Nebengebäude wurden im 19. und 20. Jahrhundert errichtet. Wir fahren weiter auf dem R4, der an dieser Stelle für etwa 2 Kilometer parallel zum Hessischen Radfernweg R9 verläuft. Beide Radwege führen durch Höchst im Odenwald, wo sich die

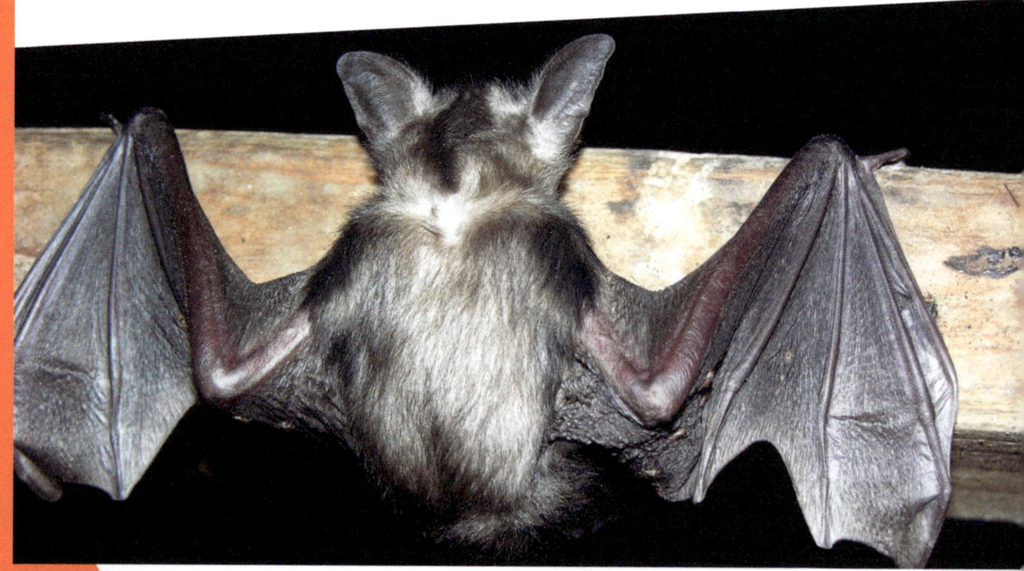

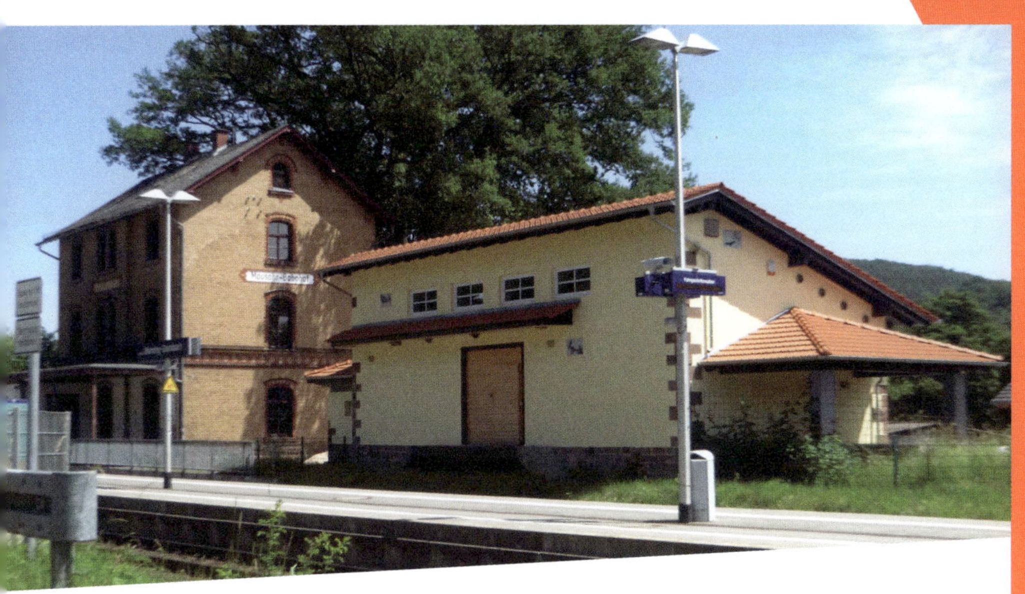

Routen trennen. Ein Stadtrundgang durch Höchst lohnt sich, nicht nur für Tischtennisfans. Denn der Tischtennisprofi Timo Boll ist der bekannteste Sohn der Gemeinde.

Beim Fledermaus-Bahnhof

Höchst liegt im Mümlingtal, durch das wir jetzt bis zu unserem Ziel auf dem R4 sowie dem Drei-Länder-Radweg (Markierung mit Dreieck und der Zahl 3) weiterfahren. Hier im hinteren Buntsandstein-Odenwald prägen langgestreckte Täler und Höhenrücken die Landschaft, auf die wir schauen. Wir kommen schon bald an den 6 / Mausohr-Bahnhof in Mümling-Grumbach: Hier sollen bereits um 1930 Fledermäuse auf dem Dachboden gewohnt haben. Heute ist der ehemalige Bahnhof die Basis für ein herausragendes Projekt, das Artenschutz und Umweltbildung mit Industriekultur vernetzt: Im Mausohr-Bahnhof entstehen gerade ein Artenschutzzentrum mit interaktiver Ausstellung über das Große Mausohr, Artenschutzgebäude mit Flugraum für Fledermäuse in Pflege, Räumlichkeiten für Seminare und weitere Veranstaltungen sowie ein großer Naturerlebnisgarten. Der Zutritt zum Gebäude ist im Moment nur zu ausgewählten Terminen möglich und fühlt sich wie eine Zeitreise an: Originale Elemente aus der Bahnhofshistorie schaffen eine beeindruckende Kulisse.

1.800

Weibchen des Großen Mausohrs ziehen jeden Sommer im Dachboden des 6 / Mausohr-Bahnhofs ihren Nachwuchs auf. Diese bedeutendste Wochenstube der gefährdeten Fledermausart in Südhessen bildet den Mittelpunkt eines HGON-Artenschutzzentrums.

< links / Das Große Mausohr bekommt man selten vor die Linse
^ oben / Von außen ein ganz normales Bahnhofsgebäude: Der Mausohr-Bahnhof in Mümling-Grumbach

UR ALT

Das Wahrzeichen von Michelstadt ist das historische Rathaus, welches acht Jahre vor Entdeckung Amerikas erbaut wurde.

Erholung und Tischtennis spielen in Bad König

Auf ebenem Radweg geht es ohne Steigungen bis zum 7 / Kurpark in Bad König. Dieser entstand in den 60er Jahren und hält viele tolle Spazierwege rund um Grünflächen und fischreiche Seen bereit. Im Sommer bieten Fontänen und ein toller Wasserspielplatz mit Matschbrunnen und Wasserpumpe eine angenehme Erfrischung. Eine längere Rast lohnt hier auch deshalb, weil wir uns in der Kneippanlage so richtig ausruhen können. Auf dem Planetenweg gibt es Informationen über das Sonnensystem. Wir beobachten umherfliegende Wasservögel. Und, wer seine Tischtennisschläger dabei hat, kann sie auch hier wieder zum Einsatz bringen. Der Kurpark ist wirklich eine tolle Erfahrung und wer länger Zeit hat, kann hier noch viel mehr entdecken. Unweit vom Radweg entfernt befindet sich auch die Odenwald Therme (Elisabethenstraße 13, 64732 Bad König), die neben einem Thermalbad eine Saunalandschaft und eine Salzgrotte umfasst.

TOUR, DIE DU SO NIE GEMACHT HÄTTEST

Biergarten Einkehr nur sonntags

Für uns geht es weiter bis zum 8 / Biergarten Krone (Königer Str. 1, 64732 Bad König, nur sonntags am Nachmittag geöff-

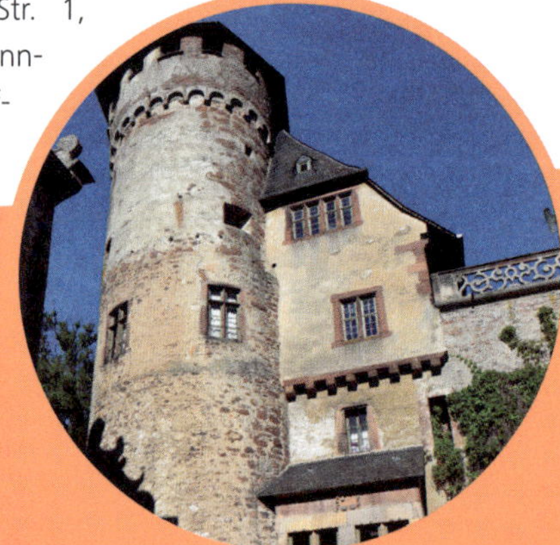

1717

zog die Grafenfamilie zu Erbach-Fürstenaus in das märchenhafte Gebäudeensemble ein und bewohnt es bis heute. Kunstinteressierte können in der Anlage Kunstwerke heimischer Künstler betrachten, vom Schloss kann man auch eine Wanderung entlang des „Kulturhistorischen Wanderwegs" starten.

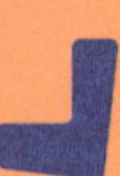

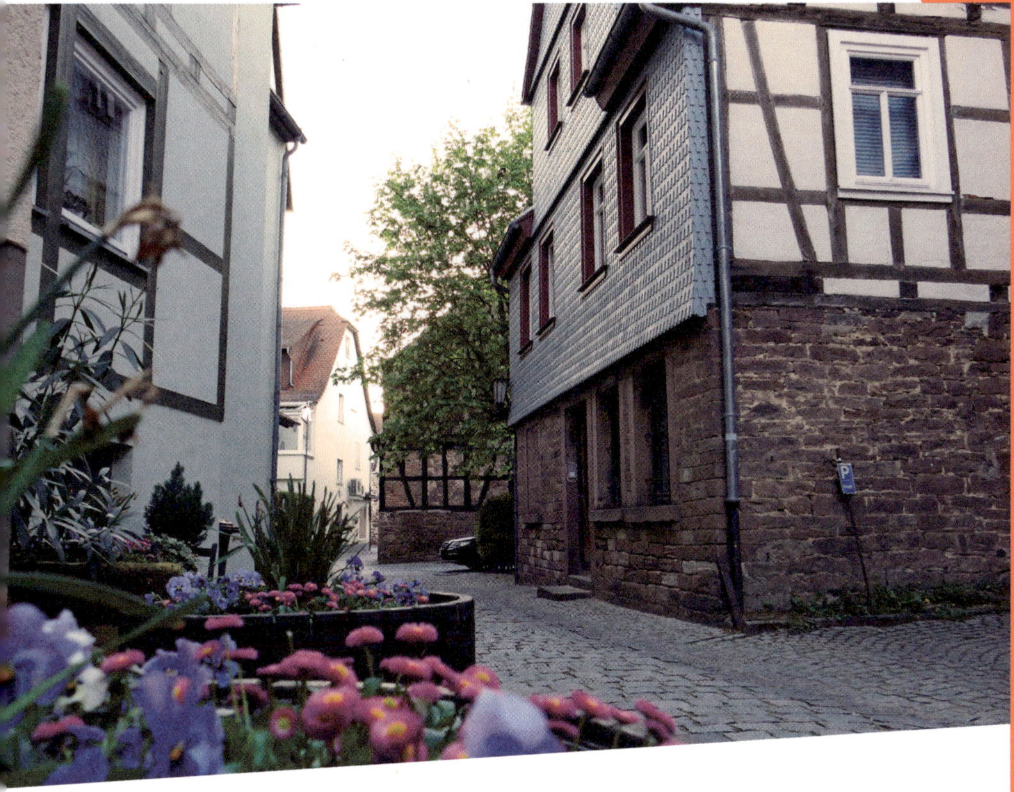

net, an anderen Tagen erst abends). Dieser gehört einem Gasthof an und ist wirklich empfehlenswert. In den Wintermonaten verwandelt er sich übrigens zu einem kleinen Weihnachtsmarkt. Nach einem kühlen Getränk im Schatten schwingen wir uns wieder in den Sattel und fahren bis zu unserem vorletzten Stopp, dem 9 / Schloss Fürstenau. Schloss Fürstenau in Michelstadt-Steinbach zählt zu den schönsten und romantischsten Schlössern in der Region. Schlosshof und Schlossgarten sind frei zugänglich und so drehen wir eine Runde auf dem Gelände.

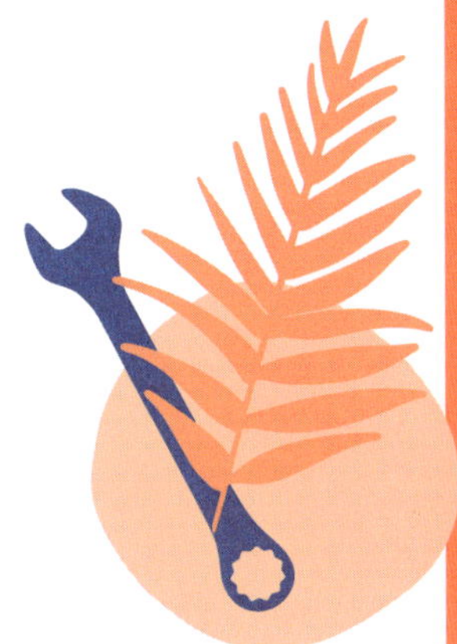

Höhepunkt zum Schluss

Der kulturelle Höhepunkt erwartet uns nach den letzten 2 Kilometern in der historischen Altstadt von 10 / Michelstadt. Hier reihen sich die Fachwerkhäuser aneinander und viele ganz besondere Bauwerke finden wir unter ihnen. Wer nicht an der Geschichte der Gebäude interessiert ist, für den ist Michelstadt einfach nur ein wirklich lauschiges Plätzchen mitten im schönen Odenwald.

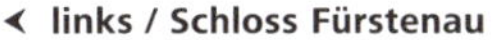

< links / Schloss Fürstenau
∧ oben / Durch die urigen Gassen von Michelstadt

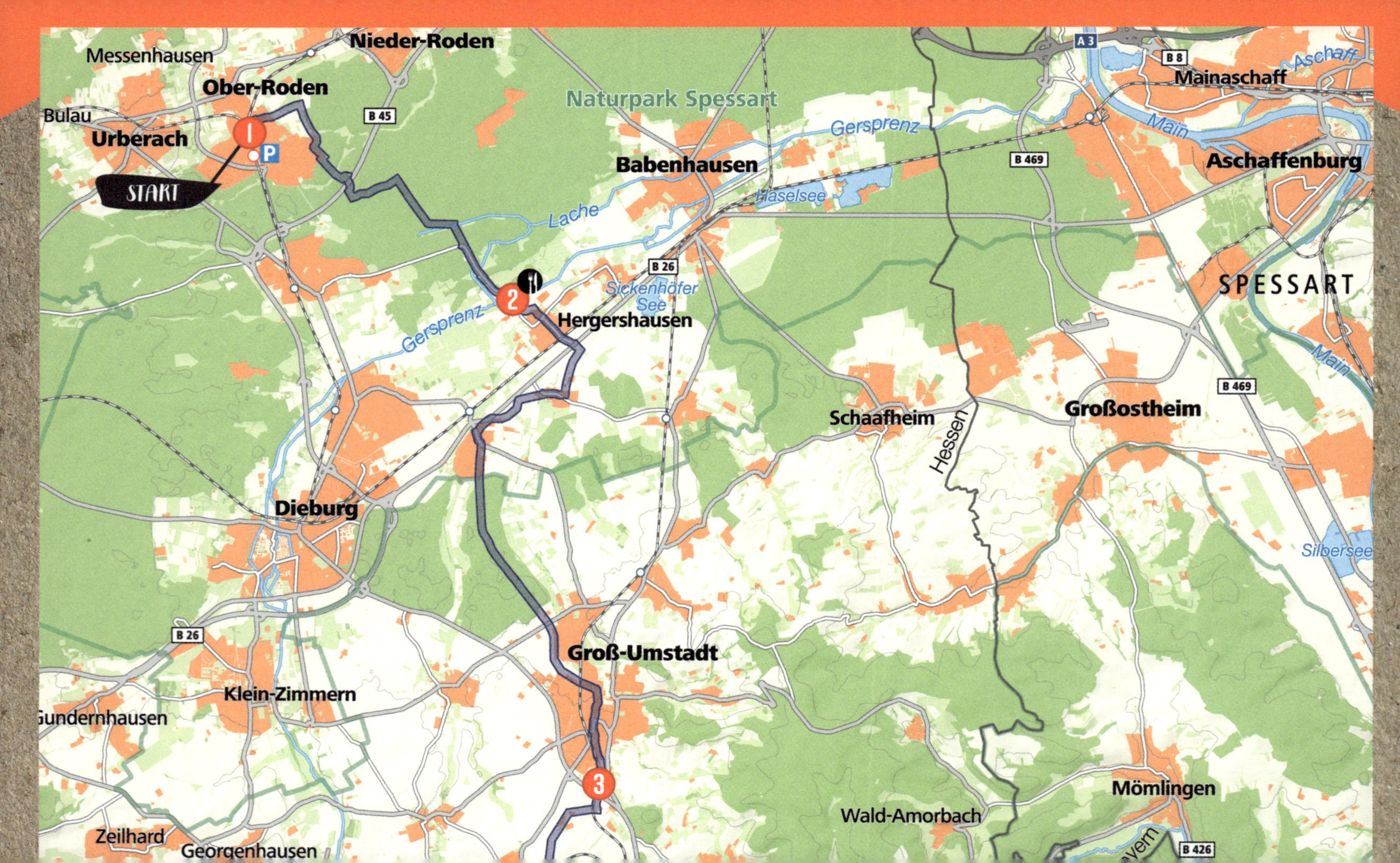
Messenhausen
Nieder-Roden
Ober-Roden
Bulau
Urberach
START
B 45
Naturpark Spessart
Gersprenz
A 3
B 8
Mainaschaff
Aschaff
Main
Aschaffenburg
Babenhausen
B 469
Haselsee
Lache
B 26
Sickenhöfer See
Hergershausen
SPESSART
Gersprenz
B 469
Schaafheim
Großostheim
Hessen
Dieburg
Silbersee
B 26
Groß-Umstadt
Klein-Zimmern
Gundernhausen
Mömlingen
Wald-Amorbach
Zeilhard
Georgenhausen
B 426

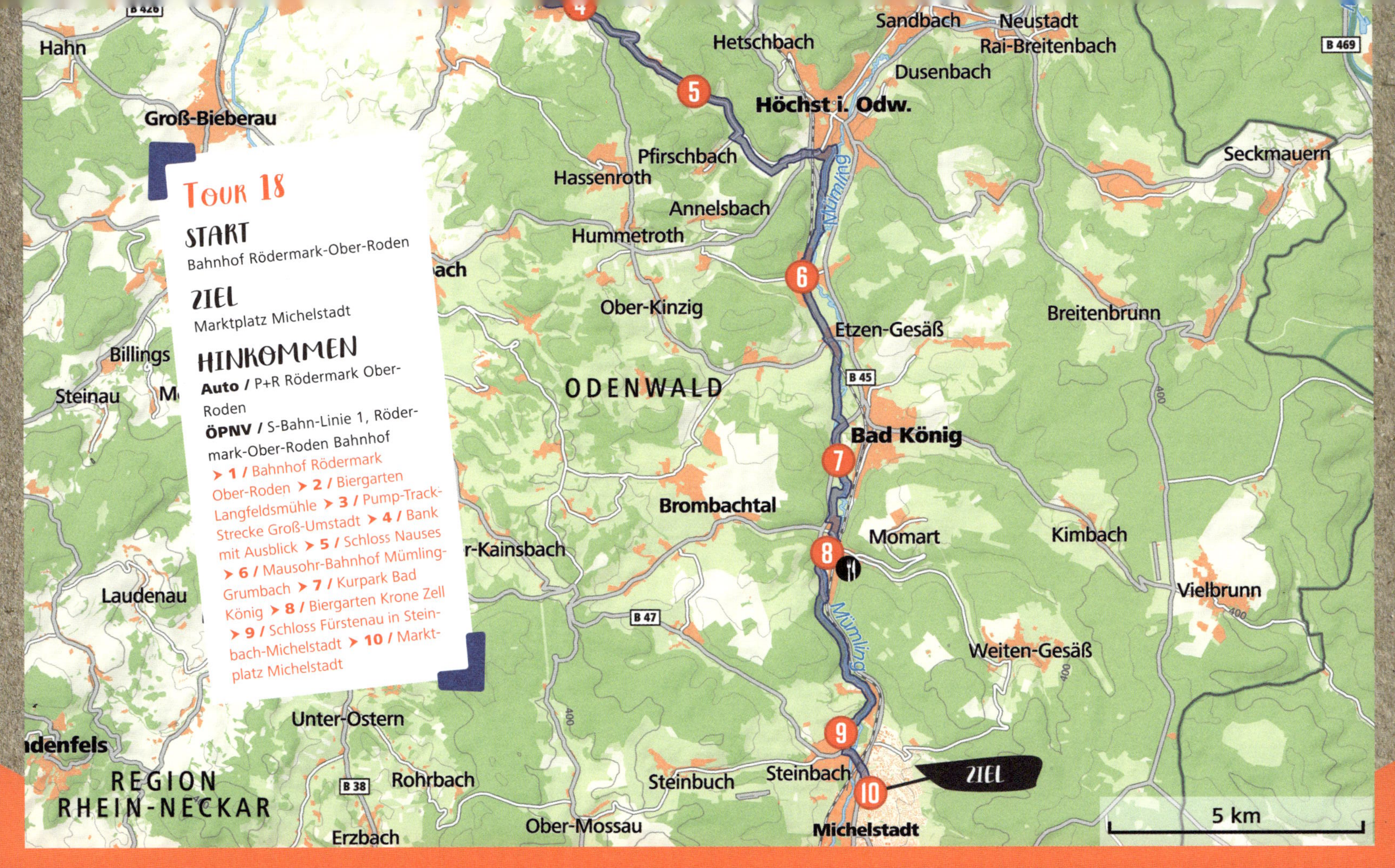

Tour 18
START
Bahnhof Rödermark-Ober-Roden
ZIEL
Marktplatz Michelstadt
HINKOMMEN
Auto / P+R Rödermark Ober-Roden
ÖPNV / S-Bahn-Linie 1, Rödermark-Ober-Roden Bahnhof
➤ 1 / Bahnhof Rödermark Ober-Roden ➤ 2 / Biergarten Langfeldsmühle ➤ 3 / Pump-Track-Strecke Groß-Umstadt ➤ 4 / Bank mit Ausblick ➤ 5 / Schloss Nauses ➤ 6 / Mausohr-Bahnhof Mümling-Grumbach ➤ 7 / Kurpark Bad König ➤ 8 / Biergarten Krone Zell ➤ 9 / Schloss Fürstenau in Steinbach-Michelstadt ➤ 10 / Marktplatz Michelstadt
Hahn
Groß-Bieberau
Hetschbach
Sandbach
Neustadt
Rai-Breitenbach
Dusenbach
Höchst i. Odw.
Seckmauern
Pfirschbach
Hassenroth
Annelsbach
Hummetroth
Mümling
Ober-Kinzig
Etzen-Gesäß
Breitenbrunn
Billings
Steinau
ODENWALD
B 45
Bad König
Brombachtal
Momart
Kimbach
Vielbrunn
Laudenau
B 47
Weiten-Gesäß
Unter-Ostern
REGION RHEIN-NECKAR
B 38
Rohrbach
Steinbuch
Steinbach
ZIEL
Michelstadt
Erzbach
Ober-Mossau
5 km
B 469
400

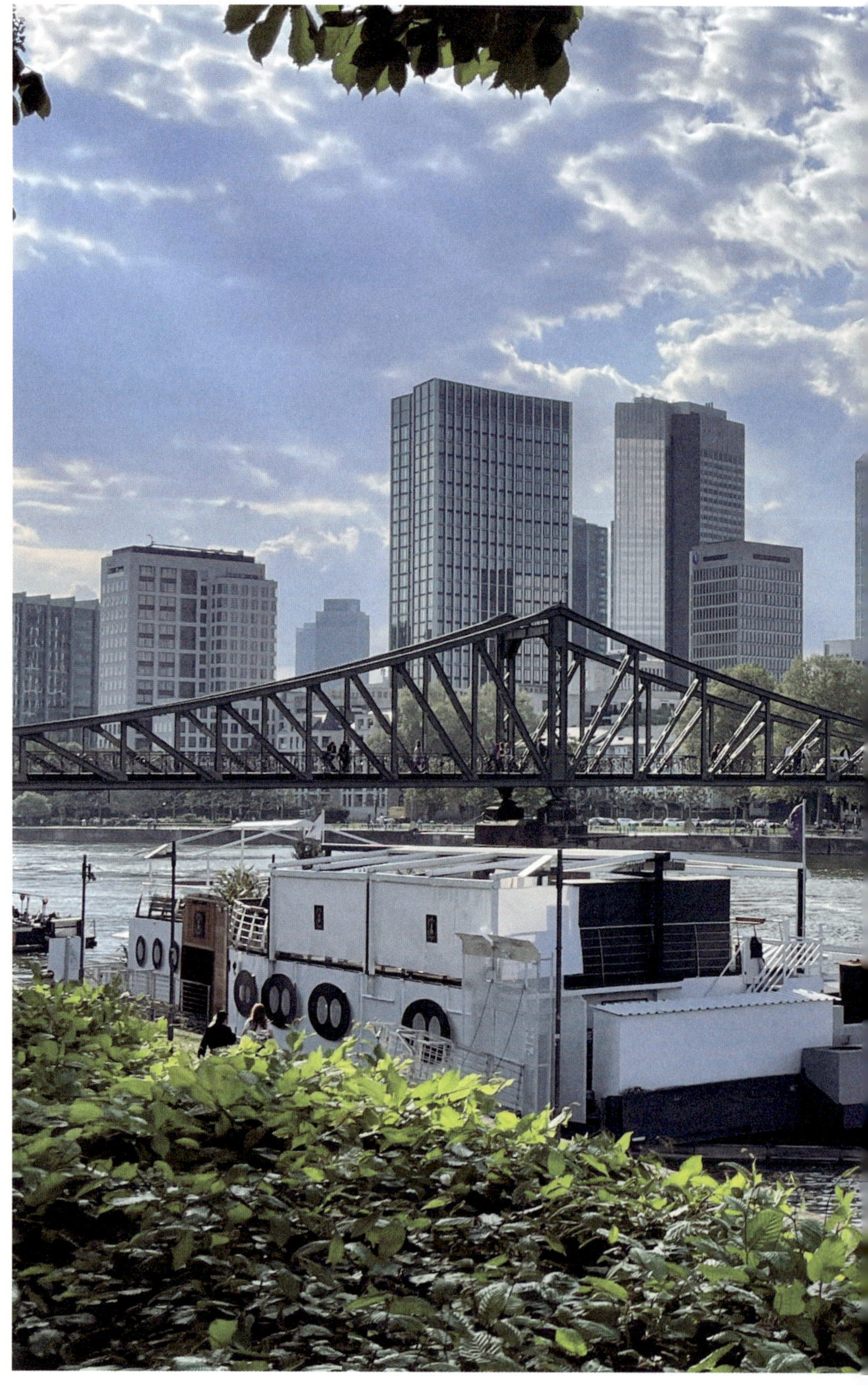

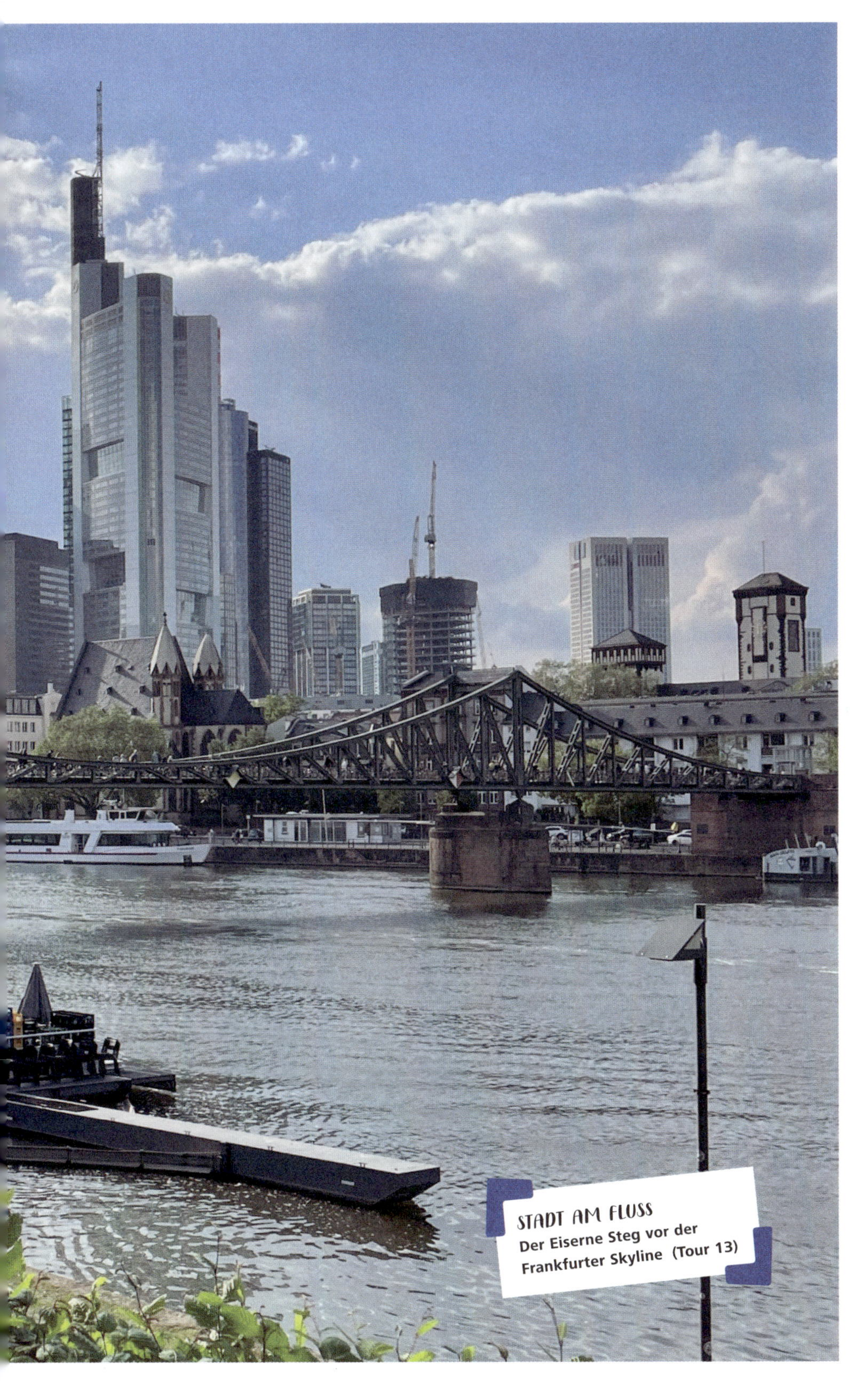

STADT AM FLUSS
Der Eiserne Steg vor der Frankfurter Skyline (Tour 13)

WOCHENEND-BIKEAWAYS

Seite

19 GENUSSROUTE
Auf nach Rheinhessen ➤ **2 Tage / 5:30 + 4:15 Stunden** 179

20 GEBIRGSRADELN FÜR ANFÄNGER
An der Hessischen Bergstraße
bis nach Heidelberg ➤ **2 Tage / 4:45 + 4:15 Stunden** 193

20½ EINE SCHLOSSWEG-WANDERUNG
Auf ein Mittagessen nach Schloss Auerbach ➤ **3 Stunden** 204

TOUR, DIE DU SO NIE GEMACHT HÄTTEST
21 MÄRCHENHAFTER SPESSART
Von Hanau bis nach Alsfeld ➤ **2 Tage / 4 + 6 Stunden** 209

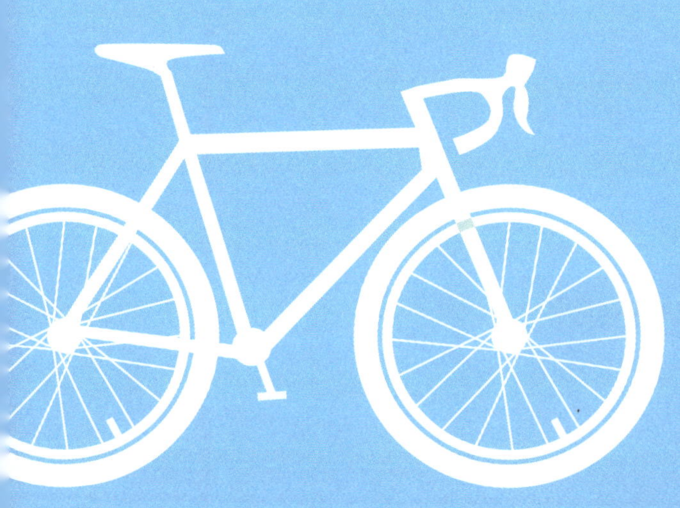

MINI-URLAUBS-TOUREN MIT ÜBERNACHTUNG

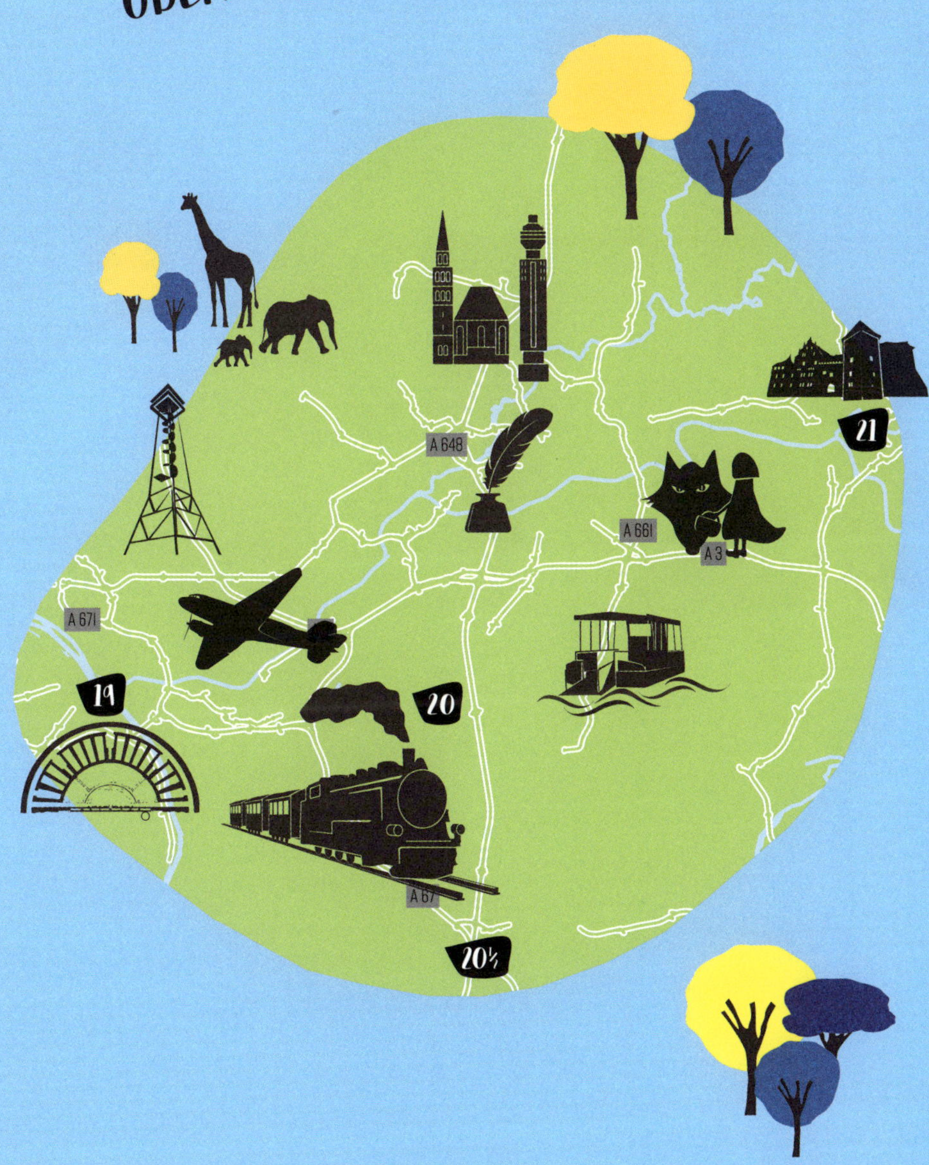

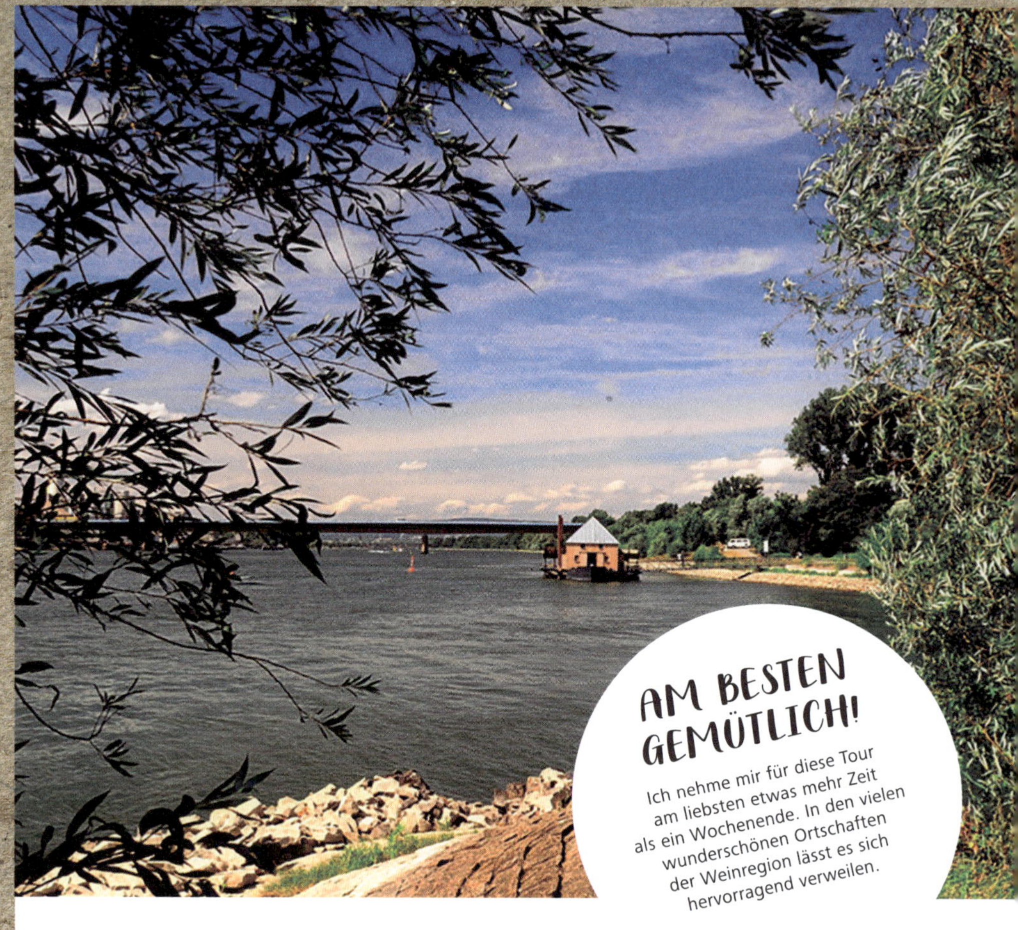

AM BESTEN GEMÜTLICH!

Ich nehme mir für diese Tour am liebsten etwas mehr Zeit als ein Wochenende. In den vielen wunderschönen Ortschaften der Weinregion lässt es sich hervorragend verweilen.

> 1 / Der ehemalige Mainzer Südbahnhof heißt jetzt Römisches Theater

> 2 / Von der Bastion von Schönborn blicken wir auf die Mainzer Skyline

> 3 / Gemütlich kehren wir ein in die Gartenwirtschaft Zum Heurigen

> 4 / Einblicke in das Handwerk in der intakten Rheinschiffsmühle

> 5 / Die Fähre Kornsand bringt uns mit den Rädern nach Nierstein

> 6 / In den Weinbergen die Beine in der Wingertsschaukel baumeln lassen

> 7 / Die Eulenschänke/Eulenmühle ist eine Oase im Grünen

> 8 / Urlaubsfeeling am Strandbad Ingelheim

> 9 / Mit der Rheinfähre Bingen-Rüdesheim ins touristische Rüdesheim

> 10 / Zeit für einen Schoppen in Eltville am Rhein

> 11 / Am Wallufer Weinprobierstand setzen wir das Weintasting fort

> 12 / Wir flanieren am Schiersteiner Hafen

> 13 / Regionalen Kaffee im Café Seifenblase

> 14 / Die Rheinwiesen in Mainz Kastel

> 15 / Vom Hauptbahnhof Mainz geht's retour

360 m
330 m
300 m
270 m
240 m
210 m
180 m
150 m
120 m
90 m
60 m
30 m

1 2 3 4 5 6 7 8 9 10 11 12 13 14 15

0 km 20 km 40 km 60 km 80 km 100 km 128,1 km

GENUSSROUTE

Auf nach Rheinhessen

Wir fahren über eine Halbinsel. Eine Fähre trägt uns gleich zweimal über den Fluss. Im Rheingau haben wir die herrlichsten Ausblicke auf Wasser, Schlösser und Wein. An ufernahen Weinprobierständen weht uns eine frische Brise um die Nase. Regionalen Kaffee trinken wir auf den Rheinwiesen.

Tag 1 + Tag 2
67 + 61 Kilometer
480 + 380 Höhenmeter ▲
470 + 400 Höhenmeter ▼
5 + 4:45 Stunden
Rundtour

CHARAKTER
Sportlich ●●●●●
Abkühlung ●●●●●
Schlemmen ●●●●●
Panorama ●●●●●

TAG 1
Von Mainz bis Ingelheim

Vom Bahnhof 1 / Mainz Römisches Theater starten wir unsere Tour, die uns zunächst an einer der besten Mainzer Eisdielen vorbeiführt (N'Eis, Gartenfeldpl. 12, 55118 Mainz). Über eine Straßenbrücke gelangen wir anschließend auf die andere Rheinseite. Hier treffen wir direkt auf das Restaurant und die Strandbar 2 / Bastion von Schönborn (Rheinufer 12 55252 Mainz-Kastel). Die Bastion gehört zum Gesamtareal der Reduit, einem Gebäude, das ursprünglich als Reduit-Kaserne diente. Im

TOURENINFO / Wunderschöne Uferradwege, die sonntags gut besucht sein können, auf Regionalparkrundroute, hessischem Radfernweg R6, Selztalradweg und hessischen Radfernweg R3, Fährübergang Bingen-Rüdesheim. Wenige Übernachtungsmöglichkeiten auf halber Strecke, mehrere ab Rüdesheim

---

◄ links / Altrheinmündung bei Ginsheim

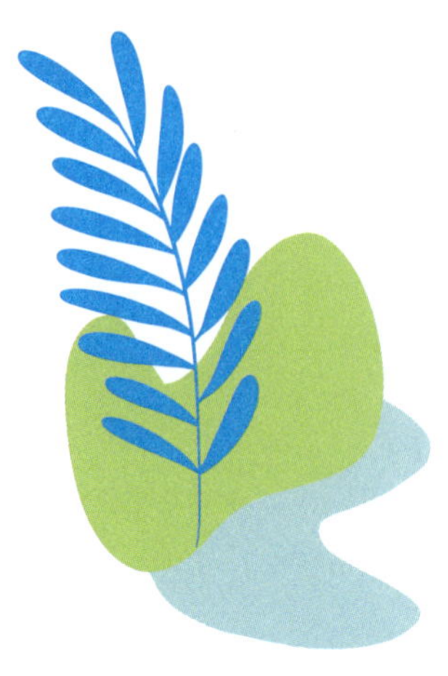

Domzimmer, der Zunftstube, auf der Terrasse, im Biergarten und am Kasteler Naturstrand wird man bewirtet und hat eine spektakuläre Perspektive auf die Mainzer Skyline. Von der Bastion ist es nicht weit bis zur Maaraue. Über eine Brücke fahren wir auf die Halbinsel an der Mündung des Mains in den Rhein. Hier befindet sich auch ein Freibad mit einer Wasserkletterwand. Von der Maaraue genießen wir wunderschöne Blicke auf Mainz. Wir durchfahren noch einige Ortsteile, die durch ihre Namensgebung in die Irre leiten: Mainz-Kastel, Mainz-Kostheim oder Mainz-Gustavsburg gehören nämlich allesamt zur hessischen Landeshauptstadt Wiesbaden. Ähnlich wie beim Namen Rheinhessen ist die Begründung für die trügerische Namensgebung in der Geschichte beider Städte zu suchen.

HESSEN ODER NICHT?

Rheinhessen ist das größte Weinbaugebiet in Deutschland und liegt zwischen Mainz, Worms und Bingen. Politisch betrachtet gehört es zu Rheinland-Pfalz.

Über den Main bis nach Ginsheim

Wir queren den Main und befinden uns nun in Mainz-Gustavsburg auf Höhe der Mainspitze, dem Zusammenfluss von Rhein und Main. Ein Abstecher zu diesem imposanten Ort lohnt sich, an der Spitze finden wir Sitzstufen und „Main-Waves", blaue Sitzwellen. An diesem Punkt beginnt auch die Regionalparkrundroute, der man bis zum Bahnhof von Gustavsburg folgen kann, wo man wieder auf unsere Route trifft. Auf dem R6 radeln wir bis zum Ufer des Rheins, wo sich unweit vom Radwegentfernt auf Höhe eines Campingplatzes eine Gastwirtschaft befindet. Das Gasthaus 3 / Zum Heurigen (Bleiauweg 11, 65462 Ginsheim-Gustavsburg, mittwochs bis sonntags geöffnet) wartet miteinem urgemütlichen Außenbereich auf. Die Regionalparkrundrouteverläuft noch etwa bis zum Ginsheimer Kiesbagger und biegt kurzdarauf Richtung Treber ab. Kurz vor dem Bagger finden wir eine historische 4 / Rheinschiffsmühle (An der Schiffsmühle 1, 65462 Ginsheim-Gustavsburg), die noch aktiv ist und besichtigt werden kann.

➤ **rechts oben / An der Mainspitze**
➤ **rechts Mitte / Römisches Theater Mainz von oben**

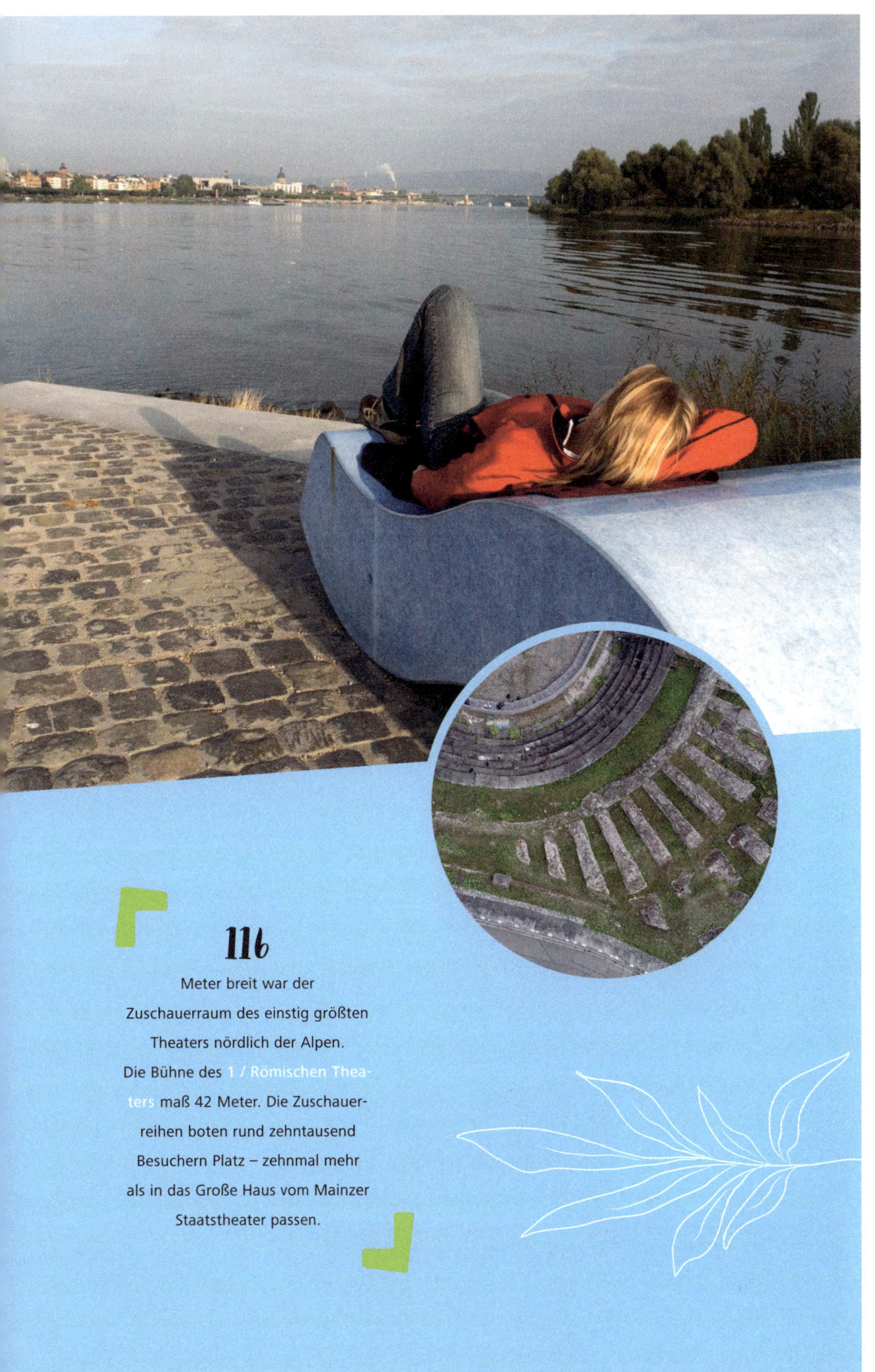

116

Meter breit war der Zuschauerraum des einstig größten Theaters nördlich der Alpen. Die Bühne des 1 / Römischen Theaters maß 42 Meter. Die Zuschauerreihen boten rund zehntausend Besuchern Platz – zehnmal mehr als in das Große Haus vom Mainzer Staatstheater passen.

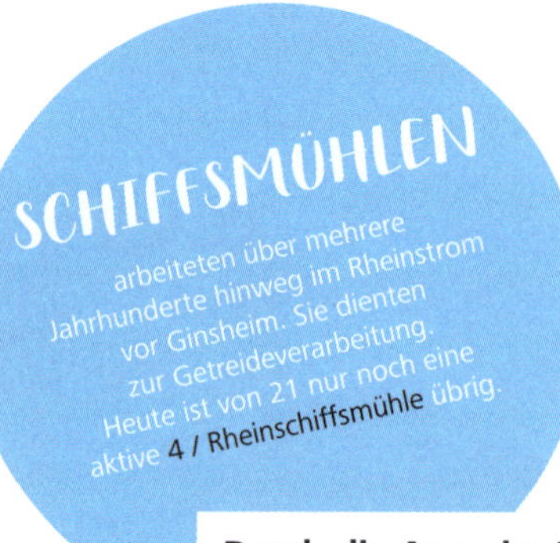

MIT DER FÄHRE ÜBER DEN RHEIN

Durch die Auen im Hessischen Ried

Unsere Route führt an Ginsheim vorbei über einen ruhigen, asphaltierten Radweg, nicht direkt am Rhein entlang. Auf Höhe Trebur befinden wir uns im Hessischen Ried, einem Flachland, welches früher überwiegend sumpfig und von Überschwemmungen geprägt war. Der Radweg könnte nicht besser sein und die wunderschönen Auenlandschaften bieten zahlreiche Rastmöglichkeiten. Es geht weitere 8 Kilometer bis zur 5 / Fähre Kornsand (www.rheinfaehre-nierstein.de). Das 1966 erbaute Fährschiff „Landskrone" bringt uns, unsere Räder und sogar einige Autos von Kornsand nach Nierstein. Die Fähre legt im 30-Minuten-Takt ab.

Von der Pfalz bis zum Rhein

Nun führt unser Radweg auf der anderen Rheinseite einige Kilometer zurück bis nach Nackenheim. Hier verlassen wir das Rheinufer und offizielle Radwege. An einer Straße entlang geht es bis

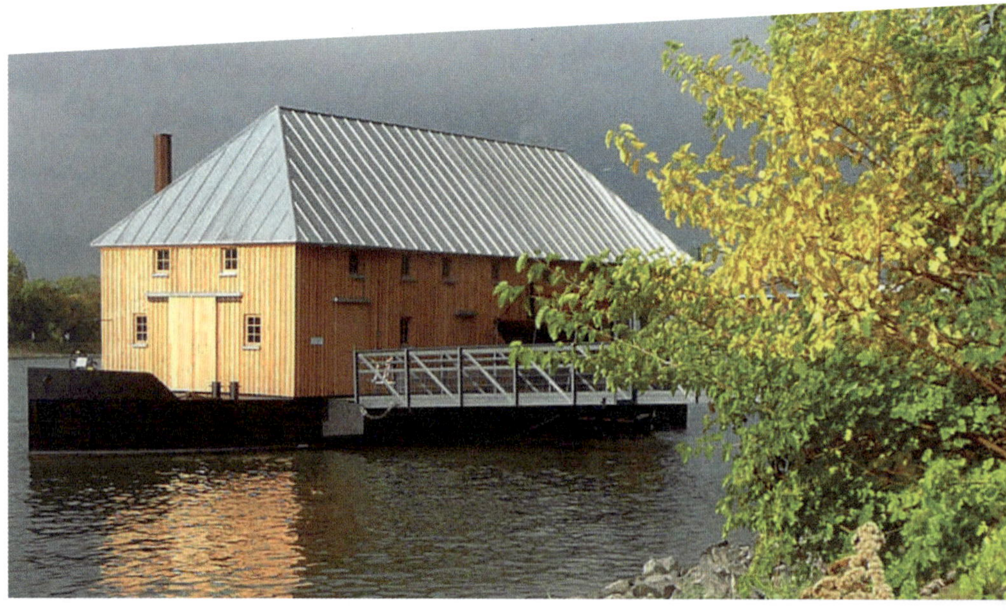

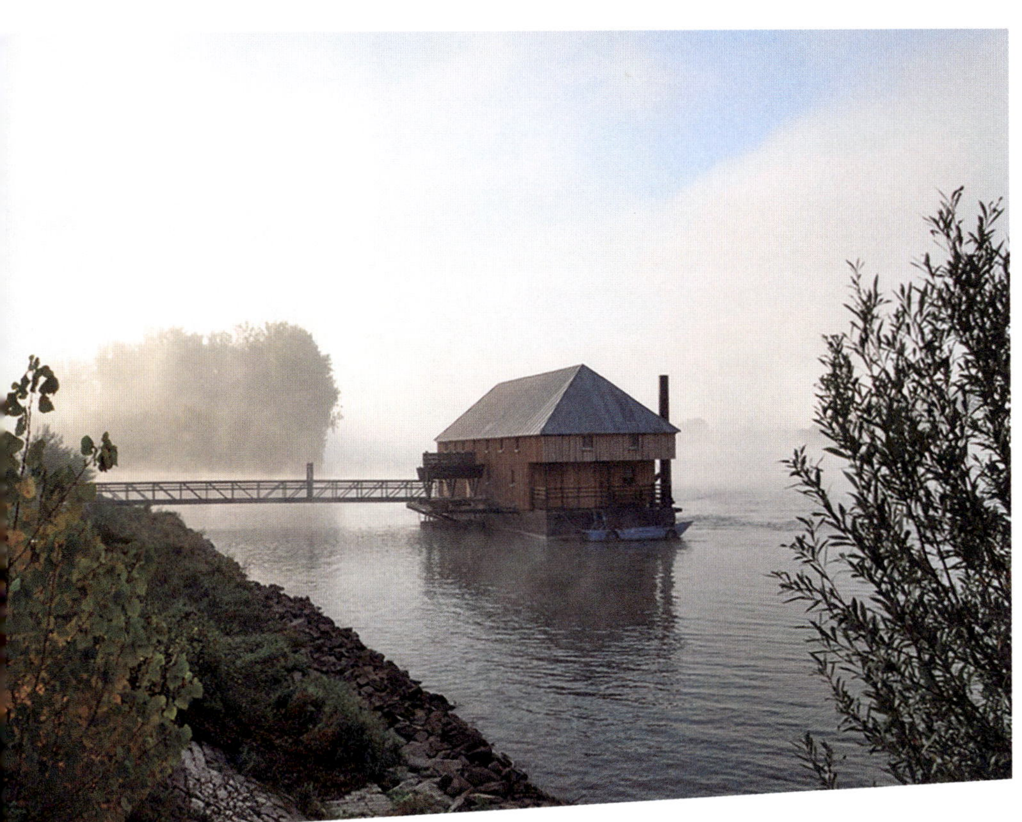

nach Bodenheim, wo wir durch den Ort fahren. Hinter Bodenheim kommen wir am Bodenheimer Weinlehrpfad vorbei. An zahlreichen Rebsortenschildern und Infotafeln kann man wirklich viel über den Weinanbau und die Geschichte Bodenheims lernen. Insgesamt werden 14 Weine vorgestellt, die natürlich auch an diesem Ort wachsen. Auf Landwirtschaftswegen geht es durch das Weingebiet mit tollen Ausblicken ins Umland. Auf Höhe Laubenheims erreichen wir ein Schaufenster ins Rheintal – ein schöner Fotospot, an dem wir einen in die Landschaft gebauten Bilderrahmen mit Infotafel finden. Danach geht es durch das Örtchen Hechtsheim und über weite Felder bis nach Klein-Winternheim, wo wir auf die 6 / Wingertsschaukel treffen. Die Weinbergschaukel lädt zum Rasten ein. Eine willkommene Pause für unsere Beine, denn es liegen noch fast 20 Kilometer vor uns, bis wir etwas mehr als die Hälfte der Strecke hinter uns haben und an eine schöne Übernachtungsmöglichkeit gelangen.

WEIN-HOTEL WASEM

Etwa auf halber Strecke und direkt an unserer Route liegt das empfehlenswerte Weinhotel Wasem (Stiegelgasse 70, 55218 Ingelheim am Rhein). In Ingelheim gibt es viele weitere Übernachtungsmöglichkeiten.

‹ links / Die Rheinschiffsmühle bei Ginsheim
^ oben / Die Rheinschiffsmühle bei Nebel

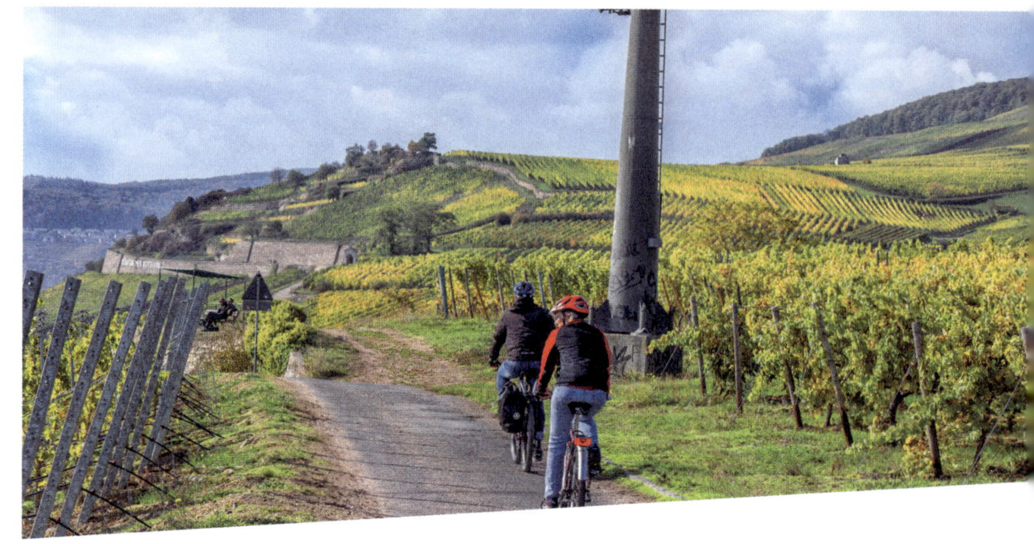

Zwischenziel Ingelheim

Wir schwingen uns wieder in den Sattel und fahren durch die Orte Klein-Winternheim und Ober-Olm. Danach führt der Weg über Felder und durch den Oberolmer-Wald, in dem wir einen sehr schön angelegten Kiesweg entlangfahren. Wir passieren den Flugplatz Mainz-Finthen und fahren anschließend zwischen Wiesen entlang, an Obstbäumen und einem Lama-Gehege vorbei bis nach Großwinternheim, wo wir auf den Selztalradweg treffen. Diesem Radweg folgen wir und erreichen nach etwa einem Kilometer die 7 / Eulenschänke/Eulenmühle (55218 Ingelheim). Die Eulenmühle ist ein kleines Paradies inmitten der rheinhessischen Weinlandschaft. Hier können wir rasten und sehr gut essen. Wer nach dem ersten Tourentag noch nicht genug im Sattel saß, der findet an der Eulenmühle auch Reitpferde. Der angeschlossene Pferdehof bietet ein breites Angebot an Kursen rund um das Pferd – darunter auch Zirkuslektionen. Wir lassen den Abend im wunderschönen Innenhof der Mühle gemütlich ausklingen und übernachten im wenige Kilometer entfernten Ingelheim.

GUTENBERG IN ELTVILLE

Der Erfinder und Buchdruckermeister lebte und wirkte im 15. Jahrhundert zeitweise in 10 / Eltville und hinterließ einige Spuren.

TAG 2
Auf ins Rheingau

Am nächsten Morgen machen wir uns auf den Weg Richtung Rhein. Heute werden wir noch etwa 60 Kilometer zurücklegen und das Rheingau erkunden. Zunächst liegen einige Kilometer auf dem

---

⮝ oben / Radeln in den Rüdesheimer Weinbergen
➤ rechts / Radfahren bei Rüdesheim

Selztalradweg vor uns, bis wir das Rheinufer erreichen. Direkt an der Route entdecken wir ein nettes Café: Purer Genuss (Binger Str. 88, 55218 Ingelheim am Rhein). Hier frühstücken wir und gelangen schließlich zum Rhein, wo unser erster Stopp das 8 / Strandbad Ingelheim ist. Der Badestrand am Rhein ist wirklich toll und der Rhein ist so breit, dass man sich wie an einem See fühlt. Wir genießen den wunderschönen Blick über den Rhein und das Gefühl von Strandurlaub. Einige Kilometer fahren wir jetzt am Ufer entlang und lassen uns eine frische Brise um die Nase wehen. Bei dem Örtchen Kempten biegen wir ins Landesinnere ab und fahren einen ruhigen Weg über Felder am Rande von Büdesheim entlang. Man kann auch den direkteren Weg am Ufer wählen, wenn man sich ein paar Kilometer sparen möchte.

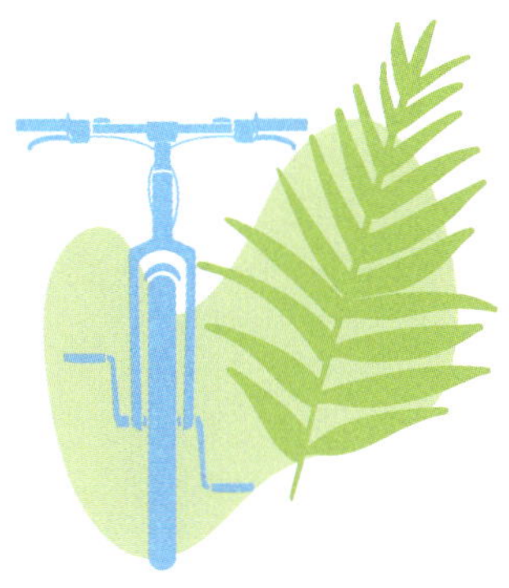

Rheinquerung nach Rüdesheim

Unsere Route führt schließlich durch Bingen zurück zum Rhein, wo wir phänomenale Ausblicke genießen. Wir queren den Bingener Bahnhof und gelangen zur 9 / Rheinfähre Bingen-Rüdesheim. Von hier geht es über den Rhein. Die Fahrt kostet etwa drei Euro pro Person, Fahrräder kosten extra. An der Fähranlegestelle starten auch Rundfahrten, wie etwa die Burgenfahrt oder

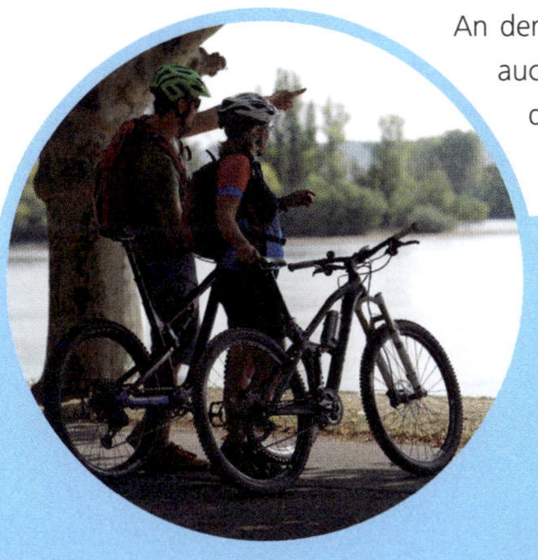

93

Kilometer sind es bis nach 9 / Rüdesheim. Wer den Großteil der Strecke an einem Tag zurücklegt, dem sei eine Übernachtung im Weinfass empfohlen. Das Hotel Lindenwirt liegt direkt an unserer Route in der wunderschön-historischen Drosselgasse.

SCHIERSTEINER RIVIERA

Von der Uferpromenade des alten **12 / Schiersteiner Hafens** schauen wir auf Yachten und Ausflugsboote – das mediterrane Gefühl brachte dem Hafen seinen Namen ein.

die Loreleyfahrt. Wer noch etwas mehr Zeit hat, sollte unbedingt eine Rundfahrt buchen! Denn unsere Überfahrt dauert nur wenige Minuten, bis wir im Touristenort Rüdesheim ankommen. Den Tag könnten wir auch gut hier verbringen, denn hier ist es wirklich wunderschön. Wer die Möglichkeit hat, die Tour um ein bis zwei Tage zu verlängern, der sollte das unbedingt tun.

RÜDESHEIM LOHNT ZUM VERWEILEN

Im Weinland

Die Route führt ab der Rüdesheimer Innenstadt über den R3a, den alten Radweg des hessischen Radfernweges R3. (Der neue R3 führt erst ab der Hindenburgbrückenruine in Rüdesheim am Ufer entlang.) Nun hangeln wir uns durch die Weinberge von Ort zu Ort. Es ist wirklich jeder Ort sehenswert und für längere oder kürzere Pausen geeignet. Auf unserem Weg in die Weinhochburg Eltville gibt es zahlreiche Schlösser, Burgen, Klöster und Kirchen zu besichtigen. Besonders empfehlenswert ist noch bei Rüdesheim die

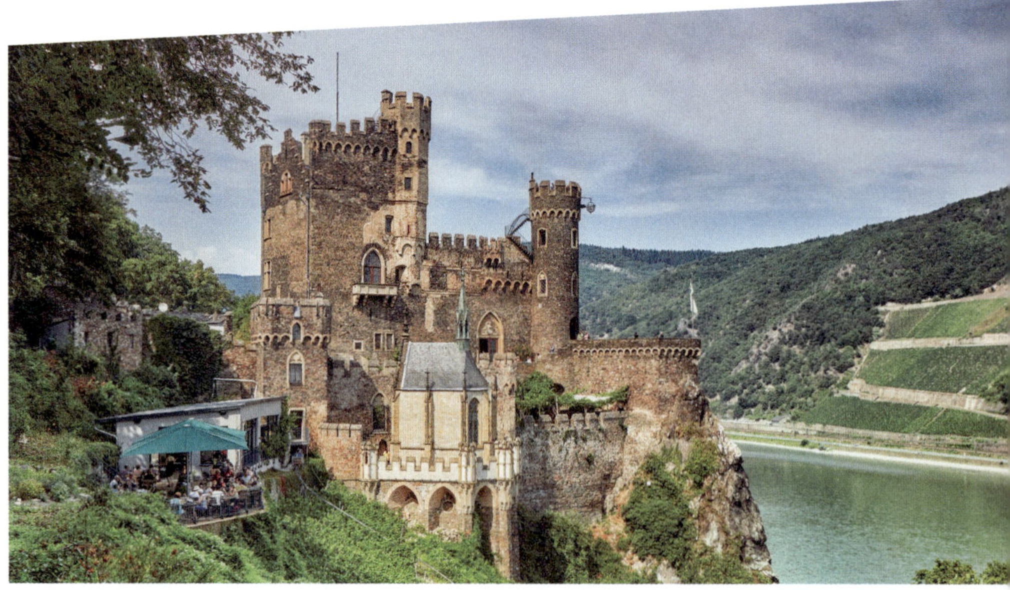

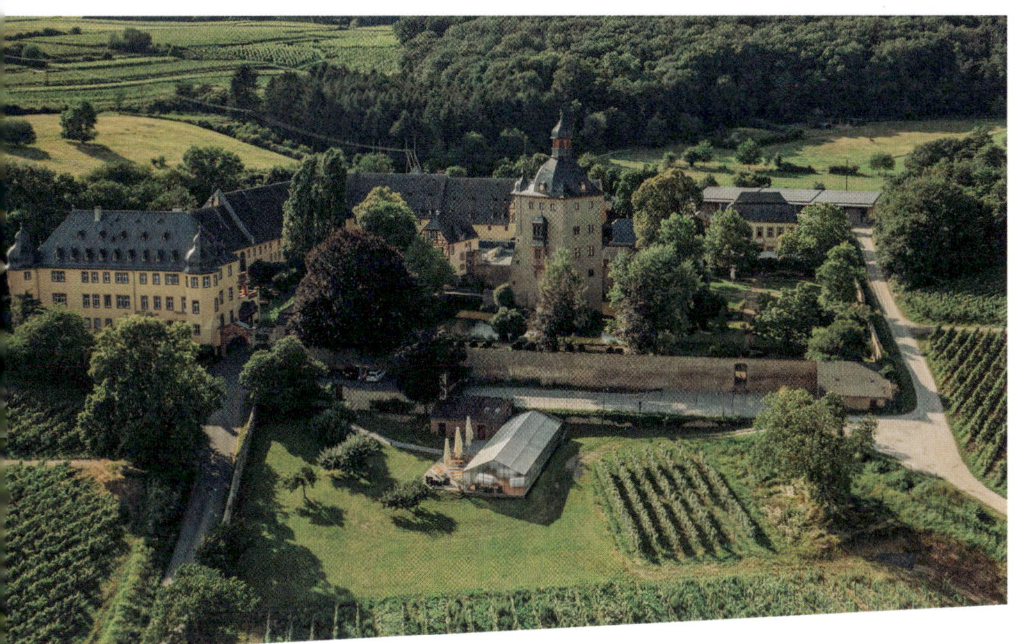

Burg Rheinstein (55413 Trechtingshausen) sowie das 1100 gegründete Benediktiner-Kloster und 1715 erbaute Schloss Johannisberg (65366 Geisenheim) – eines der ältesten Riesling-Weingüter der Welt, mit phänomenaler Außenterrasse. Wer Letzteres besichtigt, sollte sich auch die unweit entfernte Burg Schwarzenstein (Rosengasse 32, 65366 Geisenheim) nicht entgehen lassen. Ein weiteres Schloss und Weingut, welches nicht direkt am Radweg liegt, ist das Schloss Vollrads (65375 Oestrich-Winkel). Im rustikal möblierten Innenhof ist es kein Fauxpas, in sportlicher Kleidung Wein zu verkosten.

1945

Bis zu diesem Jahr gehörte Rheinhessen zum Volksstaat Hessen, weshalb das Gebiet noch heute so heißt.

Zu Fuß durch das idyllische Eltville am Rhein

Wir gelangen nun nach 10 / Eltville am Rhein, der größten Stadt des Rheingaus. Eltville ist als Stadt des Weines und der Rosen bekannt. Hier kann man Landschaft, Wein und Kultur gleichzeitig genießen. Unsere Route verläuft über die Rheingauer Straße, mitten durch die Stadt. Wir lassen unsere Räder stehen und schlendern durch idyllische, gepflasterte Altstadtgassen vorbei an zahlreichen liebevoll restaurierten Fachwerkhäuschen. Am Ufer liegt die Kurfürstliche Eltviller Burg mit einem begehbaren Turm. Der Rosengarten rund um die Burg begeistert nicht nur während der

---

< links / Burg Rheinstein am Rheinufer
^ oben / Malerisch: Schloss Vollrads ist einen Abstecher wert

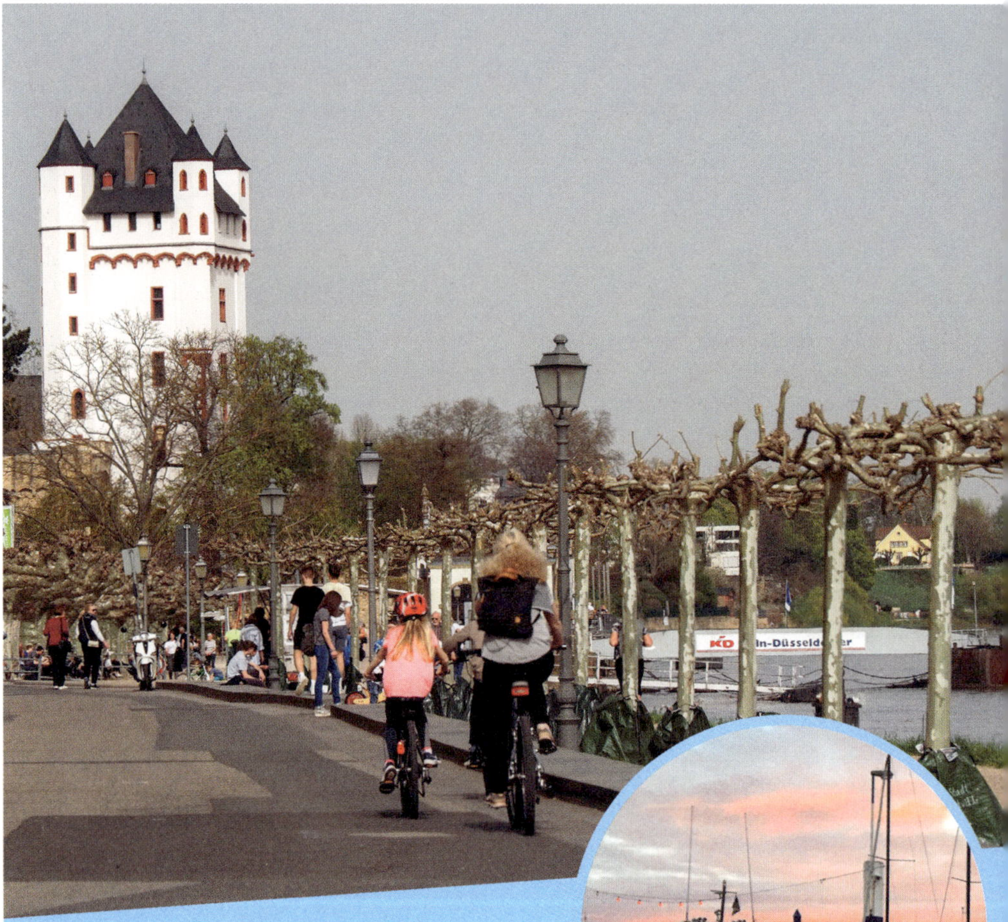

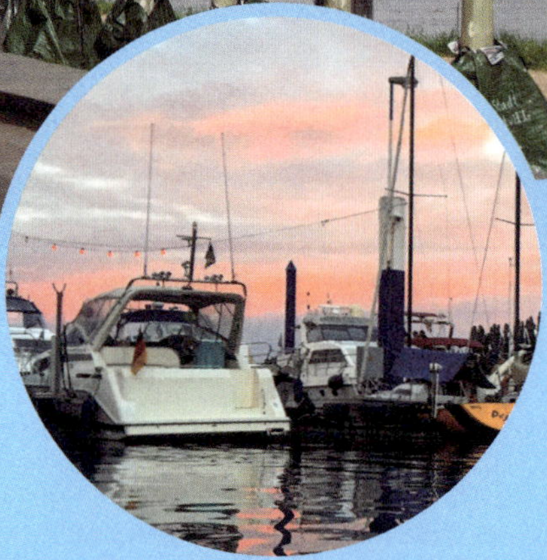

IN DER SEIFENBLASE

Kaffee trinken im 13 / Café Seifenblase ist nur an drei Tagen der Woche möglich: Es öffnet dienstags, donnerstags und sonntags jeweils ab mittags.

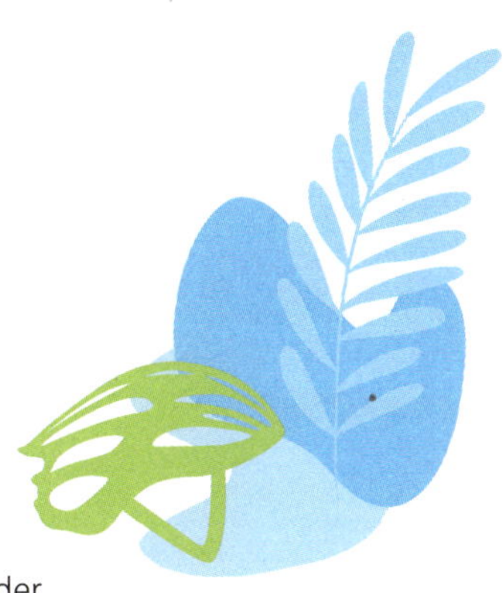

jährlichen Rosentage und Rosenwochen im Mai und Juni. An der romantischen Rheinuferpromenade liegt auch die 1000 Jahre alte Burg Crass. Man möchte diesen wunderbaren Ort eigentlich nicht verlassen, aber wir setzen unsere Tour in Richtung Mainz fort. Nach knapp drei Kilometern stranden wir am 11 / Wallufer Weinprobierstand, der sich direkt am Rheinufer neben einem Segelclub befindet. Von Ostern an kredenzen hier Winzer aus Nieder- und Oberwalluf in einem zum Weinstand ausgebauten echten alten Weinfass ihre edlen Rebensäfte. Die Saison endet erst mit dem Beginn der Weinlese.

Endspurt nach Mainz

Vorbei an der Niederwallufer Bucht näheren wir uns Wiesbaden und dem Ortsbezirk Schierstein, der als „Tor zum Rheingau" bezeichnet wird. Wir gelangen zum 12 / Schiersteiner Hafen. Dieser wurde 1859 gebaut. Rund um den Hafen eröffneten zu dieser Zeit zahlreiche Fischrestaurants, heute existiert nur noch die „Rheinhalle". Wir fahren bis zum Ende des Hafens, dann führt der Weg am Rande des Wiesbadener Stadtteils Biebrich entlang, wo sich ein Abstecher in Richtung Stadt lohnt. Ein paar Straßen links neben dem Radweg finden wir das 13 / Café Seifenblase (Wilhelm-Kalle-Straße 8, 65203 Wiesbaden). Das niedliche Café ist ein echter Geheimtipp. Es gibt selbst gebackenen Kuchen und regionale Kaffeesorten. Wir füllen unsere Kaffeebecher auf und radeln zu den 14 / Rheinwiesen Mainz Kastel, wo wir einen unverstellten Blick auf Mainz haben und gemütlich unseren Kaffee trinken. Über die Brücke geht es zurück nach Mainz, wo wir den 15 / Hauptbahnhof ansteuern. Hier steigen wir in die S-Bahn. Eine knappe Dreiviertelstunde dauert die Fahrt zum Frankfurter Hauptbahnhof.

84 METER

misst das höchste historische Bauwerk der rheinland-pfälzischen Landeshauptstadt Mainz: der Dom St. Martin.

< links oben / Radeln in Etville
< links Mitte / An der Schiersteiner Riviera

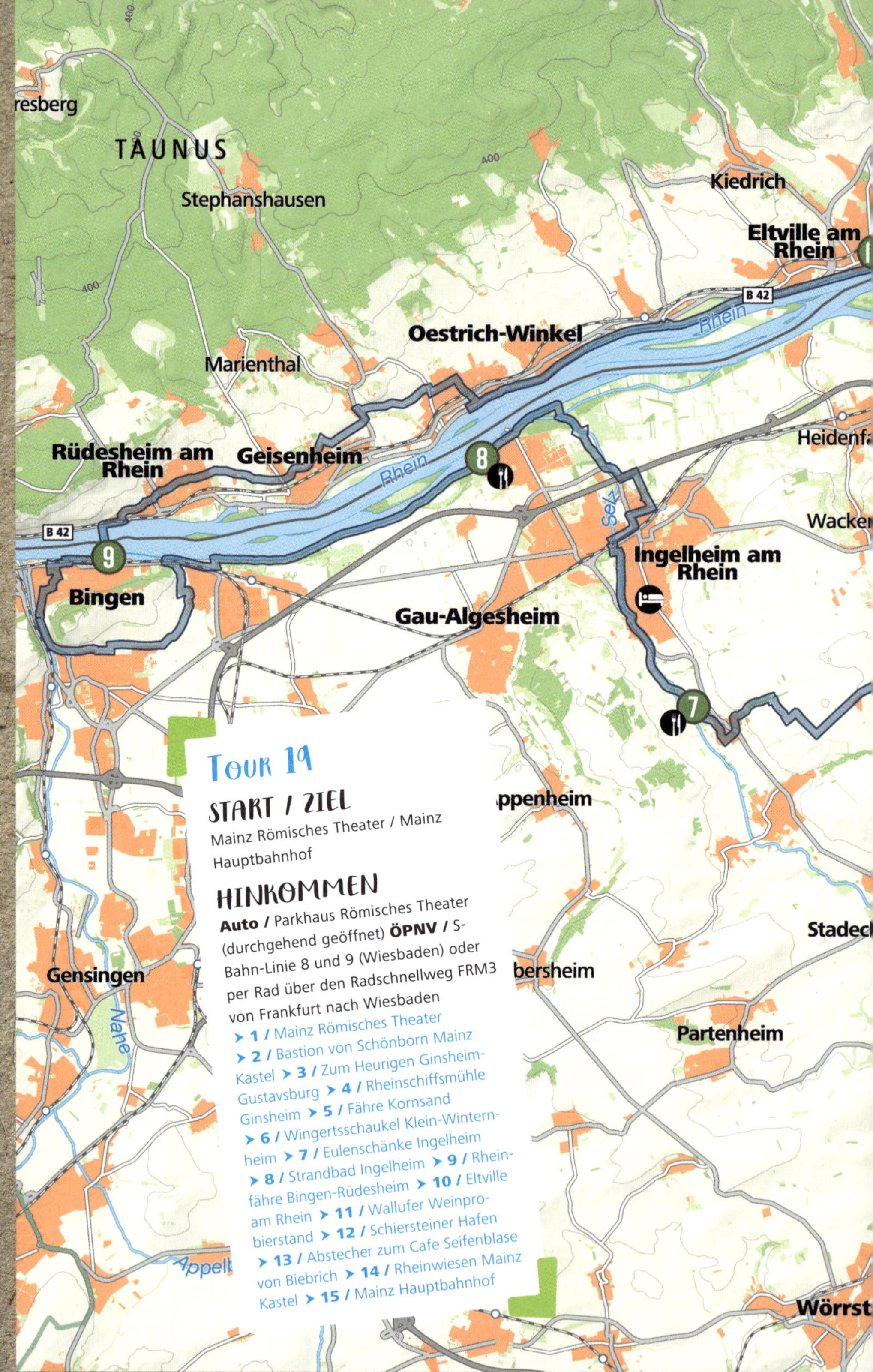

Tour 19

Start / Ziel

Mainz Römisches Theater / Mainz Hauptbahnhof

Hinkommen

Auto / Parkhaus Römisches Theater (durchgehend geöffnet) **ÖPNV /** S-Bahn-Linie 8 und 9 (Wiesbaden) oder per Rad über den Radschnellweg FRM3 von Frankfurt nach Wiesbaden

➤ **1 /** Mainz Römisches Theater ➤ **2 /** Bastion von Schönborn Mainz Kastel ➤ **3 /** Zum Heurigen Ginsheim-Gustavsburg ➤ **4 /** Rheinschiffsmühle Ginsheim ➤ **5 /** Fähre Kornsand ➤ **6 /** Wingertsschaukel Klein-Winternheim ➤ **7 /** Eulenschänke Ingelheim ➤ **8 /** Strandbad Ingelheim ➤ **9 /** Rheinfähre Bingen-Rüdesheim ➤ **10 /** Eltville am Rhein ➤ **11 /** Wallufer Weinprobierstand ➤ **12 /** Schiersteiner Hafen ➤ **13 /** Abstecher zum Cafe Seifenblase von Biebrich ➤ **14 /** Rheinwiesen Mainz Kastel ➤ **15 /** Mainz Hauptbahnhof

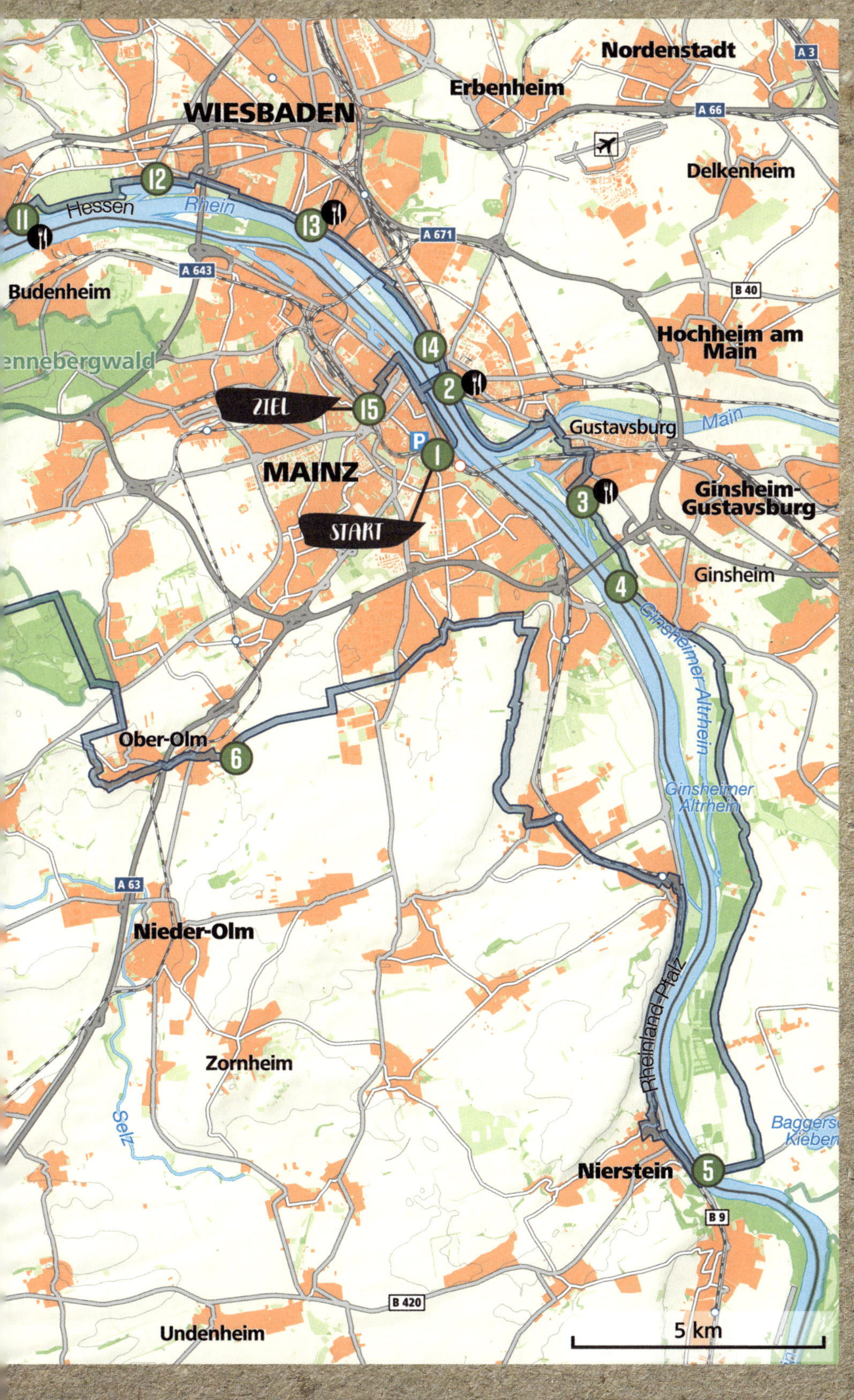
Nordenstadt
A 3
Erbenheim
WIESBADEN
A 66
Delkenheim
Hessen
Rhein
A 671
A 643
Budenheim
B 40
Hochheim am Main
ennebergwald
ZIEL
Gustavsburg
Main
MAINZ
Ginsheim-Gustavsburg
START
Ginsheim
Ginsheimer Altrhein
Ober-Olm
Ginsheimer Altrhein
A 63
Nieder-Olm
Rheinland-Pfalz
Zornheim
Selz
Nierstein
B 9
B 420
Undenheim
5 km
1
2
3
4
5
6
11
12
13
14
15

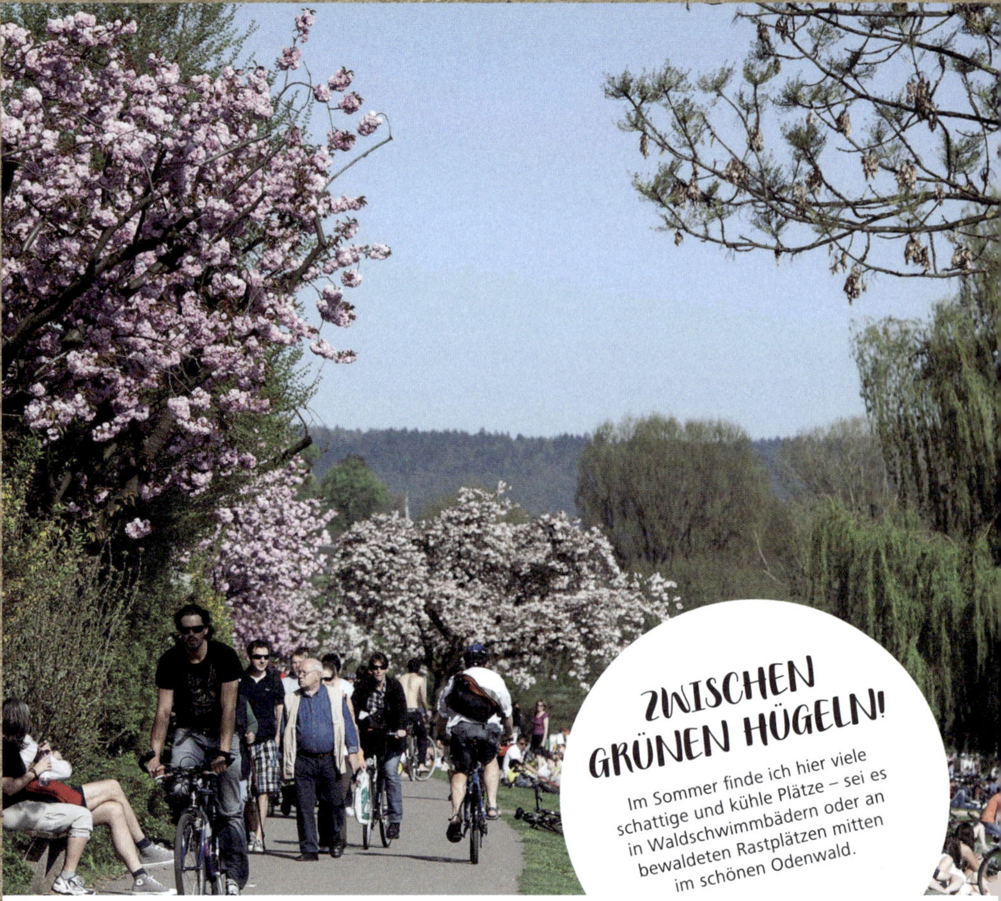

Zwischen grünen Hügeln!

Im Sommer finde ich hier viele schattige und kühle Plätze – sei es in Waldschwimmbädern oder an bewaldeten Rastplätzen mitten im schönen Odenwald.

➤ **1 /** Walldorf Bahnhof am Frankfurter Flughafen

➤ **2 /** der große Badesee, der Langener Waldsee

➤ **3 /** Schön anzusehen ist das Schloss Wolfsgarten

➤ **4 /** Stark frequentiert ist der Flugplatz Egelsbach

➤ **5 /** Eine Rast im Bio-Format am Hofladen Benz

➤ **6 /** Industriekultur im Eisenbahnmuseum Darmstadt-Kranichstein

➤ **7 /** Frische Luft und seltene Pflanzen im Botanischen Garten Darmstadt

➤ **8 /** Der Seeheimer Biergarten lockt viele Radfahrer an

➤ **9 /** Die Mohnblumenwiese bei Alsbach bietet ein schönes Fotomotiv

➤ **10 /** Die einzigartige Scheuergasse Zwingenberg direkt auf der Route

➤ **11 /** Im Historischen Rathaus in Lorsch finden wir die Touristinformation

➤ **12 /** Gutes Essen in schöner Umgebung gibt es in Danilos Schlachthof

➤ **13 /** Bahnhof Heidelberg – Hier bleiben wir

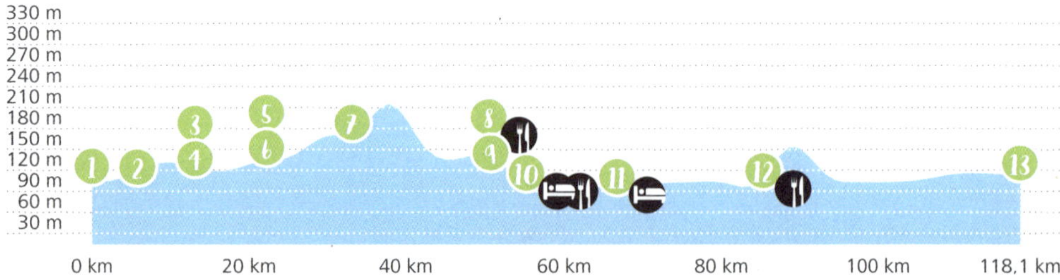

GEBIRGSRADELN FÜR ANFÄNGER

An der Hessischen Bergstraße bis nach Heidelberg

Abkühlung noch vor Tourstart am Langener Waldsee. Um Darmstadt herum begeistern uns alte Dampfloks und seltene Pflanzen. Mohnblumenfelder bieten die schönste Kulisse für Fotos. An der Bergstraße entdecken wir viele liebenswerte Weinorte. In der Studentenstadt Heidelberg schlendern wir durch urige Gassen.

Tag 1 + Tag 2
58 + 60 Kilometer
370 + 210 Höhenmeter ▲
380 + 200 Höhenmeter ▼
4:45 + 4:15 Stunden
Streckentour

CHARAKTER

Sportlich ●●●○○
Abkühlung ●●●●●
Schlemmen ●●●●●
Panorama ●●●●●

TAG 1

Zum „Hessischen Mittelmeer"

Unsere Tour startet am 1 / Bahnhof Walldorf, den wir nach 16 Minuten Fahrt von Frankfurt Hauptbahnhof aus mit der S-Bahn erreichen. Alternativ kann die Anreise sehr schnell und bequem per Rad über die Radschnellverbindung FRM1 erfolgen, was sich Insbesondere für E-Bike-Fahrer anbietet. Aktuell ist noch nicht der gesamte Radweg fertiggestellt. Informationen zur Fertigstellung gibt es auf nachfolgender Internetseite: region-frankfurt.de/rsw. Von Walldorf fahren wir durch einen Wald und erreichen nach nicht einmal 5 Kilometern den 2 /

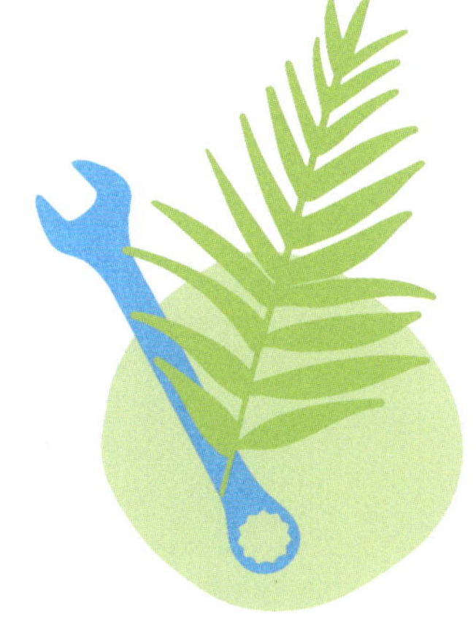

TOURENINFO / Über Radschnellweg FRM1, Hessischen Radfernweg R8 und Bergstraßen-Radweg. Gut mit Kindern zu fahren. E-Bike-freundlich mit Ladestationen auf der Strecke. Ausgebaute Radwege, kaum Steigungen. Wege gut markiert.

< links / Heidelberg im Frühling

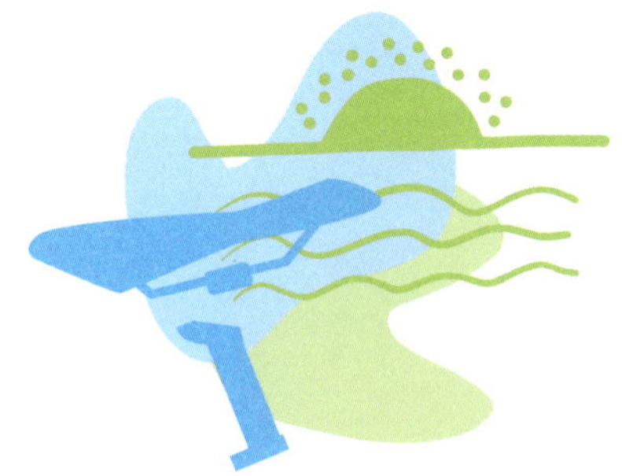

Langener Waldsee. Das Strandbad ist von Mitte Mai bis Mitte September täglich von 8 bis 20:30 Uhr geöffnet und kostenpflichtig. Auf dem Gelände befindet sich auch ein Zeltplatz. Es ist das größte Freizeit- und Erholungszentrum im Rhein Main Gebiet. Entstanden ist es durch den jahrzehntelangen Kiesabbau.

Für Pflanzenfreunde und Eisenbahn-Fans

Weitere 5 Kilometer nach dem Badesee fahren wir unmittelbar an 3 / Schloss Wolfsgarten vorbei. Das ehemalige Jagdschloss ist nur zweimal im Jahr für Besucher zugänglich: zur Rhododendronblüte im Mai und beim fürstlichen Gartenfest im September. Letzteres zählt zu den renommiertesten Gartenveranstaltungen in Deutschland. Der Besuch lohnt nicht nur ob der seltenen Gelegenheit, das Schloss aus der Nähe zu sehen. Pflanzen- und Gartenbegeisterte und alle, die gerne im wunderschönen historischen Ambiente des Schlosses flanieren möchten, kommen hier auf ihre Kosten. Für uns geht es nun weiter am 4 / Flugplatz Egelsbach vorbei. Mit mehr als 80.000 Flugbewegungen pro Jahr ist der Frankfurt-Egelsbach Airport der verkehrsreichste Flugplatz der allgemeinen Luftfahrt in Deutschland. Zu welcher Zeit man auch immer hier vorbeikommt, die Chance, landende oder startende Kleinflugzeuge zu sehen, ist groß. Hinter Egelsbach treffen wir auf den Radschnellweg FRM1 und erreichen ziemlich flott Darmstadt-Wixhausen. Hier lohnt ein Abstecher zur Fossillagerstätte Grube Messel, die 1995 als erstes deutsches Naturdenkmal in die Liste des UNESCO-Welterbes aufgenommen wurde. Sie gibt einzigartigen Aufschluss über die frühe Evolution der Säugetiere und dokumentiert die Entwicklungsgeschichte der Erde vor 48 Millionen Jahren, als nach dem Ende des Dinosaurierzeitalters explosionsartige Veränderungen die Tier- und Pflanzenwelt bestimmten. Verbindung besteht über den Radweg

EINFACH GEHALTEN

Wer nicht unserer Navigation folgen möchte, kann ab Darmstadt auf dem Radfernweg R8 bleiben. Ab Heppenheim geht es auf dem Bergstraßen-Radweg nach Heidelberg.

➤ **rechts oben / Der Langener Waldsee**
➤ **rechts Mitte / Spielplatz am Langener Badesee**

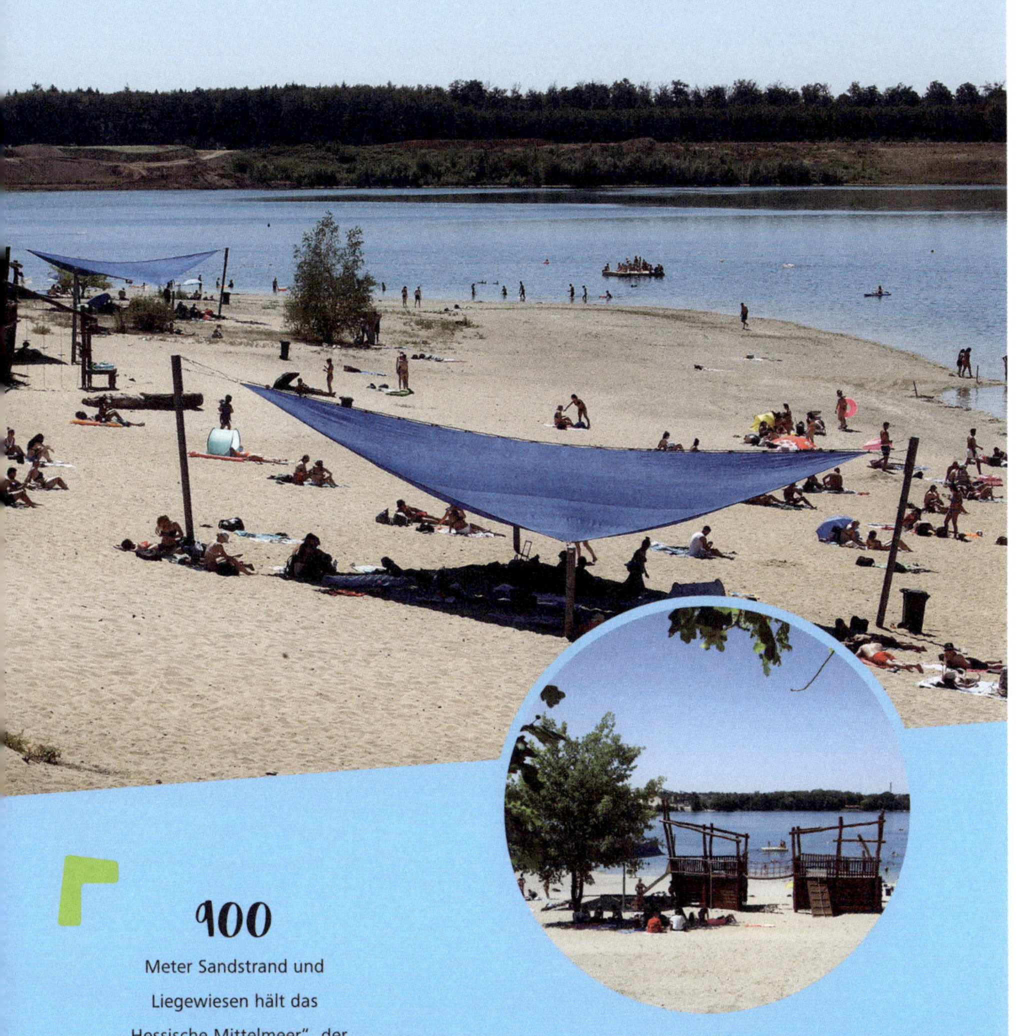

900

Meter Sandstrand und Liegewiesen hält das „Hessische Mittelmeer", der 2 / Langener-Waldsee bereit.

IM NIBELUNGENLAND

Eng verbunden mit dem Kreis Bergstraße ist eine der bekanntesten deutschen Sagen: das Nibelungenlied.

EVOLUTION UND EISENBAHN

Nummer 14 (Trebur bis Schaafheim), über den wir ebenfalls ein kurzes Stück fahren. Der 5 / Hofladen Benz (Ob. Mühlstraße 91, 64291 Darmstadt) ist eine gute Möglichkeit, um am „Benzomat", einem Verkaufsautomaten mit frischen regionalen Produkten, eine Pause zu machen. Es gibt auch eine Ladestation für E-Bikes. Im Sommer kann man sich auf den anliegenden Feldern Erdbeeren selbst pflücken und direkt essen. Danach setzen wir unsere Tour bis zum 6 / Eisenbahnmuseum Darmstadt-Kranichstein (Steinstraße 7, 64291 Darmstadt) fort. Im größten Eisenbahmuseum Hessens wird eine Sammlung von über 200 historischen Fahrzeugen aus allen Epochen der Eisenbahngeschichte liebevoll restauriert, präsentiert und im Betrieb vorgeführt. Ein Besuch lohnt sich nicht nur für Eisenbahnfans. Wir fahren weiter und an einem Weiher queren wir die Bahnschienen, kommen an zwei kleinen Seen vorbei und treffen auf Höhe des Backhausteichs, der zum Jagdschloss Kranichstein gehört, auf den R8. Diesem folgen wir nun und kommen am Steinbrücker Teich vorbei, der eine schöne Stelle zum Rasten bietet. Es gibt Allerhand zu entdecken: einen Tretbootverleih, eine Minigolfanlage, Ponyrei-

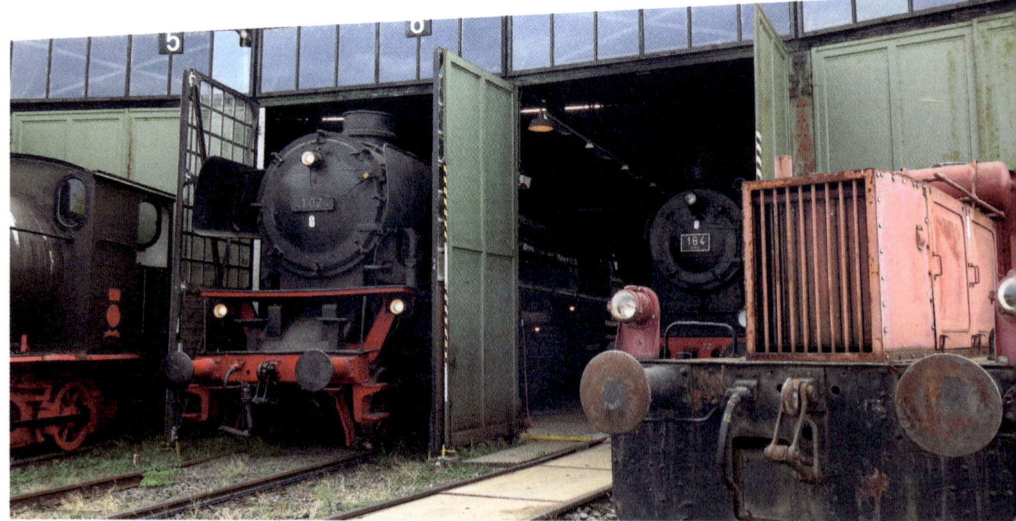

ten und ein großer schöner Spielplatz mit vielen Attraktionen. Etwa ein Kilometer nach dem Steinbrücker Teich biegt der R8 Richtung Darmstadt ab, wir fahren noch ein Stück weiter auf der Südhessen-Route 15 am Rande Darmstadts durch den Wald. Wir kommen am urigen Hofgut Oberfeld (Erbacher Straße 125 64287 Darmstadt) vorbei, wo es im Hofcafé leckere Kuchen und Limonaden gibt. Im Hofladen kann man sich sehr gut mit hofeigenen Käse- und Wurstzubereitungen, Obst und Gemüse für die Weiterfahrt eindecken. Die nächste Pausenmöglichkeit bietet der 7 / Botanische Garten Darmstadt, den wir nach nicht einmal einem Kilometer vom Hofgut aus erreichen. Der um 1814 im Graben des Darmstädter Schlosses gegründete Garten gehört zur Technischen Universität Darmstadts und ist für Besucher kostenfrei. In diesem hübschen Kleinod findet sich auf jeden Fall eine Rastbank. Wir setzen unsere Tour fort und gelangen etwa auf Höhe des Zoo Vivarium Darmstadt (Schnampelweg 5, 64287 Darmstadt), der nur wenige hundert Meter neben dem Botanischen Garten liegt, wieder auf den R8. Diesem folgen wir jetzt durch ein Waldgebiet bis nach Eberstadt. Hier verlassen wir den R8 noch einmal, und fahren um Eberstadt herum und dann parallel zum R8 durch den Wald zum 8 / Seeheimer Biergarten (See-

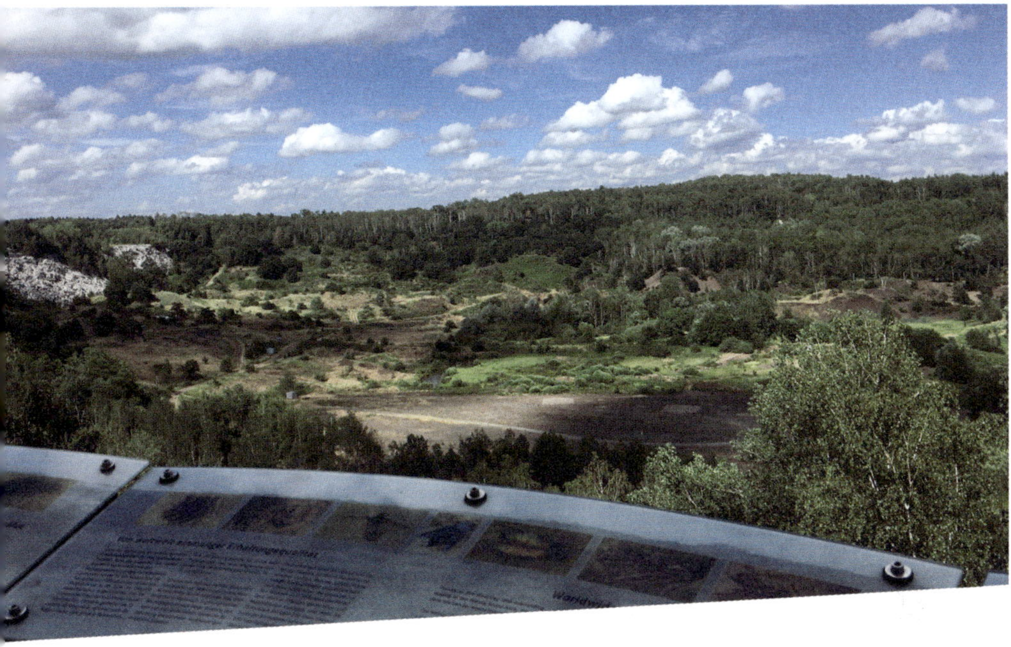

8000

Pflanzenarten aller Klima- und Vegetationszonen befinden sich im 7 / Botanischen Garten in Darmstadt.

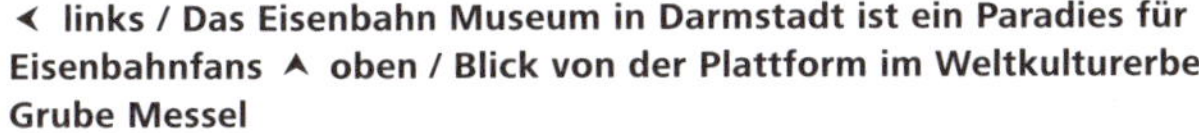

< links / Das Eisenbahn Museum in Darmstadt ist ein Paradies für Eisenbahnfans ^ oben / Blick von der Plattform im Weltkulturerbe Grube Messel

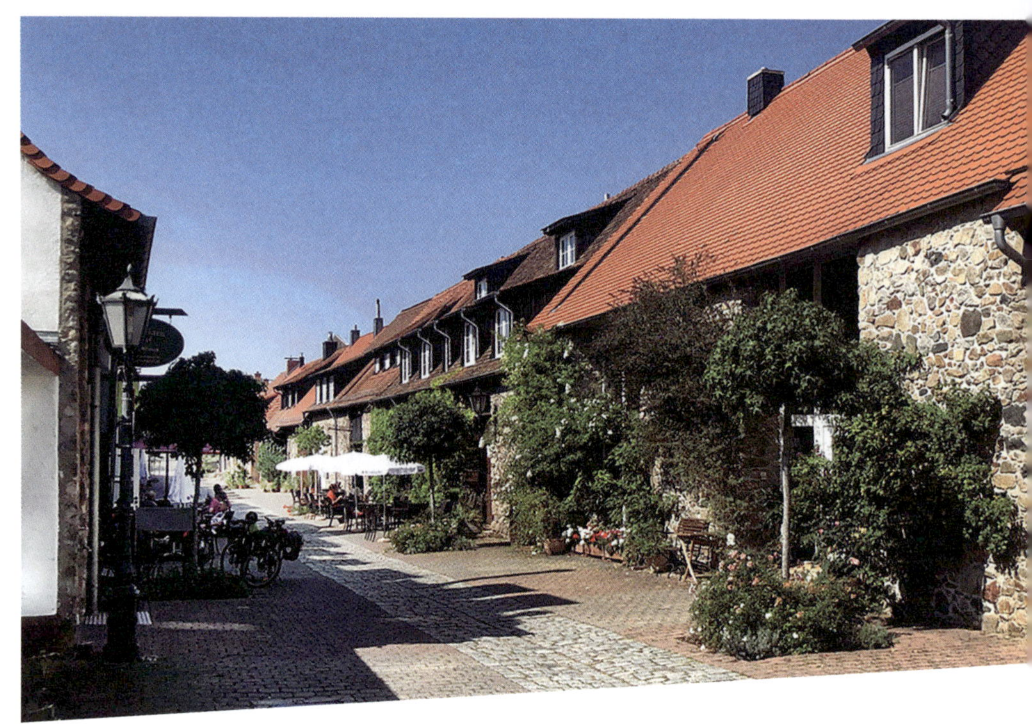

heimer Waldgarten, Außerhalb 27, 64342 Seeheim-Jugenheim), der direkt am Radweg liegt. Von hier geht es weiter am Rande von Seeheim-Jugenheim entlang, an einem Schuldorf vorbei. Vom asphaltierten Radweg aus genießen wir einen herrlichen Blick in den Odenwald. Wir kommen an der Klosterruine und dem Schloss Heiligenberg vorbei und befinden uns nun am Fuße der Bergstraße. Jetzt gelangen wir wieder auf den R8, der uns nach Alsbach bringt. Direkt am Ortseingang passieren wir eine Wiese, die sich zumindest im Frühsommer als sagenhaft schöne 9 / Mohnblumenwiese präsentiert. Wir halten, um ein paar Fotos zu schießen. Die Kamera können wir gleich im Anschlag behalten, denn nun führt unser Weg über viele sehenswerte Weinorte.

WAHRZEICHEN VON BENSHEIM

Am 2. Juni 1857 wurde das Kirchberghäuschen als „Lusthaus" eingeweiht. Heute ist es beliebtes Ausflugsziel und Wahrzeichen der Stadt.

Wein trinken zwischen Fachwerkhäusern

Zunächst gelangen wir nach Zwingenberg, wo unsere Route direkt durch die berühmte 10 / Scheuergasse Zwingenberg verläuft. Sie ist eine von zwei Scheunengassen im Ort, die einst die Vorratskammer Zwingenbergs bildeten. Sie wurde erstmals um 1500 be-

---

⮝ oben / Die berühmte Scheuergasse in Zwingenberg
➤ rechts / Radeln unterhalb der Berge

zeugt. Bis in die 1970er Jahre hinein wurden einige Scheunen noch landwirtschaftlich genutzt. Durch den Rückgang der bäuerlichen Betriebe brauchte man sie allerdings nicht mehr. Immer mehr Gebäude verfielen. Die „Scheiergaß" verödete langsam und geriet in einen Dornröschenschlaf. Dann sollte lange niemand etwas baulich umgestalten. Doch Ende der 70er Jahre erschien die alte Scheuergasse in neuem Glanz. Seither ist sie Fußgängerzone mit Gastronomie, Kunst und Kultur. Die bauliche Substanz wurde dabei aufrechterhalten. Hier finden wir auch das Speiselokal Die Scheune (Scheuergasse 14, 64673 Zwingenberg). Zwei alte Bauten wurden aufwändig saniert und heute kann man urgemütlich und gleichzeitig hochwertig hier einkehren. Aber nicht nur die Scheuergasse ist in Zwingenberg sehenswert. Wir befinden uns in der ältesten Stadt an der hessischen Bergstraße, die bereits 1274 Stadtrechte erhielt. In den kleinen Gassen der wunderschönen Altstadt stehen überall gut erhaltene Fachwerkhäuser, eine strahlend-weiße Bergkirche mit tollem Ausblick und ein ehemaliger Burgsitz. Ringsum laden gemütliche Weinstuben und Restaurants zur Einkehr ein. Zwingenberg ist bereits Nibelungenland, daher finden wir hier und da Spuren der deutschen Sage. Eine Übernachtung in Zwingenberg lohnt sich nicht nur des-

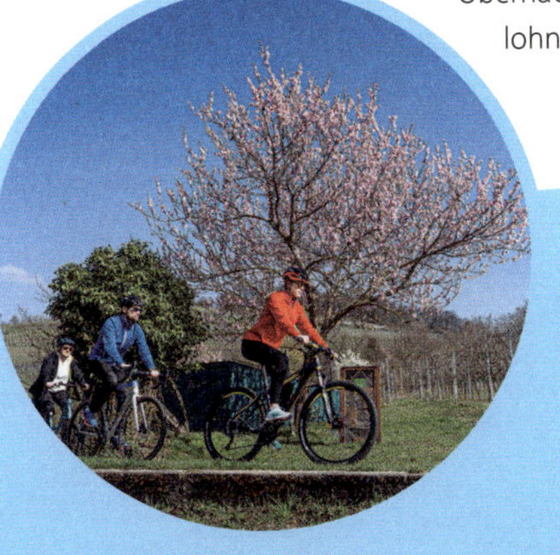

517

Meter hoch ist der Melibokus, der höchste Berg an der südhessischen Bergstraße.

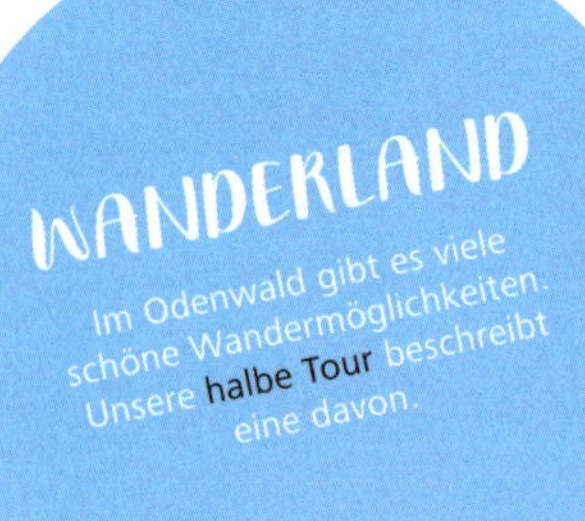

IM NIBELUNGEN-LAND

halb, weil wir bereits etwa die Hälfte der Tour erreicht haben. Wer noch einen Tag mehr Zeit hat, kann ab Zwingenberg auch eine tolle, aber anstrengende Wanderung auf dem Nibelungensteig unternehmen. Auf der ersten Etappe der insgesamt 130 Kilometer langen Wanderung durch den Odenwald gelangt man zum berühmten Felsenmeer. Eine Klettertour über die gewaltigen Felsen ist ein Highlight für kleine und große Wanderer! Einer Sage nach sollen im Lautertal vor langer Zeit zwei Riesen gelebt haben. Bei einem Streit warfen sie Felsbrocken aufeinander. Einer der beiden Riesen wurde unter einem "Meer von Felsen" begraben. Wer die wahre Geschichte des Felsenmeers kennenlernen möchte, dem sei ein Besuch im Informationszentrum in Lautertal empfohlen. Auf dem Weg überquert man den Melibokus, den höchsten Berg des Odenwaldes (www.nibelungensteig.de). In Zwingenberg gibt es zahlreiche Ferienwohnungen und Pensionen, wie etwa die Ferienwohnung Melibokusblick (Heidelberger Straße 11, 64673

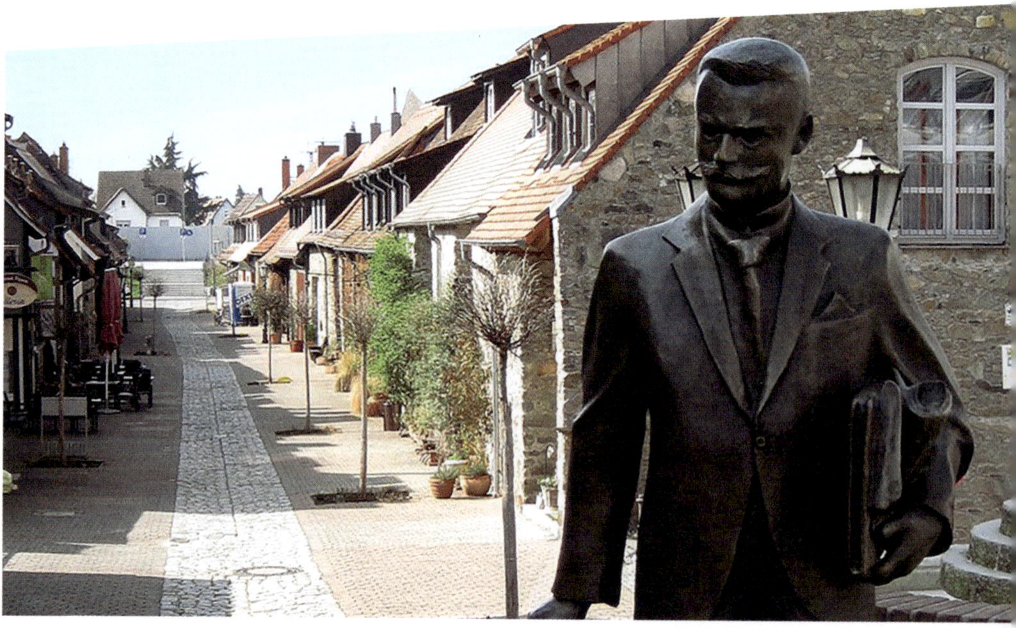

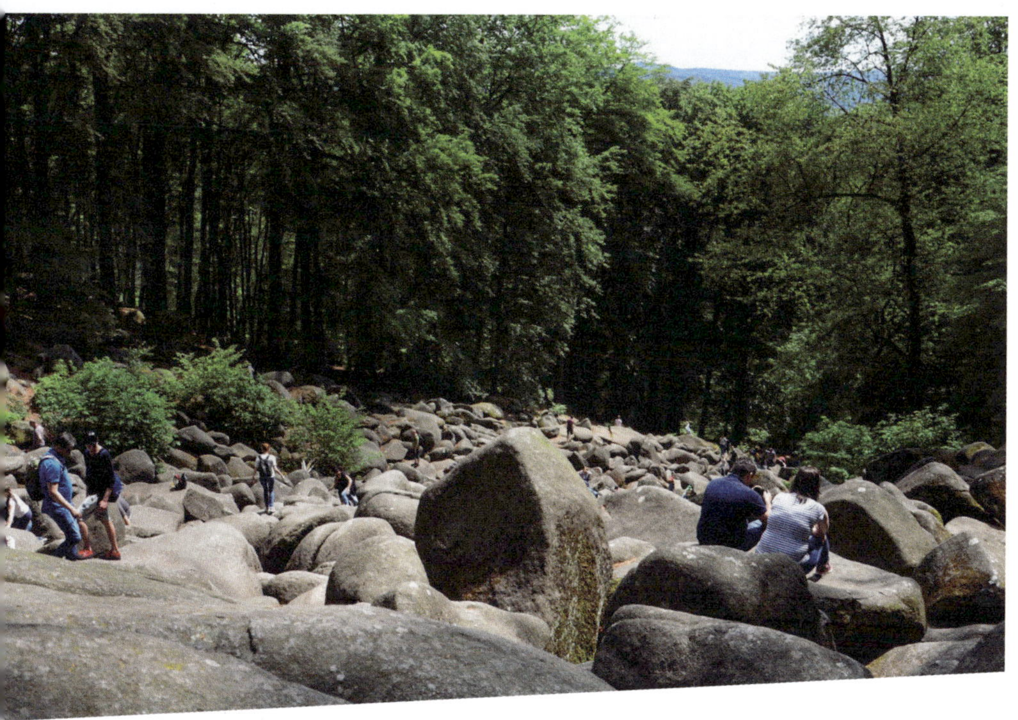

Zwingenberg). Wir fahren weiter und gelangen bis Heppenheim immer wieder auf den R8. Zunächst durchfahren wir den nächsten liebenswerten Ort: Bensheim. Bensheim ist Ausgangspunkt für unsere halbe Tour, eine Wanderung zum Auerbacher Schloss (siehe halbe Tour). In Bensheim gibt es ebenfalls viele Übernachtungsmöglichkeiten, wie etwa die Ferienwohnung „Alte Papierfabrik" (Friedhofstraße 63, 64625 Bensheim). Wer nur eine kurze Rast machen möchte, sollte zumindest einen Spaziergang zum Kirchberghäuschen (Außerhalb 2, 64625 Bensheim) unternehmen. Es liegt oben auf dem Weinberg über der Stadt und man hat einen tollen Ausblick. Serviert wird gut-bürgerliche Kost. Unser Weg führt aus Bensheim heraus an einem schönen See und Naturschutzgebiet vorbei, der Erlache. Danach erreichen wir Lorsch. Hier lohnt ein Abstecher zum 11 / Historischen Rathaus. Darin befindet sich die „Tourist-Information NibelungenLand", die Informationen zu Übernachtungsangeboten bereithält und in der wir auch einige Wander- und Fahrradkarten finden. Wer Abkühlung braucht, findet im angrenzenden Lorscher Wald das Lorscher WaldSchwimmbad (Am

300

Jahre alte Tradition in Tabakanbau und -verarbeitung besitzt die Stadt 11 / Lorsch. Neben historischen Stadtführungen gibt es auch eine einzigartige „Tabakführung", inklusive des Besuchs eines „Tabaklehrfeldes".

< links / Max Teichmann, Herausgeber des Bergsträßer Boten, ziert den östlichen Zugang zur Scheuergasse ^ oben / Ein Ausflug in das berühmte Felsenmeer ist aufregend für Groß und Klein

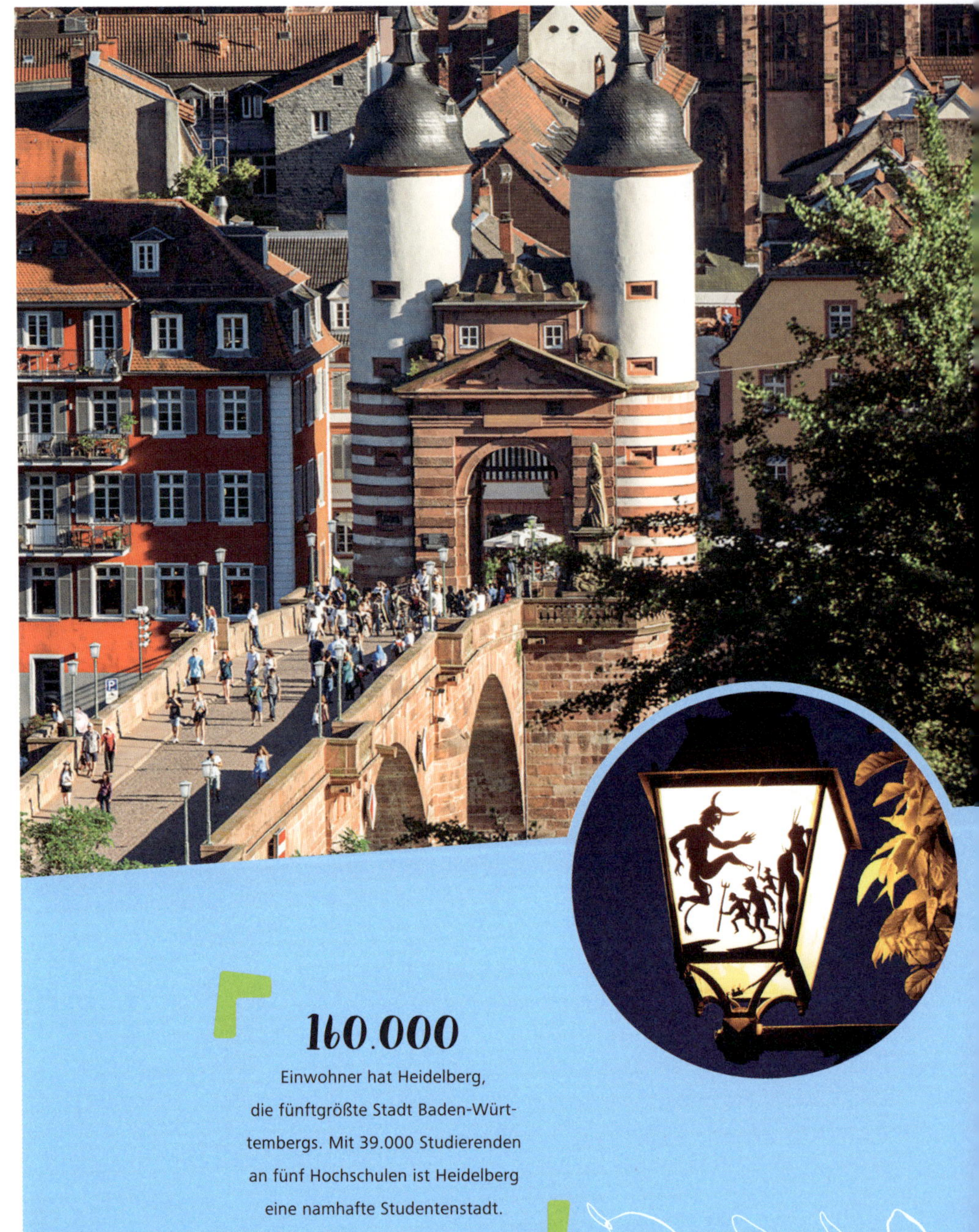

160.000

Einwohner hat Heidelberg, die fünftgrößte Stadt Baden-Württembergs. Mit 39.000 Studierenden an fünf Hochschulen ist Heidelberg eine namhafte Studentenstadt.

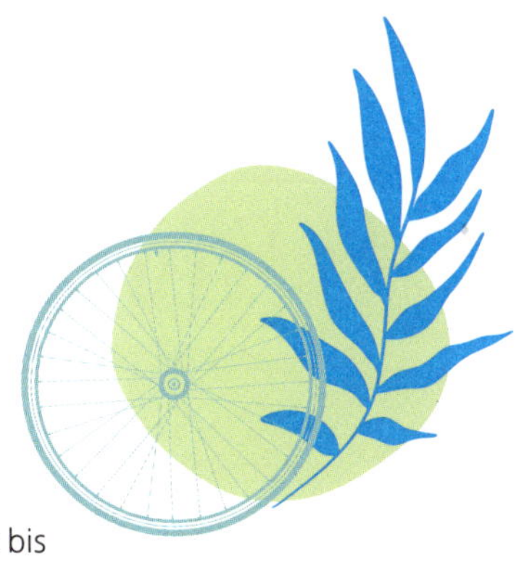

Birkengarten 7-11, 64653 Lorsch). Von Lorsch ist es nicht weit bis nach Heppenheim. Die denkmalgeschützte, historische Heppenheimer Altstadt ist ein wahres Schmuckstück. Nach Einbruch der Dunkelheit geht es „sagenhaft" zu in Heppenheim. Mehr als 150 Scherenschnitte des Künstlers Albert Völkl leuchten seit 2004 aus den Straßenlaternen der Heppenheimer Altstadt herab – und alle zeigen hessische Sagen.

TAG 2
Zum Neckar und nach Heidelberg

Wir setzen unsere Tour fort. Ab Heppenheim finden wir an den Wegweisern das blau-grün-gelbe Logo der „Bergstraße". Durch mehrere kleinere Ortschaften kommen wir nach Weinheim, wo, wer Appetit hat, hervorragend in 12 / Danilos Schlachthof (Viernheimer Str. 47/1, 69469 Weinheim) einkehren kann. In den historischen Räumlichkeiten der alten Wirtschaft zum Schlachthof findet man authentische italienische und deutsche Küche. Hinter Weinheim liegen die letzten 20 Kilometer vor uns. Bei Ladenburg erreichen wir den Fluss Neckar und fahren an diesem bis Heidelberg-Neuenheim entlang. Neuenheim ist der erste Stadtteil Heidelbergs und entstand 1891. Hier befindet sich auch die im 14. Jahrhundert gegründete Universität Heidelberg. Wir fahren wieder vor zum Neckar und an diesem entlang, und kommen an der berühmten Karl-Theodor-Brücke, die auch als Alte Brücke bekannt ist, vorbei. Von der Brücke aus haben wir einen herrlichen Blick auf das Heidelberger Schloss, das Wahrzeichen der Stadt. Bevor wir vom 13 / Bahnhof Heidelberg den Rückweg antreten, spazieren wir durch die urige Altstadt mit ihren vielen kleinen Gassen, Weinstuben und inhabergeführten Geschäften.

AUF DEM LATERNENWEG
in Heppenheim ist jede Laterne beschildert und man kann auf eigene Faust den gesamten Laternenweg und die Heppenheimer Altstadt erkunden.

◂ links oben / Blick auf Heidelberg vom Philosophenweg aus ◂ links Mitte / Scherenschnitt ziert die Laternen auf dem Laternenweg in Heppenheim

EINE SCHLOSSWEG-WANDERUNG

Auf ein Mittagessen *nach* Schloss Auerbach

7,7 Kilometer
280 Höhenmeter ▲
280 Höhenmeter ▼
3 Stunden
Rundtour

Diese abwechslungsreiche Rundwanderung bietet sich auf halber Strecke der Tour 20 an. Die Mühe einiger Anstiege wird durch tolle Ausblicke belohnt. Vom Auerbacher Schloss blicken wir weit über die Rheinebene, die Bergstraße und auf den benachbarten Melibokus.

Zum Fürstenlager

Unsere Wanderung beginnen wir in der 14 / Bachgasse in Bensheim-Auerbach. Wir folgen der Bachgasse, die bergauf zunächst über befestigte Straßen und dann über einen angelegten Schotterweg verläuft. In der Platanenallee angekommen, nähern wir uns dem 15 / Fürstenlager Bensheim, der ländlichen Sommerresidenz des Hauses Hessen-Darmstadt aus dem späten 18. Jahrhundert. Heute finden wir die idyllische Komposition eines Dörfchens mit altem Kurbrunnen inmitten eines hübsch angelegten Landschaftspark – dem Staatspark Fürstenlager. Durch den Park finden Führungen zu verschiedenen Themen statt – wie etwa ein botanischer Rundgang oder eine Funzelführung bei Dämmerung.

Ausblick auf Auerbacher Schloss und Melibokus

Auf Höhe des Brunnens stoßen wir auf einen Kiosk, der bei gutem Wetter geöffnet hat. Prunkgebäude ist das schlossartig gebaute Herrenhaus. Am Herrenhaus biegen wir rechts ab und gehen die Herrenwiese aufwärts zum Aussichtspunkt 16 / Ludwigslinde Bensheim. Auf dem Weg passieren wir den Freundschaftstempel und erhaschen immer wieder Panoramablicke in den umliegenden Odenwald. Von der Ludwigslinde folgen wir dem Höhenweg zur Eremitage. Vor der Eremitage treffen wir auf den 17 / Aussichtspunkt der Herrmann-Schäfer-Eiche oberhalb des Fürstenlagers, wo wir einen herrlichen Rundumblick auf den Vorderen Odenwald genießen: Im Süden haben wir Ausblick auf Hemsberg

20 1/2

und Starkenburg, im Nordwesten bereits auf das Auerbacher Schloss und den Melibokus. Die Eremitage ist ein mit Rinden bestückter Holzbau, der einst dem Adel als Rast- und Picknickplatz bei Spaziergängen durch den Park diente. Von der Eremitage folgen wir unserem Rundweg hinab in den Mühlgrund zum Gesundbrunnen, gehen die Straße aufwärts und biegen dann links in ein Seitental ein. Dieser Weg führt uns hinauf zum 18 / Auerbacher Schloss. Das Auerbacher Schloss wurde um 1230 n. Chr. als weithin sichtbare Wehr-Burg auf dem „Urberge" von den Landgrafen von Katzenelnbogen erbaut.

Beliebtestes Baudenkmal Hessens

Die Hochburg erfuhr im 14. Jahrhundert umfangreiche Neu- und Erweiterungsbauten und letztlich fast ihre heutige mächtige Gestalt. Die Festung diente der Abschreckung von Feinden, zur Sicherung der engen Straße „Pass" in Zwingenberg und der Verteidigung der gesamten Obergrafschaft Katzenelnbogen. 2008 wurde das Auerbacher Schloss zum beliebtesten Baudenkmal Hessens gewählt. Auf der gemütlichen Terrasse der Burgschänke genießen wir deftige hessische Küche und wundervolle Panoramablicke. Vom Schloss gehen wir den steilen Burgberg hinab und durch die Weinberge zurück nach Auerbach.

TOURENINFO / Konditionell sowie technisch mittelschwere Wanderung auf markierten Wanderwegen. Wegmarkierung A1.

▲ oben / Blick auf das Schloss Auerbach und den umliegenden Odenwald mit seinem höchsten Berg, dem Melibokus.

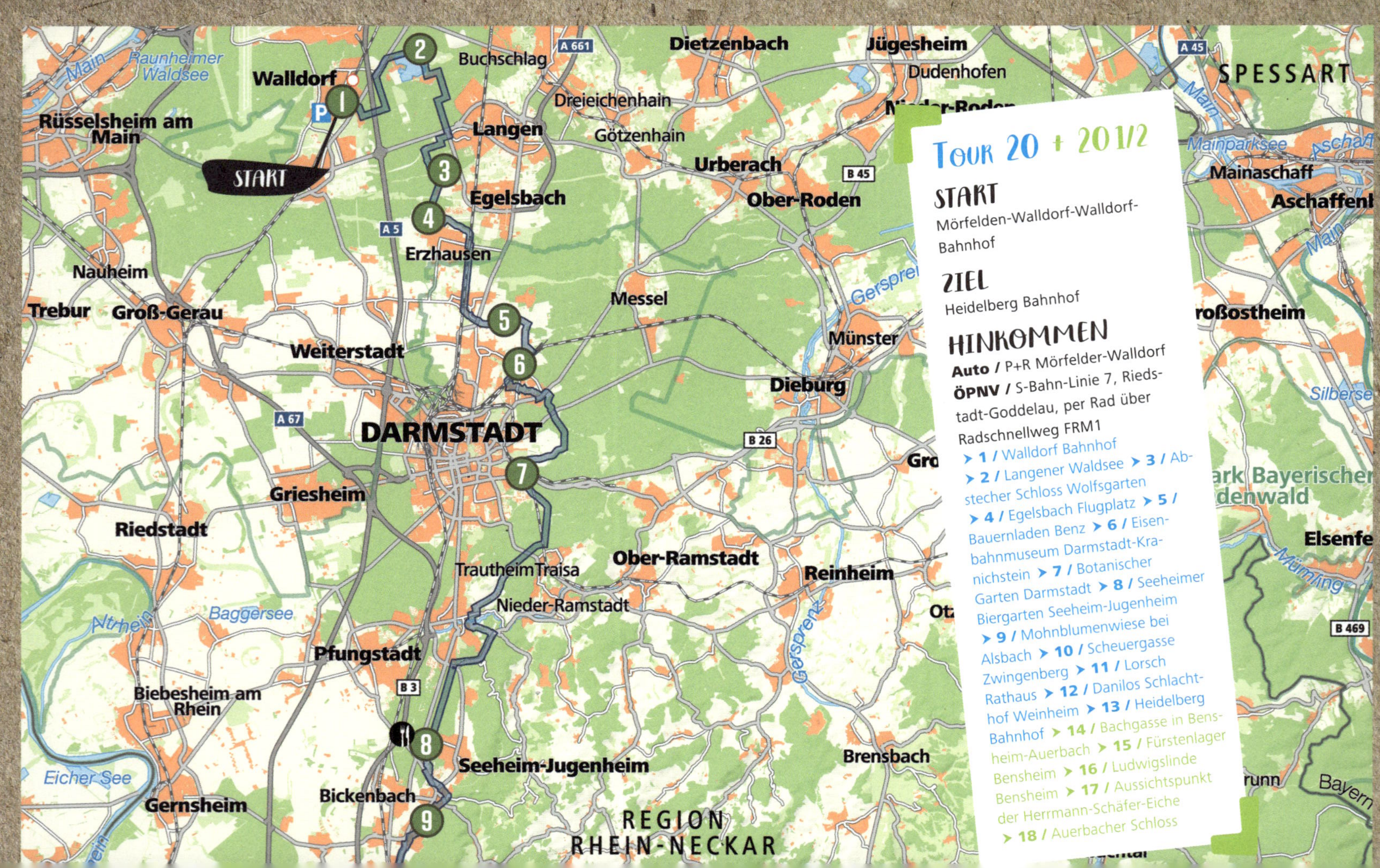

Tour 20 + 201/2

Start

Mörfelden-Walldorf-Walldorf-Bahnhof

Ziel

Heidelberg Bahnhof

Hinkommen

Auto / P+R Mörfelder-Walldorf
ÖPNV / S-Bahn-Linie 7, Riedstadt-Goddelau, per Rad über Radschnellweg FRM1

➤ **1** / Walldorf Bahnhof ➤ **2** / Langener Waldsee ➤ **3** / Abstecher Schloss Wolfsgarten ➤ **4** / Egelsbach Flugplatz ➤ **5** / Bauernladen Benz ➤ **6** / Eisenbahnmuseum Darmstadt-Kranichstein ➤ **7** / Botanischer Garten Darmstadt ➤ **8** / Seeheimer Biergarten Seeheim-Jugenheim ➤ **9** / Mohnblumenwiese bei Alsbach ➤ **10** / Scheuergasse Zwingenberg ➤ **11** / Lorsch Rathaus ➤ **12** / Danilos Schlachthof Weinheim ➤ **13** / Heidelberg Bahnhof ➤ **14** / Bachgasse in Bensheim-Auerbach ➤ **15** / Fürstenlager Bensheim ➤ **16** / Ludwigslinde Bensheim ➤ **17** / Aussichtspunkt der Herrmann-Schäfer-Eiche ➤ **18** / Auerbacher Schloss

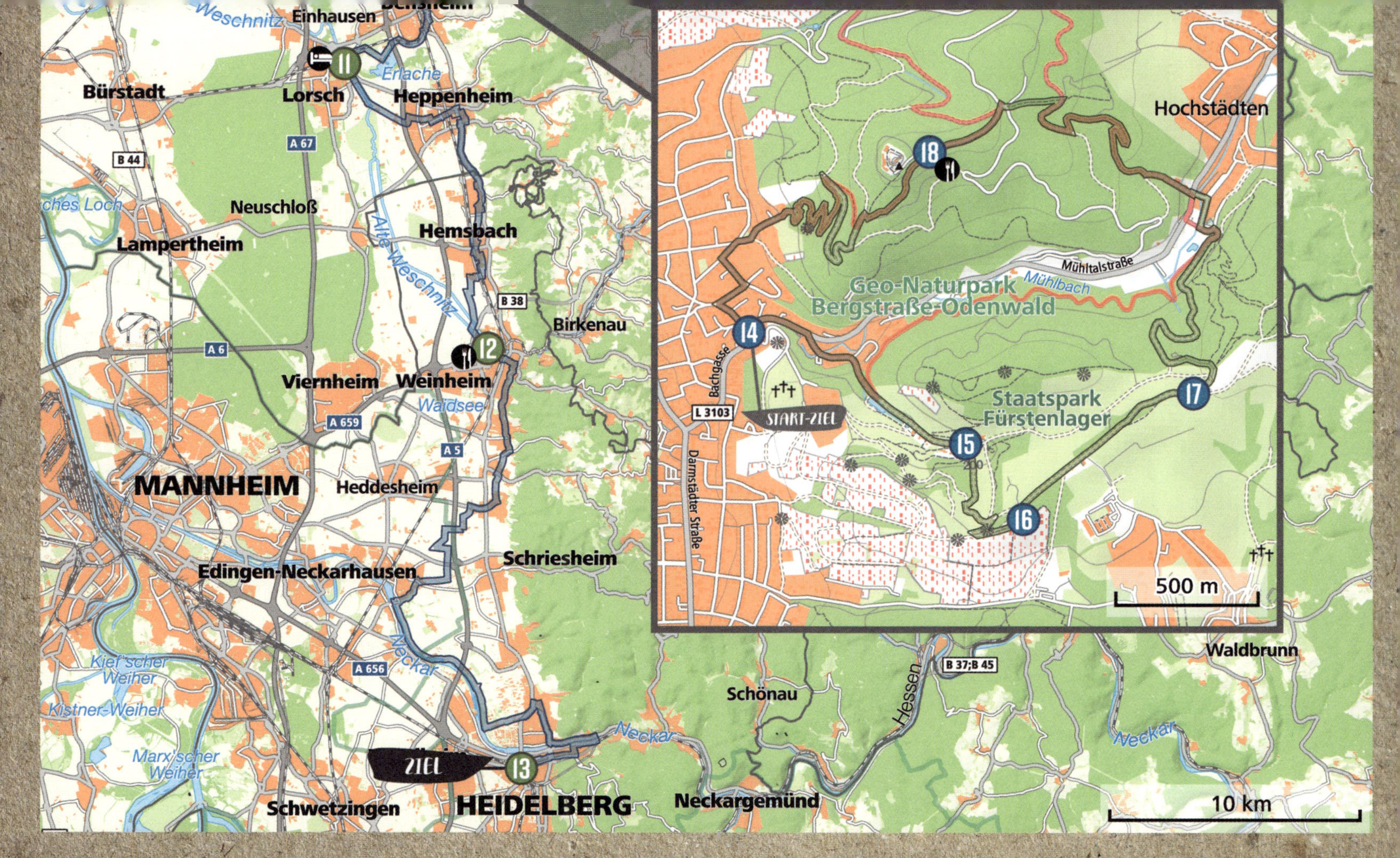

Einhausen
Weschnitz
Lorsch
11
Erlache
Heppenheim
Bürstadt
A 67
B 44
Neuschloß
Lampertheim
Hemsbach
Alte Weschnitz
B 38
Birkenau
A 6
12
Viernheim
Weinheim
Waidsee
A 659
A 5
MANNHEIM
Heddesheim
Schriesheim
Edingen-Neckarhausen
Neckar
A 656
Kief'scher Weiher
Kistner-Weiher
Marx'scher Weiher
ZIEL
13
Schwetzingen
HEIDELBERG
Neckargemünd
Schönau
Hessen
B 37;B 45
Waldbrunn
Neckar
10 km
Hochstädten
18
Mühltalstraße
Mühlbach
Geo-Naturpark Bergstraße-Odenwald
14
Bachgasse
L 3103
START-ZIEL
Staatspark Fürstenlager
17
15
16
Darmstädter Straße
500 m

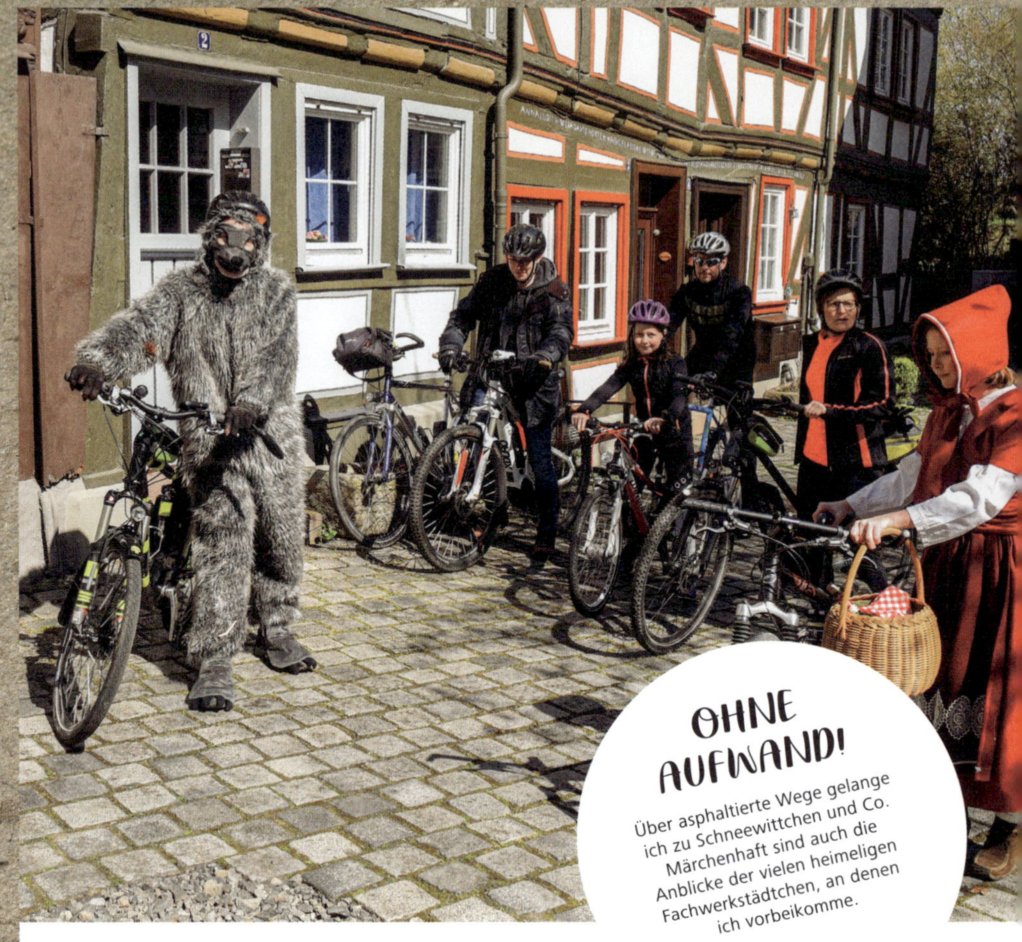

OHNE AUFWAND!

Über asphaltierte Wege gelange ich zu Schneewittchen und Co. Märchenhaft sind auch die Anblicke der vielen heimeligen Fachwerkstädtchen, an denen ich vorbeikomme.

➤ 1 / Start am Brüder-Grimm-Denkmal Hanau Stadt der Märchenbrüder

➤ 2 / Rasten am Kinzigsee

➤ 3 / Ein Spaziergang an der Kaiserpfalz Gelnhausen

➤ 4 / Bedeutungsvoll für die gesamte Region ist die Kinzigtalsperre

➤ 5 / Eine Nacht in der Nähe des Museum Brüder-Grimm-Haus Steinau

➤ 6 / Kaffeepause in Heidis Cafestübchen Ober-Moos

➤ 7 / Vögel beobachten am Rastplatz am Wiesenbrüterprojekt Grebenhain

➤ 8 / Ein Abstecher nach Herbstein führt über mittelalterliche Stadtmauern.

➤ 9 / Schloss Eisenbach bei Frischborn liegt unmittelbar neben dem Radweg

➤ 10 / An einem schönen Aussichtspunkt kurz vor Lauterbach blicken wir von oben herab

➤ 11 / Getreide zum Mitnehmen finden wir auf dem Demeter Hof Schwalmtal

➤ 12 / Ein Besuch im Alsfelder Märchenhaus bildet einen märchenhaften Abschluss

MÄRCHENHAFTER SPESSART

Von Hanau bis nach Alsfeld auf der Deutschen Märchenstraße

Wir fahren die erste und zweite Etappe der „Deutschen Märchenstraße". Auf der Strecke gelangen wir zu all den zauberhaften Märchenorten, wo Rotkäppchen, Schneewittchen oder Rapunzel, Frau Holle oder die Stadtmusikanten beheimatet sind.

Tag **1** + Tag **2**
57 + **73** Kilometer
320 + **910** Höhenmeter ▲
240 + **820** Höhenmeter ▼
4 + **6** Stunden
Streckentour

TAG 1

Den Gebrüdern Grimm zu Füßen

Am ersten Tag verläuft die Route etwa 60 km entlang der Kinzig über das historische Gelnhausen nach Steinau an der Straße. Wir weichen teilweise von der Originalroute ab, wo diese beispielsweise an stark-befahrenen Straßen entlangführen würde. Wer der Originalroute folgen möchte, hält sich an den Hessischen Radfernweg R3. Ausgangspunkt ist das 1 / Brüder-Grimm-Denkmal Hanau. Das Nationaldenkmal befindet

CHARAKTER
Sportlich ●●●●●
Abkühlung ●●●●○
Schlemmen ●●●○○
Panorama ●●●○○

TOUR, DIE DU SO NIE GEMACHT HÄTTEST

TOURENINFO / 1. Etappe familientauglich. Überflutungen auf Höhe Kinzigsee möglich, das Rad muss ggf. ein Stück getragen werden. 2. Etappe für Sportliche oder E-Bikes. Abschnitt bis Freiensteinau stark ansteigend und geschottert, nicht ausgeschildert. Radwege: Bahnradweg Hessen, Apfelweinroute, Vulkanradweg, Hessischer Fernradweg R3, R2. E-Bike-Ladestationen Steinau, Grebenhain, VulkanTherme Herbstein

‹ links / Wo selbst Rotkäppchen per Rad unterwegs ist

TOUR, DIE DU SO NIE GEMACHT HÄTTEST

sich auf dem Hanauer Marktplatz direkt vor dem Rathaus. Der Hanauer Wochenmarkt zu Füßen des 1 / Gebrüder-Grimm-Denkmal Hanau gilt als einer der schönsten und größten in ganz Hessen. Jeden Mittwoch und Samstag von 6 bis 14 Uhr werden auf dem Neustädter Marktplatz an rund 100 Ständen unter anderem Obst, Gemüse, Fleisch, Fisch, Käse, Eier, Kräuter und Blumen angeboten. In der Geburtsstadt der Brüder Grimm gibt es noch mehr zu entdecken: Wer einmal in Hanau ist, sollte sich unbedingt das Schloss Philippsruhe anschauen. Das Landschloss im Barockstil ist eines der bedeutendsten Kultur- und Baudenkmäler Hessens. Es ist umgeben von einem wunderschönen Schlosspark mit Orangerie, Belvedere, Skulpturenpark und Amphitheater. Im rechten Seitenflügel von Schloss Philippsruhe offenbart sich eine märchenhafte Welt. Hier befindet sich das erste Brüder-Grimm-Mitmach-Museum in Deutschland. Kinder ab vier Jahren und Erwachsene können durch die verschiedenen Märchen wandern und spannende Geschichten aus der Kindheit und dem Leben der Hanauer Brüder Jacob, Wilhelm und Ludwig Emil Grimm entdecken. Am Ende der zauberhaften Reise durch die sieben Märchenwelten des Grimms-MärchenReiches kann das eigene Märchen an der Märchenhecke verewigt werden. Sehenswert ist außerdem das hessische Puppen- und Spielzeugmuseum (Parkpromenade 4, 63454 Hanau).

GEBRÜDER GRIMM IN HANAU

Unsere Radreise beginnt am 1 / Gebrüder-Grimm-Denkmal Hanau, der Geburtsstadt der Märchensammler Jacob (1785) und Wilhelm (1786) Grimm.

Tor zum Spessart

Hanau ist auch bekannt als „Das Tor zum Spessart". Der Spessart ist eines der schönsten Mittelgebirge Deutschlands und erstreckt sich zwischen Odenwald, Vogelsberg und Rhön. Es zeichnet sich als eines der größten zusammenhängenden Waldgebiete des Landes aus und besteht dabei nur aus Laubmischwäldern. Mit dem Geiersberg liegt die höchste Erhebung der Region auf 586 Metern. Das Gebiet

---

- **rechts oben / Die Märchenbotschafterin auf dem Hanauer Marktplatz**
- **rechts Mitte / Die gesamte Radroute der Deutschen Märchenstraße**

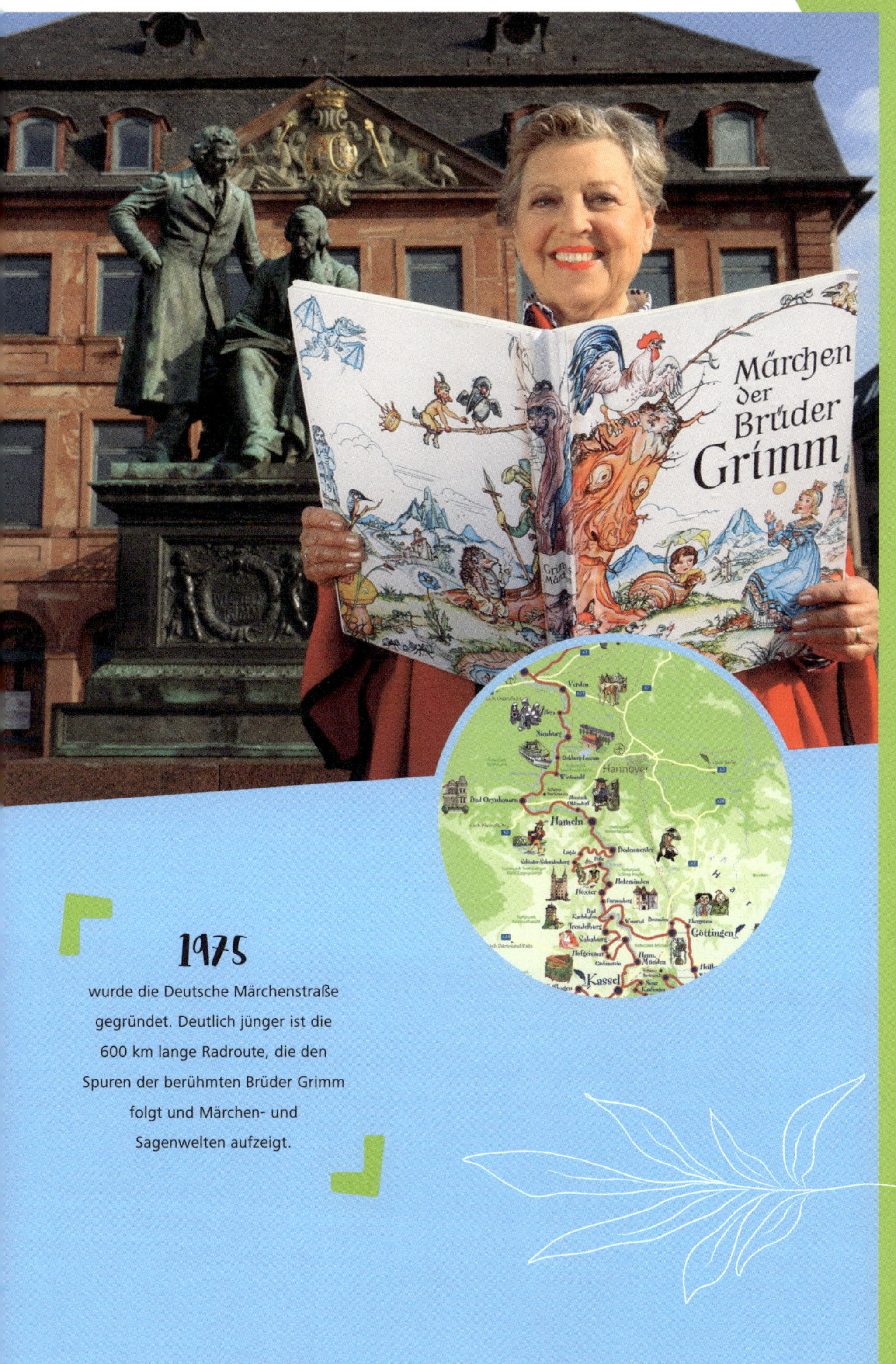

1975

wurde die Deutsche Märchenstraße gegründet. Deutlich jünger ist die 600 km lange Radroute, die den Spuren der berühmten Brüder Grimm folgt und Märchen- und Sagenwelten aufzeigt.

DIE BRÜDER-GRIMM-FESTSPIELE

finden jeden Sommer im überdachten Amphitheater von Schloss Philippsruhe statt. sie zählen zu den größten Freilichtspielen Hessens.

TOUR, DIE DU SO NIE GEMACHT HÄTTEST

ist gleichzeitig auch Namensgeber für den Naturpark Spessart. Mit den Rädern wollen wir nun etwas tiefer in die Region Spessart eintauchen. Vom Marktplatz aus fahren wir dem R3 folgend aus der Stadt heraus. Am Ortsausgang verlassen wir den Radweg und folgen ein Stück der Apfelwein- und Obstwiesenroute des Main-Kinzig-Kreises. Diese führt uns unterhalb vom Erlensee vorbei. Würde man dem R3 folgen, fährt man oberhalb des Sees und gelangt zunächst an den Grundmauern eines Römerkastellbads vorbei.

Zwischen Kinzigsee und Kaiserpfalz

Es folgt ein Zickzack-Kurs durch die vogelreichen Kinzigauen. Mit ein wenig Glück entdeckt man Störche, die durch die Feuchtwiesen stapfen. Bei Rodenbach finden wir unweit vom Radweg ein kleines Strandbad (Am Aueweg 3, 63517 Rodenbach) an einem natürlichen Badesee. Hinter Rodenbach gelangen wir auf den Hessischen Bahnradweg, der über ehemalige Bahntrassen führt. Ein echtes Highlight für Genussradler, denn die alten Bahntrassen bieten einen hervorragenden Belag und moderate Anstiege bis

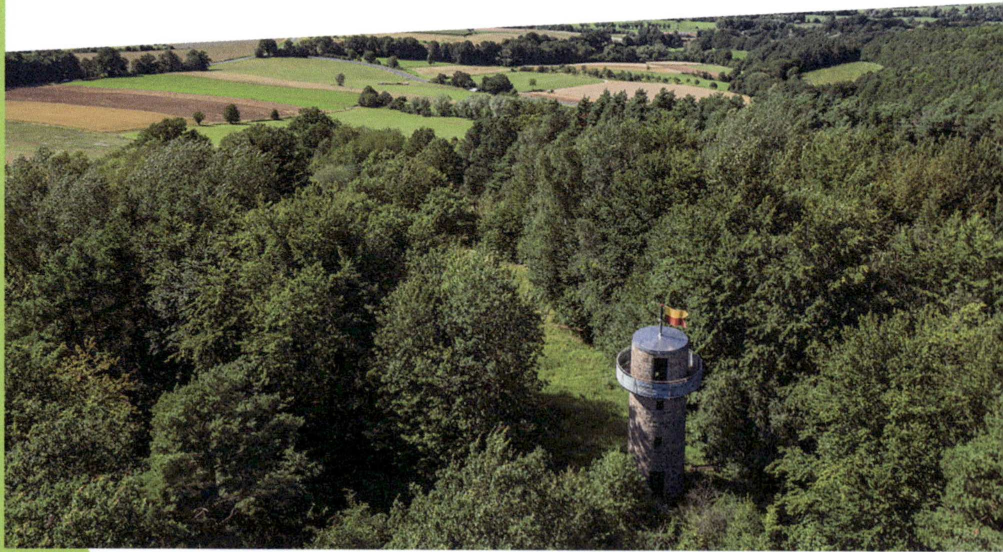

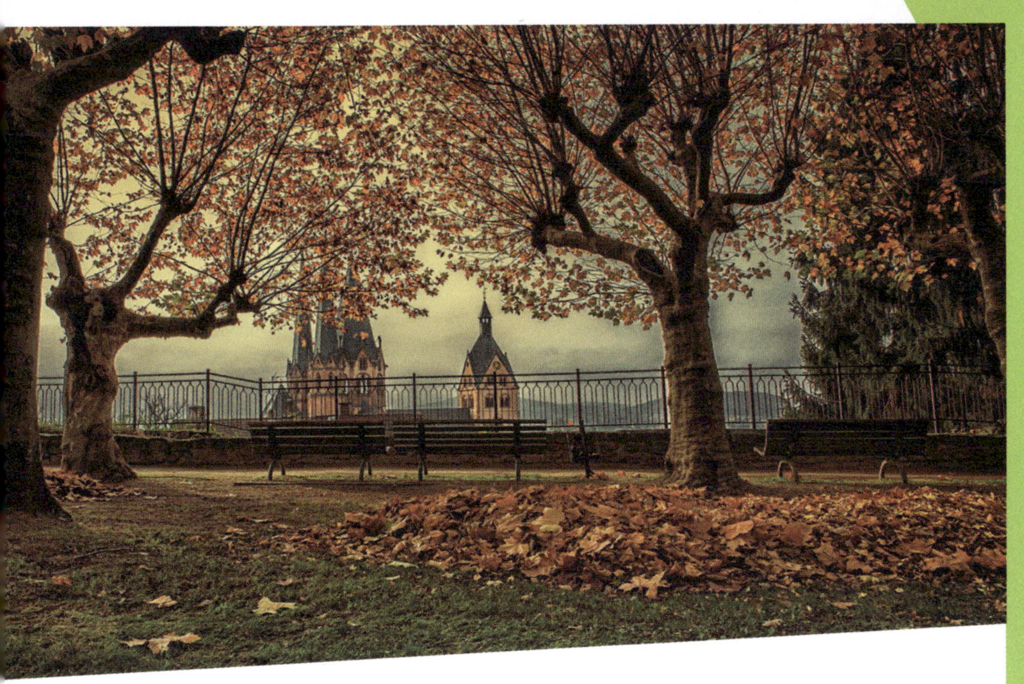

maximal 3%. Wir kommen an den 2 / Kinzigsee östlich der Kleinstadt Langenselbold, wo wir eine Rast machen. Achtung: Kurz vor dem See kann es zeitweise zu Überschwemmungen kommen, was den Weg unpassierbar macht. Hier gibt es aber die Möglichkeit, das Rad um überschwemmte Stellen drumherum zu schieben oder zu tragen. Am Rande des Freizeitparks Kinzigsee biegen wir rechts zum See ab und gelangen an einen Surfclub. Etwas weiter drüben befindet sich auch ein Strand. Es gibt am naturbelassenen See aber auch jede Menge ruhigere und idyllische Rastplätze. Nach einer ausgedehnten Pause setzen wir unsere Tour fort und gelangen nach wenigen Kilometern zum Segelfluggelände Langenselbold. Hier gibt es auch eine kleine Gaststätte mit einer Terrasse. Bei schönem Wetter kann man hier sehr gut ein kühles Getränk genießen und den Flugbetrieb beobachten. Wir radeln jetzt gute zehn Kilometer bis zum nächsten Tourenstopp und sind, dank asphaltierter Radwege, recht flott unterwegs. An den Ausläufern von Langenselbold trifft der Bahnradweg auch wieder auf den R3. Gelnhausen ist die nächste bedeutsame historische Stadt auf der Route. Einst errichtete Kaiser Barbarossa hier an der Kinzig eine 3 / Kaiserpfalz (Burgstraße 14, 63571 Gelnhausen). Davon ist noch die Ruine erhalten, die man besichtigen kann. Darüber

10

Märchenskulpturen bilden seit 2016 zusammen mit den Orten der einstigen Geburts- und Wohnhäuser der Familie Grimm und dem Nationaldenkmal auf dem Neustädter Marktplatz in der Hanauer Innenstadt den Hanauer Märchenpfad. Die Skulpturen zeigen Märchen aus der Maingegend.

< links / Etappenziel vor Augen: Die Warte in Steinau aus der Luft
^ oben / Die Kaiserpfalz in Gelnhausen

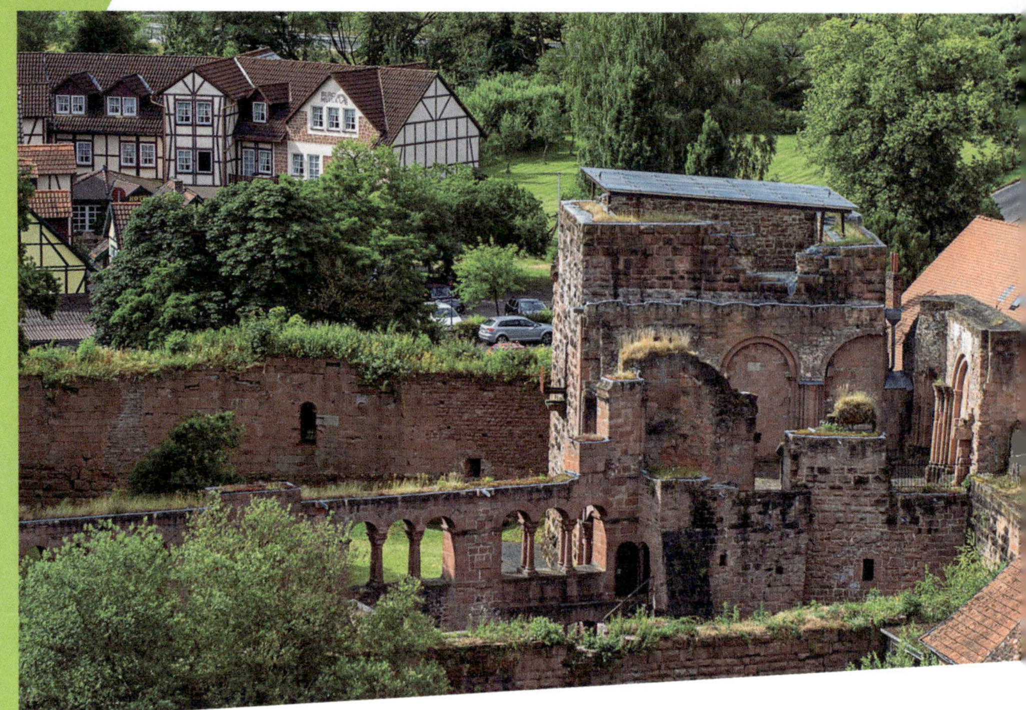

hinaus lohnt ein Spaziergang durch die historische Altstadt mit ihren liebevoll restaurierten Fachwerkhäuschen. Die Barbarossastadt und ihre Umgebung ist Schauplatz des Märchens „Gockel, Hinkel, Gackeleia" von Clemens von Brentano.

Auf dem Weg in die Märchenstadt Steinau

Über Wächtersbach und Bad Soden-Salmünster folgt der Radweg dem Ufer des Kinzigstausees. Von Wächtersbach aus lohnt ein Abstecher in die Kurstadt Bad Orb mit dem wunderschön angelegten Park um das große Gradierwerk. Die salzhaltige Luft weht nicht nur im Parkgelände, sondern reicht bis in die gemütliche Altstadt, in der es sich bestens verweilen lässt. Auch der Aufenthalt in und um Bad Soden-Salmünster ist empfehlenswert. Ob Waldbaden im Stadtwald, eine Sieben-Kilometer-Wanderung auf der Spessartfährte „Stolzenberger Ritterblick" rund um die Burgruine Stolzenberg oder der Besuch der Spessart Therme (Frowin-von-Hutten-Straße 5, 63628 Bad Soden-Salmünster) mit Salzgrotte und Kältekammer – der Gesundheitsort Bad Soden-Sal-

WUNDERWERK: KINZIGTALSPERRE

Die 4 / Kinzigtalsperre schützt vor Hochwasser und sorgt in Trockenperioden für einen steten Wasserzufluss der Kinzig.

⮝ oben / Kaiserpfalz in Gelnhausen von oben
➤ rechts / Stadtgarten von Gelhausen

münster steht für Erholung. Nur wenige Kilometer weiter erreichen wir die 4 / Kinzigtalsperre, die kurz vor unserem Etappenziel liegt. Die Kinzigtalsperre hat große Bedeutung. Sie schützt vor Hochwasser und sorgt in Phasen von Trockenheit für einen steten Wasserzufluss, der in Sterbfritz entspringenden und in Hanau in den Main mündenden Kinzig. Zudem wird mit Turbinen am Bauwerk noch Energie gewonnen. In einigen Jahren soll hier ein Wasserwerk entstehen, welches etwa 200.000 Menschen aus dem Main-Kinzig-Kreis und dem Rhein-Main-Gebiet mit Trinkwasser versorgen soll. Wir machen eine kurze Rast und genießen den Ausblick auf die Talsperre, bevor wir die letzten knapp fünf Kilometer bis Steinau zurücklegen. In Steinau verbrachten die Brüder Grimm ihre Jugend, da Vater Grimm eine Stelle als Amtmann annahm. Hier empfiehlt sich eine Übernachtung, beispielsweise im Burgmannenhaus (Brüder-Grimm-Straße 49, 36396 Steinau an der Straße). Unsere Tour endet mitten in der wunderschönen Altstadt, wo all die märchenhaften Sehenswürdigkeiten auf uns warten: der Märchenbrunnen, das 5 / Museum Brüder-Grimm-Haus Steinau (Brüder-Grimm-Straße 80, 36396 Steinau an der Straße), das Rathaus und auch das Schloss, welches sich imposant aus dem Kinzigtal emporhebt. Hier kann

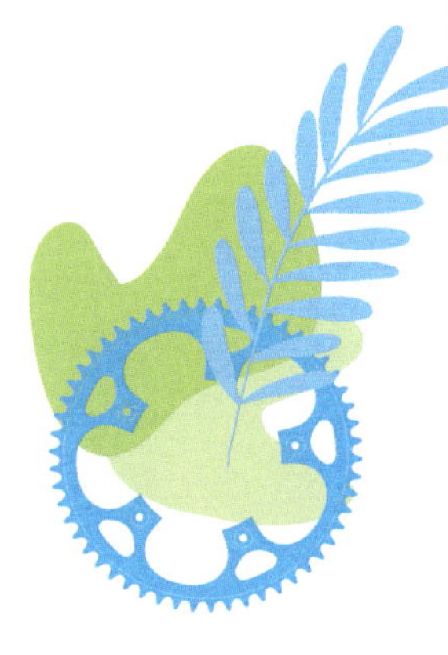

TOUR, DIE DU SO NIE GEMACHT HÄTTEST

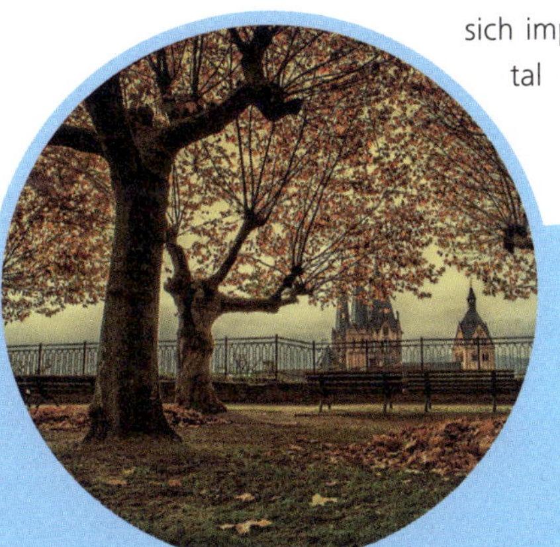

1621

ist der Dichter Hans Jakob Christoffel von Grimmelshausen geboren. Sein Geburtshaus liegt in Gelnhausen an einer steilen, kopfsteingepflasterten Straße. Er ist der berühmteste deutsche Erzähler des 17. Jahrhunderts. Weltweit bekannt vor allem durch „Der abenteuerlichen Simplicissimus Teutsch".

ENERGIE & TRINKWASSER

Mit Turbinen wird an der 4 / Kinzigtalsperre Energie gewonnen und zukünftig soll ein Wasserwerk Menschen der Region mit Trinkwasser versorgen.

man seine Zeit gut verbringen. Empfehlenswert ist eine Stadtführung mit der Mutter Geiß, dem Gestiefelter Kater oder der Hexe, die ihre Gäste auf den Spuren der Grimms auf einem zauberhaften und informativen Rundgang durch Steinau begleiten.

TOUR, DIE DU SO NIE GEMACHT HÄTTEST

TAG 2

Anstieg zu Kaffee und Kuchen

Am zweiten Tag legen wir etwa 70 km zurück und enden am Alsfelder Märchenhaus. Von Steinau aus geht es mit den Rädern hoch in die Region Vogelsberg. Zunächst führt die Route über befahrene Straßen, dann über Waldwege, die teils geschottert sind, und zwar immer bergauf. Alternativ kann man auch die Landstraße 3178 von Steinau nach Freiensteinau bis Grebenhain nehmen,

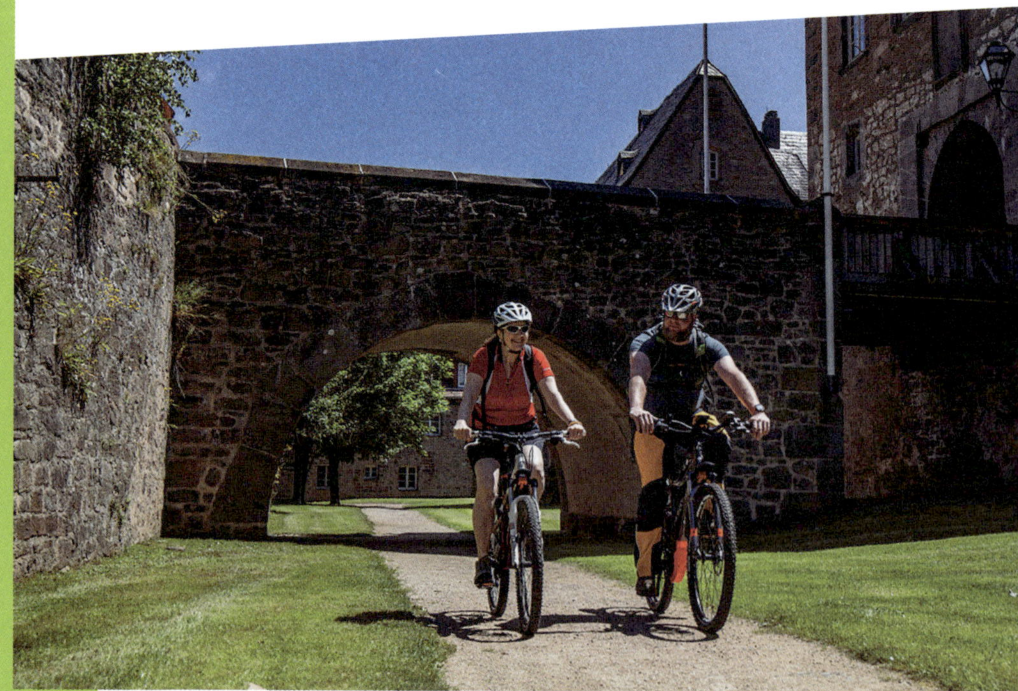

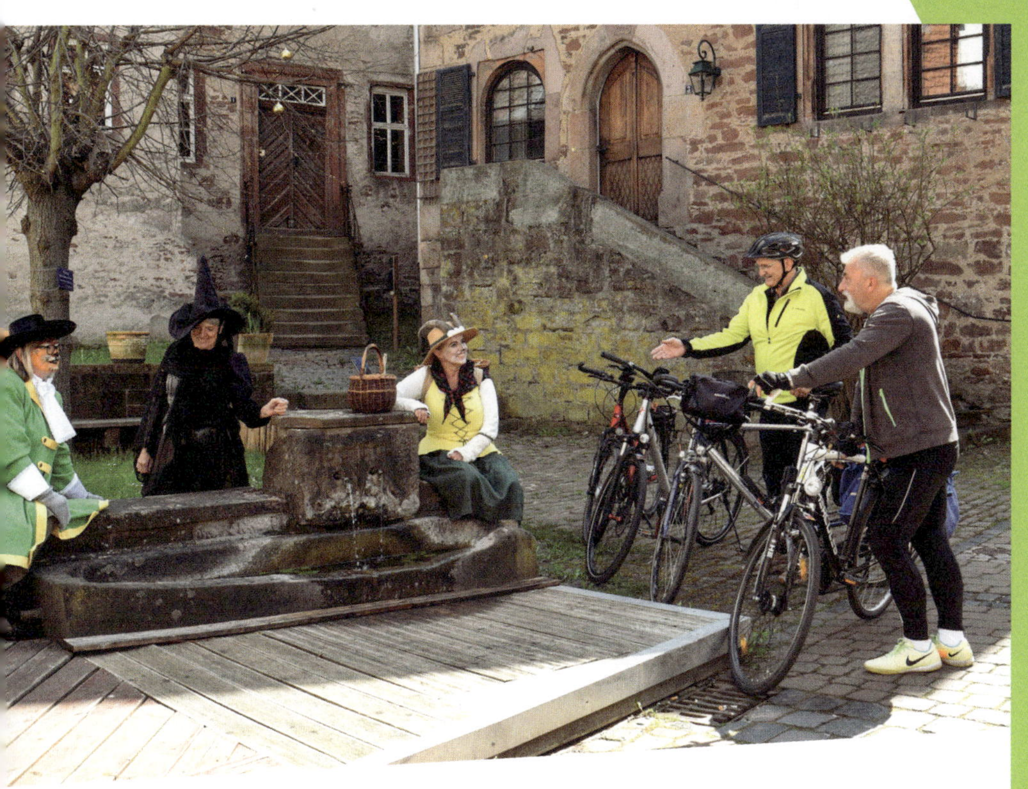

wenn der Autoverkehr nicht stört. Vor Ulmbach verläuft die Route dann über Wirtschaftswege und Landstraßen entlang dem Steinautal bis Freiensteinau, wo die Radroute als „Seentour" ausgeschildert ist und zum Vulkanradweg führt. Nach rund 20 Kilometern erreichen wir 6 / Heidis Cafestübchen Ober-Moos (Friedhofsweg 5, 36399 Freiensteinau), das direkt an unserem Weg liegt. In dem alteingesessenen Café werden wir von den Inhabern Heidi und Jürgen nicht nur herzlich begrüßt, sondern finden auch leckere hausgemachte Kuchen und Torten. In den Sommermonaten wird auch Eis angeboten.

1562

wurde das Amthaus (auch Wohnhaus der Familie Grimm) erbaut, welches heute ein Museum ist. Im prächtigen Fachwerkbau informiert das Museum 5 / Brüder Grimm-Haus Steinau zum Thema.

Märchenhaftes Alsfeld

Auf dem Vulkanradweg radelt es sich dann ganz wunderbar auf glattem Asphalt immer bergab. Wir passieren einen schönen 7 / Rastplatz am Wiesenbrüterprojekt Grebenhain mit Infotafel. Die Landschaft hier zeichnet sich durch einen vielfältigen Wechsel von artenreichem Grünland mit Feucht- und Nasswiesen aus. Das Pro-

< links / Radeln in Steinau ^ oben / Am Märchenbrunnen in Steinau

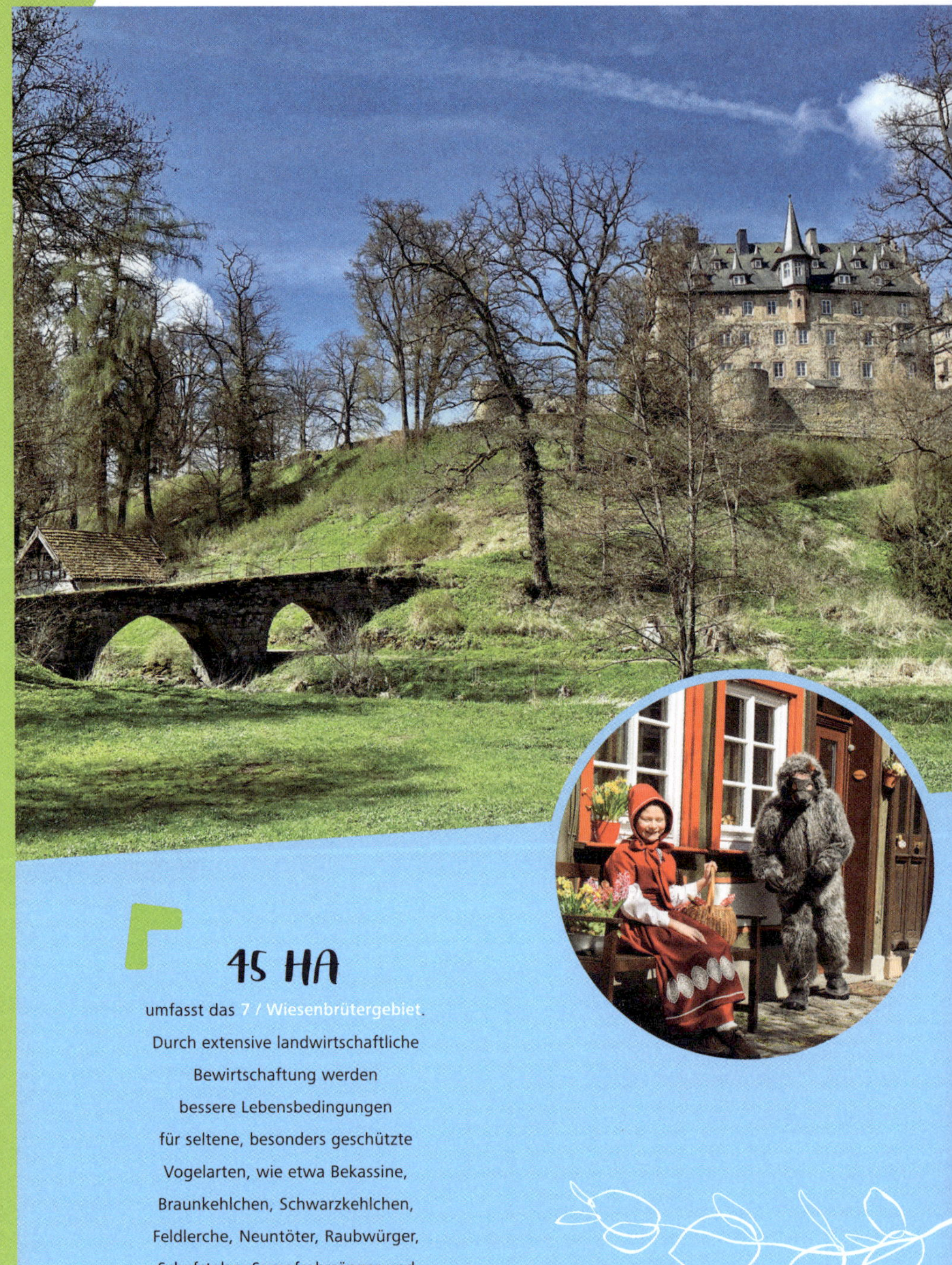

45 HA

umfasst das 7 / Wiesenbrütergebiet. Durch extensive landwirtschaftliche Bewirtschaftung werden bessere Lebensbedingungen für seltene, besonders geschützte Vogelarten, wie etwa Bekassine, Braunkehlchen, Schwarzkehlchen, Feldlerche, Neuntöter, Raubwürger, Schafstelze, Sumpfrohrsänger und Wiesenpieper, ermöglicht.

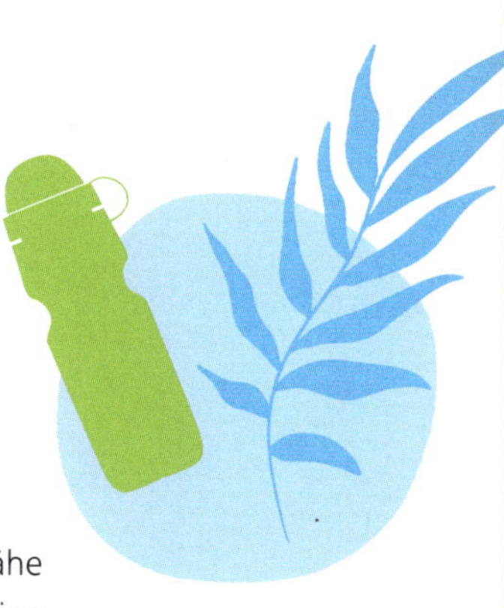

jekt dient zur Erhaltung der biologischen Artenvielfalt. In der Nähe von Grebenhain weist ein Schild auf die Teufelsmühle hin, eine schöne alte Mühle in einem prachtvollen Fachwerkbau, die laut einer Sage vom Teufel erbaut wurde. Weiter dem Vulkanradweg folgend, haben wir einen herrlichen Blick auf 8 / Herbstein. Ein Abstecher zum Ortskern lohnt sich, da es am Markt ein interessantes Fachwerk-Rathaus zu besichtigen gibt. Auch kann man noch über Reste der mittelalterlichen Stadtmauer spazieren oder eine längere Pause in der Vulkan Therme (Zum Thermalbad 1, 36358 Herbstein) machen. Hinter Herbstein zeigt sich das 9 / Schloss Eisenbach (Am Kirchberg 50 36341 Lauterbach), das ein Stück vom Radweg entfernt liegt. Von einem 10 / Aussichtspunkt kurz vor Lauterbach genießen wir schon den Blick auf Lauterbach, ein nettes Fachwerkstädtchen. Im Ort wechseln wir vom Vulkanradweg auf den Hessischen Radfernweg R2, der gut ausgebaut und hügelig ist. Er begleitet uns durchs schöne Schwalmtal bis nach Alsfeld. In dieser Gegend treffen wir nicht nur auf den 11 / Demeter Hof Schwalmtal (Im Schwalmgrund 34, 36318 Schwalmtalt), sondern auch auf Rotkäppchen und den bösen Wolf. Die prächtige Kulisse der Alsfelder Altstadt glänzt vor allem mit dem mittelalterlichen Rathaus am Markt, eingerahmt von dem historischen Weinhaus, dem Bückingshaus und dem Strumpfhaus. Der Turm der Walpurgiskirche überragt das Rathaus und bildet einen standesgemäßen Hintergrund. Vom Markt gehen sechs Gassen in alle Richtungen ab, allesamt gesäumt von gut erhaltenen charaktervollen Fachwerkhäusern. Im 12 / Alsfelder Märchenhaus (Sackgasse 2, 36304 Alsfeld) finden wir eine Ausstellung zu den Grimmschen Märchen. Ferner gibt es eine große Puppensammlung bzw. Puppenstuben-Sammlung zu sehen.

DIE WARTBURG OBERHESSENS

heißt eigentlich 9 / Schloss Eisenbach. Ein Abstecher lohnt sich nicht nur wegen seines besonderen Erscheinungsbildes, sondern auch um einzukehren.

TOUR, DIE DU SO NIE GEMACHT HÄTTEST

◂ links oben / Schloss Eisenbach mutet ebenfalls märchenhaft an
◂ links / Rotkäppchen in der Alsfelder Altstadt

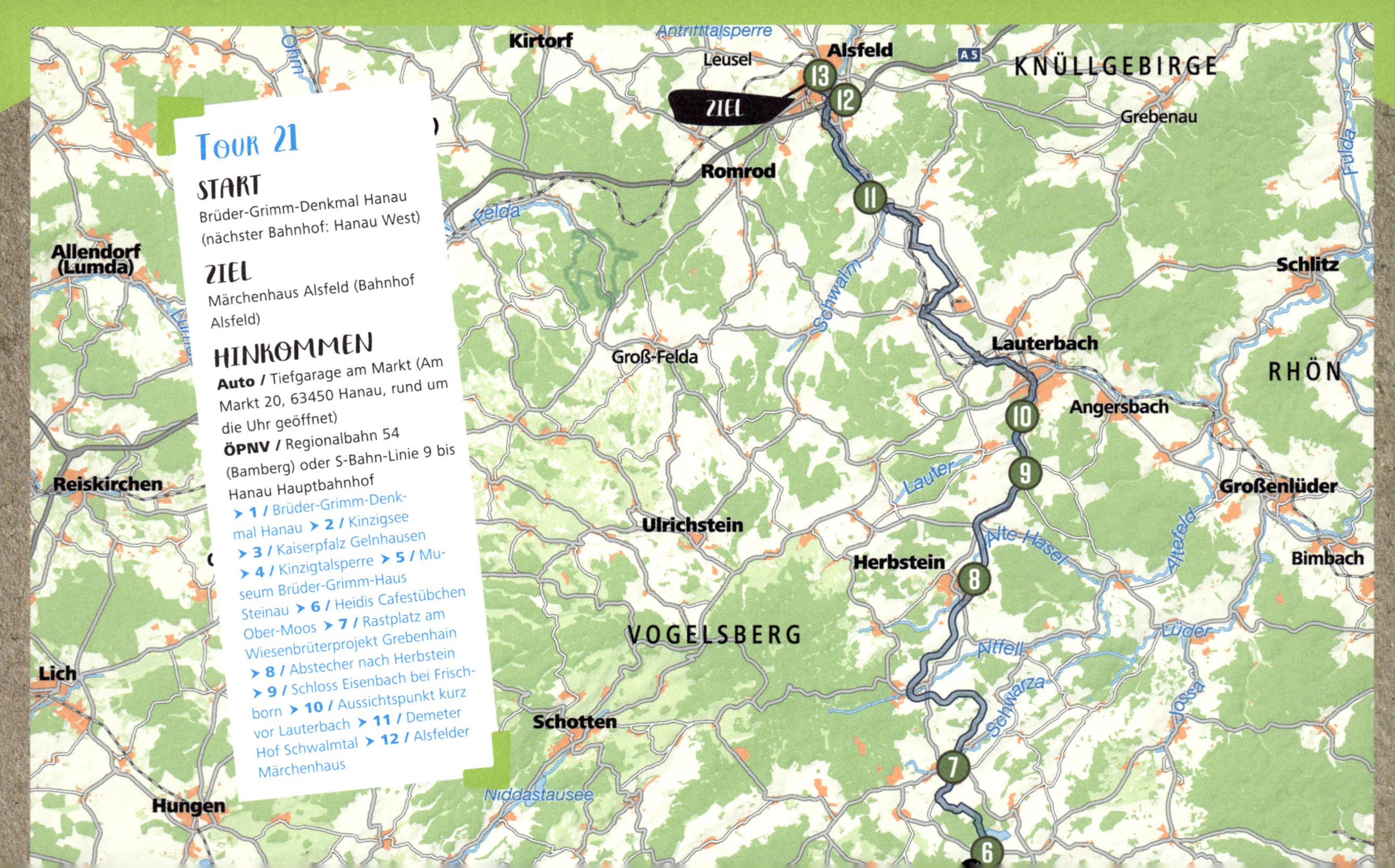

Tour 21

START

Brüder-Grimm-Denkmal Hanau (nächster Bahnhof: Hanau West)

ZIEL

Märchenhaus Alsfeld (Bahnhof Alsfeld)

HINKOMMEN

Auto / Tiefgarage am Markt (Am Markt 20, 63450 Hanau, rund um die Uhr geöffnet)

ÖPNV / Regionalbahn 54 (Bamberg) oder S-Bahn-Linie 9 bis Hanau Hauptbahnhof

➤ **1 /** Brüder-Grimm-Denkmal Hanau ➤ **2 /** Kinzigsee ➤ **3 /** Kaiserpfalz Gelnhausen ➤ **4 /** Kinzigtalsperre ➤ **5 /** Museum Brüder-Grimm-Haus Steinau ➤ **6 /** Heidis Cafestübchen Ober-Moos ➤ **7 /** Rastplatz am Wiesenbrüterprojekt Grebenhain ➤ **8 /** Abstecher nach Herbstein ➤ **9 /** Schloss Eisenbach bei Frischborn ➤ **10 /** Aussichtspunkt kurz vor Lauterbach ➤ **11 /** Demeter Hof Schwalmtal ➤ **12 /** Alsfelder Märchenhaus

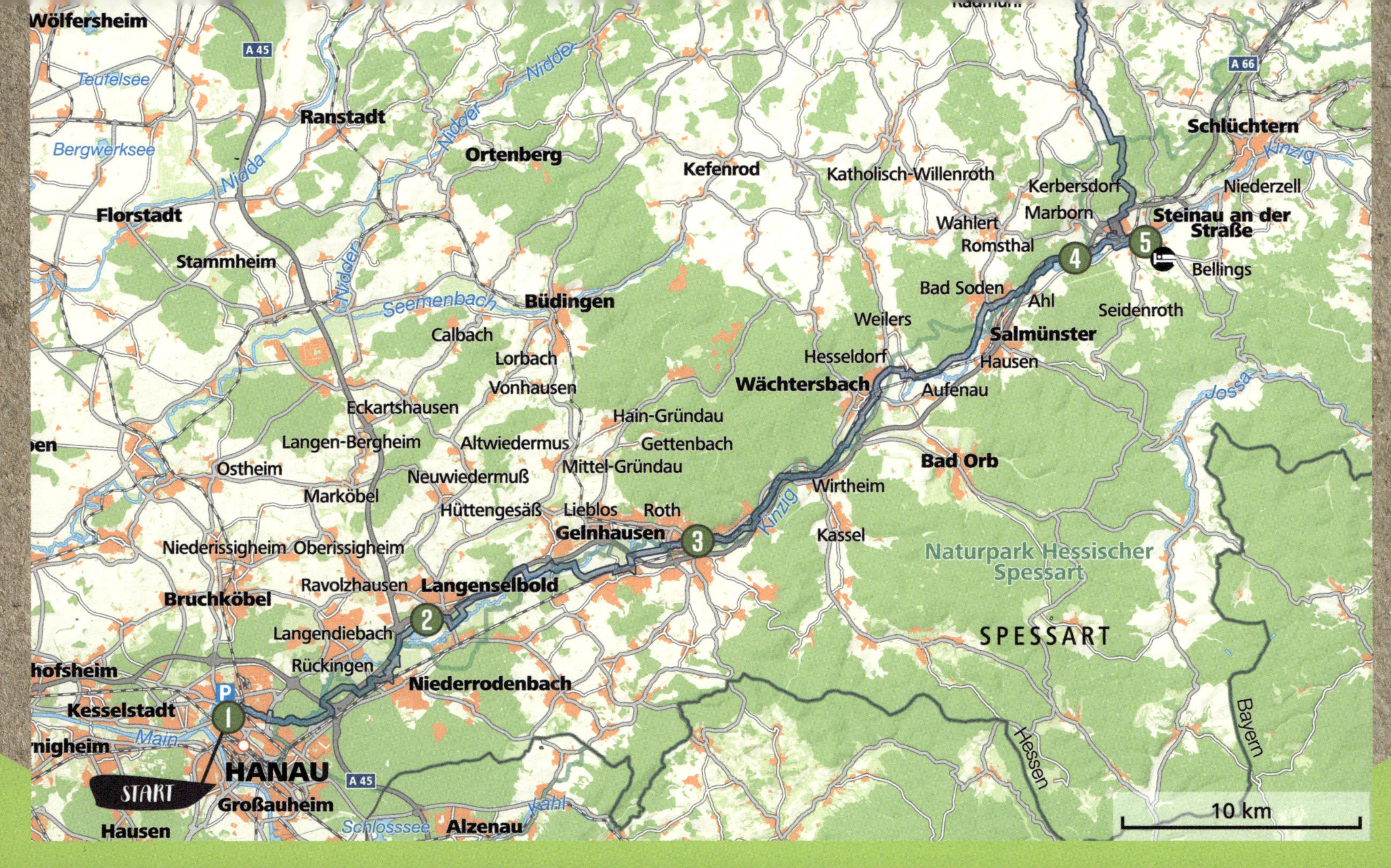
Wölfersheim
A 45
Teufelsee
Ranstadt
Nidder
Bergwerksee
Ortenberg
Nidda
Kefenrod
Katholisch-Willenroth
Kerbersdorf
Schlüchtern
Kinzig
A 66
Niederzell
Florstadt
Marborn
Wahlert
Steinau an der Straße
Romsthal
Stammheim
4
5
Bellings
Bad Soden
Ahl
Seemenbach
Büdingen
Seidenroth
Weilers
Salmünster
Calbach
Hesseldorf
Lorbach
Hausen
Wächtersbach
Vonhausen
Aufenau
Jossa
Eckartshausen
Hain-Gründau
Langen-Bergheim
Altwiedermus
Gettenbach
Bad Orb
Ostheim
Mittel-Gründau
Neuwiedermuß
Wirtheim
Marköbel
Hüttengesäß
Lieblos
Roth
Gelnhausen
3
Kassel
Niederissigheim
Oberissigheim
Naturpark Hessischer Spessart
Ravolzhausen
Langenselbold
Bruchköbel
2
Langendiebach
SPESSART
Rückingen
Niederrodenbach
Kesselstadt
P
1
Main
Hessen
Bayern
HANAU
A 45
START
Großauheim
Kahl
10 km
Hausen
Schlosssee
Alzenau

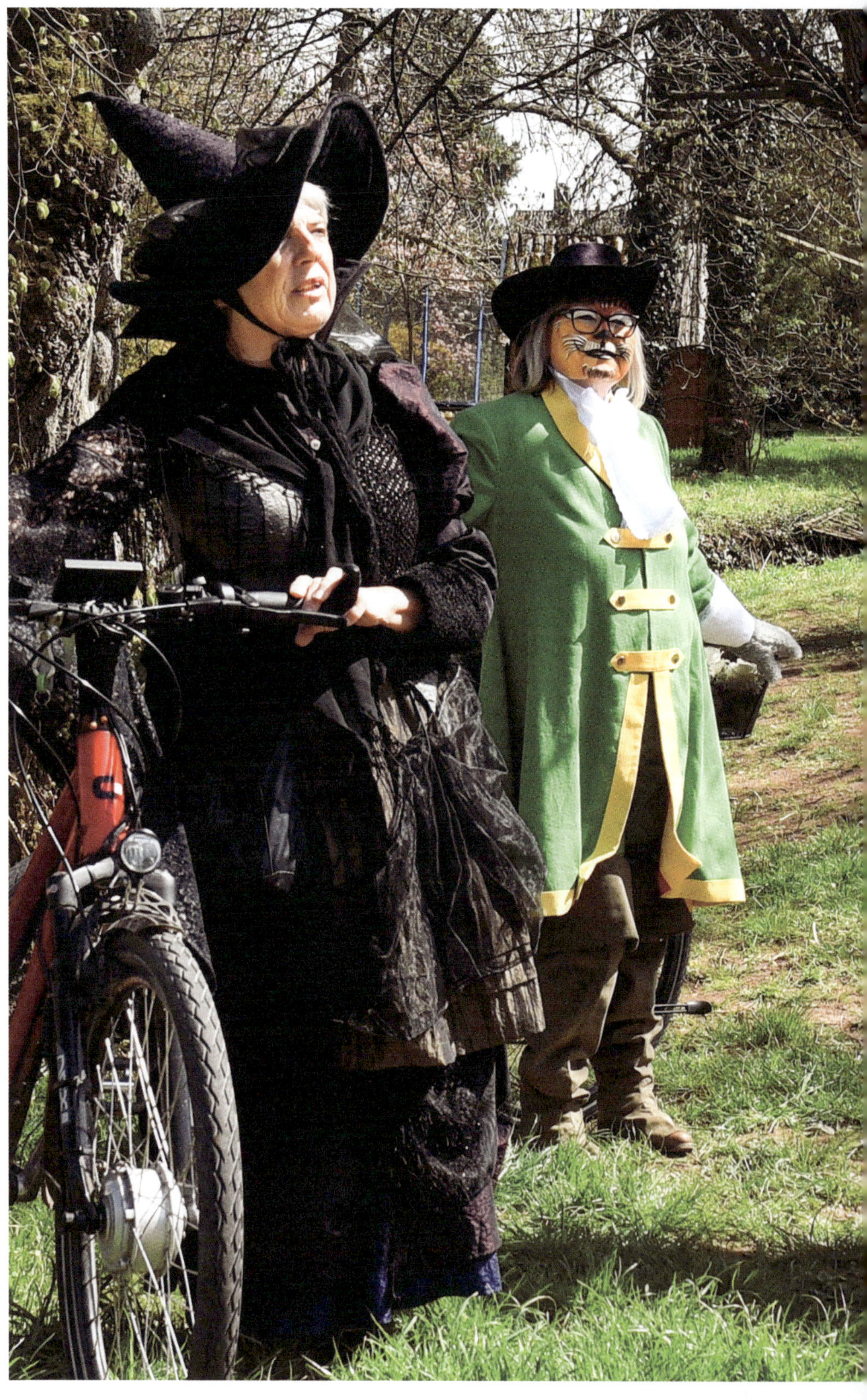

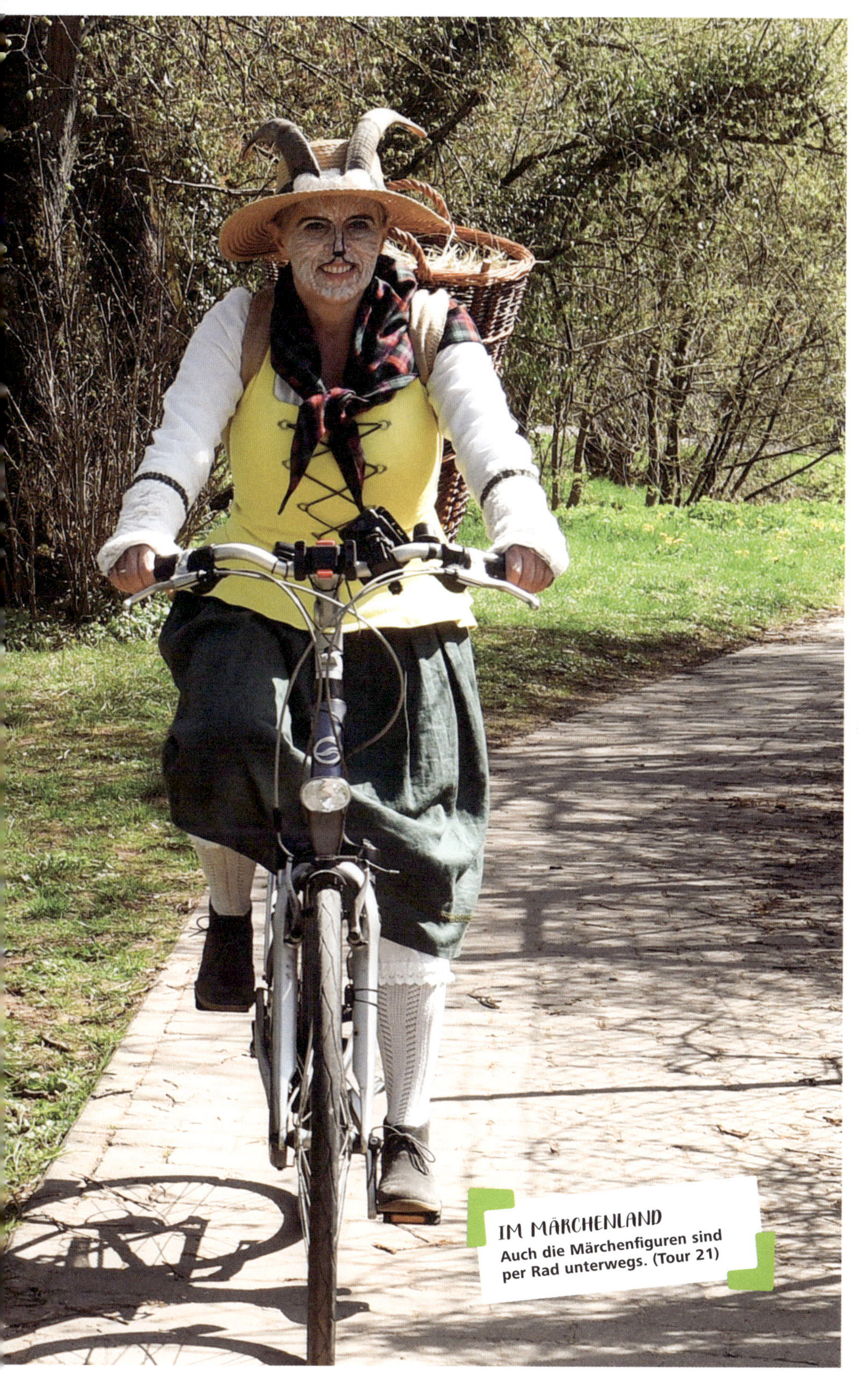

IM MÄRCHENLAND
Auch die Märchenfiguren sind per Rad unterwegs. (Tour 21)

AUFGESATTELT!

FRANKFURT-UND RADBASICS

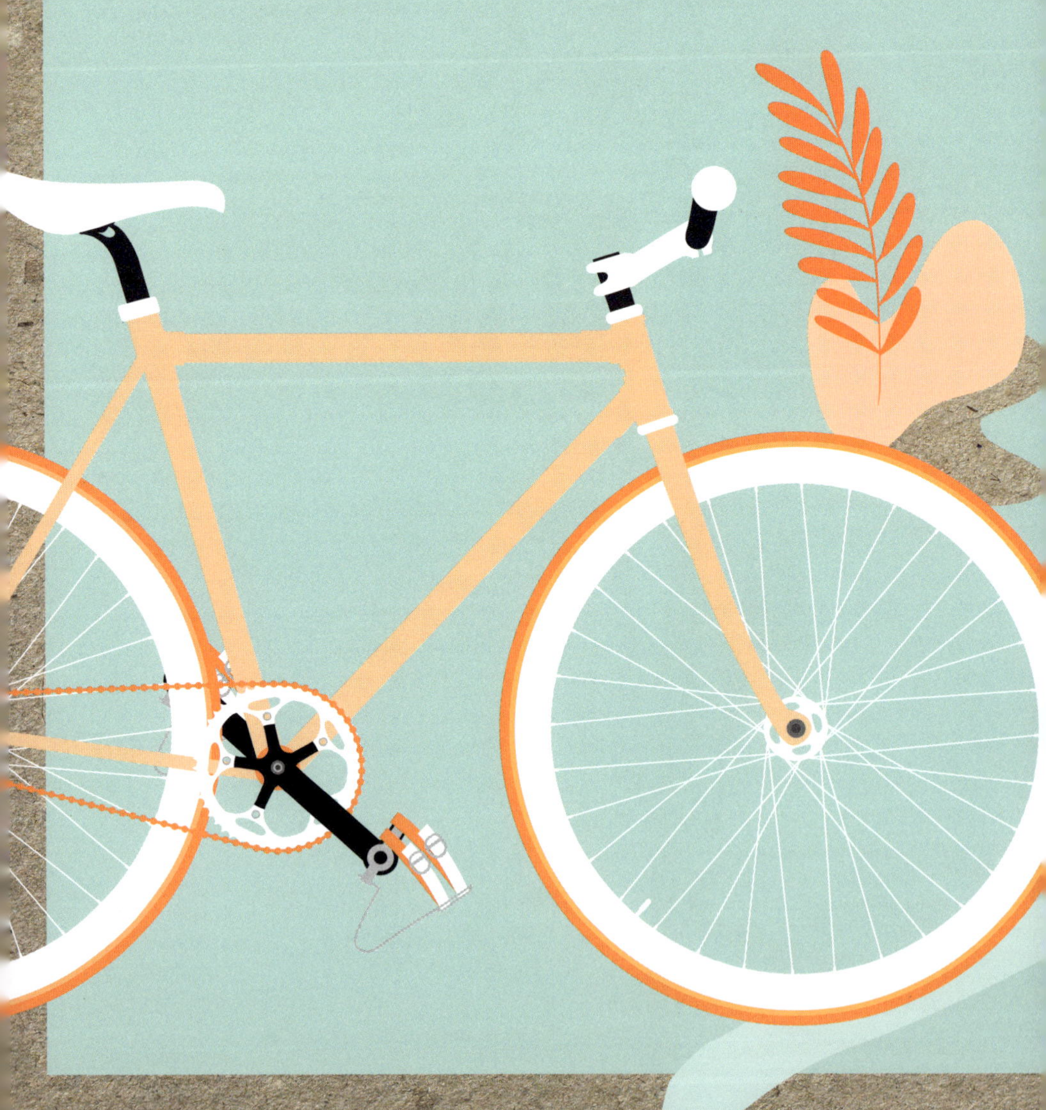

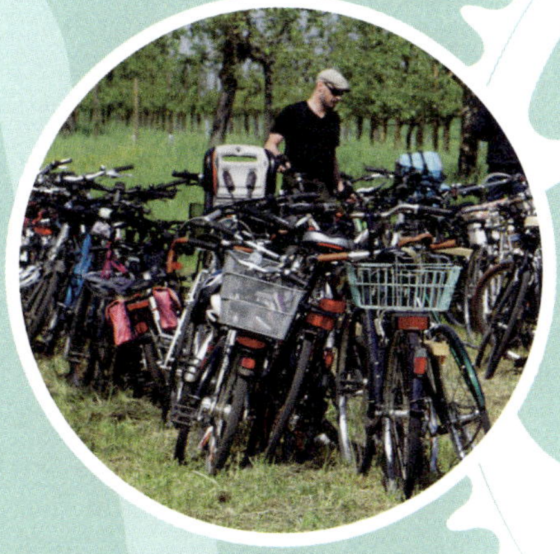

RADVERGNÜGEN in und um Frankfurt // **Seite 226**

FACTS Frankfurt und Umgebung // **Seite 229**

AUSZEIT-HIGHLIGHTS für Kinder, E-Biker, Schlemmer und Ruhesuchende // **Seite 230**

DAS KRIEGST DU NICHT ALLE TAGE Wann am besten wohin // **Seite 232**

PACKLISTE // **Seite 234**

RADCHECK // **Seite 236**

BIKE-BUCKETLIST Frankfurt und Umgebung // **Seite 240**

RADVERGNÜGEN

in und um Frankfurt

„Frankfurt ist anders." So sagt es Schriftstellerin Eva Demski im gleichnamigen Buch. In der Mainmetropole wird so schnell aufgebaut, wie abgerissen. Für das 2009 gegründete Radfahrbüro der Stadt Frankfurt bedeutet das Chance und Risiko zugleich. Denn aus so mancher Großbaustelle sind schon ein schöner Fahrradweg oder neue Fahrradstellplätze hervorgegangen.

2019 – EIN ERFOLGSJAHR FÜR DIE FRANKFURTER FAHRRADLOBBY

Doch der Druck in der engen Mainmetropole ist groß. Die Verdichtung des Bankenzentrums und die im Bau befindlichen Projekte nehmen Platz ein und natürlich müssen auch Autos, Busse und Bahnen ihre Spuren auf der Straße bekommen. Dennoch, die Fahrradlobby ist stark und zusammen mit dem Radfahrbüro und einer überwiegend fahrradfreundlichen Politik bewirkt sie seit einigen Jahren eine Wende zugunsten der Radfahrer. So hat die Stadt im Sommer 2019 ein umfassendes Radweg-Wegweisungsprojekt abgeschlossen. Rund 6.450 Wegweisungsschilder und 2.150 kleinere Zwischenwegweiser hängen seitdem an etwa 4.100 Standorten.

FLOTT UNTERWEGS AUF RADSCHNELLWEGEN

Und das Radwegenetz soll stetig weiter wachsen, versprechen Verkehrsdezernent und Frankfurter Radfahrbüro. Dazu passend wirkt die Initiative vom Regionalverband FrankfurtRheinMain, der im Jahr 2015 das Radschnellweg-Projekt Frankfurt-Darmstadt auf den Weg brachte, von dem im Jahr 2019 ein Abschnitt fertig-

ALLES RUND UMS FAHRRADFAHREN IN FRANKFURT: WIE DIE FAHRRADKULTUR IST UND WAS DICH ERWARTET

gestellt wurde. Anknüpfend an diesen Erfolg hat der Verband inzwischen die Umsetzung von acht weiteren Radschnellwege-Projekten angestoßen. Charakteristisch sollen die Radschnellwege eine Reisegeschwindigkeit von rund 20 km/h ermöglichen. In den Genuss einer solchen Strecke kommt man beispielsweise bei Tour 19. Aber keine Sorge: Generell orientieren sich die angegebenen Radelzeiten der im Buch beschriebenen Touren mit einer Durchschnittsgeschwindigkeit von 13 km/h an einem eher gemütlichen und familienfreundlichen Fahrverhalten.

HIER WIRD FLEISSIG GERADELT

Wochentags ist man in Frankfurt nicht allein mit dem Rad unterwegs: Zur betrieblichen Radverkehrsförderung in der Bankenstadt hat das Land Hessen im Jahr 2021 die Initiative bike+business ins Leben gerufen, um Unternehmen zu unterstützen, eine fahrradfreundliche Infrastruktur für ihre Mitarbeitenden zu schaffen – mit großer Resonanz. In Frankfurt fuhren trotz der Homeoffice-Umstände im Jahr 2021 etwa 46% der Berufstätigen mindestens mehrmals pro Monat mit dem Rad zur Arbeit, 27% mehrmals pro Woche. Anders als in vielen anderen deutschen Metropolen ist im gesamten Rhein-Main-Gebiet die Mitnahme von Fahrrädern im öffentlichen Nahverkehr kostenfrei. Viele große Unternehmen beteiligen sich am deutschlandweiten Jobrad-Programm und wer nicht über ein eigenes Rad verfügt, bekommt in Frankfurt das vollumfängliche Spektrum an Leihfahrrädern geboten: Call-a-Bike (callabike-interaktiv.de/de/staedte/frankfurt),

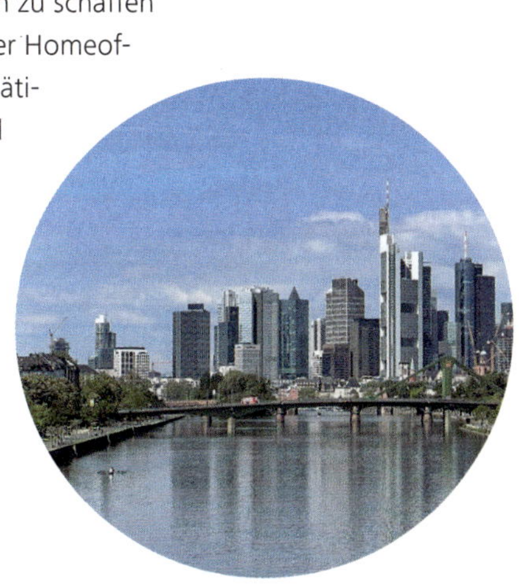

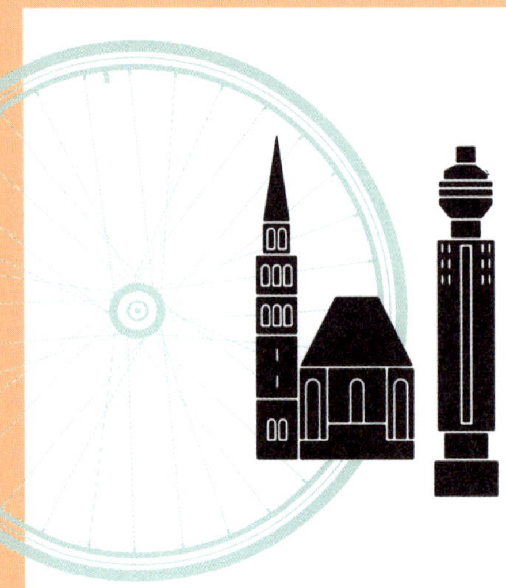

Next Bike (nextbike.de/de/frankfurt), MAIN-LASTENRAD (Transporträder kostenlos leihen, main-lastenrad.de), Swapfiets-Fahrräder mittel- oder langfristig mieten (swapfiets.de/offer/frankfurt). Darüber hinaus können bei mehreren Fahrradhändlern in Frankfurt Fahrräder und Pedelecs tageweise gemietet werden.

FAHRRADSTADT FRANKFURT

Das Bürgerbegehren „Radentscheid Frankfurt" bewirkte 2019 außerdem den Stadtverordnetenbeschluss „Fahrradstadt Frankfurt am Main", von dem bereits erste Teile umgesetzt sind. So gibt es ein digitales Radfahrportal (radfahren-ffm.de), das über den Ausbau von Radwegen und Abstellplätzen informiert und ein umfangreiches digitales Informationsangebot rund ums Radfahren bietet. Von hier erreicht man auch die Meldeplattform Radverkehr, über die der Stadtverwaltung Mängel im Radverkehrsnetz gemeldet werden können. Bei diesem Aktionismus war die Teilnahme am Wettbewerb „Deutscher Fahrradpreis" nur logisch. Mit der Idee, Fahrradbügel an Kreuzungen in Wohnquartieren zu installieren, um Kreuzungsbereiche frei zu halten und gleichzeitig Stellflächen zu schaffen, konnte die Jury im Jahr 2021 zwar nicht überzeugt werden, in Frankfurt hat sie sich aber als echtes Erfolgsrezept herausgestellt. Zahlreiche Anträge für derartige Umbaumaßnahmen gehen seither bei der Stadt ein und viele Kreuzungsbereiche sind heute schon wirklich fahrradfreundliche Zonen.

FACTS
FRANKFURT & UMGEBUNG

5,8 MIO
In Frankfurt leben gut 763.000 Menschen, die Metropolregion hat 5,8 Millionen Einwohner.

800 KM
Frankfurt verzeichnet rund 800 beschilderte Radweg-Kilometer.

277.1
In Frankfurt Bockenheim wurde eines der ersten Verkehrszeichen 277.1 in der Bundesrepublik installiert. Es verbietet das Überholen von Fahrrädern.

2022
Messestadt Frankfurt: Standort der größten deutschen Buchmesse und seit 2022 der internationalen Fahrradmesse Eurobike.

300
Kreditinstitute aus aller Welt, die EZB und die Deutsche Börse machen Frankfurt zu einem der wichtigsten Finanzplätze Europas.

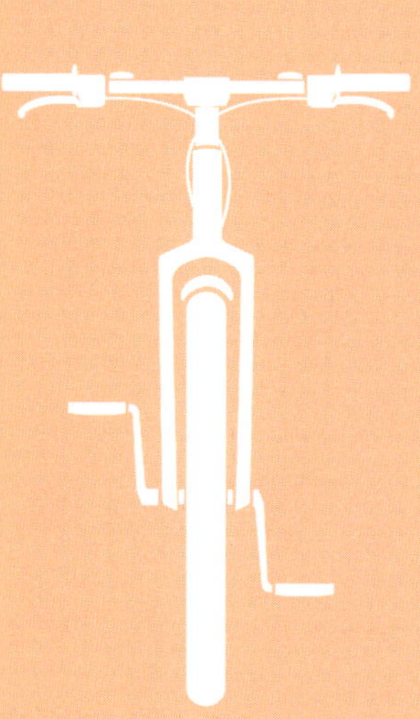

3.556
dreieckige Glasscheiben bilden die Fassade des Westhafen Towers im Gutleutviertel. Seine Struktur erinnert an ein Frankfurter Apfelweinglas, weshalb er im Volksmund Geripptes genannt wird.

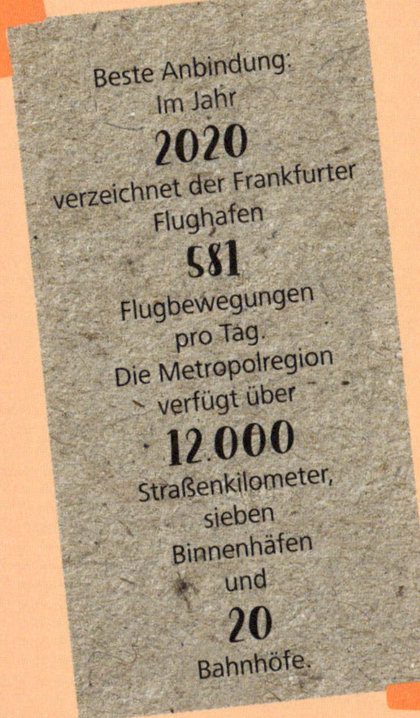

Beste Anbindung: Im Jahr **2020** verzeichnet der Frankfurter Flughafen **581** Flugbewegungen pro Tag. Die Metropolregion verfügt über **12.000** Straßenkilometer, sieben Binnenhäfen und **20** Bahnhöfe.

RAUSZEIT-HIGHLIGHTS

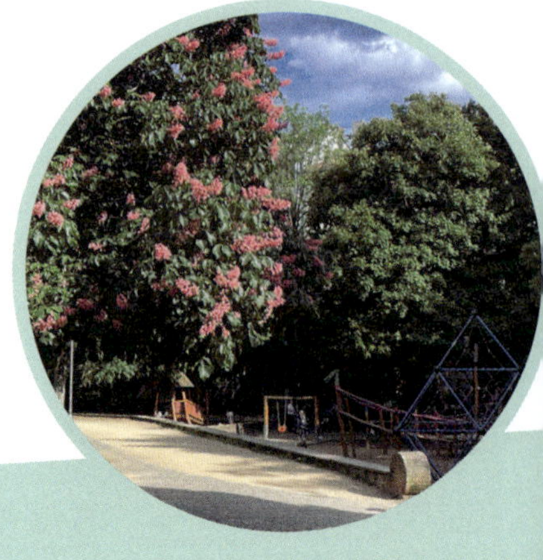

FÜR KINDER

Naturerlebnisgarten

Der Kinder-Erholungsgarten (Foto), ein großer Spielplatz auf Frankfurts Hausberg, dem Lohrberg, hat sogar ein Planschbecken.

Tour 2 // Seite 20

Museumsspaß für Groß und Klein

Interaktiv informiert das 1 / Struwwelpeter Museum über die Kinderbuchfigur und seinen Verfasser. Geschichten-Inseln, Spielepfad und ein Theaterzimmer zum Verkleiden ergänzen Porträts, Briefen, Skizzen und Erstausgaben des Autors.

Tour 13 // Seite 115

Sportliches Spielparadies

Eine 15 Meter hohe Tunnelrutsche und der 13 Meter hohe Tarzanschwinger sind erst der Anfang im 6 / Spielpark Hochheim.

Tour 15 // Seite 140

Märchenstunde

Im Schloss Philippsruhe in Hanau befindet sich mit GrimmsMärchenReich ein Mitmachmuseum für Kinder ab vier.

Tour 21 // Seite 210

FÜR E-BIKER

Sportliche Herausforderung

Für den schmalen, sehr steil bergab führenden Weg zum 3 / Quellenpark Kronthal ist ein geländegängiges E-Bike von Vorteil. Die fantastische Aussicht belohnt.

Tour 7 // Seite 60

Anstieg mit Ausblick

Die Stärkung am 3 / Rettershof war wertvoll, denn in Ruppertshain geht es kurz sehr steil auf einer asphaltierten Straße bergauf, inklusive tollem Fernblick auf die Frankfurter Skyline.

Tour 16 // Seite 146, 148

Auf 460 Meter Höhe

Hinauf zum 3 / Römerkastell Saalburg, dem einzigen wiederaufgebauten Römerkastell der Welt, radeln wir eine Stunde – ohne elektrische Unterstützung.

Tour 17 // Seite 156

Belohnende Aussichten

Steil bergauf geht es in den Ort Hering, an dessen Ortsausgang wir an einer 4 / Bank mit Blick über den Odenwald rasten.

Tour 18 // Seite 156

Top für jede Lust und Laune: Kleine und große Abenteuer, die besten Einkehrtipps und entspanntesten Pausenplätze

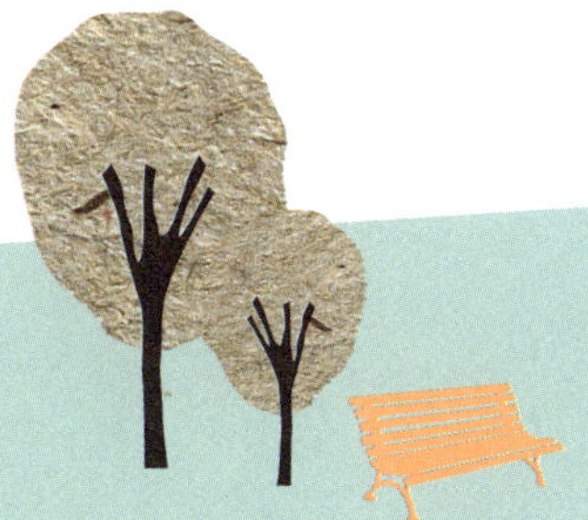

FÜR SCHLEMMER

Kalte Köstlichkeit

Uns wird's warm ums Herz, wenn wir die Eiskreationen bei 8 / Pallina Gelato genießen, der Eisdiele, die sich für herzkranke Kinder einsetzt.

Tour 3 // Seite 30

Original Frankfurter Küche

Hessische Klassiker schmecken gleich noch besser, wenn sie in so einem urgemütlichen rustikalen Gastraum wie im Zur Buchscheer Apfelweinwirtschaft serviert werden.

Tour 4 // Seite 38

Offenbacher Wochenmarkt

Hier findet man Brot aus dem Holzofen und die größte und leckerste Bruschetta, die ich jemals gegessen habe.

Tour 9 // Seite 74

Alt trifft neu

In Die Scheune in der 10 / Scheuergasse können wir in zwei aufwändig sanierten alten Bauten behaglich und hochwertig einkehren.

Tour 20 // Seite 199

FÜR RUHESUCHENDE

Auf dem Jubiläumsweg wandeln

Rund um den 4 / Jacobiweiher, größtes Gewässer Frankfurts, wandern wir auf dem Jubiläumsweg (4 km). Drinnen tummeln sich ausgesetzte Aquarienfische.

Tour 3 // Seite 29

Eine Insel der Erholung

Eine Pause im 4 / Licht- und Luftbad wirkt Wunder. Die landschaftliche Schutzzone ohne Kommerz und Beachkultur ist ein Erholungsgebiet nicht nur für den Main, sondern auch für uns.

Tour 6 // Seite 53

Phänomenaler Ausblick

Der Blick wird weit, wenn wir das Panorama von der Burg Friedberg über Felder und die Frankfurter Skyline wirken lassen.

Tour 11 // Seite 99

Auf den Mainwellen

Von den Sitzstufen oder den „Main-Waves", blauen Sitzwellen, blicken wir auf die imposante Mainspitze, den Zusammenfluss von Rhein und Main.

Tour 19 // Seite 53

DAS KRIEGST DU NICHT ALLE TAGE

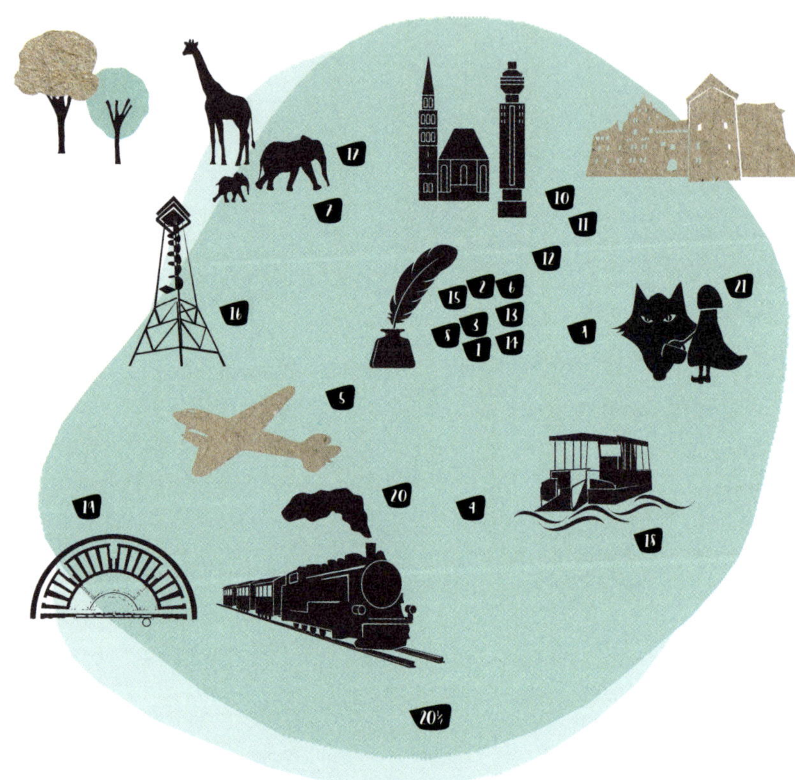

APFELFEST

LICHTERFEST

RADKLASSIKER

EVLIS PRESLEY FEST

STOFFEL FESTIVAL

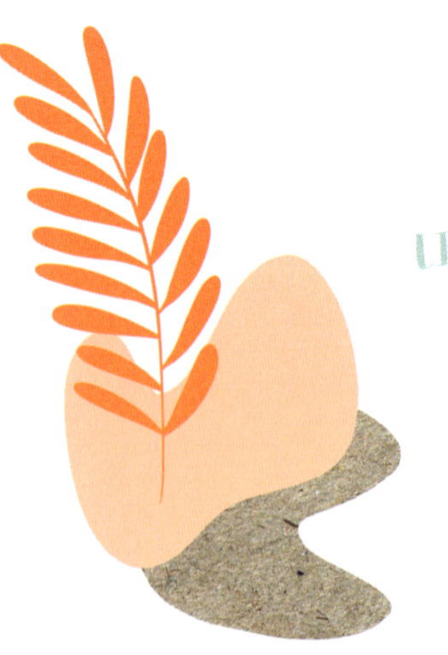

Wann am besten wohin? Die Events zu den Touren findest du hier

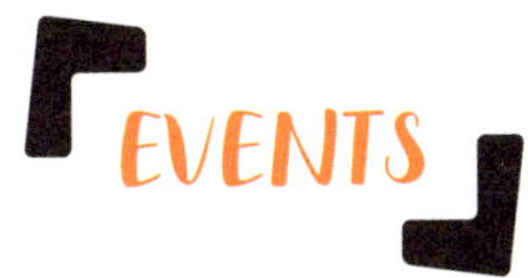

RADKLASSIKER AM 1. MAI **Start im Industriegebiet neben dem Arboretum in Eschborn** 1962 wurde der Radklassiker als Werbekampagne für den neu errichteten Henninger Turm von den Brüdern Erwin und Hermann Moos ins Leben gerufen. In den Folgejahren etablierte sich das Rennen fest im nationalen und internationalen Rennsportkalender der UCI. 1. Mai
Tour 7

BURGFESTSTSPIELE BAD VILBEL
auf der Wasserburg in Bad Vilbel Jährliche Burgfestspiele. Mai bis September
Tour 11

GEBRÜDER GRIMM HANAUFESTSPIELE **Hanau Schloss Philippsruhe** finden jeden Sommer im überdachten Amphitheater von Schloss Philippsruhe statt, sie zählen zu den größten Freilichtspielen Hessens. Mitte Mai bis Ende Juli
Tour 21

OPEN-AIR-KINO IM HAFEN 2

Nordring 129, 63067 Offenbach am Main Juni, Juli, August
Tour 14

WÄLDCHESTAG VOLKSFEST
Stadtwald Frankfurt Am Dienstag nach Pfingsten findet jährlich das größte Volksfest Frankfurts statt. Nach Pfingsten
Tour 3

EUROBIKE MESSE FRANKFURT
Eine der weltweit größten Fahrradmessen findet seit 2022 jährlich in der **Frankfurter Messe** statt. Juli
Tour 8

STOFFEL FESTIVAL GÜNTHERSBURGPARK FRANKFURT Das kostenlose Kulturfestival „Stalburg Offen Luft" des Stalburg-Theaters wird „Stoffel" genannt. Es findet jedes Jahr im Sommer im **Günthersburgpark** statt. Juli
Tour 6

LICHTERFEST BÜSINGPARK
Offenbach August
Tour 9

ELVIS PRESLEY FEST **Bad Nauheim/Friedberg** Jedes Jahr um den 16. August, den Todestag von Elvis Presley, verwandeln sich die beschaulichen Städtchen Friedberg und Bad Nauheim in ein Meer aus Cadillacs, Petticoats und Elvis-Tollen. August
Tour 11

APFELFEST AUF DEM OBSTHOF AM STEINBERG **Obsthof am Steinberg Nieder-Erlenbach** Unter fruchtbeladenen Obstbäumen gibt es Apfelweinspezialitäten, würzig-deftige Bio-Vesper, hausgemachte Suppen und Waffeln. Dazu gehört ein kleiner Kunsthandwerkmarkt und Kinderprogramm. Oktober
Tour 10

PACKLISTE

GRUNDAUSSTATTUNG

- Fahrradhelm
- Radkleidung
- Radhandschuhe
- Radbrille
- Trinkflasche
- Fahrradschloss
- Handy
- Karte/Navigationsgerät
- Fahrradlicht, Ersatzakku/-batterie
- Erste-Hilfe-Set

TAGESTOUR

- Regenkleidung
- Wechselkleidung
- Reparaturset: Ersatzschlauch, Werkzeug
- Luftpumpe
- Packtaschen klein
- Verpflegung: Snacks, genügend Wasser
- evtl. wasserdichte Handyhülle

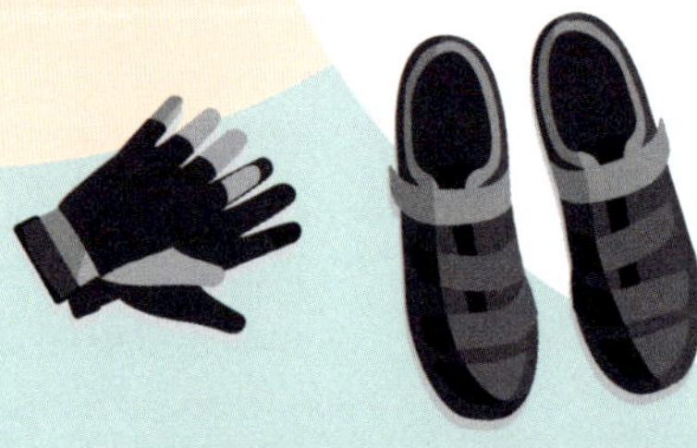

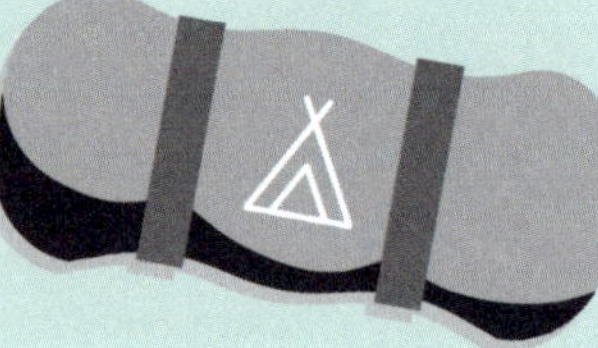

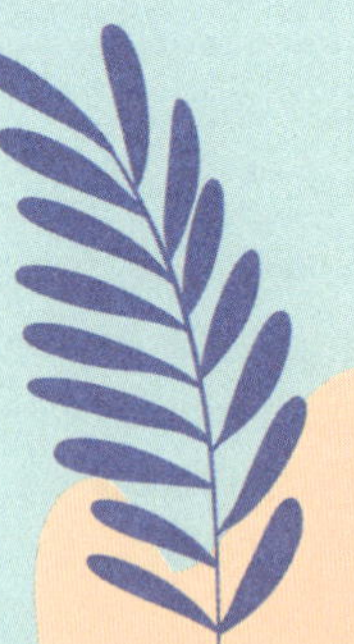

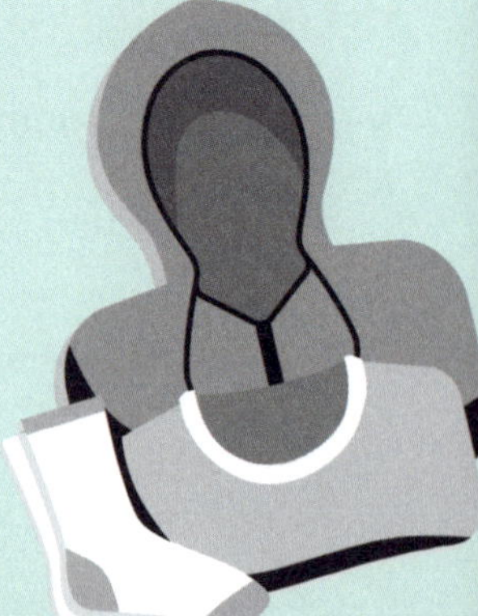

BIKEAWAYTOUR

- [ ] Zahnbürste
- [ ] Waschbeutel
- [ ] Packtaschen groß
- [ ] evtl. Zelt
- [ ] evtl. Schlafsack
- [ ] evtl. Kompass
- [ ] Handyladegerät

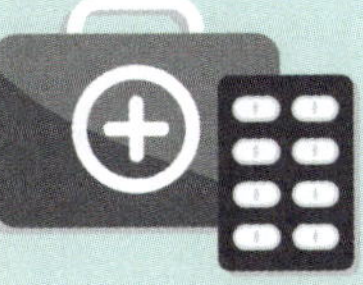

REISE-APOTHEKE

Pflaster & Blasenpflaster, Mückenschutz, Sonnenschutz, Zeckenkarte

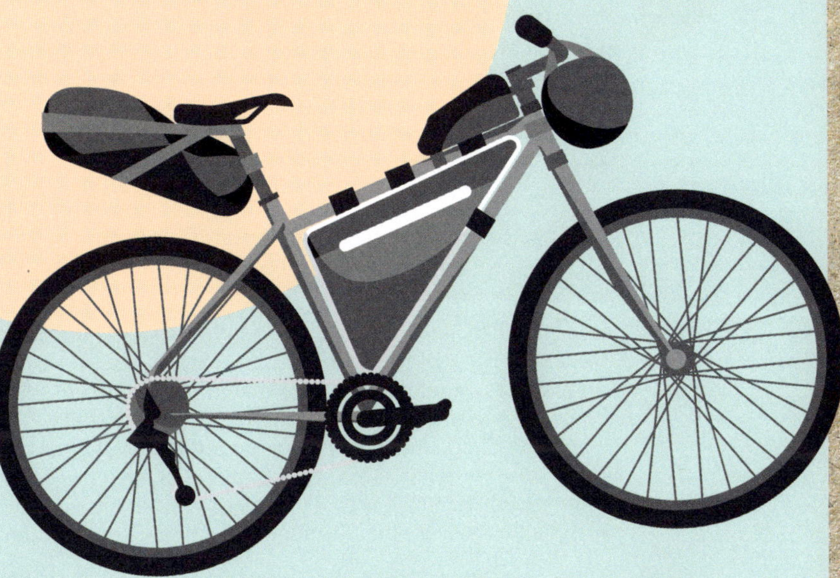

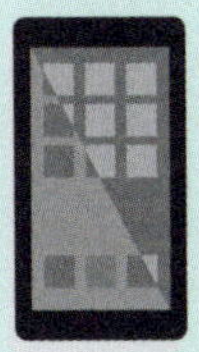

RADCHECK

findest du auf der nächsten Seite

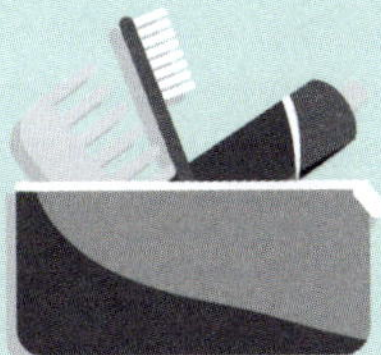

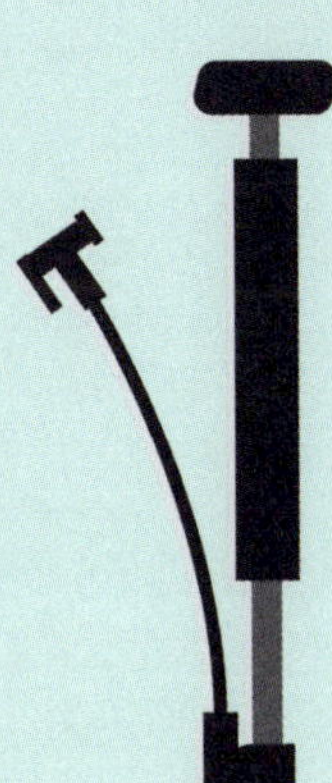

RADCHECK

AM BESTEN
nimmst du dein Fahrrad vor jeder Tour unter die Lupe, zumindest aber beim Frühjahrsputz. Darüber hinaus ist ein regelmäßiger Service bei Profis zu empfehlen.

EINFACH ERKLÄRT MIT PROFI-TIPPS

Picobello: Reinigung des Fahrrads

Ein sauberes Fahrrad lebt länger und dir fallen beim Putzen Defekte auf. Daher ran an den Schwamm und die milde Seife oder den Fahrradreiniger und losgelegt! Wenn das Fahrrad getrocknet ist, mit einem sauberen Lappen Wasserränder wegpolieren. Handarbeit ist angesagt – ein Hochdruckreiniger ist tabu, da er auch Fett und Öl entfernt und Wasser in empfindliche Teile eindringen kann.

Tipp: Für verwinkelte Teile ist eine alte Zahnbürste praktisch.

Pralle Geschichte: die Reifen

Um grob den Reifendruck zu überprüfen, mach die Daumenprobe: Lässt sich der Reifen mehr als 1 cm eindrücken, musst du pumpen. Angaben zu Mindest- und Maximaldruck findest du auf der Reifenflanke. Für wenig Rollwiderstand auf befestigten Straßen orientiere dich an der oberen Grenze, wenn du auf unbefestigten Wegen unterwegs bist, an der unteren. Je schmaler der Reifen und je höher das Gesamtgewicht, desto mehr Luftdruck ist nötig. Am einfachsten lassen sich die Reifen mit einer Standpumpe mit Druckmesser aufpumpen.

Tipp: Fahrradgeschäfte bieten machmal vor Ort gratis Pumpen zum Selbermessen und -aufpumpen an.

Nimm auch das Reifenprofil unter die Lupe: Entferne eventuelle Steinchen oder Scherben und halte nach Rissen oder Schnitten Ausschau. Wenn das Profil zu brüchig oder stark abgefahren ist, brauchst du einen neuen Mantel.

Läuft wie geschmiert: Kette reinigen und ölen

Fürs Reinigen zuerst mit einem trockenen Tuch Kette von altem Fett und Schmutz befreien, indem du am Pedal drehst und so die Kette durch das Tuch ziehst. Den feinen Zwischenräumen kannst du wieder mit der Zahnbürste zu Leibe rücken. Danach Kettenöl, am besten biologisch abbaubares, auftragen, indem du es hinten auf die Kette träufelst, während du sie mit dem Pedal durchdrehst. Kurz einwirken lassen, dann mit einem Lappen das überschüssige Öl von der Kette abziehen.

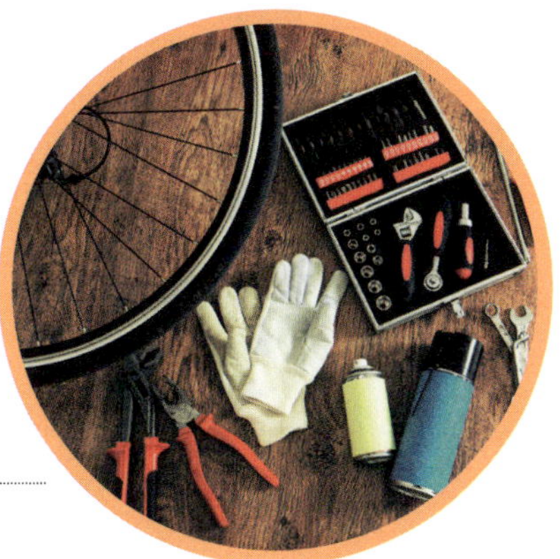

Tipp: Hast du eine Kettenschaltung, schalte einmal alle Gänge durch, damit sich das Öl auf allen Zahnrädern verteilt.

Eine gut geölte Kette und der richtige Reifendruck machen außerdem ein E-Bike leichtgängiger, was die Akku-Reichweite erhöht.

✓ Schraube locker?

Prüfe regelmäßig die Schraubverbindungen der Steuerung (Lenker, Vorbau und Steuersatz), Laufräder, Pedale, Sattelklemmen und Anbauteile wie Schutzbleche und Gepäckträger.

Tipp: Legst du selbst Hand an, ist ein Drehmomentschlüssel am besten, damit du die Schrauben entsprechend den Drehmomentangaben für dein Fahrrad nachziehen kannst.

✓ Nichts kann dich stoppen, außer: die Bremsen

Prüfe, ob vordere und hintere Bremse einen gleichmäßig starken Druckpunkt haben. Öffne und schließe die Bremsen auch im Stand. Wenn bei hydraulischen Bremsen mehrmaliges Pumpen für einen soliden Druckpunkt erforderlich ist oder sich der Hebel bis zum Lenker durchziehen lässt, muss das System entlüftet werden. Wenn bei mechanischen Felgenbremsen die Bremsarme nicht gleichmäßig arbeiten, einstellen (lassen). Sind die Verschleißindikatoren auf den Bremsbelägen, kleine Rillen im Gummi, verschwunden, müssen die Beläge getauscht werden. Den Verschleiß von Scheibenbremsen kannst du bei relativ neuen Belägen mit einer Taschenlampe von oben durch den Schlitz im Sattel prüfen. Bei älteren und dünneren Belägen müssen die Räder zur Sichtprüfung ausgebaut werden.

Tipp: Gegen Verschmutzung und Korrosion der Bremszüge bei mechanischen Bremsen hilft ein Spritzer Teflonspray in die Enden der Außenhüllen. So gleiten die Kabel besser in ihrer Hülle.

✓ Damit dir ein Licht aufgeht: die Beleuchtung

Weil's am Abend auch schon mal später werden kann und du auch am Rückweg sichtbar sein möchtest: Sind Lichter und Reflektoren vorhanden und funktionieren sie?

✓ Für alle mit extra Antriebskraft: Akku & Motor

Bei längerer Nichtnutzung, zum Beispiel in der Winterpause, achte darauf, dass sich der Akku nie tiefentlädt. Korrosionsspuren bei den Steckverbindungen kannst du mit einem speziellen Kontaktspray entfernen. Fallen dir Schäden am Motorgehäuse auf, am besten schnell in eine Fachwerkstatt.

Los geht's!

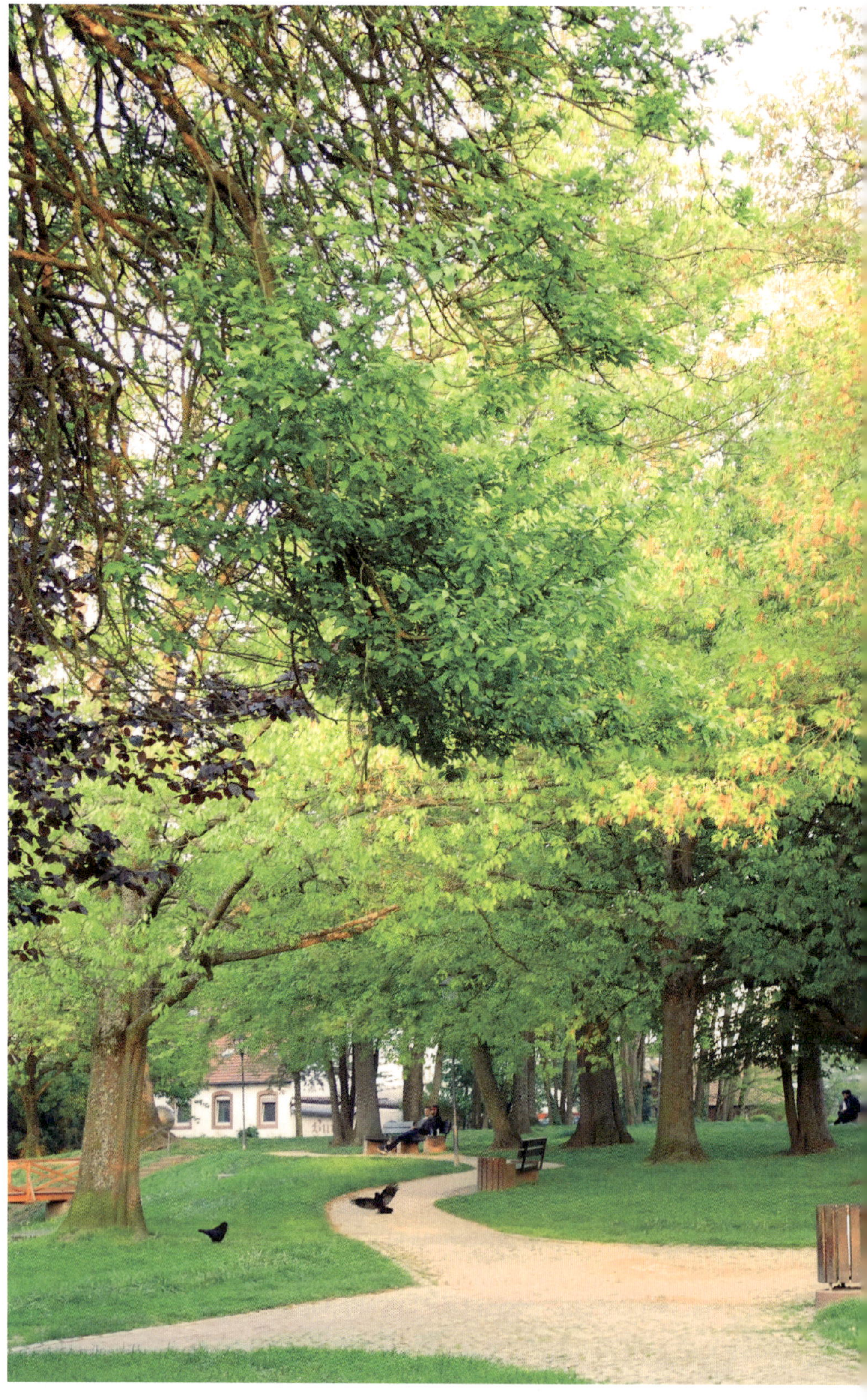

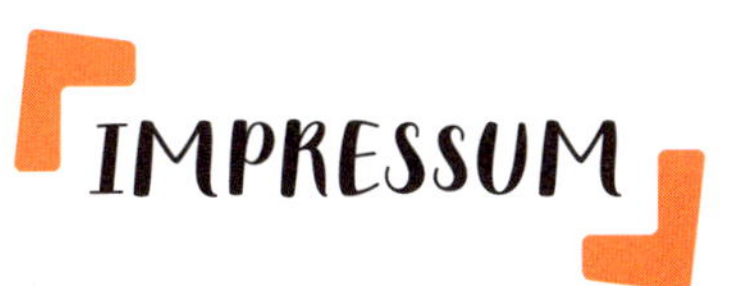

© KOMPASS-Karten GmbH
Karl-Kapferer-Straße 5
A-6020 Innsbruck
www.kompass.de

1. Auflage 2023 (23.01)
Verlagsnummer 3814
ISBN 978-3-99121-903-3

Text und Fotos (soweit nicht anders angegeben): Maria Hager

Titelbild: Frankfurt (Foto: AdobeStock – stock.adobe.com: © Jürgen Wackenhut)
Titelillustration: AdobeStock – stock.adobe.com: © SINNBILD Design, © svetazi

Fotos:
AdobeStock – stock.adobe.com: © Anselm (52), © Marc (53), © Lukassek (128), © Branko Srot (137), © EKH-Pictures (149), ©Hermann (168), © Ilhan Balta (170), © Monika Wisniewska (237), © jessicahyde (Graspapier-Hintergrund div. Seiten); © Andreas Schulz (98), © Anne Kaiser (188 Mitte), © Arnd Rödiger (147 Mitte), © Bavaria Luftbild Verlags GMBH (127 ob.), © Bayerische Schlösserverwaltung, Andrea Gruber (124), © Bayerische Schlösserverwaltung, Maria Scherf/Andrea Gruber, München (129), © Bayerische Schlösserverwaltung, Lucinde Weiss, München (130), © Bernd Ehlers (134; 137; 140), © Bettina Gessinger (198; 200), © BNST GmbH (101), © BNST GmbH/Winfried Eberhardt (94), © BNST GmbH/Marek Dubiela (100), © Dariush Khalilih (8; 11 ob.; 11 Mitte;12; 13; 16; 19 ob.; 19 Mitte; 20; 21; 29; 35 ob.; 37; 51 Mitte; 59; 75 ob., Mitte; 76; 117 ob.; 117 Mitte; 118; 119; 120; 121; 127 Mitte; 131; 174-175; 227; 230; 240), © Darmstadt Marketing/Agnes Allig (196), © Deutsche Märchenstraße, Hans Kothe (211 Mitte; 208; 217; 218 Mitte; 222-223), © Deutsche Märchenstraße, Roland Adrian (213; 214; 215), © Die Backschaft (77), © Dirk A. Diehl (169), © Florian Kresse (187), © Forstamt Königstein/HessenForst (60), © Fraport AG (40; 44), © Gebäudewirtschaft Mainz (181 Mitte), © Grube Messel gGmbH (197), © Heidelberg Marketing GmbH (192), © Heidelberg Marketing/Tobias Schwerdt (202 ob.), © Heiko Bogun (138 Mitte; 181 ob.), © Holger Leue / www.leue-photo.com (212; 216), © Jürgen Hanitsch (218 ob.), © Lisa Trarbach (104; 107 ob.; 107 Mitte; 108; 111), © Magistrat der Stadt Langen (195 ob.; 195 Mitte), © Michael Leukel (186), © Moritz Thurau (2), © Obsthof am Steinberg (84; 87 ob.; 88; 89; 90; 225), © Odenwald Tourismus GmbH (164; 167 ob.; 167 Mitte; 171; 205; 238), © Pallina (24), © Palmengarten der Stadt Frankfurt am Main, cameraflights.com (64), © Palmengarten der Stadt Frankfurt am Main, Tom Wolf (67 ob.; 67 Mitte; 69; 80-81), © Regionalpark RheinMain, Stefan Cop (56; 59; 61; 68; 109; 110; 139; 141; 178), © Rüdesheim Tourist AG, DeinWein (185), © Rüdesheim Tourist AG, Marlis Steinmetz (184), © Sascha Becker, Stadt Dreieich (32; 35 Mitte), © Schiffsmühle Ginsheim am Rhein e.V. (182; 183), © Stadt Eltville am Rhein, Hannah Oechler (188 ob.), © Stadt Frankfurt am Main, Foto: Stefan Maurer (51 ob.; 114), © Stadt Hanau (211 ob.), © Stadt Mörfelden-Walldorf (43 ob., Mitte; 45), © Stadt Neu-Isenburg (36), © Stadt- und Burgmuseum Eppstein (147 ob.), © Stadt Usingen (154; 157 ob.; 157 Mitte; 158; 159; 160; 161), © Stadtmarketing Bad Vilbel e.V., Otto Hoffmann (87 Mitte; 91; 99), © Stadtmarketing Bad Vilbel e.V., Eugen Sommer (97 ob., Mitte), © Stephan Dinges (202 Mitte), © Thomas Gierth (199), © visitfrankfurt/Holger-Ullmann (27 ob., Mitte; 28), © WFB-3 (201)

Gestaltung / Illustration – Composing / Agenten und Freunde Iris Streck München

Illustrationen: AdobeStock – stock.adobe.com: © Azar, © askaja, © mtmmarek, © svetazi, © val_iva; creativmarket: © amber&ink, © NassyArt
Miniaturen auf illustrierten Karten: B-Singular Beate Enzweiler Dachau
Grafische Herstellung: KOMPASS-Karten, Agenten und Freunde München
Karten: © KOMPASS-Karten GmbH unter Verwendung OpenStreetMap Contributors (www.openstreetmap.org)

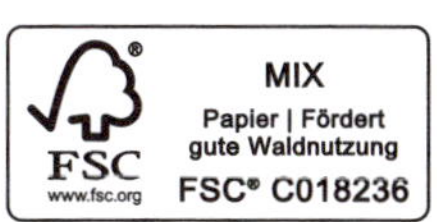

BIKE-BUCKETLIST FRANKFURT & UMGEBUNG

FRANKFURTS EINZIGE FÄHRE

Frankfurt-Höchst wird häufig ausschließlich mit Industrie verbunden. Dabei hat der Stadtteil mehr zu bieten: Unterhalb des 6 / Schloss Höchst liegt Frankfurts einzige Fähre.

Tour 6 // Seite 54

DURCH DEN GRÖSSTEN VOLKSPARK DER STADT

Wir radeln durch den 3 / Volkspark Niddatal, auch Niddapark genannt. Er ist mit circa 168 Hektar der größte und bekannteste Volkspark in Frankfurt.

Tour 8 // Seite 66

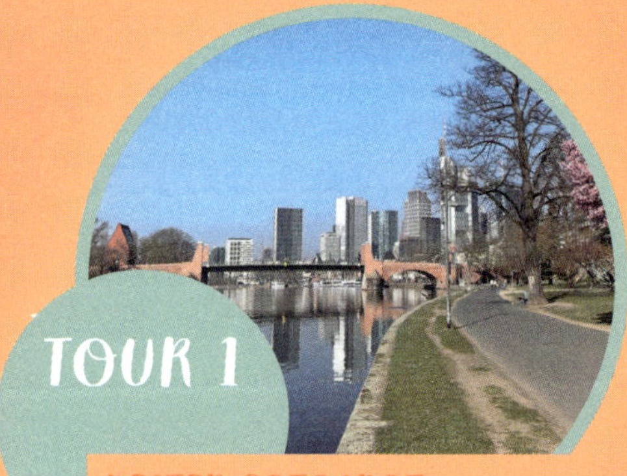

TOUR 1

BESTER FOTOSPOT

Von der Ignatz-Bubis-Brücke gegenüber dem 1 / Literaturhaus hat man den besten Blick auf die Frankfurter Skyline.

Tour 1 // Seite 9

EINZIGER BADESEE IM TAUNUS

Unweit von den 5 / Eschbacher Klippen entfernt, befindet sich der Hattsteinweiher. Das rund vier Meter tiefe EU-Gewässer ist der einzige Badesee im Taunus.

Tour 17 // Seite 160

SELTENE BINNENDÜNE

Das knapp 60 Hektar große Gebiet der 5 / Schwanheimer Düne ist nicht nur ein einzigartiges Naturschutzgebiet, sondern auch ein beliebtes Naherholungsziel. Für Frankfurter ist ein Ausflug hierher sozusagen Strandurlaub vor der Haustür.

Tour 6 // Seite 54

SCHÖNSTER WOCHENMARKT HESSENS

Der Hanauer Wochenmarkt [...] Füßen des 1 / Gebrüder-Grim[m-] Denkmals gilt als einer der schö[ns-] ten und größten in ganz Hessen

Tour 21 // Seite 210

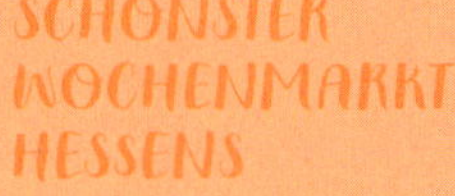